普通高等教育“十三五”应用型规划教材

# 国际金融学

主编　操　君　赵建东

合肥工業大學出版社

**图书在版编目(CIP)数据**

国际金融学/操君，赵建东主编．—合肥：合肥工业大学出版社，2019.9
ISBN 978-7-5650-4633-9

Ⅰ.①国…　Ⅱ.①操…②赵…　Ⅲ.①国际金融学　Ⅳ.①F831

中国版本图书馆 CIP 数据核字(2019)第 198738 号

**国际金融学**

主　编　操　君　赵建东　　　　责任编辑　王　磊

| | | | |
|---|---|---|---|
| 出　版 | 合肥工业大学出版社 | 版　次 | 2019 年 9 月第 1 版 |
| 地　址 | 合肥市屯溪路 193 号 | 印　次 | 2019 年 10 月第 1 次印刷 |
| 邮　编 | 230009 | 开　本 | 787 毫米×1092 毫米　1/16 |
| 电　话 | 艺术编辑部：0551-62903120 | 印　张 | 16.5 |
| | 市场营销部：0551-62903188 | 字　数 | 412 千字 |
| 网　址 | www.hfutpress.com.cn | 印　刷 | 安徽昶颉包装印务有限责任公司 |
| E-mail | hfutpress@163.com | 发　行 | 全国新华书店 |

ISBN 978-7-5650-4633-9　　　　定价：48.00 元

# 前　言

国际金融学是研究开放经济条件下一国内部均衡和外部均衡同时实现问题的一门课程。它是阐释开放经济下金融运行机制与原理的核心课程，是一门交叉性、宏观性与政策性较强的学科，主要内容包括国际货币关系问题、国际资金流动问题以及国际货币制度的安排等。国际金融学是金融学专业必修的理论专业课，也是财经类专业的核心课程之一。本书比较系统地介绍了国际金融学的基本理论与方法，它可以作为经济学类本科生的课程教材，亦可作为相关专业的硕士研究生、理论研究和实际工作者的参考书。

全书共分为九章。第一章到第三章为国际金融的基本理论部分；第三章至第六章为国际金融市场及相关业务的基本介绍；第七章和第八章则说明国际货币体系的安排；第九章涉及实现内外均衡的政策搭配。具体而言，第一章从国际收支和国际收支平衡表的定义出发，介绍不同性质的国际收支失衡以及调节国际收支的经济自动运行机制与政策方法，并分析了国际储备的规模管理与结构管理的基本原理；第二章介绍了有关汇率的标价、分类等基础知识，并阐释了不同货币制度下汇率决定的基础，影响汇率变化的因素以及西方主要汇率决定理论的基本思想；第三章介绍固定汇率和浮动汇率制度的优缺点以及影响汇率制度选择的主要因素，分析了汇率变动的经济影响，并介绍外汇管理与货币自由兑换的基本知识，以及人民币汇率制度的演变历程；第四章介绍各种传统外汇交易和衍生外汇交易业务，并分析外汇风险的含义及不同类型的外汇风险的防范方法；第五章主要介绍不同类型的国际金融市场，分析欧洲货币市场的特征及其形成背景，并从国际资金流动的基本知识出发，阐述债务危机与货币危机的含义及其形成原因；第六章主要介绍国际信贷的几个典型形式：国际银行信贷、政府贷款、国际金融机构贷款、短期及中长期国际贸易信贷；第七章介绍国际货币体系的含义与发展演进，分析金本位制的运行特征及崩溃原因、布雷顿森林体系的根本缺陷以及当前牙买加体系的运行情况和问题，并且介绍国际货币基金组织的简要情况；第八章首先介绍了最优货币区理论的兴起与发展，然后对欧洲货币一体化的进程作了详细的说明，尤其对欧元的诞生进行了重点介绍；第九章重点探讨了开放经济下政府的宏观经济政策目标，并通过引入蒙代尔—

弗莱明模型，分析在不同汇率制度下以及不同资本流动性的情况下财政政策和货币政策的效应。

本教材按照简洁、易读和理论与实际相结合的原则进行编写，其主要特点如下：(1)讲求语言的生动性，深入浅出地讲好每一个基本概念与理论，既有专业技术含量，又不失语言的平实性；(2)具有启发性，每章后针对性地给出思考题，给读者留下思考空间；(3)反映了国际金融领域最新的研究成果和发展动态。

本书是集体合作和努力的结果，全书各章编写分工如下：第一章与第二章由操君编写；第三章与第四章由赵建东编写；第五章由张小文编写；第六章由龚珺编写；第七章由刘二妹编写；第八章与第九章由马俊华编写。全书最后由操君、赵建东修改统稿并定稿。

由于编者水平有限，书中难免有错误和疏漏，恳请广大读者批评指正，提出宝贵意见和建议，以便进一步修改和完善。

编　者

2019 年 6 月 30 日

# 目　录

# 第一章　国际收支

**内容简介：**本章介绍国际收支和国际收支平衡表，分析不同性质的国际收支失衡以及调节国际收支的经济自动运行机制与政策方法，并着重介绍了国际收支的弹性论、吸收论和货币论；介绍国际储备的基本概念和作用、国际储备管理的含义，分析影响国际储备的需求水平的因素，并介绍了国际储备的规模管理与结构管理。

## 第一节　国际收支与国际收支平衡表

### 一、国际收支的概念

国际收支（balance of payments）概念随着国际经济交易的发展而几经演变，有广义和狭义之分。这一概念最早出现于17世纪初期，其含义为贸易收支，与当时国际贸易是主要国际经济交往手段的形势相适应。后来，尤其是第一次世界大战以后，随着国际经济交易的内容与范围不断扩大，比如国际资金往来、劳务输出等也成为常见的国际经济交易方式，国际收支的概念得以拓展和延伸。这一时期国际收支是指一国或地区在一定时期内的外汇收支，它以现金支付为基础，即所谓的狭义国际收支。第二次世界大战以后，国际经济交易的内容更加丰富，易货贸易、补偿贸易、无偿援助等交易形式纷纷出现，而这些交易并不属于狭义国际收支的范畴。在这样的背景下，广义的国际收支概念应运而生。按照国际货币基金组织（International Monetary Fund，简称IMF）的定义，它是指一国或地区在一定时期内居民与非居民之间全部经济交易的系统记录。显然，广义的概念以交易为基础，而非现金支付。

理解广义的国际收支概念，需要把握以下三个要点：

首先，国际收支是一个流量的概念。根据统计学的定义，流量是一定时期内发生的变量变动的数值。国际收支反映的是某个特定时期一个经济体对外的全部经济交易的变动值。在这一点上，应与国际投资头寸（International Investment Position，简称IIP）这一存量概念区分开来。国际投资头寸是指在某个时点上一个经济体对外资产和对外负债的汇总。这一存量的变化主要是由国际收支中的经济交易所引起的，或是由于资产负债的重新计价等因素变化所致。

其次，国际收支以经济交易为基础。国际收支并不以支付为基础，而是以交易为基础。国际收支所包含的经济交易可以归纳为五类：以货币为媒介的商品和劳务买卖，如商品或劳务的进出口；物物交换，如易货贸易等；金融资产和金融资产之间的交换，如货币资本的借贷、直接投资、证券投资等；无偿的、单向的商品和劳务转移，如实物捐赠；无偿的、单向的金融资产转移，如国际捐款、债务豁免、战争赔款等。

第三，国际收支反映的经济交易发生在一国居民与非居民之间。值得注意的是，居民和公民是两个不同的概念，居民是经济概念，而公民是法律概念。居民是指一个国家的经济领土内具有经济利益的经济单位，包括个人、政府、企业和非营利团体等；而公民则是指具有某一国国籍，并根据该国法律规定享有权利和承担义务的人。所谓一国的经济领土，指的是一国政府所管辖的地理领土、天空、水域和邻近水域的大陆架，以及该国在世界其他地方的飞地，如大使馆、领事馆、科学站等。一般认为，一个自然人或法人机构在某国经济领土上从事生产、消费行为等一年以上的，应视为在这个国家具有一定的经济利益，据此可以认为其属于所在国的居民。举例来说，他国公民在本国长期从事生产、消费行为达一年以上，应属于本国居民；官方外交使节、驻外军事人员等一律是所在国的非居民；跨国公司的母公司和子公司分别是所在国的居民。有一点比较特殊，国际性机构如联合国、国际货币基金组织等是任何国家的非居民。

## 二、国际收支平衡表

国际收支平衡表是指按照复式记账原理，系统地记录一国在一定时期内全部国际经济交易的统计报表。国际收支平衡表较为完整与科学地反映出一国国际收支的状况，是在开放经济下一国制定宏观经济政策的基本依据。为了便于各会员国编制该表，国际货币基金组织于 1993 年出版了《国际收支手册》，对相关概念、账户分类、准则等做了统一的规定和说明。随后基金组织又进行多次修订。2009 年发布的《国际收支和国际投资头寸手册》(第六版)为最新版本。

### (一)国际收支平衡表的编制原理与规则

国际收支平衡表按照“有借必有贷，借贷必相等”的复式记账原则进行编制，每一笔交易都由两笔价值相等、方向相反的项目来表示。在国际收支平衡表中，借方代表资产持有量的增加和负债的减少，贷方表示资产持有量的减少和负债的增加。具体而言，有以下记账规则：(1)货物、劳务的进口属于借方项目，货物、劳务的出口属于贷方项目；(2)本国居民对非居民的单方面转移，属于借方项目，而本国居民收到外国的单方面转移，属于贷方项目；(3)本国居民对外投资，取得外国资产，属于借方项目，而外国居民对本国投资，取得本国资产，属于贷方项目；(4)非居民偿还本国居民债务属于贷方项目，而本国居民偿还非居民债务属于借方项目；(5)官方储备增加属于借方项目，官方储备减少属于贷方项目。

### (二)国际收支平衡表的主要内容

参照 2009 年版《国际收支和国际投资头寸手册》，国际收支平衡表包括如下账户：经常账户、资本和金融账户、平衡账户。

#### 1. 经常账户(current account)

经常账户是国际收支平衡表中最基本、最重要的账户，反映的是实际资源的国际流动，其包括货物、服务、初次收入和二次收入等项目。

(1)货物(goods)

货物项下记录商品的出口和进口。出口记入贷方，进口记入借方，进出口差额为有形贸易(visible trade)差额。依据IMF的统计口径,进出口额均按照离岸价(FOB)计价。货物包括一般商品、用于加工的货物、货物的修理、运输工具在港口采购的货物(包括燃料、给养、储备和物资)、不作为储备资产的非货币性黄金等。

(2)服务(services)

服务又被称为无形贸易(invisible trade)。服务输出记入贷方,服务输入记入借方。这一项目主要包括运输、旅游、通信、建筑、保险、金融、电子计算机和信息服务、专有权的使用、商业服务、文化和娱乐服务以及政府服务等。

(3)初次收入

初次收入账户反映的是生产要素在国家之间的流动所引起的报酬的收支,主要包括与生产过程相关的收入以及与金融资产和其他非生产资产所有权相关的收入。前者主要是指雇员报酬,后者包括直接投资、证券投资和其他投资收益以及储备资产收益等。

(4)二次收入

二次收入账户反映的是居民与非居民之间的经常转移(current transfers),体现的是经济体之间收入二次分配的过程。本国从外国取得的单方转移收入记入贷方,本国向国外的单方面转移支出记入借方。经常转移分为政府转移和私人转移两个方面。前者主要有战争赔款与政府间的军援、经援和捐赠等,而后者包括捐赠、继承、赡养费、资助性汇款、退休金等。

**2. 资本与金融账户(capital and financial account)**

资本与金融账户反映资产所有权的国际流动,主要包括资本账户(capital account)和金融账户(financial account)。

(1)资本账户

资本账户包括资本转移(capital transfer)和非生产、非金融资产(Non-product, Non-financial assets)的收买和出售。前者主要包括投资捐赠和债务注销,而后者包括不是由生产创造的有形资产(土地、地下矿藏)与无形资产(专利权、商标权、经销权等)以及租赁和其他可转让合同的交易。

(2)金融账户

金融账户反映的是居民与非居民之间投资与借贷的增减变化,包括一经济体对外资产和负债所有权发生变更的所有交易。该账户由直接投资、证券投资、金融衍生工具、储备资产和其他投资等项目构成。

① 直接投资(direct investment)

直接投资的主要特征是投资者对另一经济体的企业拥有有效的控制权,可以采取在国外直接建成分支企业的形式,也可以采用购买国外企业一定比例股权(股权比例达10%以上)的形式。

② 证券投资(portfolio investment)

也称间接投资。证券投资的主要对象为股本证券和债务证券。对于债务证券,可以进一步细分为期限在一年以上的中长期债券、期限在一年或一年以下的短期债券以及货币市场工具。

③ 金融衍生产品和雇员认股权(financial derivatives and employee stock options)

鉴于衍生品交易的重要性,第六版手册新设金融衍生工具和雇员认股权账户。金融衍生产品是在股票、债券等传统金融工具的基础上衍化和派生出来,以杠杆和信用交易为特征的金融工具,比如货币、利率和指数期权、金融期货等。雇员认股权是公司向雇员提供的一种购买公司股权的期权，通常是作为一种报酬形式以激励员工。

④ 其他投资(other investment)

是指上述交易未包括的其他金融交易，比如与进出口贸易相结合的各种贷款、预收款、预付款、融资租赁等。

⑤ 储备资产(reserve assets)

储备资产亦称官方储备或国际储备，是指货币当局掌握的可以随时动用，用于平衡国际收支和干预汇率的资产。储备资产主要包括货币性黄金、特别提款权、在基金组织的储备头寸和外汇储备。

3. 误差与遗漏(errors and omissions)

误差与遗漏是人为设置的一个平衡账户。根据复式记账原理，国际收支平衡表中的借方总额应等于贷方总额，但容易因资料来源不一、统计时间和计价标准不一致等因素造成借贷双方不等，因此需要设置一个抵消账户予以平衡。当贷方总额大于借方总额时，差额数列在“误差与遗漏”的借方；当借方总额大于贷方总额时，差额数则列在“误差与遗漏”的贷方。

## 第二节 国际收支分析与调节

国际收支平衡表提供了开放条件下一国对外经济交往的系统记录。为了研究一国的对外经济交往和国内经济之间的联系，必须对国际收支账户进行分析，以期寻找到国际收支失衡的原因，从而为制定调节政策与措施提供依据。

### 一、国际收支分析

#### (一)分析方法

1. 静态分析法

静态分析法是指对国际收支进行账面上的分析，计算国际收支平衡表中各个项目的数据及其差额，并分析各个项目差额产生的原因以及它们对国际收支平衡的影响。

2. 动态分析法

动态分析法是指对国际收支的纵向分析，即将一国若干连续时期内的国际收支平衡表并列在一起，分析国际收支各个项目以及总体差额在不同时期的变化情况。

3. 比较分析法

比较分析法是指对国际收支的横向分析，即将本国的国际收支平衡表与其他国家的国际收支平衡表进行对比分析，从而分析该国与其他国家的差距所在，为今后的发展提供依据。

#### (二)分析内容

从分析内容上来看，国际收支分析包括总额分析和差额分析，所采用的分析方法以静态分析为主，同时配之以动态与比较分析。

1. 总额分析

总额分析包括规模分析和构成分析。规模分析是指分析国际收支平衡表中各个项目的规模与总体规模及其变化，包括贸易总额、经常账户总额、资本与金融账户总额以及国际收支总额。在这里，借方总额和贷方总额之和即为该项目总额。构成分析，又称为结构分析，是指分析国际收支各子项目占总项目的比重，比如贸易项目占经常项目的比重、贸易项目占国际收支总额的比重等。

2. 差额分析

由于采用复式记账原则，从国际收支平衡表整体上来看，借方总额必然等于贷方总额，但就某一个具体项目而言，借方和贷方经常不相等，两者之间的差额，称为局部差额，是对局部不平衡的反映。常见的局部差额指标有以下几种：

(1)贸易账户差额

贸易账户差额是指一国包括货物和服务在内的进出口贸易之间的差额。如果这一差额为正，代表该国存在贸易顺差；如果这一差额为负，代表该国存在贸易逆差；如果这一差额为零，代表该国的贸易收支处于平衡状态。对于许多国家而言，由于贸易收支在全部国际收支中所占的比重较大，同时贸易收支的数字尤其是货物贸易收支的数字易于通过海关的途径及时收集，因此贸易收支差额能够较快地反映出一国对外经济交往的情况。贸易收支差额在国际收支中具有特殊重要性的原因还在于，它表现了一个国家自我创汇的能力，反映了一国的产业结构和产品在国际上的竞争力及在国际分工中的地位，是一国对外经济交往的基础，影响和制约着其他账户的变化。总之，贸易收支差额是传统上使用得比较多的一个统计指标，在国际收支分析中具有举足轻重的地位。

(2)经常账户差额

经常账户差额是指一定时期内一国货物、服务、收入和经常转移项目贷方总额与借方总额的差额。若该项目的贷方总额大于借方总额，则该国的经常账户为顺差；若贷方总额小于借方总额，则该国的经常账户为逆差；若贷方总额与借方总额相等，则该国的经常账户收支平衡。由于经常账户与宏观经济变量之间存在着密切的联系，对宏观经济运行发挥着重要影响，因此经常账户差额也成为国际收支分析中最重要的收支差额之一。

(3)资本和金融账户差额

资本和金融账户差额是指国际收支平衡表中资本账户与直接投资、证券投资以及其他投资项目的净差额，反映一国资本输出入和金融产品跨国交易等收支情况。若该差额为正，意味着该国存在资本与金融资源流入大于流出的净盈余；反之，若该差额为负，意味着该国存在资本与金融资源流出大于流入的净赤字。

该差额具有以下两层含义：首先，它反映了一国为经常账户提供融资的能力。根据复式记账原则，一国国际收支中的一笔贸易流量通常对应一笔金融流量，当经常账户产生赤字时，必然对应着资本和金融账户产生相应的盈余，表明一国利用金融资产的净流入为经常账户提供了融资。所以，该差额越大，代表一国为经常账户提供融资的能力就越强。其次，该差额还反映了一国金融市场的发育和开放程度，为该国制定相应的货币政策和汇率政策提供重要的参考。通常，资本市场开放的国家资本与金融账户的流量总额较大。由于各国在金融市场发育程度、利率水平、本国货币币值稳定性以及本国经济发展水平等诸多方面存在较大的差异，因此资本和金融账户差额通常会出现较大的波动，要保持这一账户的余额为零是非常困难的。

(4)基本账户差额

国际收支基本差额是指经常项目差额加长期资本(包括直接投资、证券投资以及其他投资账户中偿还期限在一年以上的金融资产)差额之和。由于长期资本的流动主要以利润和市场份额为目标，相对于短期资本流动而言更具有稳定性，因此基本账户差额反映了一国国际收支的长期趋势。值得注意的是，随着金融创新的不断发展，实践上区分长短期资本交易的性质在技术上较为困难，该指标的意义已逐步弱化。

(5)总差额

国际收支总差额又称国际收支综合差额，它是指经常账户差额与资本和金融账户差额之和，即将国际收支账户中的官方储备与错误和遗漏剔除以后所得的余额。由于综合账户差额必然导致官方储备的反向变动，因此总差额被用作衡量一国国际收支对其官方储备持有造成的压力程度。在实行固定汇率制的国家，由于政府有义务动用官方储备来维护汇率的稳定，因此总差额分析十分重要。而在实行浮动汇率制的国家，政府动用官方储备来稳定汇率的压力不是特别大，因此总差额分析的意义有所弱化。尽管如此，它仍然是全面衡量和分析一国国际收支状况的综合指标。

## 二、国际收支的调节

### (一)国际收支不平衡的标准

由于国际收支平衡表的编制采用了会计学中的复式记账原则(有借必有贷，借贷必相等)，因此，借方总额等于贷方总额，从整体账面上来看，国际收支表总是平衡的。但是，在现实中，一国国际收支平衡是非常罕见的现象，即一国对外交易的收入和支出通常并不相同，总会产生一定的顺差或者逆差，通过人为调节才能使得国际收支达到基本平衡。那么，判断一国国际收支平衡的标准是什么呢？

根据交易主体和交易目的的不同，可以将国际收支平衡表中实际发生的对外交易划分为两种不同的类型，即自主性交易和调节性交易。自主性交易(autonomous transactions)又称事前交易(ex-ante transactions)，它是指各类微观经济主体(如金融机构、居民个人或进出口商等)基于自身特定的经济利益和经济目的(如规避风险、资产增值、逃避管制、获得利润等)，独立自主地进行的交易活动。这类交易活动体现了各类微观经济主体各自的经济利益，具有分散性和自发性的特点。调节性交易(compensatory transactions)又称事后交易(ex-post transactions)，它是指自主性交易出现不平衡之后而进行的弥补性交易。这类交易活动具有集中性和被动性的特点。

衡量一国国际收支是否平衡的标准就是看其自主性交易是否平衡，是否需要调节性交易来弥补。

### (二)国际收支不平衡的原因和类型

**1. 经济周期——周期性失衡(cyclical disequilibrium)**

周期性失衡是指由于经济周期的更替而导致的国际收支失衡。一般来说，一国经济的发展分为繁荣、衰退、萧条和复苏四个阶段，经济处于不同的阶段对国际收支所产生的影响也不同。当一国经济处于扩张期或繁荣阶段时，国内的消费和投资需求旺盛，该国的进口需求也随之增加，该国国际收支便出现逆差。反之，若该国的经济处于衰退或萧条阶段，经济增长乏力，该国的社会总需求会下降，该国的进口需求也会随之下降，该国的国际收支便会出现盈余。随着经济全球化趋势的不断加深，一些主要国家经济周期的阶段性变化会影响其他国家的经济，引发其他国家发生国际收支失衡。

**2. 经济结构——结构性失衡(structural disequilibrium)**

结构性失衡是指因一国国内经济、产业结构无法适应世界市场的变化而产生的国际收支失衡，这种失衡一般表现在贸易账户或经常账户上。例如，当世界市场发生变化时，出现了产品的新老交替、更新换代，若该国的经济结构受制于技术水平等因素没有根据新的形势及时调整，其产品供给无法满足变化着的国际需求，那么该国原有的贸易平衡将不复存在，该国就会产生贸易逆差。结构性失衡通常是长期性的，调节难度非常大。

**3. 国民收入——收入性失衡**(income disequilibrium)

收入性失衡是指由于国民收入变化引起的国际收支不平衡。国民收入的变化对国际收支的影响可以从贸易和投资两个方面来考察。首先，当一国的国民收入快速增加时，该国的消费需求增加，进口得以增长，国际收支容易发生逆差。其次，当一国的国民收入快速增加时，该国的投资需求旺盛，对外投资也会随之增加，可能导致该国的资本流出大于资本流入，这也会引起国际收支逆差。反之，亦然。

**4. 货币价值——货币性失衡**(monetary disequilibrium)

货币性失衡是指由于一国货币价值的变动而引起的国际收支不平衡。货币价值属性可以区分为对内价值和对外价值。一国货币的对内价值是指该国单位货币的购买力，相当于价格指数的倒数，而对外价值则通过本国货币对外币的兑换比率（汇率）来表现出来。若该国国内出现通货膨胀，物价上涨，即货币对内价值贬值。这意味着该国出口产品的成本增加，国际竞争力下降；同时，进口产品相对便宜，因此进口增加，从而导致该国出现国际收支逆差。在对外价值方面，如果本币对外币升值，那么有利于该国进口而不利于出口，从而导致该国容易发生国际收支逆差。

**5. 偶发性因素——偶发性失衡**

偶发性失衡又称临时性失衡，是指由短期的、不确定的或偶然性因素（如战争、自然灾害、国际政治事件等）引起的国际收支失衡。这种性质的国际收支失衡一般程度较轻、时间较短，具有可逆性，调节起来比较容易。

### （三）国际收支不平衡的影响

**1. 国际收支逆差的影响**

一般而言，国际收支逆差会造成本币贬值压力，如果逆差十分严重，就会导致本币汇率急剧下跌。若货币当局为了避免汇率下跌而对外汇市场进行干预：抛售外汇、购买本币，这将造成外汇储备大量流失，甚至外汇储备枯竭，从而严重影响该国的对外支付能力和国际信用度。与此同时，货币当局在外汇市场上的干预行为还会导致货币紧缩、利率上升、消费与投资下降，从而不利于本国经济增长。此外，若一国长时间存在严重的国际收支逆差，则表明该国长期处于入不敷出的状态，甚至会导致该国出现债务危机。

**2. 国际收支顺差的影响**

当一国出现国际收支顺差时，该国的外汇储备会增加，意味着对外支付能力和国际信用度有所提高，有利于促进本国经济增长、维护国家经济安全。但巨额的持续性的国际收支顺差也会产生以下不利影响：国际收支顺差会引起该国货币汇率上升，从而不利于出口贸易的发展；若该国有义务维持固定汇率，那么该国货币当局便会干预外汇市场，通过在外汇市场上抛售本币购买外汇以缓解本币升值压力，如此一来，便会使得本国货币供应量增加，从而加剧国内的通货膨胀；一国国际收支出现巨额顺差就意味着他国的国际收支出现了巨额逆差，从而增加国际经贸摩擦的风险；若一国的国际收支顺差是由过度出口造成的贸易顺差，则意味着本国国内可供资源的外流，不利于本国经济的发展。

（四）国际收支的调节机制

国际收支不平衡是世界各国时有发生的现象，但是长期的、巨额的国际收支顺差或逆差都会对本国经济的稳定和发展产生危害。国际收支失衡后，一方面，市场机制的存在使得国际收支具有自动调节的功能；另一方面，政府也可以采取一系列经济政策措施对国际收支进行调节以实现平衡。

**1. 国际收支的自动调节机制**

国际收支的自动调节机制是指由国际收支失衡所引起的国内经济变量的变动对国际收支产生反作用，使得国际收支自动恢复平衡的过程。下面选取几个重要的机制进行分析。

（1）价格机制

价格机制是指在纸币流通制度下，物价对国际收支进行的一定程度的自动调节。该机制的原理与18世纪英国经济学家大卫·休谟提出的"价格—铸币流动机制"的原理（详见本章第三节）如出一辙，区别仅仅是货币形态的不同。

当一国国际收支出现逆差时（顺差情况正好相反），表明该国对外支付大于收入，货币外流；在其他条件不变的情况下，价格下跌，本国出口商品的价格也随之下跌，出口增加、进口减少，本国贸易收支状况得以改善。物价自动调节机制的原理如图1-1所示。

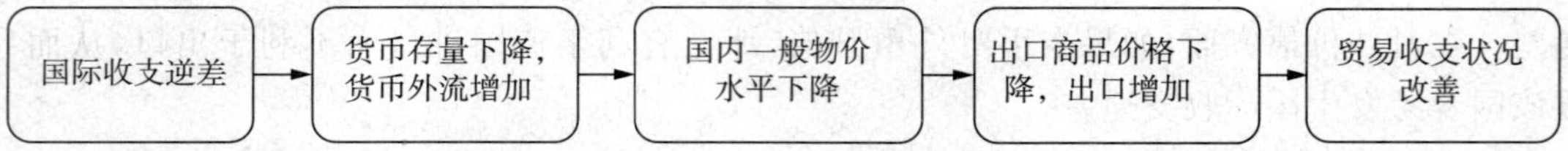


图1-1　价格机制的原理

（2）汇率机制

当一国发生国际收支不平衡时，必然会对其外汇市场产生影响，使得外汇汇率发生变动。若该国货币当局允许汇率出现自发波动，而不采取干预措施，那么通过外汇汇率的变动就有可能消除该国的国际收支失衡。比如，当一国发生国际收支逆差时，表明该国对外支出大于对外收入，对外汇需求的增加导致本币贬值、外汇升值，从而使得本国出口商品价格相对下降，进口商品价格相对上升，因此该国出口增加，进口减少，国际收支逆差得以改善。相反，当一国发生国际收支顺差时，本币升值也会使得该国的国际收支自发趋于平衡。

（3）收入机制

国际收支不平衡引起国民收入发生变动，而收入的变动会减轻国际收支不平衡的程度。当国际收支出现逆差时，国民收入会下降，乘数效应使得国民收入进一步减少，进口需求得以下降，从而改善逆差。反之，亦然。

（4）利率机制

利率机制和价格机制一样，也是在自由经济的前提下存在的一种国际收支自动调节机制。当一国国际收支发生逆差时，该国货币存量随之减少，利率上升，意味着该国金融资产的收益率上升，从而对本国金融资产的需求相对上升而对国外金融资产的需求相对下降，资金外流减少或资金内流增加，该国的国际收支状况得到改善。当一国国际收支出现顺差时，该国货币存量增加，利率得以下降，从而资本外流增加，顺差得以减少。

虽然国际收支自动调节机制的存在能够自发地促使国际收支趋于平衡，在一定程度上减轻了政府调节的压力，可以避免由各种人为干预而产生的不利影响，但国际收支自动调节机制仍然存在一些问题。首先，只有在理想化的自由市场经济中，自动调节机制才能发挥有效的作用。现实经济中各种因素的干扰会削弱自动调节机制的效果甚至使其失灵。其次，当一国出现国际收支逆差时，国际收支调节机制通常以紧缩国内经济作为代价来发挥作用，这便会导致该国出现失业增加、生产下滑、经济萎缩等不利的经济局面，影响该国的内部均衡和经济增长。另外，市场的自发调节同样具有滞后性，从而降低了自动调节的效果。

**2. 国际收支的政策性调节措施**

当一国出现国际收支失衡时，仅靠自动调节机制是远远不够的，在多数情况下采取政策性调节措施是必要的。下面分析几种常见的国际收支的政策性调节措施。

(1)货币政策

货币政策又称金融政策，是指货币当局通过调节货币供应量和利率水平进而影响总需求，以实现政策目标。货币政策包括再贴现政策、存款准备金政策以及公开市场操作等。再贴现政策是指中央银行通过调整再贴现率来调节货币供应量和利率水平。当一国出现国际收支逆差时，中央银行可以提高再贴现率，推动市场利率上升，以抑制社会总需求。如此一来，该国的进口需求也随之下降，该国的贸易收支逆差得到改善。此外，当本国市场利率上升时，外资流入增加，本国资金流出减少，该国的资本账户逆差也会得到改善。存款准备金政策是指中央银行通过调整商业银行等金融机构在中央银行的存款准备金比例，进而影响商业银行等金融机构可用于发放贷款的资金规模，来控制货币投放量，从而调整社会总需求。公开市场业务是指中央银行通过买卖国债以调节货币供应量。当发生国际收支逆差时，可以通过提高法定准备金率或抛售政府债券，减少货币供应进而抑制总需求，促使国际收支恢复平衡。

(2)财政政策

财政政策是指一国政府通过调整税收和支出的方式，来控制社会总需求的政策措施。当出现国际收支逆差时，政府可以实行紧缩性的财政政策，削减财政开支并提高税率，在支出乘数和税收乘数的作用下，该国的社会总需求和国民收入会降低，物价会下跌，该国出口商品和进口替代品更具有竞争力，从而使得该国的出口增加，进口减少，国际收支逆差得到改善。反之，当发生国际收支顺差时，政府可以实行扩张性的财政政策，以扩大总需求，从而有利于消除国际收支盈余。

(3)汇率政策

汇率政策是指一国货币当局通过调整汇率水平来调节国际收支失衡。比如，当一国出现国际收支逆差时，可以通过货币贬值的措施来增加出口，减少进口，从而有助于国际收支平衡的实现。值得注意的是，汇率政策的效力受到诸多因素的制约，如进出口商品的供求弹性、是否存在闲置资源等。而且，本币贬值会增加通货膨胀风险和他国实施报复的可能性。国际货币基金组织一直敦促各会员国要避免采用货币贬值的方式以促进本国出口。事实上，在经济或金融危机年份，一些国家为了拯救本国疲弱的内需，诱导本币贬值以扩大出口，结果造成新一轮货币竞争性贬值，这无疑不利于金融市场的稳定和全球合作的深化。因此，汇率政策是一把双刃剑，要慎重采用。

(4)外汇缓冲政策

外汇缓冲政策是指一国运用所持有的一定数量的国际储备(主要是黄金储备和外汇储备)作为外汇平准基金，在外汇市场上进行公开买卖操作，抵消超额的外汇供求，从而调节该国的国际收支差额。它是解决短期性、临时性失衡的简便而有效的政策措施。当一国国际收支发生逆差或顺差时，该国货币当局可以动用国际储备，在外汇市场上买卖外汇，调整外汇供求，使国际收支失衡所产生的消极影响止于国际储备，避免汇率剧烈波动，从而维护国内经济和金融的稳定。

需要注意的是，通过动用国际储备来实施外汇缓冲政策不能用于解决长期性、持续性的国际收支逆差，毕竟一国的国际储备是有限的，长期性、持续性的国际收支逆差势必会耗空一国所拥有的国际储备而难以达到缓冲的最终效果，特别是当一国货币币值不稳定时，使得人们对该国货币的信心动摇，从而引起大规模资金外逃时，外汇缓冲政策更难实现预期效果。

(5)直接管制

财政、货币和汇率政策对国际收支的调节是通过市场机制来实现的，这些政策的效果并不是立竿见影的，而是具有一定的时滞效应。因此，在某些情况下，直接管制就成为许多国家在进行国际收支调节时所必须采取的措施。

直接管制政策主要包括外汇管制和贸易管制两个方面。外汇管制是指通过直接对外汇买卖实施管制以控制外汇市场的供求，维持本国货币汇率的稳定。例如对外汇实行统购统销，保证外汇统一使用和管理，从而影响本国商品及劳务的进出口和资本流动，调节国际收支失衡。贸易管制主要是指鼓励出口、限制进口。在鼓励出口方面常见的措施有出口信贷、出口退税、出口补贴等。在限制进口方面，主要实行提高关税、进口配额制和进口许可证制，此外，还有许多非关税壁垒的限制措施。

直接管制的优点在于其政策的实施比较灵活、针对性强，可以针对不同的失衡项目分别予以实施，通常能够起到立竿见影的效果。其缺点是直接管制会引发一系列行政弊端，如行政费用过大，官僚、贿赂之风盛行等，同时它往往会引起贸易伙伴国的报复行为，导致其效果大打折扣，甚至起反作用。因此，当运用直接管制措施来调节国际收支失衡时，各国一般都持有谨慎态度。

(6)产业和科技政策

与财政货币政策不同的是，产业和科技政策是从供给的角度来调节国际收支的，而非需求的角度。实施产业和科技政策的目的在于通过提高本国出口品和进口替代品的生产率与产品质量，降低生产成本，提高产品国际竞争力，由此达到改善国际收支的目的。产业和科技政策在短期内难以实现预期的效果，但是它可以通过提高一国经济实力和科技实力，从根本上改善一国的国际收支状况。

## 第三节　西方国际收支理论

国际收支理论是研究国际收支失衡的原因及其调节方式的理论，是国际金融学理论研究的重要组成部分，具有较强的政策指导意义。本节按照历史发展顺序，对重要的国际收支理论进行简要介绍。

### 一、国际收支自动调节论——“价格—铸币流动机制”

#### (一)基本内容

“价格—铸币流动机制”是由英国古典经济学家大卫·休谟于1752年提出的一个国际

收支自动调节理论。它是第一个对国际收支运动规律进行系统性分析的理论学说，并在之后的国际金本位制度下被广泛接受和运用。

在国际金本位制度下，两种货币的汇率是以铸币平价(金平价)为基础的，并受外汇市场供求的影响；各国的货币供给都是由黄金本身或者以黄金为准备的纸币构成的；黄金在国际市场上可以自由输出入。该理论认为一国进出口规模主要是由国内外商品的相对价格决定的。因此，当一国国际收支出现逆差时，为了进行对外支付，黄金流出本国，国内的货币供应量随之下降，导致物价水平下跌，出口增加，进口减少，国际收支逆差得到改善，黄金输出放缓，在国际收支达到平衡后黄金停止输出，货币供求达到新的均衡。当一国出现国际收支顺差时，黄金流入本国，货币供给也随之增加，物价水平上升，出口减少，进口增加，国际收支顺差得到扭转，黄金流入放缓，在国际收支达到平衡后，黄金停止流入，该国货币供求达到新的均衡。“价格—铸币流动机制”的基本原理如图 1-2 所示。

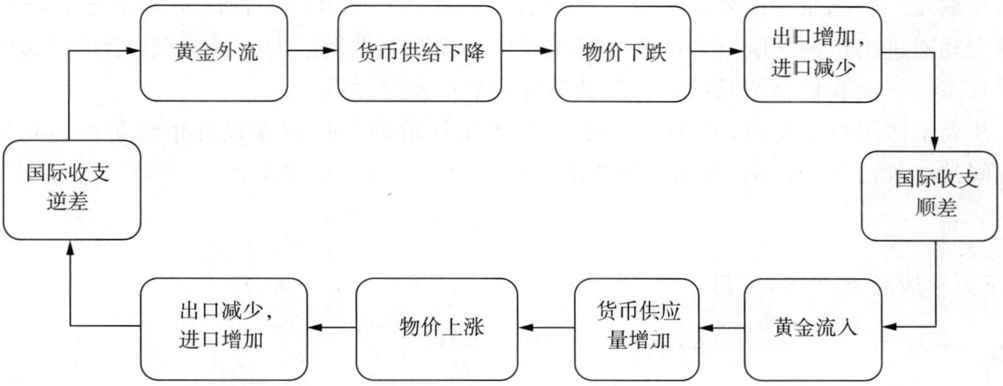


图 1-2 “价格—铸币流动机制”的基本原理

（二）评价

“价格—铸币流动机制”将物价变动理解为调节国际收支的直接手段，并结合了货币数量论进行分析，将国际收支、货币供应和物价水平等紧密联系在一起，具有一定的理论与政策价值。该理论强调以物价水平、货币供应量、进出口等构成一个循环往复、自主调节的封闭系统，可以自我实现内部均衡，无须政府干预，这在当时迎合了资本主义自由放任的思想。同时，“价格—铸币流动机制”不仅否定了传统的重商主义认为只要保持贸易顺差，就可以防止本国黄金外流的结论，也有效地消除了人们对国际收支逆差会使黄金和外汇流失直至枯竭的恐惧心理。

然而，“价格—铸币流动机制”也具有一定的局限性，主要表现为该理论发挥作用的条件难以满足，与实际相脱节。首先，该机制是在黄金可以在国际市场上自由流动的背景下提出的，但实际上各国出于自身利益的需要常常会采取措施来限制黄金的输出和输入。其次，该机制作用的实现前提是各国均实行自由贸易政策，但从实际情况来看，在国际金本位制时期，除了英国等少数几个国家实施自由贸易政策，许多国家掀起了贸易保护主义的浪潮。再次，各国也并没有纯粹依赖“价格—铸币流动机制”被动地等待国际收支实现自动平衡，而是主动地采取货币冲销政策或者直接干预资本市场，积极调节国际收支差额。最后，当进出口商品的供需弹性足够大时，“价格—铸币流动机制”才能发挥作用，但实际上商品的供求数量的变动受制于有限的供求弹性。

## 二、弹性分析理论

英国著名经济学家马歇尔(A. Marshall)最早将弹性分析引入国际贸易领域,到了1937年,英国经济学家琼·罗宾逊(J. Robinson)正式提出国际收支弹性分析理论(theory of elasticities approach)。琼·罗宾逊在马歇尔的微观经济学和局部均衡分析的基础上,综合考虑了进出口需求弹性以及供给弹性对贸易收支的影响,着重考察了货币贬值取得成功的条件以及其对贸易收支和贸易条件的影响。1944年,美国经济学家勒纳(Abba P. Lerner)在此基础上继续研究了既定进出口供求弹性下货币贬值政策对国际收支的影响,提出了著名的"马歇尔—勒纳条件(Marshall-Lerner Condition)",这一条件成为国际收支弹性分析理论的核心。

### (一)马歇尔—勒纳条件

马歇尔—勒纳条件需要满足以下几个假设前提:(1)在其他条件既定的情况下,只分析汇率变动对进出口的影响;(2)国内外商品的供给弹性都是无限大的;(3)以国际收支均衡为初始状态。下面我们介绍马歇尔—勒纳条件的简单推导过程。

$B$表示国际收支差额,$X$、$M$分别表示以本币计价的出口额和以外币计价的进口额,$E$表示间接标价法下的汇率,那么一国的国际收支差额可以表示如下:

$$B=E\cdot X-M \tag{1-1}$$

式1-1两边对$E$求导,可得:

$$\begin{aligned}\frac{dB}{dE}&=X+E\cdot\frac{dX}{dE}-\frac{dM}{dE}\\&=X(1+\frac{E}{X}\cdot\frac{dX}{dE}-\frac{dM}{dE}\cdot\frac{E}{M}\cdot\frac{M}{EX})\\&=X(1+\frac{dX/X}{dE/E}-\frac{dM/M}{dE/E}\cdot\frac{M}{EX})\\&=X(1-E_x-E_m)\end{aligned} \tag{1-2}$$

其中,$E_x=-\frac{dX/X}{dE/E}$,表示出口商品的需求弹性;$E_m=\frac{dM/M}{dE/E}$,表示进口商品的需求弹性;由于假定初始状态下国际收支是平衡的,因此$EX=M$。

从1-2式可知,只有$E_x+E_m-1>0$,才有$\frac{dB}{dE}<0$,即当$E_x+E_m=1$时,那么本币贬值就可以改善一国的国际收支。这一条件即为著名的"马歇尔—勒纳条件"。而在另外两种情形下:(1)当$E_x+E_m=1$时,本币贬值对贸易收支的差额不发生作用;(2)当$E_x+E_m>1$时,本币贬值不但不能改善贸易收支,反而会使贸易收支进一步恶化。

### (二)马歇尔—勒纳条件的进一步说明

#### 1. 罗宾逊—梅茨勒条件

如上所述,马歇尔—勒纳条件假设进出口商品供给弹性无限大。但是在现实中,进出口商品的供给弹性实际上是有限的,并非无穷大。因此当本币贬值时,很难保证各国能够无条件地、迅速地将足够的经济资源转移到出口贸易部门。于是,罗宾逊和梅茨勒(L. A. Metzler)

放松了马歇尔—勒纳条件中有关进出口商品供给弹性无限大的假设，而引入了有限供给弹性的假设，来研究货币贬值对贸易收支的影响，提出了罗宾逊—梅茨勒条件（Robinson-Metzler condition）。

罗宾逊和梅茨勒认为，在进出口供给弹性不是无限大的情况下，货币贬值能否改善贸易条件取决于进出口商品的供给弹性之积大于还是小于进出口商品需求弹性之积。具体而言，如果用 $S_x$、$S_m$ 分别表示出口和进口供给弹性，当 $S_xS_m > E_xE_m$ 时，则贸易条件恶化；当 $S_xS_m = E_xE_m$ 时，则贸易条件不变；当 $S_xS_m < E_xE_m$ 时，则贸易条件改善。因此，在进出口供给弹性有限的情况下，本币贬值能否改善贸易逆差，不再取决于马歇尔—勒纳条件，而是取决于罗宾逊—梅茨勒条件，即

$$\frac{E_xE_m(S_x+S_m+1)+S_xS_m(E_x+E_m-1)}{(E_x+S_x)(E_m+S_m)}>0$$

**2. 贬值的时滞效应——J曲线效应**

通常一国货币对外贬值后，该国的国际收支状况不会立即好转，而是在初期会进一步恶化，经过一段时间以后，贸易收入才会逐渐增加，国际收支状况才得以改善。由于国际收支的变化轨迹犹如一个大写的英文字母"J"，因而得名"J曲线效应"，如图1-3所示。

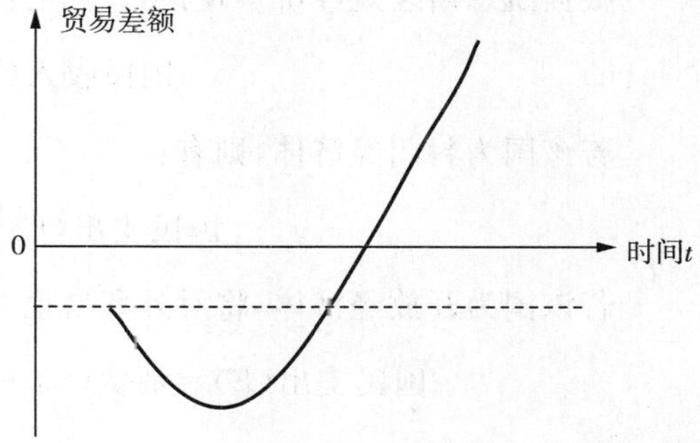


图1-3　J曲线效应

之所以会出现"J曲线效应"是因为：(1)原贸易合同的执行需要一段时间。若一国在本国货币贬值之前就与另一国签订贸易协议，那么在货币贬值之后仍然需要根据之前的数量和价格进行交易。其次，厂商和消费者反应具有滞后性。一方面，尽管出口商品外币价格下降，进口商品本币价格上升，但由于进出口商在认识、决策、生产等方面均存在时滞，从而导致出口增长与进口下降的幅度有限；另一方面，由于消费惯性以及寻找替代品需要时间成本等因素的影响，消费者短期内难以改变偏好，因而，即使出口商品外币价格更加低廉，短期内销售数量也难以大幅提升，而进口商品本币价格更加昂贵，短期内也难以抑制人们的消费热情。

根据实际经验，一般货币贬值改善国际收支的时滞受到贬值幅度与出口商品的需求和供给弹性等因素的影响，短则6～9个月，长则2～3年。

（三）评价

弹性分析理论纠正了之前一国货币贬值一定会改善该国国际收支状况的片面结论，正确地指出了在一国的进出口商品需求弹性满足一定的条件下，该国的货币贬值才会使国际收支得到改善。这一结论具有实际的指导意义和参考价值，符合当时西方国家经济发展的需要，并且在许多国家调节国际收支的实践中发挥了一定的作用。

但是，弹性分析理论也存在一定的局限性。首先，该理论是建立在局部均衡分析的基础上的，只是在假定其他条件不变的情况下考察了汇率变动对进出口贸易的影响，而没有考虑到汇率变动对其他重要经济变量的影响以及这些变量对贸易收支的后续影响效应，比如，汇率变动会影响到一国价格水平，而价格水平变化也会影响到进出口贸易；其次，该理论把贸易收支等同于国际收支，而没有考虑国际资本流动也是国际收支的重要组成部分；最后，该

理论采用的是静态分析方法。实际上汇率变动具有时滞效应，如本币贬值对国际收支的影响呈现"J 曲线效应"。

## 三、吸收分析理论

吸收分析理论（theory of absorption approach）又称支出分析法，它是由詹姆斯・米德（J. Meade）和西德尼・亚历山大（S. Alexander）以凯恩斯的宏观经济学理论为基础，于 1952 年提出的国际收支分析方法。该理论认为一国国际收支与该国的整个国民经济存在密切的联系，从凯恩斯的国民收入方程式入手，重点分析了总支出和总收入对国际收支的影响，并在此基础上提出了相应的政策主张。

### （一）基本内容

#### 1. 基本公式

根据凯恩斯宏观经济学理论，一国的国民收入和国民支出的关系可以表示成：

$$\text{国民收入}(Y)=\text{国民支出}(E) \quad 1-3$$

若该国为封闭经济体，则有：

$$\text{国民支出}(E)=\text{消费}(C)+\text{投资}(I) \quad 1-4$$

若该国为开放经济体，将对外贸易也考虑进去，则有：

$$\text{国民支出}(E)=\text{消费}(C)+\text{投资}(I)+[\text{出口}(X)-\text{进口}(M)] \quad 1-5$$

整理后，可得

$$X-M=Y-(C+I) \quad 1-6$$

在 1-6 式中，$X-M$ 表示国际收支差额（$B$），$C+I$ 为国内总支出，称为国内吸收（$A$）。因此，国际收支差额就可以表示为

$$B=Y-A \quad 1-7$$

由 1-7 式可以看出国际收支差额取决于总收入和总支出孰高孰低：当总收入大于总吸收时，国际收支为顺差；当总收入等于总吸收时，国际收支平衡；当总收入小于总吸收时，国际收支为逆差。

进一步，总吸收又可分为两个部分，一部分是诱发性吸收，它是指当一国满足罗宾逊—梅茨勒条件时，本国货币对外贬值后会增加出口，减少进口。由贸易乘数理论可知这种变动会引起国民收入的成倍变动，产生贬值的直接收入 $\Delta Y$。这部分增加的 $\Delta Y$ 又会根据边际吸收倾向 $\alpha$ 转化为贬值的间接吸收 $\alpha\Delta Y$。另一部分是自主性吸收，它是指与 $\Delta Y$ 无关的自发产生的吸收 $A_0$。于是

$$A=A_0+\alpha Y \quad 1-8$$

$$\Delta B=(1-\alpha)\Delta Y-\Delta A_0 \quad 1-9$$

由 1-9 式可知，货币对外贬值是否能够有效改善国际收支，主要取决于以下三个因素：（1）本币贬值后引起收入产生的增量 $\Delta Y$；（2）本币贬值后收入对吸收的诱发程度，其由边际吸收倾向 $\alpha$ 决定；（3）本币贬值后直接引起吸收产生的 $\Delta A_0$。

2. 政策主张

从以上分析中可以看出，当一国出现国际收支逆差时，意味着该国的总吸收大于总收入，此时，可以通过两个方面来调整逆差：一是增加收入或产出，二是减少支出或吸收。前者称为支出转移政策（expenditure switching policy），而后者称为支出变更政策（expenditure changing policy）。所谓支出转移政策，指的是将国内外的支出最大限度地转到国内产品上，以增加本国收入，使得国际收支得以改善，包括汇率贬值和贸易管制措施；而支出变更政策指的是通过减少本国居民的投资和消费支出来调节国际收支逆差，包括紧缩性财政货币政策和收入管制政策等。

值得说明的是，吸收论认为一国闲置的生产资源是贬值改善国际收支不可或缺的条件，因为只有存在闲置的生产资源，贬值后出口商品的生产才能扩大。此外，贬值改善国际收支的另一个条件是边际吸收倾向 $\alpha$ 小于 1，因为当 $\alpha<1$ 时，$\Delta A<\Delta Y$，表明吸收的增加小于收入的增加，贬值才可以改善国际收支，而在贬值的同时采取紧缩性的财政货币政策，就可以降低边际吸收倾向 $\alpha$。

（二）评价

吸收分析理论使用一般均衡分析方法，从宏观经济的角度建立了国际收支与国民收入各决定变量之间的数量关系，将国际收支与国内经济结合起来，为各国政府通过国内经济的调整以实现对国际收支的调节提供了理论依据。

该理论的局限性主要在于：首先，该理论是建立在国民收入核算恒等式基础之上的，并没对收入、吸收与贸易收支之间的因果关系及其相互影响进行深入分析；其次，吸收论的两点假定即本币贬值是出口增加的唯一原因以及生产要素的转移可以轻而易举地实现，与实际情况不符；最后，与弹性分析法一样，吸收分析法将贸易收支等同于国际收支，也忽视了国际资本流动对国际收支所产生的重要作用。

## 四、货币分析理论

货币分析理论（theory of monetary approach）是由蒙代尔（R. Mundell）、约翰逊（H. Johnson）和弗兰克尔（J. Frenkel）等人于 20 世纪 60 年代后期提出的以货币主义学说为基础的国际收支调节理论。它从货币的角度而非商品的角度分析国际收支失衡的原因并提出相应的政策主张。

（一）基本内容

1. 基本假设

国际收支货币分析理论需要满足以下几个基本假设：

（1）一国经济处于长期充分就业的均衡条件下，其实际货币需求与收入和利率等经济变量存在稳定的函数关系。

（2）从长期看，货币需求是稳定的，货币供给的变动不影响实际产量。

（3）进出口商品的价格是由世界市场决定的，从长期看，一国的价格水平和利率水平接近世界市场水平。

（4）购买力平价成立，即在世界范围内实行自由贸易，因此套利行为在世界范围内均是可行的，当达到无套利均衡时，一价定律成立。

2. 基本理论

当货币市场达到均衡时，货币需求等于货币供给，有

$$M^s = M^d \quad 1-10$$

其中，$M^s$ 表示名义货币供应量，$M^d$ 表示名义货币需求量，从长期看，可以假设货币供应量等于货币需求量。

货币分析理论借鉴了剑桥方程式，认为货币需求量与收入和物价水平等经济变量存在某种比例关系，即

$$M^d = kPY \quad 1-11$$

其中，$k$ 为一个常数，$P$ 为国内价格水平，$Y$ 为国内实际收入水平。设外国物价水平为 $P^*$，$e$ 为直接标价法下的汇率，在购买力平价成立的情况下，有

$$M^d = kP^* eY \quad 1-12$$

货币供给函数可以表示为：

$$M^s = m(D+R) \quad 1-13$$

其中，$D$ 为国内信用；$R$ 为国际储备，它通过国际收支盈余获得；$m$ 为货币乘数，为了方便接下来的分析，取 $m=1$，可得

$$M^d = M^s = D+R \quad 1-14$$

$$\Delta R = \Delta M^d - \Delta D \quad 1-15$$

上式就是最基本的货币分析理论的方程式，$\Delta R$ 表示国际储备的变动（即国际收支），$\Delta M^d$ 表示名义货币需求的变动，$\Delta D$ 表示国内名义货币供应量的变动。

根据该方程式，可以看出国际收支就是一种货币现象。一国国际收支是逆差还是顺差取决于该国国内名义货币供应量（$\Delta D$）与该国国内名义货币需求量（$\Delta M^d$）孰大孰小。当一国名义货币供应量大于名义货币需求量（$\Delta D > \Delta M^d$）时，人们持有的货币存量过多，势必会增加对国外商品和金融资产的需求以减少货币持有量，导致国际收支出现逆差；反之，当一国名义货币供应量小于名义货币需求量（$\Delta D < \Delta M^d$）时，人们持有的货币存量过少，势必会减少对国外商品和金融资产的需求以增加货币持有量，导致国际收支出现顺差。

值得注意的是，在浮动汇率制下，即使货币市场乃至于国际收支出现短暂的失衡，但汇率自由波动和国际储备的变动将促使货币市场趋向均衡，从而实现国际收支平衡。

3. 政策主张

（1）货币分析理论认为，货币供求失衡是导致国际收支失衡的根本原因。由于货币需求与收入、利率存在稳定的函数关系，而货币供给是外生变量，在很大程度上由央行控制，因此，货币供给是调节国际收支的根本力量。当一国出现国际收支逆差时，央行可以采取紧缩性的货币政策，减少货币供给；当一国出现国际收支顺差时，央行可以采取扩张性的货币政策，增加货币供给。

（2）只有在货币供应量不变的前提下本币贬值才能改善国际收支。若本币贬值的同时伴有国内信贷的膨胀，不但不能改善国际收支，可能还会产生相反的作用。从长期来看，控制货币供应量才是改善一国国际收支的根本途径。

（3）在浮动汇率制下，国际收支失衡可以由汇率的自动调整而得到纠正，而在固定汇率制下即使可对汇率定期进行适应性调整，也会给经济带来不利的冲击。

（4）由于存在自动调节机制，国际收支失衡能够自行恢复，因此应减少政府干预。

（二）评价

1. 贡献

(1)货币分析理论体现了货币因素在国际收支调节中的主要作用，它将分析重点由消费、投资、进出口等一国经济活动的实物层面转移到了货币层面，从开放经济的角度把一国货币供应的来源分为国内和国外两个部分，并从货币主义角度为国际收支调节提供了一个新的视角。

(2)该理论主张自由放任的国际收支调节政策，在以邻为壑的国际背景下有着积极的现实意义。

2. 局限性

(1)国际收支货币分析理论的多项假设不符合实际。首先，该理论假设货币需求与收入和利率之间存在着稳定的函数关系，但货币需求在短期内并不稳定。其次，该理论假设货币供给的变动不影响实际产量，但事实上，当本国货币供给增加时，该国居民不仅会改变对国外商品和金融资产的支出，还会改变对国内商品和金融资产的支出，从而改变国内实际产量。最后，货币分析理论还假定一价定律和购买力平价成立，但由于存在运输成本、贸易管制、信息不完全等因素，使得一价定律和购买力平价难以成立。

(2)货币分析理论认为当一国出现国际收支逆差时，如果要采取干预措施，该国所采取的基本对策应该是紧缩性的货币政策，但这一政策是以牺牲国内经济增长为代价的。这一政策曾引起许多国家，尤其是发展中国家的强烈质疑。

# 第四节　国际储备

## 一、国际储备的概念与作用

（一）国际储备的概念

国际储备(international reserve)，又称官方储备，是指一国货币当局持有的用于平衡国际收支、稳定汇率以及应付各种紧急国际支付的为各国普遍接受的资产。从国际储备的定义中可以看出国际储备具有官方性、流动性和普遍接受性等特点。

与国际储备密切相关且容易混淆的概念是国际清偿力(international liquidity)。所谓国际清偿力，可以理解为一国动用资金的能力，是指该国无须采取任何影响本国经济正常运行的特别调节措施即可平衡国际收支逆差和维持汇率稳定的总体能力。国际货币基金组织(IMF)将国际清偿力定义为一国的自有储备与借入储备之和。其中，自有储备即上文所述的国际储备，借入储备包括备用信贷、互惠信贷、支付协议以及本国商业银行的对外短期可兑换资产。

可见，国际清偿力的范围比国际储备更加广泛，国际储备只是国际清偿力的一部分。

（二）国际储备的作用

国际储备是衡量一个国家经济实力的重要指标之一，总体来看，国际储备具有以下三个基本作用：

1. 调节国际收支差额，维持国际收支平衡

这是一国持有国际储备的首要作用。比如，当一国出现国际收支逆差时，该国货币当局

通过动用国际储备来弥补国际收支逆差，避免采用紧急的经济紧缩政策，从而有利于减少经济政策调整对本国经济的冲击，实现国内经济目标。

**2. 干预外汇市场，维护本国货币汇率稳定**

外汇平准基金就是一国货币当局为了维持本国货币汇率稳定而设立的专用基金，由黄金、外汇和本国货币组成。当外汇汇率上升，本币汇率下降，汇率波动超过目标区间时，货币当局就会向市场抛售外汇，购进本币，从而阻止本币贬值；反之，当外汇汇率下降，本币汇率上升，本币升值程度超过预定区间时，货币当局就会向市场购买外汇，抛售本币，从而稳定汇率。当然，干预外汇市场的做法只能在短期内对汇率产生有限的影响，无法从根本上扭转汇率变动的长期趋势，毕竟一国的国际储备在一定时期内总是有限的。

**3. 对外举债、吸引外资的保证，提高本国的国际信用度**

国际储备作为一国对外支付的备用资产，是该国对外举债、吸引外资的保证，也是衡量一国国际信用度的标志之一。若一国的国际储备充足，可以提高该国的国际信用度，吸引外资投资，对外举债也较易实现，从而促进国内经济发展。相反，若一国国际储备严重萎缩，甚至接近枯竭，则该国的国际信用度就会一落千丈，吸引外资或对外举债将变得十分困难。

## 二、国际储备的内容

在不同的历史阶段，构成国际储备的资产类别有所差异。目前，根据国际货币基金组织的统计口径，一国的国际储备主要由以下四种储备资产组成：

### （一）黄金储备（gold reserves）

黄金储备是指一国货币当局以金融资产的形式所持有的货币性黄金，非货币性黄金不在此范围内。它在稳定国民经济、控制通货膨胀、稳定汇率以及支持国际信用等方面有着重要作用。用黄金来充当国际储备资产的做法最早可以追溯到 19 世纪，在国际金本位制度期间，黄金曾是最重要的国际储备资产。但是自从 1976 年国际货币基金组织通过《牙买加协议》起，黄金的货币职能受到削弱，黄金非货币化程度大大加深，黄金不再成为货币制度的基础，也不准用于政府间的国际收支差额清算，致使黄金储备在各国国际储备中的地位有所下降。但是即便如此，由于黄金是可靠的保值手段，本身具有实际价值，其购买力相对于纸币来说比较稳定，且一国的黄金储备可以自主控制不受外来干预，再加上世界上存在着发达的黄金市场，因此在许多国家（包括西方主要发达国家）的国际储备中，黄金储备依然具有相当重要的地位。表 1 - 1 列出了一些主要国家（或机构）的黄金储备数量及其占该国（或机构）外汇储备的比重。

**表 1 - 1 主要国家（或机构）的黄金储备数量及其占该国（或机构）外汇储备的比重（2019 年 3 月）**

| 排名 | 国家或地区 | 数量（吨） | 黄金储备占外汇储备比重 |
|---|---|---|---|
| 1 | 欧洲央行 | 10,778.5 | 54.3% |
| 2 | 美国 | 8133.5 | 74.8% |
| 3 | 德国 | 3369.7 | 70.2% |
| 4 | IMF | 2814.0 | |
| 5 | 意大利 | 2451.8 | 66.1% |
| 6 | 法国 | 2436.0 | 60.7% |

（续表）

| 排名 | 国家或地区 | 数量(吨) | 黄金储备占外汇储备比重 |
|---|---|---|---|
| 7 | 俄罗斯 | 2168.3 | 18.5% |
| 8 | 中国大陆 | 1885.5 | 2.5% |
| 9 | 瑞士 | 1040.0 | 5.5% |
| 10 | 日本 | 765.2 | 2.5% |

资料来源:世界黄金协会

### (二)外汇储备(foreign exchange reserves)

外汇储备是指为了满足国际支付的需要,一国的货币当局持有的国际储备货币和用它们表示的支付手段,其主要形式为外汇存款和外国政府债券。并不是所有国家的货币都可以成为储备货币,能够充当国际储备资产的货币必须具备以下几个特点:①能够自由兑换成其他储备货币(可兑换性);②在国际货币体系中具有重要地位,并在国际结算中被广泛使用(广泛性);③其币值(购买力)要相对稳定(稳定性)。由于这些条件需要以该国的经济实力和国际地位作为支撑,因此一般只有经济实力和国际地位较强的少数几个国家的货币才可以作为储备货币。在第一次世界大战前的国际金本位制时期,英镑成为最早的国际储备货币。1930 年代以后,由于美国经济实力的上升,美元和英镑平起平坐,共同成为国际储备货币。第二次世界大战后,由于美国的国际地位空前提高,英国的实力受到重创,美元就取代了英镑成为最重要的国际储备货币。从 1970 年代开始,随着固定汇率制的崩溃,外汇储备开始朝着多元化方向发展。目前,充当国际储备的货币主要有美元、日元、欧元、英镑等。

值得一提的是,自 2016 年 10 月 1 日开始,国际货币基金组织在其官方外汇储备数据库中单独列出人民币。此举表明,基金组织成员国可以将其持有的用以满足国际收支融资需求并以人民币计价的对外资产记为官方储备。这标志着人民币国际化又向前迈出了坚实的一步。图 1-4 所示为 2018 年第四季度全球已分配外汇储备币种分布情况。

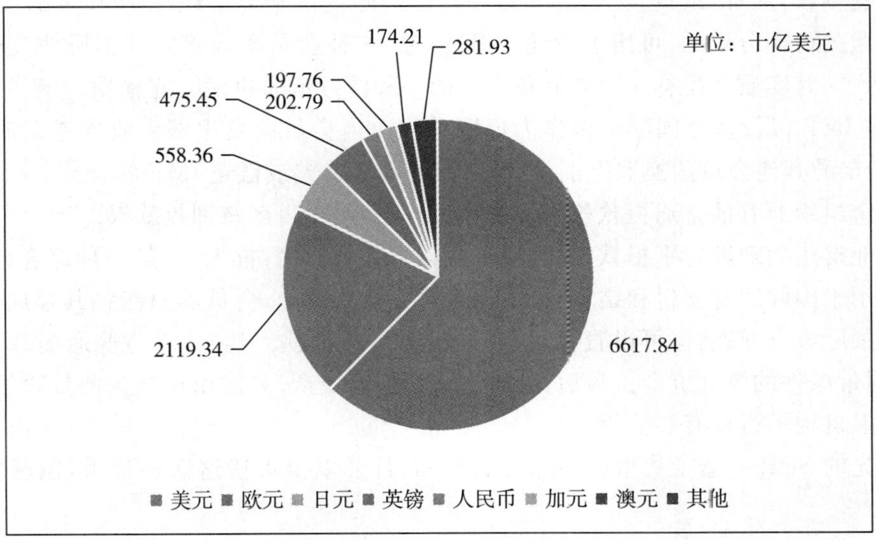


图 1-4 全球已分配外汇储备币种分布情况(2018 年第四季度)

资料来源:IMF 官网(https://www.imf.org/en/data)

（三）在国际货币基金组织的储备头寸(reserve position in the fund)

在国际货币基金组织的储备头寸，又称普通提款权(general drawing rights)，是指 IMF 成员国在该组织的普通资金账户中可以自由提取和使用的资产。国际货币基金组织就像是一个股份制形式的储蓄互助会，其各成员国就像是一个个"股东"，拥有数额不等的"股份"。当一个国家加入国际货币基金组织时，就需要根据一定的份额向该组织缴纳一定数量的资金，称之为份额。根据 IMF 的规定，在成员国所认缴的份额中，有 25%的比例必须以黄金或者可兑换货币的形式缴纳，剩余的 75%需要用本国货币缴纳。当成员国出现国际收支困难时，有权以本国货币作为抵押向该组织申请提用可兑换货币，期限一般为 3～5 年。提用数额分为五档，每档 25%，最高额度为份额的 125%。随着档数的提高，提用条件也越来越严格，难度越来越大。由于第一档就等于该成员国所认缴的可兑换货币额，因此条件最为宽松，一般只要提出申请便可以使用。其余四档为信用提款权，它与成员国的国家信用密切相关。

另外，根据 IMF 的规定，当 IMF 向其他成员国提供本国货币的贷款时，便形成了本国对 IMF 的债权，本国可以无条件提取并用于平衡国际收支逆差。IMF 向该国借入资金的净额也是该成员国的债权，该国同样可以无条件提取用于平衡国际收支逆差。

经过多年的艰苦博弈和漫长等待，美国国会终于在 2015 年底通过了国际货币基金组织 2010 年份额和治理改革(Quota and Governance Reforms，即第 14 次份额总检查)方案。国际货币基金组织于 2016 年 1 月 27 日宣布 IMF2010 年份额和治理改革方案已正式生效，根据改革方案，约有 6%的份额被转移到了有活力的新兴市场和发展中国家，中国份额占比从 3.996%升至 6.394%，排名从第六升至第三，仅次于美国(17.407%)和日本(6.464%)。中国、巴西、印度和俄罗斯 4 个新兴经济体进入 IMF 份额行列前十名。至此，中国一跃成为 IMF 的第三大份额国。此次改革方案的通过不仅有利于提高新兴市场和发展中国家的话语权，还能够增强国际货币基金组织的信誉度、有效性与合法性。①

（四）特别提款权(special drawing rights，简称 SDRs)

特别提款权，又称"纸黄金"(paper gold)，是国际货币基金组织在 1969 年设立的，根据会员国认缴的份额分配的，可用于偿还 IMF 债务、弥补会员国政府之间国际收支逆差的一种账面资产。其实质上是补充原有储备资产的一种国际流通手段。它根据一篮子主要货币计价，并被 IMF 以及多个国际组织作为记账单位。当会员国发生国际收支逆差时，可用它向 IMF 指定的其他会员国换取外汇，以偿付国际收支逆差或偿还 IMF 的贷款。因为它是国际货币基金组织原有的普通提款权以外的一种补充，因而得名特别提款权。

为了能够正确理解特别提款权，需要注意以下几个方面：首先，它是一种综合记账单位，不能直接用于国际贸易支付和结算，也不能直接兑换成黄金，会员国只能将其换成外汇后再用于弥补国际收支逆差，但可以直接用于偿还 IMF 的贷款。其次，它与普通提款权有所不同，是无附带条件的流动资金。最后，它属于官方储备资产，只能由成员国的货币当局持有，非官方金融机构不得持有和使用。

在原先的 SDR 一篮子货币中，有美元、欧元、日元以及英镑这四种货币，国际货币基金

① 周艾琳．中国跃居 IMF 第三大份额国 下一步份额公式改革？[DB/OL]．http://business.sohu.com/20151219/n431906016.shtml，2015-12-19.

组织每五年就对一篮子货币进行调整，以确保一篮子货币具有代表性。2016 年 10 月，人民币被正式纳入 SDR，成为 SDR 篮子中的第五种货币，这在人民币国际化进程中具有里程碑意义。图 1－5 所示为 IMF 调整后的 SDR 货币篮子构成情况。

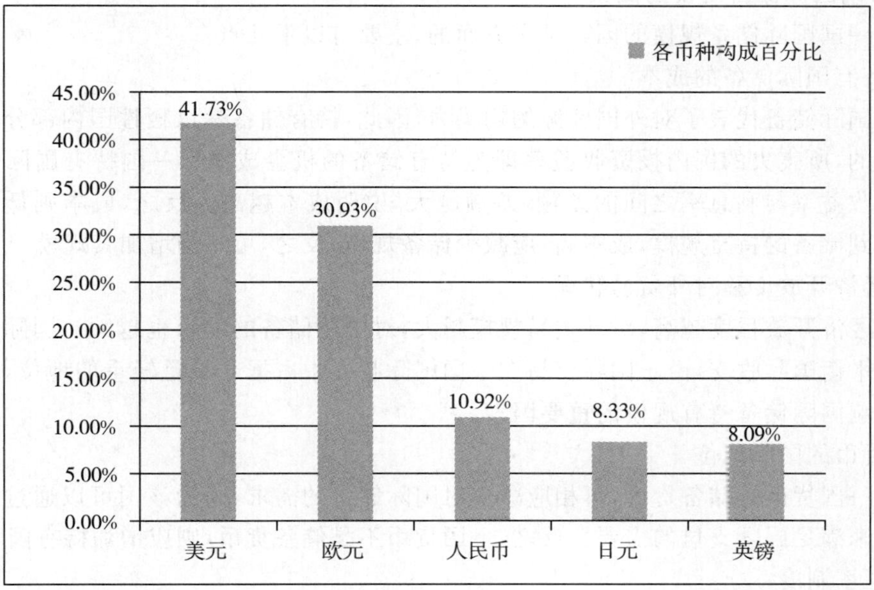


图 1－5　IMF 调整后的 SDR 货币篮子各币种构成百分比

资料来源：IMF 官网（https://www.imf.org）

## 三、国际储备的管理

国际储备管理是指一国政府或货币当局根据一定时期内本国的经济发展要求以及国际收支情况，对国际储备的规模、结构和储备资产的使用进行调整、控制，从而实现储备资产的规模适度化、结构最优化和使用高效化的整个过程。由定义可知，国际储备管理包括规模管理和结构管理两个方面。前者关乎国际储备的适度规模的确定问题，后者则是指在规模既定的情况下，如何优化储备资产结构，以实现“安全性、流动性、盈利性”三项原则的统一。

### （一）国际储备的规模管理

#### 1. 国际储备适度规模的含义

国际储备适度规模是指一国政府或货币当局为了实现国内经济健康发展，保持国际收支平衡和维持汇率稳定所持有的合理的国际储备数量。一个国家所持有的国际储备的规模大小，不仅对该国的国民经济发展、国际贸易有重要的影响，还会对国际金融秩序的稳定与世界经济的发展产生一定的影响。

如果一国的国际储备持有量过少，就无法满足该国对外贸易支出以及干预外汇市场等经济活动的需要，导致该国防范国际金融风险的能力降低，甚至会引发国内经济失衡。同样，过多的国际储备持有量也会对本国经济产生消极的影响。若一国持有过多的国际储备，从某种意义上来说，是一种资源的闲置与浪费，因为这不仅意味着减少了用于本国经济建设的资源投入，增加了持有储备资产的机会成本，同时也意味着资源利用效率的降低。此外，国际储备，特别是外汇储备与该国的货币投放量存在着密切的关系。外汇储备过多，意味着该国货币投放量很大，会增加该国国内的通货膨胀风险。

可见，一国的国际储备持有数量不能过少，也并不是多多益善，而是应该保持在一个适度的规模上，这样无论是对内还是对外都大有裨益。

**2. 影响国际储备规模的因素**

影响一国国际储备规模的因素是多方面的，主要有以下几点：

(1)持有国际储备的成本

由于国际储备代表了对外国资源的购买力，因此，持有储备是以牺牲国内部分投资或消费为代价的，所丧失的国内投资收益率即为持有储备的机会成本。一国持有国际储备的成本为投资收益率与利息率之间的差额，差额越大，说明成本越高。反之，成本则低。成本的高低影响到储备的持有规模，成本高，应减少储备规模，反之，可适当增加其规模。

(2)经济开放度和对外贸易状况

一国经济开放程度越高，对外贸易规模越大，对国际储备的需求也越大。国际储备的首要功能是平衡国际收支，由于国际贸易在一国国际收支中占据着举足轻重的地位，因此外贸状况是影响国际储备持有规模的重要因素。

(3)货币的国际地位

如果一国货币是储备货币，可相应减少对国际储备的需求，因为该国可以通过增加本国对外负债来满足国际支付的需要。反之，一国货币不是储备货币，则应增加持有国际储备。

(4)汇率制度

在固定汇率制下，货币当局有义务维持汇率的稳定，因此需要持有足够的外汇储备以满足干预市场的需要。而在浮动汇率制下，可以通过汇率的自发波动来实现对国际收支的调节，一定程度上可以通过自发市场机制来实现国际收支平衡。这样一来，货币当局干预市场的频率和规模则大大减少，因而对国际储备的需求也得以减少。

(5)外汇管制程度

从本质上来说，外汇管制是通过行政干预的方式来维持国际收支平衡和保持汇率稳定。因此通常而言，外汇管制程度较高的国家，对国际储备的需求也较小。

(6)国家信用等级与融资能力

一国的储备需求与其国际资信状况及其融资能力呈负相关。一国的国际信用度越高，对外融资能力越强，那么该国对储备的需求就会小一些；反之，一国的国际资信状况越差，对外融资难度越大，则该国对储备的需求就要大一些。

(7)国际收支调节机制与手段

一般而言，一国拥有高效的国际收支调节机制与多样化的手段，可以相对减少国际储备的持有量。反之，调节机制僵化、调节手段单一，则需要持有更多的国际储备。

**3. 适度国际储备规模的确定**

适度国际储备量的确定相当复杂，尚无统一的方法与标准，在实践中，有以下指标可以参考。

(1)国际储备与进口额的比率

美国经济学家特里芬(R. Triffin)凭借自己多年的观察和分析，认为一国国际储备与贸易进口额应保持一定的比例关系，一般以40%为合理，20%为最低限，通常该比例在25%左右，即一国储备量足以满足该国三个月进口之需。该指标简单易行，有着广泛的影响，已成为很多国家确定适度储备规模的不可或缺的参考指标。

(2)国际储备与外债的比率

国际储备与外债的比率反映了一国的对外清偿能力和资信状况.一般认为该指标控制在50%左右比较合适。

(3)国际储备与国际收支差额的比率

国际储备与国际收支差额的比率反映了一国国际收支不平衡的调节与国际储备之间的关系。在实践中,通过观察一国过去的国际储备与国际收支差额的比率变动状况,分析其变化趋势,掌握国际收支对储备需求的影响效应,以此作为判断该国国际储备量是否合宜的重要依据。

### (二)国际储备的结构管理

国际储备结构管理是指一国货币当局如何最佳地实现国际储备资产的配置,使得黄金储备、外汇储备、在基金组织的储备头寸和特别提款权四种形式的储备资产持有量及其构成要素之间保持合理的比例。由于在基金组织的储备头寸和特别提款权的数量取决于一国向国际货币基金组织认缴的份额大小,各国不能随意变更,因此国际储备的结构管理主要围绕黄金储备和外汇储备这两种资产展开。

**1. 国际储备结构管理应遵循的原则**

由于一国国际储备的实质是随时用于对外支付的准备金,具有平衡国际收支差额、维持本国货币汇率稳定的作用,因此它必须具备流动性、安全性和盈利性这三个特征。首先,流动性是指储备资产能够及时变现,转化为各种对外支付手段,这是储备资产最重要最基本的特征。其次,安全性是指要保持国际储备资产的安全、有效和价值稳定,其重要性仅次于流动性。最后,盈利性是指储备资产在保值的基础上能够增值创利。只有在考虑流动性和安全性的前提下,才能考虑盈利性。

显然,储备资产结构管理的三原则是互相矛盾、互相制约的。储备资产的流动性、安全性和盈利性呈现出负相关关系,若安全性与流动性高,则盈利性较低;若盈利性高,则安全性与流动性较低。当然,流动性和安全性往往相辅相成,流动性强的资产通常安全性也较高。因此,一国货币当局在进行国际储备资产的结构管理时,应当根据不同资产各自的特性,扬长避短,统筹兼顾,积极调整不同类别资产的数量结构,以实现储备资产最佳组合配置。

**2. 国际储备结构管理的内容**

(1)黄金储备管理

黄金储备的规模及其所占比重取决于黄金的性质。相较于外汇资产,黄金具有较低的流动性和盈利性。一方面,自从黄金非货币化以来,黄金不能直接用于国际支付,流动性已大大降低;另一方面,黄金储备不能产生利息收入,同时还需耗费昂贵的安保费用和仓储费用,因此它属于盈利性较差的资产。但是从安全性来看,黄金本身是商品,且其价值不受制于任何一国的财政金融政策,因而无疑黄金是一种具有独立属性的储备资产,安全性较高。鉴于黄金的这三个方面的性质,各国应当在国际储备资产组合中保持适当比例的黄金,但其规模不宜过大。

(2)外汇储备管理

通常情况下,外汇储备是一国国际储备中最重要的资产,因此在国际储备管理中,外汇储备管理显得尤为重要,其主要包括以下几个方面:

① 外汇储备的数量及其在国际储备资产总额中的比重

与国际储备量一样,外汇储备量的确定也无统一的方法与标准,但在具体实践中,大多数国家选择将其外汇储备持有额保持在大约 3 个月的进口量。从所占比重来看，发达国家外汇储备所占比重与黄金储备所占比重大致相当，但发展中国家外汇储备的比重要远高于黄金储备。究其因，发达国家通常采取稳健型的管理策略，注重资产的安全性，而发展中国家较注重资产的盈利性，大多采取进取型的管理策略。

② 外汇储备的币种结构

选择何种货币作为储备货币并确定其所占比重，应考虑以下因素：一国对外贸易和金融性支付所需币种、外债的币种结构、干预外汇市场所需币种、各种货币的收益率、一国经济发展目标和经济政策的要求以及各种储备货币汇率的变动趋势等。

③ 外汇储备的资产结构

根据储备资产的流动性，可将其划分为以下三类：

A. 一级储备：指变现能力非常强的储备资产，例如活期存款、短期票据、短期国债等。这类储备资产的流动性最高，基本上无风险，但收益率最低。

B. 二级储备：主要指中期债券。这类储备资产的收益性要高于一级储备，其流动性要低于一级储备，但仍然较高，风险也较大。

C. 三级储备：指各种长期投资工具，如长期公债以及其他信用良好的长期债券。这类储备资产的流动性差，收益率高，但风险最大。

这三类储备资产的搭配要结合本国的实际情况并进行动态管理，及时做到优化更新。

### （三）我国国际储备的管理

1995 年 3 月颁布的《中华人民共和国人民银行法》规定"持有、管理和经营国家外汇储备和黄金储备"是中国人民银行的重要职责之一。目前，中国人民银行根据中央银行法负责国际储备的管理运营战略，其下属机构国家外汇管理局则实施具体的管理工作。

**1. 我国国际储备的构成特点**

（1）黄金储备在国际储备中占比非常低，外汇储备在国际储备中占比最大，且在波动中呈递增趋势。根据世界黄金协会公布的数据显示，截至 2019 年 3 月，中国的黄金储备数量为 1885.5 吨，位列世界第八。但与一些西方发达国家相比，我国的黄金储备在储备资产中的比重非常低。如表 1 - 1 所列，中国的黄金储备占外汇储备的比重仅有 2.5%，远远低于欧美多个发达国家 50%以上的比例以及 10%左右的世界平均水平。与之相反的是，我国外汇储备在储备资产中占比最大，规模十分庞大且增长迅速。1978 年至 1993 年，我国外汇储备还处于较低的水平，但在 1994 年以后，我国的外汇储备迅速增加。2006 年 2 月，我国的外汇储备数量首次超越日本，登顶世界第一，并于 2014 年达到峰值 38430.18 亿美元。虽然近年来我国外汇储备增长缓慢甚至有时出现了负增长，但由于积累的外汇储备基数十分庞大，我国外汇储备的数量仍然稳居世界第一。1978—2018 年我国外汇储备规模见表 1 - 2 所列。

**表 1 - 2 1978—2018 年我国外汇储备规模**

| 年份 | 数量(亿美元) | 年份 | 数量(亿美元) |
|---|---|---|---|
| 1978 | 1.67 | 1999 | 1546.75 |
| 1979 | 8.40 | 2000 | 1655.74 |
| 1980 | −12.96 | 2001 | 2121.65 |
| 1981 | 27.08 | 2002 | 2864.07 |

（续表）

| 年份 | 数量(亿美元) | 年份 | 数量(亿美元) |
|---|---|---|---|
| 1982 | 69.86 | 2003 | 4032.51 |
| 1983 | 89.01 | 2004 | 6099.32 |
| 1984 | 82.20 | 2005 | 8188.72 |
| 1985 | 26.44 | 2006 | 10663.44 |
| 1986 | 20.72 | 2007 | 15282.49 |
| 1987 | 29.23 | 2008 | 19460.30 |
| 1988 | 33.72 | 2009 | 23991.52 |
| 1989 | 55.50 | 2010 | 28473.38 |
| 1990 | 110.93 | 2011 | 31811.48 |
| 1991 | 217.12 | 2012 | 33115.89 |
| 1992 | 194.43 | 2013 | 38213.15 |
| 1993 | 211.99 | 2014 | 38430.18 |
| 1994 | 516.20 | 2015 | 33303.62 |
| 1995 | 735.97 | 2016 | 30105.17 |
| 1996 | 1050.29 | 2017 | 31399.49 |
| 1997 | 1398.90 | 2018 | 30727.12 |
| 1998 | 1449.59 | | |

数据来源:国家外汇管理局

(2)在IMF的储备头寸和特别提款权不占重要地位。中国在IMF的储备头寸以及分配到的特别提款权随着中国在IMF中份额的变化而相应调整,但二者在我国的国际储备资产中不占重要地位。其原因有以下几个方面:一是我国在IMF的出资份额不高导致储备头寸与特别提款权的数量有限;二是储备头寸以及特别提款权的数额受到IMF规定的制约;三是我国高额的外汇储备稀释了上述两种提款权的比重。2019年5月我国国际储备资产的构成情况见表1-3所列。

**表1-3　我国国际储备资产的构成情况(2019年5月)**

| 资产类别 | 数量(亿美元) | 在国际储备中的比重(%) |
|---|---|---|
| 外汇储备 | 31010.04 | 96.91 |
| 在IMF的储备头寸 | 82.83 | 0.26 |
| 特别提款权 | 106.83 | 0.33 |
| 黄金 | 798.25 | 2.49 |
| 其他储备资产 | 0.16 | 0.01 |
| 合计 | 31998.10 | 100 |

资料来源:国家外汇管理局

**2. 我国外汇储备管理**

(1)外汇储备的规模管理

规模庞大的外汇储备意味着我国经济的迅速增长,也意味着我国拥有足够的国际支付和应对外部投机冲击的能力。但是有学者认为,目前我国的外汇储备数量已经超过了我国需要的合理规模,这会导致市场流动性过多,也加大了央行对冲工作的压力,同时还会造成储备资源的闲置和浪费。对此,可以采取的对策主要有:①转变经济发展战略,实现经济均衡增长。积极调整以往以追求国际收支顺差为目标的出口导向型发展战略,注重国内投资和消费的培育,努力促进出口与内需平衡发展,实现国民经济均衡增长。②促进国家外汇持有主体的多元化。将原来央行集中持有外汇的格局转变为由货币当局、其他政府机构以及企业和居民共同持有的格局。③转变利用外资战略,提高利用外资效率。在我国的外汇储备中有相当一部分是由外商直接投资转化而来的,因此若能够提高利用外资的效率就等于提高了外汇储备使用效率,则有利于"化多为优",提高经济发展质量。①

(2)外汇储备的结构管理

从外汇储备的币种结构来看,我国外汇储备的币种组成一直偏向于美元。从资产形式来看,主要以政府债券为主,尤其美国国债占比高。这种储备结构是出于现实的一种选择:我国贸易与外债结构的现状、人民币汇率制度的选择以及美国国债市场的深度与广度均是决定这种储备结构的关键因素。但值得指出的是,过高的美元资产比重会增加我国外汇储备的汇率风险,尤其是在美元贬值的大背景下,美元贬值会直接缩减我国外汇储备的价值。因此,我国要进一步促进外汇储备币种结构的合理化以及储备投资的多元化,以实现"安全性、流动性与盈利性"的有效统一。

## 附录一:2017—2018 年中国国际收支平衡表

单位:亿美元

| 项　　目 | 行　次 | 2017 年 | 2018 年 |
|---|---|---|---|
| 1. 经常账户 | 1 | 1951 | 491 |
| 　贷方 | 2 | 27450 | 29136 |
| 　借方 | 3 | −25499 | −28645 |
| 　　1. A　货物和服务 | 4 | 2170 | 1029 |
| 　　　　贷方 | 5 | 24934 | 26510 |
| 　　　　借方 | 6 | −22123 | −25481 |
| 　　　1. A. a　货物 | 7 | 4759 | 3952 |
| 　　　　　贷方 | 8 | 22162 | 24174 |
| 　　　　　借方 | 9 | −17403 | −20223 |
| 　　　1. A. b　服务 | 10 | −2589 | −2922 |
| 　　　　　贷方 | 11 | 2131 | 2336 |

① 何国华．国际金融学[M]．武汉:武汉大学出版社,2017:293.

（续表）

| 项 目 | 行 次 | 2017 年 | 2018 年 |
|---|---|---|---|
| 借方 | 12 | —4720 | —5258 |
| 1. A. b. 1 加工服务 | 13 | 179 | 172 |
| 贷方 | 14 | 181 | 174 |
| 借方 | 15 | —2 | —3 |
| 1. A. b. 2 维护和维修服务 | 16 | 37 | 46 |
| 贷方 | 17 | 60 | 72 |
| 借方 | 18 | —23 | —25 |
| 1. A. b. 3 运输 | 19 | —560 | —669 |
| 贷方 | 20 | 373 | 423 |
| 借方 | 21 | —933 | —1092 |
| 1. A. b. 4 旅行 | 22 | —2193 | —2370 |
| 贷方 | 23 | 386 | 404 |
| 借方 | 24 | —2579 | —2773 |
| 1. A. b. 5 建设 | 25 | 36 | 49 |
| 贷方 | 26 | 123 | 136 |
| 借方 | 27 | —86 | —86 |
| 1. A. b. 6 保险和养老金服务 | 28 | —74 | —66 |
| 贷方 | 29 | 41 | 49 |
| 借方 | 30 | —115 | —116 |
| 1. A. b. 7 金融服务 | 31 | 18 | 12 |
| 贷方 | 32 | 34 | 33 |
| 借方 | 33 | —16 | —21 |
| 1. A. b. 8 知识产权使用费 | 34 | —239 | —302 |
| 贷方 | 35 | 48 | 56 |
| 借方 | 36 | —287 | —358 |
| 1. A. b. 9 电信、计算机和信息服务 | 37 | 75 | 65 |
| 贷方 | 38 | 269 | 300 |
| 借方 | 39 | —194 | —235 |
| 1. A. b. 10 其他商业服务 | 40 | 169 | 191 |
| 贷方 | 41 | 593 | 662 |
| 借方 | 42 | —424 | —470 |
| 1. A. b. 11 个人、文化和娱乐服务 | 43 | —20 | —24 |
| 贷方 | 44 | 8 | 10 |

（续表）

| 项目 | 行次 | 2017年 | 2018年 |
|---|---|---|---|
| 借方 | 45 | −27 | −34 |
| 1.A.b.12 别处未提及的政府服务 | 46 | −18 | −27 |
| 贷方 | 47 | 17 | 18 |
| 借方 | 48 | −35 | −45 |
| 1.B 初次收入 | 49 | −100 | −514 |
| 贷方 | 50 | 2876 | 2348 |
| 借方 | 51 | −2976 | −2862 |
| 1.B.1 雇员报酬 | 52 | 149 | 82 |
| 贷方 | 53 | 217 | 181 |
| 借方 | 54 | −68 | −99 |
| 1.B.2 投资收益 | 55 | −254 | −614 |
| 贷方 | 56 | 2652 | 2146 |
| 借方 | 57 | −2906 | −2760 |
| 1.B.3 其他初次收入 | 58 | 4 | 18 |
| 贷方 | 59 | 7 | 21 |
| 借方 | 60 | −3 | −3 |
| 1.C 二次收入 | 61 | −119 | −24 |
| 贷方 | 62 | 282 | 278 |
| 借方 | 63 | −400 | −302 |
| 1.C.1 个人转移 | 64 | −25 | −4 |
| 贷方 | 65 | 70 | 62 |
| 借方 | 66 | −95 | −66 |
| 1.C.2 其他二次收入 | 67 | −93 | −20 |
| 贷方 | 68 | 212 | 216 |
| 借方 | 69 | −305 | −236 |
| 2. 资本与金融账户 | 70 | 179 | 1111 |
| 2.1 资本账户 | 71 | −1 | −6 |
| 贷方 | 72 | 2 | 3 |
| 借方 | 73 | −3 | −9 |
| 2.2 金融账户 | 74 | 180 | 1117 |
| 资产 | 75 | −4239 | −3721 |
| 负债 | 76 | 4419 | 4838 |
| 2.2.1 非储备性质的金融账户 | 77 | 1095 | 1306 |

（续表）

| 项　　目 | 行　次 | 2017 年 | 2018 年 |
|---|---|---|---|
| 资产 | 78 | —3324 | —3532 |
| 负债 | 79 | 4419 | 4838 |
| 2.2.1.1　直接投资 | 80 | 278 | 1070 |
| 2.2.1.1.1　直接投资资产 | 81 | —1383 | —965 |
| 2.2.1.1.1.1　股权 | 82 | —1363 | —790 |
| 2.2.1.1.1.2　关联企业债务 | 83 | —20 | —175 |
| 2.2.1.1.1.a　金融部门 | 84 | —178 | —208 |
| 2.2.1.1.1.1.a　股权 | 85 | —176 | —200 |
| 2.2.1.1.1.2.a　关联企业债务 | 86 | —2 | —8 |
| 2.2.1.1.1.b　非金融部门 | 87 | —1205 | —757 |
| 2.2.1.1.1.1.b　股权 | 88 | —1186 | —590 |
| 2.2.1.1.1.2.b　关联企业债务 | 89 | —18 | —167 |
| 2.2.1.1.2　直接投资负债 | 90 | 1661 | 2035 |
| 2.2.1.1.2.1　股权 | 91 | 1406 | 1544 |
| 2.2.1.1.2.2　关联企业债务 | 92 | 255 | 491 |
| 2.2.1.1.2.a　金融部门 | 93 | 121 | 176 |
| 2.2.1.1.2.1.a　股权 | 94 | 90 | 149 |
| 2.2.1.1.2.2.a　关联企业债务 | 95 | 32 | 26 |
| 2.2.1.1.2.b　非金融部门 | 96 | 1539 | 1859 |
| 2.2.1.1.2.1.b　股权 | 97 | 1316 | 1395 |
| 2.2.1.1.2.2.b　关联企业债务 | 98 | 223 | 465 |
| 2.2.1.2　证券投资 | 99 | 295 | 1067 |
| 2.2.1.2.1　资产 | 100 | —948 | —535 |
| 2.2.1.2.1.1　股权 | 101 | —328 | —177 |
| 2.2.1.2.1.2　债券 | 102 | —620 | —358 |
| 2.2.1.2.2　负债 | 103 | 1243 | 1602 |
| 2.2.1.2.2.1　股权 | 104 | 362 | 607 |
| 2.2.1.2.2.2　债券 | 105 | 881 | 995 |
| 2.2.1.3　金融衍生工具 | 106 | 4 | —62 |
| 2.2.1.3.1　资产 | 107 | 15 | —48 |
| 2.2.1.3.2　负债 | 108 | —12 | —13 |
| 2.2.1.4　其他投资 | 109 | 519 | —770 |
| 2.2.1.4.1　资产 | 110 | —1008 | —1984 |

（续表）

| 项　　目 | 行　次 | 2017 年 | 2018 年 |
|---|---|---|---|
| 2.2.1.4.1.1　其他股权 | 111 | 0 | 0 |
| 2.2.1.4.1.2　货币和存款 | 112 | −571 | −731 |
| 2.2.1.4.1.3　贷款 | 113 | −435 | −818 |
| 2.2.1.4.1.4　保险和养老金 | 114 | 0 | −6 |
| 2.2.1.4.1.5　贸易信贷 | 115 | −194 | −653 |
| 2.2.1.4.1.6　其他 | 116 | 191 | 224 |
| 2.2.1.4.2　负债 | 117 | 1527 | 1214 |
| 2.2.1.4.2.1　其他股权 | 118 | 0 | 0 |
| 2.2.1.4.2.2　货币和存款 | 119 | 1079 | 514 |
| 2.2.1.4.2.3　贷款 | 120 | 501 | 321 |
| 2.2.1.4.2.4　保险和养老金 | 121 | 7 | 2 |
| 2.2.1.4.2.5　贸易信贷 | 122 | −12 | 408 |
| 2.2.1.4.2.6　其他 | 123 | −47 | −31 |
| 2.2.1.4.2.7　特别提款权 | 124 | 0 | 0 |
| 2.2.2　储备资产 | 125 | −915 | −189 |
| 2.2.2.1　货币黄金 | 126 | 0 | 0 |
| 2.2.2.2　特别提款权 | 127 | −7 | 0 |
| 2.2.2.3　在国际货币基金组织的储备头寸 | 128 | 22 | −7 |
| 2.2.2.4　外汇储备 | 129 | −930 | −182 |
| 2.2.2.5　其他储备资产 | 130 | 0 | 0 |
| 3. 净误差与遗漏 | 131 | −2130 | −1602 |

注：1. 本表根据《国际收支和国际投资头寸手册》(第六版)编制。

2. “贷方”按正值列示，“借方”按负值列示，差额等于“贷方”加上“借方”。本表除标注“贷方”和“借方”的项目外，其他项目均指差额。

3. 本表计数采用四舍五入原则。

数据来源：国家外汇管理局

## 附录二：2017—2018 年中国国际投资头寸表

单位：亿美元

| 项　　目 | 行　次 | 2017 年 | 2018 年 |
|---|---|---|---|
| 净头寸 | 1 | 21007 | 21301 |
| 资产 | 2 | 71488 | 73242 |
| 1　直接投资 | 3 | 18090 | 18990 |

（续表）

| 项　　目 | 行　次 | 2017 年 | 2018 年 |
|---|---|---|---|
| 1.1　股权 | 4 | 15590 | 16316 |
| 1.2　关联企业债务 | 5 | 2501 | 2674 |
| 1.a　金融部门 | 6 | 2371 | 2518 |
| 1.1.a　股权 | 7 | 2276 | 2416 |
| 1.2.a　关联企业债务 | 8 | 95 | 102 |
| 1.b　非金融部门 | 9 | 15719 | 16472 |
| 1.1.b　股权 | 10 | 13314 | 13900 |
| 1.2.b　关联企业债务 | 11 | 2405 | 2572 |
| 2　证券投资 | 12 | 4925 | 4980 |
| 2.1　股权 | 13 | 2977 | 2700 |
| 2.2　债券 | 14 | 1948 | 2279 |
| 3　金融衍生工具 | 15 | 59 | 62 |
| 4　其他投资 | 16 | 16055 | 17530 |
| 4.1　其他股权 | 17 | 54 | 54 |
| 4.2　货币和存款 | 18 | 3611 | 3937 |
| 4.3　贷款 | 19 | 6373 | 7097 |
| 4.4　保险和养老金 | 20 | 101 | 106 |
| 4.5　贸易信贷 | 21 | 5319 | 5972 |
| 4.6　其他应收款 | 22 | 597 | 364 |
| 5　储备资产 | 23 | 32359 | 31680 |
| 5.1　货币黄金 | 24 | 765 | 763 |
| 5.2　特别提款权 | 25 | 110 | 107 |
| 5.3　在国际货币基金组织的储备头寸 | 26 | 79 | 85 |
| 5.4　外汇储备 | 27 | 31399 | 30727 |
| 5.5　其他储备 | 28 | 5 | −2 |
| 负债 | 29 | 50481 | 51941 |
| 1　直接投资 | 30 | 27257 | 27623 |
| 1.1　股权 | 31 | 25150 | 25386 |
| 1.2　关联企业债务 | 32 | 2107 | 2237 |
| 1.a　金融部门 | 33 | 1351 | 1422 |
| 1.1.a　股权 | 34 | 1241 | 1277 |
| 1.2.a　关联企业债务 | 35 | 110 | 145 |
| 1.b　非金融部门 | 36 | 25906 | 26201 |

（续表）

| 项　　目 | 行　次 | 2017 年 | 2018 年 |
|---|---|---|---|
| 1.1.b 股权 | 37 | 23909 | 24109 |
| 1.2.b 关联企业债务 | 38 | 1997 | 2092 |
| 2 证券投资 | 39 | 10994 | 10964 |
| 2.1 股权 | 40 | 7623 | 6842 |
| 2.2 债券 | 41 | 3370 | 4122 |
| 3 金融衍生工具 | 42 | 34 | 60 |
| 4 其他投资 | 43 | 12197 | 13294 |
| 4.1 其他股权 | 44 | 0 | 0 |
| 4.2 货币和存款 | 45 | 4365 | 4833 |
| 4.3 贷款 | 46 | 3922 | 4169 |
| 4.4 保险和养老金 | 47 | 100 | 109 |
| 4.5 贸易信贷 | 48 | 3523 | 3931 |
| 4.6 其他应付款 | 49 | 188 | 154 |
| 4.7 特别提款权 | 50 | 100 | 97 |

注：净头寸是指资产减负债，“＋”表示净资产，“－”表示净负债。本表计数采用四舍五入原则。

数据来源：国家外汇管理局

## 本章习题

### 一、选择题（1～6 题为单项选择题，7～12 题为多项选择题）

1. 在一国的国际收支平衡表中，最基本、最重要的项目是（　　）。

A. 经常账户　B. 资本账户　C. 错误与遗漏　D. 官方储备

2. 投资收益属于（　　）。

A. 经常账户　B. 资本账户　C. 错误与遗漏　D. 官方储备

3. 仅限于会员国政府之间和 IMF 与会员国之间使用的储备资产是（　　）。

A. 黄金储备　B. 外汇储备　C. 特别提款权　D. 普通提款权

4.“马歇尔—勒纳条件”是指当一国的出口需求弹性与进口需求弹性系数之和（　　）时，该国货币贬值才有利于改善贸易收支。

A. 大于 0　B. 小于 0　C. 大于 1　D. 小于 1

5. 根据吸收分析理论，如果总收入大于总吸收，则国际收支（　　）。

A. 平衡　B. 顺差　C. 逆差　D. 无法判断

6. 根据国际借贷理论，当一国的流动债权大于流动债务时，外汇汇率将（　　）。

A. 上涨　B. 下跌　C. 稳定　D. 无法判定

7. 国际储备包括（　　）。

A. 商业银行储备　B. 外汇储备　C. 在 IMF 的储备头寸

D. 特别提款权　　　E. 黄金储备

8. 下列关于国际收支说法正确的是(　　)。

A. 国际收支反映一定时期内的国际经济交易

B. 国际收支是一个流量概念

C. 债权国对债务国给予的债务注销不属于国际收支范畴

D. 只有涉及外汇收支的交易才属于国际收支范畴

E. 只有居民与非居民之间的经济交易才构成国际收支的内容

9. 我国在《外汇管理暂行条例》中所指的外汇是(　　)。

A. 外国货币　　　B. 外币有价证券　　　C. 外币支付凭证

D. 特别提款权　　　E. 黄金

10. 经常账户主要包括(　　)。

A. 货物　　　B. 投资收益　　　C. 经常转移

D. 投资捐赠　　　E. 服务

11. 国内吸收是指国内居民总支出,由(　　)构成。

A. 国际收支　　　B. 政府支出　　　C. 私人消费

D. 私人投资　　　E. 储蓄

12. 在调节经济内外均衡的政策工具中,支出变更政策工具包括(　　)。

A. 财政政策　　　B. 货币政策　　　C. 汇率政策

D. 直接管制　　　E. 产业政策

## 二、问答题

1. 影响国际收支不平衡的因素有哪些?
2. 调节国际收支的政策措施具体有哪些?
3. 影响国际储备量的因素有哪些?
4. 请用简单的数学推导证明马歇尔—勒纳条件。
5. 试述吸收论的基本思想及其政策主张。
6. 请阐述货币分析法的基本内容。

# 第二章　汇率决定理论

**内容简介**：本章介绍汇率的直接标价法和间接标价法，不同类别的汇率，不同货币制度下汇率决定的基础，影响汇率变化的因素以及西方主要汇率理论的基本思想。重点介绍一价定律的含义，购买力平价的基本内容与评价，利率平价的含义和内容，弹性价格货币分析法与黏性价格货币分析法的基本思想，以及资产组合分析法的基本原理。

## 第一节　外汇与汇率

### 一、外汇的含义与作用

#### （一）外汇的含义

外汇的英文是 foreign exchange，其本意为"国际汇兑"。我们可以从动态和静态的角度来理解外汇概念。动态的外汇，是指人们将一种货币兑换成另一种货币以清偿国际债务的行为，此时的外汇概念等同于国际结算。静态的外汇，是指以外国货币表示的、能用来清偿国际债权债务的资产，有广义和狭义之分。广义的静态外汇是指一切用外币表示的资产。比如，根据我国《外汇管理条例》的规定，外汇是指下列以外币表示的可以用作国际清偿的支付手段和资产：(1)外国货币，包括纸币、铸币；(2)外币支付凭证，包括票据、银行存款凭证、邮政储蓄凭证等；(3)外币有价证券，包括政府债券、公司债券、股票等；(4)特别提款权；(5)其他外汇资产。狭义的静态外汇是指以外币表示的、可直接用于国际结算的支付手段和工具。从这个角度来看，只有存放在国外银行的外币存款，以及索取这些存款所需的外币票据和凭证，如银行汇票、支票、本票和电汇凭证等，才属于外汇的范畴，而以外币表示的外币有价证券、黄金以及外币现钞，则不属于外汇的范畴。

外汇必须具备以下三个特征：(1)外币性，即外汇必须是以外币表示的资产。任何以本国货币表示的资产对本国人而言，并非外汇资产。(2)自由兑换性，即这种外币资产能与主要国际货币进行自由兑换。如果该种资产的国际自由兑换受到限制则不能称其为外汇。(3)可偿付性，即这种外币资产必须是能够在国外得到偿付的债权。缺乏充分物质偿付保证的"外币资产"不是外汇，比如空头支票、遭拒付的汇票等。

#### （二）外汇的作用

外汇因国际经济交往而产生，一经产生，反过来，又极大地推动国际经贸关系进一步发展，在国际政治、文化、科技交流中发挥着不可或缺的作用。

**1. 充当计价和支付手段，使得国际结算更为便利**

在国际经贸往来中，如果没有外汇工具，那么每一笔交易必须以黄金来支付结算，而黄金作为支付工具，势必带来较高的交易成本和风险，比如黄金输送费用、时间成本、被抢夺的风险等。以外汇作为国际支付手段能够有效地解决这一难题。这种非现金结算方式利用外币支付凭证，比如汇票、支票等，通过银行转账的方法来实现国际支付，不仅节省了费用，而且大大缩短了支付时间，可谓既安全迅速又简洁方便，极大地便利了国际结算。

**2. 实现国际购买力的转移，调剂国际资金余缺**

由于当今各国实行的是纸币制度，各国货币不同，一般情况下一国货币不能在别国流通，不能直接购买别国的商品和劳务。而外汇的自由兑换性和可偿付性使得它成为世界各国普遍可接受的资产，运用外汇可从国际市场方便地采购商品和劳务以及偿付债务，从而实现不同国家间的货币购买力的转移，促进了国际经济交往。另一方面，由于世界经济发展不平衡，各国资金余缺程度不同，外汇的自由兑换性使各国余缺资金的调剂成为可能，由此资金的供求调节在世界范围内展开，国际信贷和国际投资活动从而得以迅速发展。

**3. 充当国际储备资产，增加一国财富的储存形式**

如前所述，国际储备是指一国货币当局所持有的，能随时用来支付国际收支差额，干预外汇市场，维持本币汇率稳定的流动性资产，其由货币性黄金、外汇储备、在国际货币基金组织的储备头寸以及特别提款权组成。其中外汇储备是国际储备的主体部分，所占比重一般在 90%以上。外汇储备的主要形式为国外银行存款与外国政府债券，而储备货币往往是那些可自由兑换、价值相当稳定的货币。

## 二、汇率

### (一)汇率的含义

由于存在不同的货币，所以会产生货币间兑换比率的问题。所谓汇率(exchange rate)指的是用一种货币表示另一种货币的相对价格，也即两种货币的相对比价。

### (二)汇率的标价方法

确定不同货币的比价，先要确定以哪一种货币作为标准货币(亦称基准货币)，哪一种货币作为标价货币(亦称计价货币)。根据确定的标准不同，可以将标价方法分为直接标价法、间接标价法以及美元标价法。

**1. 直接标价法**

以 1 个单位或 100 个单位的外国货币作为基准货币，折算成一定金额的本国货币，称为直接标价法(direct quotation)。在直接标价法下，外国货币为基准货币，本国货币为计价货币，即用一定数额的本国货币来表示单位外国货币的价值。比如，中国银行 2019 年 4 月 30 日的外汇牌价 USD100 = RMB672.33 ~ 675.18，即每 100 美元价值人民币 672.33 或 675.18 元。

目前，除英镑、欧元、美元外，绝大多数国家均采用直接标价法，我国也不例外。

**2. 间接标价法**

以 1 个单位或 100 个单位的本国货币作为基准货币，折算成一定金额的外国货币，称为间接标价法(indirect quotation)。在间接标价法下，本国货币为基准货币，外国货币为计价货币，即用一定数额的外国货币来表示单位本国货币的价值。比如，在 2019 年 6 月 27 日美国纽约市场上，USD1＝CHF0.9759～0.9801，即每 1 美元价值 0.9759 或 0.9801 瑞士法郎。

3. **美元标价法**

所谓美元标价法，指的是以美元为基准货币，而其他货币为计价货币的汇率标价方法。美元标价法与前两种方法并不矛盾，只不过该名称凸显了美元的地位。第二次世界大战以后由于美元是世界货币体系的中心货币，除英镑和后来出现的欧元外，各国外汇市场都以美元为标准来确定外汇牌价，也即用其他货币给美元标价。在美元标价法下，美元与其他货币的比价被视为基准汇率，如果需要计算其他两种货币的比价，则利用基准汇率进行套算即可。

### （三）汇率的种类

在实际应用中，从不同的角度出发，可以将汇率划分为不同的种类。

1. **按银行买卖外汇的角度分**

（1）买入汇率（buying rate）

即买入价，是指银行从客户那里买入外汇时使用的汇率。

（2）卖出汇率（selling rate）

即卖出价，是指银行向客户卖出外汇时使用的汇率。

（3）中间汇率（middle rate）

即中间价，是指买入价和卖出价的算术平均数。中间汇率并不是实际交易汇率，只是为了方便计算或使报道更简洁而使用的汇率，常见于报刊或经济分析中。

（4）现钞汇率（banknote rate）

即现钞价，是指买卖外汇现钞时使用的汇率，也有买入价和卖出价之分。通常情况下，现钞买入价要低于现汇买入价，而现钞卖出价要高于现汇卖出价，究其因，与现汇买卖相比，现钞买卖会造成银行方利息损失和费用增加，故而银行方会降低现钞买入价或提高现钞卖出价使自己的损失得以补偿。

2. **按外汇管制的松紧程度分**

（1）官定汇率（official rate）

又称法定汇率，是指国家官方机构（如财政部、中央银行或外汇管理局）所规定的汇率。外汇管制较严格的国家禁止自由外汇市场的存在，规定一切外汇交易均须以官方汇率为准。官方汇率通常比较稳定，且往往具有高估本币价值的倾向。

（2）市场汇率（market rate）

是指在自由外汇市场上买卖外汇的实际汇率。市场汇率随外汇供求关系的变化而波动。

3. **按外汇资金性质和用途分**

（1）贸易汇率（commercial rate）

是指用于进出口贸易及其从属费用的汇率。

（2）金融汇率（financial rate）

是指用于非贸易往来如劳务、资本移动等方面的汇率。

4. **按汇率是否适用不同用途分**

（1）单一汇率（single rate）

是指一国货币对某一外国货币的汇率只有一个，该汇率适用于该国所有的国际经济交往。

（2）多重汇率（multiple rate）

又称复汇率，是指根据外汇用途以及交易种类的不同，一国货币对某一外国货币的汇率实行两种或两种以上的汇价。复汇率实际上是外汇管制的产物。

**5. 按外汇买卖交割时间分**

（1）即期汇率（spot exchange rate）

又称现汇汇率，是指买卖双方成交后在两个营业日内完成交割所使用的汇率。外汇市场上挂牌的现时汇率即为即期汇率。

（2）远期汇率（forward exchange rate）

又称期汇汇率，是指买卖双方成交后约定在未来某一时间进行交割所使用的汇率。远期汇率是以即期汇率为基础而约定形成的，但往往与即期汇率有一定差额，该差额即远期差价，采用升水、贴水和平价来表示。在直接标价法下，若远期汇率大于即期汇率，即为外汇升水，反之则为外汇贴水，如果两者相等，则称之为平价。

**6. 按外汇交易的支付工具分**

（1）电汇汇率（telegraphic transfer rate，T/T Rate）

指的是外汇交易中以电讯方式通知付款所使用的汇率。电汇方式下款项交收时间最短，银行一般不能占用客户资金，因而电汇汇率最贵。各大银行公布的外汇牌价一般指的是电汇汇率，它是计算其他各种汇率的基础。

（2）信汇汇率（mail transfer rate，M/T Rate）

是指以信函方式通知付款所使用的汇率。由于邮程需要时间较长，较之于电汇，银行卖出外汇时，会占用客户资金，而银行买入外汇时，客户会占用银行资金，因此银行将以低于电汇汇率的价格买卖外汇，以使利息损失方得到补偿。

（3）票汇汇率（demand draft rate，D/D Rate）

是指银行买卖外汇汇票、支票和其他票据时所使用的汇率。在票汇方式下，汇出行应汇款人的申请，开立以其国外分行或代理行为付款人的银行汇票，由汇款人自带或自寄给收款人，收款人凭此银行汇票向汇入行提取款项。票汇从卖出外汇到支付外汇需要一段时间，同样会形成资金占用，因此票汇汇率也较电汇汇率为低。

**7. 按汇率的计算方法分**

（1）基础汇率（basic rate）

是指一国货币对某一关键货币的比价，也称基准汇率。它是本币与其他各种外币之间汇率套算的基础。第二次世界大战后，由于美元在国际贸易与金融领域的主导地位，很多国家将本币对美元的汇率作为基准汇率。

（2）交叉汇率（cross rate）

亦称套算汇率，是指根据基准汇率套算出来的本国货币对非关键货币的比价。例如，GBP1＝USD1.2296～1.2999，USD1＝SGD1.3638～1.3641，则 GBP1＝SGD1.2296×1.3638～1.2999×1.3641＝SGD1.6769～1.7732。

**8. 按测算方法来分**

（1）名义汇率（nominal exchange rate）

是指由官方公布的或在市场上通行的、没有剔除通货膨胀因素的汇率。

（2）实际汇率（real exchange rate）

是指在名义汇率的基础上剔除通货膨胀因素的汇率，即 $eP^*/P$（其中 $e$ 为直接标价法下的名义汇率，$P^*$ 为用外币表示的外国商品价格，$P$ 为用本币表示的本国商品价格）。从公式可以看出，实际汇率等于采用外国与本国商品价格之比对名义汇率进行调整后的汇率，反映出两国商品的相对竞争力。与名义汇率相比，实际汇率更能反映出两国货币的实际购买力。

(3)有效汇率（effective exchange rate）

是指一种货币相当于其他货币的双边汇率的加权平均数。权重选择标准不一，其中以贸易比重为权重较为常见，具体计算公式如下：

$$A\text{ 币的有效汇率} = \sum_{i=1}^{n} A\text{ 国货币对 } i\text{ 国货币的汇率} \times \frac{A\text{ 国同 } i\text{ 国的贸易值}}{A\text{ 国的总体贸易值}}$$

该有效汇率反映了 $A$ 国货币汇率在国际贸易中的总体竞争力和总体波动幅度。

# 第二节 汇率的决定与调整

## 一、汇率决定的基础

如前所述，汇率指的是各国货币之间的比价，而货币所代表的价值是决定汇率水平的基础。在不同的货币制度下，货币所代表的价值量是不同的，这也意味着汇率的决定因素是不相同的，而且影响其变化的因素也不尽相同。

### (一)金本位制下的汇率决定与变动

1816 年英国《金本位法》的颁布标志着金本位制的诞生。随后，德国、美国等主要西方国家相继实行金本位制。至此，世界进入国际金本位制时代。金本位制度包括金铸币本位制(也称为典型的金本位制)、金块本位制和金汇兑本位制三种形式。我们重点探讨典型的金本位制下的汇率决定与变动。

#### 1. 金本位制下的汇率基础

典型的金本位制下，金币充当本位货币，具有无限法偿能力，其由一定重量和成色的黄金铸成，而且金币可以自由铸造、自由输出入。两个实行金本位制国家的单位货币含金量之比，即铸币平价(mint par)，成为决定两国货币汇率的基础。

以英镑和美元为例。在金本位制时期，1 英镑含金量为 113 格令，相当于 7.32238 克的纯金，而 1 美元含金量为 23.22 格令，相当于 1.50463 克的纯金，由此英镑与美元的铸币平价为：

$$\frac{113.00}{23.22} = 4.8665$$

这表明 1 英镑的含金量是 1 美元含金量的 4.8665 倍，即构成英镑对美元汇率的基础：1 英镑＝4.8665 美元。

#### 2. 金本位制下的汇率变动

汇率不是一成不变的，受外汇供求等因素的影响，它以铸币平价为中心上下波动。当外汇供给小于需求的，外汇会升值，本币贬值；当外汇供给大于需求的，外汇贬值，而本币升值。

金本位制下的外汇供求关系主要取决于国际债权债务关系，而当时国际资本流动并不频繁，国际债权债务关系多因国际贸易而来。当一国存在大量贸易顺差时，外汇供给充足，因而外汇贬值，本币升值；当出现逆差时，情况正好相反。

金本位制下的汇率波动幅度是有限的，通常以黄金输送点为限。何谓黄金输送点？即铸币平价加减黄金输送费用，如果相加，会构成黄金输送点的上限，相减则形成黄金输送点的下限。黄金输送点为何成为汇率波动的界限呢？下面我们以英美之间的贸易为例来说明。假设，英美之间输送价值 1 英镑的黄金需要耗费 3 美分的输送费用，包括包装费、装运费、保险费以及利息损失等。假设在某一天，在美国的外汇市场上英镑大幅升值，汇率为 1 英镑＝5 美元，已大大超过铸币平价。这种市场失衡情况是暂时的。此时，一个美国的进口商正好从英国进口价值 1000 英镑的货物，如果按照当时的汇率，那么支付 1000 英镑需要花费 5000 美元，该进口商经过测算后决定，直接用黄金来支付货款。首先，他在美国当地市场购买了价值 1000 英镑的黄金，然后，他将黄金运至英国，支付给英国的出口商。我们可以计算一下他的所有花费：购买价值 1000 英镑的黄金（相当于 7322.38 克的纯金）需要花费 4866.5 美元$\left(\frac{7322.38}{1.50463}=4866.5\right)$；黄金的输送费用为 30 美元（$1000\times0.03=30$）。可以得到，该进口商为了这批进口货物共花费 4896.5 美元（$4866.5+30=4896.5$），低于 5000 美元（直接以美元兑换成英镑进行支付需花费的美元金额），无疑该种支付方式是划算的。因此，这种行为将会大量存在，造成对英镑的需求下降，从而英镑贬值，而美元升值，直到汇率回归至 4.8965 的水平时，该种行为因无利可图而不复存在，外汇市场重现均衡。如果某一天行情正好相反，英镑大幅贬值，汇率为 1 英镑＝4 美元，已大大低于铸币平价。而这时，一美国出口商正向英国出口价值 1000 英镑的货物，如果按照当时的汇率，1000 英镑货款仅能换回 4000 美元，该出口商觉得不合算，不如接受黄金支付。首先，他在英国当地获得了价值 1000 英镑的黄金，然后，他将黄金运回美国，兑换回相应的美元。我们可以计算一下他的所得：价值 1000 英镑的黄金（相当于 7322.38 克的纯金）可兑换回 4866.5 美元$\left(\frac{7322.38}{1.50463}=4866.5\right)$；黄金的输送费用为 30 美元（$1000\times0.03=30$）。该出口商出口这批货物共获得 4836.5 美元（$4866.5-30=4836.5$），大于 4000 美元（直接以英镑兑换成美元的金额）。因而，这种行为将会大量存在，造成美国市场上英镑的供给下降，从而引发英镑升值、美元贬值，直至汇率变化到 4.8365 的水平时，外汇市场重现均衡。

总之，在金本位制下，受外汇供求等因素的影响，汇率围绕铸币平价而上下波动，且以黄金输送点为限。

### （二）纸币制度下的汇率基础

金本位制崩溃以后，代之以纸币制度。纸币时代可区分为两个时期：规定有法定含金量的时期和 1978 年 4 月 1 日黄金非货币化以后的无法定含金量时期。对于第一个时期，两国纸币所代表的含金量之比（即金平价，gold parity）决定汇率，此时，汇率基础不同于金本位制下的情形，金平价只是虚设的价值之比，而铸币平价才是货真价实的价值之比。关于第二个时期，由于纸币完全与黄金相脱离，货币的价值体现为购买商品和劳务的能力，此时的汇率水平取决于两国货币的购买力之比，这种论点也是西方汇率理论中购买力平价学说的基本思想。实际上，货币的价值属性可区分为对内价值和对外价值，且对内价值是对外价值的基础。货币在国内的购买力水平是其对内价值的体现，而汇率则是对外价值的表现。货币的购买力水平可用衡量通货膨胀程度的物价指数来计算，当一国物价指数上涨，通货膨胀水平提高，表明该国货币的购买力水平下降，也即对内价值下跌，它在国际市场上的汇率水平也相应下跌，即对外价值下降，反之，亦然。

## 二、纸币制度下影响汇率变化的因素

汇率作为重要的经济变量，影响其变化的因素是多方面的，可以大致区分为长期因素和短期因素，其中长期因素包括国际收支差额、通货膨胀率差异、经济增长率差异，而短期因素包括相对利率、政府干预、心理预期以及投机活动等。这些因素相互联系、相互制约，交织作用于汇率，使得汇率变动成为一个复杂的动态过程。

### （一）国际收支差额

一国国际收支差额通过直接影响外汇供求关系进而影响汇率的变化。当一国国际收支为顺差时，表明外汇收入大于外汇支出，此时外汇供给大于外汇需求，因而外汇汇率贬值，而本国货币升值。反之，当一国国际收支为逆差时，说明外汇收入小于外汇支出，此时外汇供给小于外汇需求，因此外汇汇率升值，而本国货币贬值。

分析国际收支顺差或逆差的性质有助于理解汇率的变化趋势。一般说来，长期、巨额的国际收支失衡会引起汇率较大幅度的变动，而短期、小规模的失衡，可以通过相对利率变化、国际资本流动以及政府干预等措施来予以弥补，因此并不一定会对汇率产生影响。另外，我们也应关注引起国际收支失衡的原因。如果一国顺差或逆差主要来自经常项目和长期资本项目，那么可以将之视为长期的失衡，这将会对汇率产生较长期的影响效应，而如果顺差或逆差主要归功于短期资本流动，就为短期或临时性失衡，其对汇率的影响将是暂时的。

### （二）相对通货膨胀率

如前所述，汇率是一国货币对外价值的体现，受其对内价值的影响。当一国发生通货膨胀时，货币购买力下降，对内价值贬值，进而该国货币汇率下跌，即对外价值贬值。但是，如果贸易伙伴国也发生程度相同的通货膨胀，那么两国货币的名义与实际汇率均不受影响。因此，我们分析通货膨胀对汇率的影响时，应考虑两国通货膨胀差异或相对通货膨胀率。

相对通货膨胀率通过两个渠道影响到汇率：(1)经常项目渠道，主要通过影响进出口贸易进而影响外汇供求和汇率。当一国通货膨胀率显著高于贸易伙伴国时，该国出口受阻、进口增加，以至于出现贸易逆差，外汇供给小于需求，从而导致外汇升值，而本币贬值，反之，亦然。(2)资本与金融项目渠道，主要通过影响实际利率的变动进而影响国际资本流动以及心理预期，从而影响外汇供求和汇率。当一国通货膨胀率显著高于外国时，即使名义利率不变，但实际利率下降，从而引发资本净流出，此时如果引发人们对该种货币的贬值预期，则加速资本流出的进程。于是外汇供给小于需求，从而诱发本币贬值。当然，上述效应并非一蹴而就，需要经历一段时间，往往半年以上才逐渐显露出相应效应，而且影响作用一经发生，将持续较长的时间。

### （三）经济增长率差异

经济增长率差异从多个渠道对汇率产生影响作用。首先，一国经济增长较高时，由于其国民收入的快速增加，进口需求也得以增加，从而外汇支出增加，外汇供不应求，本币面临着贬值压力；其次，如果经济增长属于内生性增长，比如，因劳动生产率的提高而驱动的增长，那么产品的生产成本得以降低，从而包括出口品在内的相关商品获得价格优势，导致出口得以增加，本币呈现升值状态；再次，经济增长较快通常意味着，该国拥有较多的投资机会且投资收益率较高，因此会吸引国外资本流入，此时本币有升值动力。一般而言，经济增长对汇率的影响效应具有长期性，而且较快的经济增长通常会驱使本币更加坚挺，这也意味着后两种效应发挥着较大的作用。

（四）相对利率

利率是资金或资本的价格，对于筹资者而言，利率是为筹集资金所耗费的成本，即资本成本，而对于投资者而言，利率是其期望的最低回报率，即必要报酬率。在资本市场开放的情形下，不同国家间的利率差异必然导致资本的国际流动，从而改变外汇市场供求关系，进而引发汇率的变动。由于资本的逐利性，资本通常从利率低的国家流向利率高的国家，因而导致利率高的货币汇率升值，利率低的货币汇率贬值。当然，利率差异是否引起资本流动，还需要考虑未来的汇率变动。投资者在现汇市场将利率低的货币转换成利率高的货币，以期获得更高的投资回报，在未来投资到期时，再将利率高的货币换回当初利率低的货币，即卖出高利率货币，买进低利率货币，从而导致高利率货币贬值，而低利率货币升值。因此，只有当投资者预期未来汇率的不利变动小于利差时，上述资本流动才是有利可图的。

（五）政府干预

尽管在浮动汇率制下，一国政府没有义务来维持固定汇率，但出于某种政策意图或市场考量，政府对外汇市场的干预行为仍然频繁发生。政府对外汇市场的干预通常出于以下目的：(1)防止汇率短期内大幅波动以降低汇率风险；(2)诱导本币回归其真实价值，避免汇率水平在中长期失调(即处于被高估或低估的状态)；(3)出于某种政策目的，通过干预市场改变外汇供求，从而实现人为的本币贬值或升值，比如，经济衰退期间，政府人为地促进本国货币贬值以取得出口价格优势，从而获得出口利益。政府干预外汇市场的主要形式有：(1)直接在外汇市场上买卖外汇，以改变外汇供求关系，进而影响汇率的变化，此种方式影响汇率变动的能力取决于该国外汇储备的持有水平；(2)调整国内财政和货币政策；(3)公开发表导向型言论以影响投资者的心理预期；(4)采取联合干预。一般认为，政府干预对汇率变动产生短期性效果，并不能左右汇率的长期变化趋势。

（六）心理预期

从某种意义上来说，金融市场上的交易行为是心理预期的外在表现，外汇市场亦如此。当人们预期某种货币汇率将要下跌或上升时，为了避免损失或获得投机利益，便会抛售或买进该种货币，从而影响到外汇市场的供求关系，汇率呈现波动。当大多数投资者保持一致或相似的预期时，“预期自我实现”命题很可能得以成立。心理预期具有脆弱性和易变性，突发事件、重要人物的表态抑或谣言和传闻等都有可能导致其发生变化，进而市场风向也随之改变。毋庸置疑，影响心理预期的因素是复杂多样的，可能无法穷尽其背后的每一个影响变量，但由于心理预期是人们基于所获取的信息对事物未来发展趋势的一种判断和预测，因而信息的可获得性以及投资者自身的经验与知识是其中的重要影响因素。

（七）投机活动

随着浮动汇率制度的建立，以及西方各国对外汇管制的逐渐放松，外汇投机活动日趋普遍。实际上，国际游资(俗称“热钱”，hot money)的频繁流动成为影响汇率波动的重要因素。投机行为是一把“双刃剑”，一方面，过分、频繁的投机交易加剧了汇率的波动程度，积聚了市场的系统性风险；而另一方面，无市场不投机，适度的投机行为增强了市场的流动性，自发的套利行为善于发现价值洼地与泡沫所在，从而有助于抑制汇率暴涨或暴跌，起到稳定行市的作用。

(八)其他因素

政权更迭、战争的爆发以及自然灾难的发生等也会导致汇率发生变动。这些事件影响到有关国家的经济前景和经济政策，从而改变人们的心理预期，有时还会造成恐慌的心理情绪。此时，出于保值或投机的考虑，人们会进行大量的投机交易，进而引发市场动荡不安。

随着国际金融市场的一体化，不同市场之间的联动效应也日益显现，比如，股票市场、黄金市场、石油市场等其他投资品市场价格的波动会产生溢出效应，传递至外汇市场，会引致汇率发生波动。

## 第三节 西方汇率决定理论

汇率是开放经济中的一个核心经济变量，其受到各种宏观和微观因素的影响。历史上西方一些流派基于不同的视角，研究汇率由哪些因素决定，提出各自的观点并加以论证，形成了所谓的购买力平价说、利率平价说、国际收支说以及资产市场说等汇率决定理论，这些理论揭示了汇率与价格水平、利率和国际收支之间所存在的重要关系。汇率决定理论是国际金融理论研究中的重要组成部分。

### 一、国际收支说

国际收支说是从国际收支的角度分析汇率决定的一种理论，认为国际收支状况决定外汇供求，进而决定汇率。该理论从早期的国际借贷说发展而来，并在二战以后引入凯恩斯主义的宏观经济分析方法，从而形成现代国际收支说。

(一)国际借贷说(theory of international indebtedness)

1861 年，英国学者戈逊(G. J. Goschen)出版《外汇管理》一书，正式提出国际借贷说。该理论认为，汇率变动由外汇的供求关系决定，而外汇供求取决于该国对外流动借贷的状况。戈逊将对外借贷区分为固定借贷(consolidated indebtedness)与流动借贷(floating indebtedness)。固定借贷是指尚未进入支付阶段的借贷，而流动借贷则是指已进入支付阶段的借贷。只有实际进入支付阶段的借贷，即流动债务与流动债权，才影响外汇供求，进而决定汇率的变动。具体而言，当流动债务大于流动债权时，即外汇需求大于外汇供给，外汇汇率上升，而本币下跌；当流动债务小于流动债权时，也即外汇需求小于外汇供给，外汇汇率下跌，而本币升值。实际上，流动借贷属于国际收支的范畴，故而人们将该理论视为国际收支说的早期形式。

国际借贷说虽然清晰地表明，外汇供求决定汇率变动，但没有说明哪些因素影响到外汇供求，这使得其应用价值大大受到限制。现代国际收支说弥补了国际借贷说的这一缺陷。

(二)现代国际收支说

第二次世界大战以后，一些学者利用凯恩斯的宏观经济分析框架，阐释了影响国际收支的因素，并进一步说明这些因素如何通过国际收支渠道影响汇率的变化，这就是所谓的现代国际收支说。

国际收支平衡时，经常账户差额（$CA$）和资本与金融账户差额（$KA$）之和为零，即：

$$CA+KA=0$$

由于贸易账户是经常账户的重要组成部分，有时简单起见，将经常账户视为贸易账户，因而经常账户差额取决于商品和劳务的进出口之差。其中，出口（$X$）主要是由外国国民收入（$Y^*$）和实际汇率$\left(\frac{eP^*}{P}\right)$决定的，而进口（$M$）则主要由本国的国民收入（$Y$）和实际汇率$\left(\frac{eP^*}{P}\right)$决定的。因此，经常账户收支差额主要由以下因素决定：

$$CA=X-M=X(Y^*,\frac{eP^*}{P})-M(Y,\frac{eP^*}{P})=CA(Y,Y^*,P,P^*,e)$$

资本与金融账户差额主要取决于本国利率（$i$）、外国利率（$i^*$）以及人们对汇率变化的预期（$E^e$），即：

$$KA=(i,i^*,e,E^e)$$

在这里，我们将除汇率（$e$）以外的因素视为外生变量，为了实现国际收支平衡，汇率在这些相关因素的驱动下变化至某一水平。当且仅当国际收支实现平衡时，汇率也取得均衡水平，即：

$$e=e(Y,Y^*,P,P^*,i,i^*,E^e)$$

下面我们来分析一下各变量变动如何对汇率产生影响。

（1）国民收入的变动

当本国国民收入增加时，进口也随之增加，因而外汇需求增加，这导致外汇升值或本币贬值；当外国国民收入增加时，会增加对本国商品的需求，本国出口得以上升，外汇供给随之增多，这导致外汇贬值或本币升值。反之，亦然。

（2）价格水平的变动

本国价格水平相对于外国价格水平上升时，本币的实际汇率升值，这意味着本国产品出口竞争力下降，经常账户恶化，从而引起本币贬值或外币升值。如果外国价格水平相对于本国价格水平上升时，则出现另外一种景象：由于实际汇率贬值导致本国出口竞争力增强，经常账户随之改善，本币得以升值。

（3）利率的变动

当本国利率相对于外国利率上升时，会吸引资本流入，资本与金融账户得以改善，本币升值。反之，亦然。

（4）对未来汇率预期的变动

如果预期本币将会贬值，资本会外流，从而导致本币贬值；如果预期本币未来会升值，将会引发资本内流，本币因而升值。

毋庸置疑，以上分析采用的是相对静态分析，即在其他因素不变的情况下，分析该变量变动对汇率所产生的影响效应。实际上，这些相关变量因素交织在一起，呈现出一个动态的、相互作用的复杂过程，因此其变动效应将复杂得多。

（5）评价

现代国际收支说是带有浓厚的凯恩斯主义的汇率决定理论，具有以下几个重要特点：

首先，它提供了研究汇率的新视角。该理论阐释了汇率与国际收支之间的关系，与以往的理论不同，这是从宏观经济角度，如国民收入、国内吸收、投资与储蓄等方面，来研究汇率。

其次，国际收支说是关于汇率决定的流量理论。这一流量特性具体体现在，它认为国际收支引起的外汇供求流量决定汇率水平及其变动。实际上，随着国际资本流动日益频繁，汇率的决定因素应是金融资产存量的变化，而不是实物资产流量状况。因此，仅仅依据普通商品供求与价格的关系来分析汇率的决定就显得有些不合时宜了。比如，外汇市场中汇率常常在交易流量变动很小的情况下发生了大幅变动，通过这一现象足可以理解该理论所存在的缺陷。

第三，国际收支说与其说是一个完整的汇率决定理论，不如说是用于分析的一种重要工具。该理论虽然揭示了影响国际收支的诸多因素及其对汇率的影响效应，但没能深入研究这些因素与汇率之间错综复杂的关系，从而得出明确的因果结论。因此，从这个角度来看，它并不是一个完整严谨的汇率理论。同时，我们也应该看到，驱动汇率变化的力量来自外汇供求的变动，均衡汇率也正是外汇供求平衡时的产物，因此，从国际收支入手来分析汇率，似乎也是一种正途，成为进一步研究分析的重要工具。

## 二、购买力平价理论(theory of purchasing power parity，简称 PPP)

购买力平价理论是一种历史悠久的汇率决定理论，其理论渊源可追溯到 16 世纪西班牙赛拉曼加学派(Salamanca School)关于汇率贬值源于国内物价上涨的观点，但直到 1922 年瑞典学者卡塞尔(G. Cassel)才完成对购买力平价理论的系统性阐述。实际上，购买力平价理论是一种直观简洁、易于理解的汇率理论，它将汇率与价格水平联系起来，其基本观点为：货币的价值在于购买力，不同货币之间的兑换比率取决于其各自的购买力之比。

### (一)开放经济下的一价定律

何谓"一价定律"(law of one price)？顾名思义，是指同种商品在不同地方的售价应该保持一致。该定律的成立基于以下两个假定：(1)商品是同质的，没有品牌、性能与品质等方面的差异；(2)没有交易成本，市场上的套利是充分进行的。为了便于理解，我们的分析首先从一国内部贸易开始，然后延伸至国际贸易。

假设在 A 国的甲地和乙地，洗衣机的价格分别为 2000 元和 2500 元，两地之间运输等交易成本为 200 元。由于两地之间存在 500 元的差价，而交易成本仅为 200 元，两地之间的商品套利行为得以产生。商人们从甲地买入电视机，运至乙地进行售卖，可以赚取每台 300 元的利润。随着套利的进行，甲地的洗衣机需求增大，而乙地供给得以增长，因此甲地洗衣机的价格开始上涨，而乙地的价格得以降低，直至两地的价差等于交易成本，该套利行为才会停止，市场重现均衡。如果交易成本为 0，那么两地价格将会没有差别。

如果贸易行为在两国之间展开，情况亦如此。假设 A 国和 B 国的洗衣机价格存在差异，而只要价差大于交易成本，套利行为将在两国之间展开，直至利润消失。在国际贸易中，由于涉及货币兑换，情形将会变得复杂一些，比如，为了表示价格的一致性，需要引入汇率变量。在开放经济下，如果交易成本为 0，则一价定律可用以下公式表示：

$$p_i = e p_i^*$$

其中 $p_i$ 为 A 国第 $i$ 种商品价格，$p_i^*$ 为 B 国第 $i$ 种商品价格，$e$ 为汇率，是指 1 单位 B 国货币兑换成 A 国货币的金额。

在以上分析中，可用于套利交易的商品被称为可贸易商品（tradable goods），通常是那些可以移动或交易成本低的商品，这些商品在不同地区间的价格差异可以通过套利交易加以消除，而另一些商品和劳务则称为不可贸易商品（non-tradable goods），这类商品在不同地区间的价格差异不能通过套利交易来加以消除，比如房地产和理发服务等。

（二）购买力平价理论的基本内容

购买力平价可区分为绝对和相对形式，下面我们来介绍这两种形式的理论。

**1. 绝对购买力平价（absolute PPP）**

实际上，绝对购买力平价理论是"一价定律"的扩展和延伸，换言之，如果"一价定律"对各种可贸易商品都适用，那么绝对购买力平价理论得以成立，用公式表示如下：

$$\sum_{i=1}^{n}\alpha_i p_i = e \cdot \sum_{i=1}^{n}\alpha_i p_i^* \qquad 2-1$$

其中，$\alpha_i$ 表示第 $i$ 种商品的权重，这里隐含有这样的假定：两国的同种可贸易商品所占的权重相等。

该式表示不同国家的可贸易商品的物价水平用同一种货币衡量时是相等的。如果用物价指数 $P$、$P^*$ 来表示，则上式可简化为：

$$P = eP^* \qquad 2-2$$

可写成如下形式：

$$e = \frac{P}{P^*} \qquad 2-3$$

这即为绝对购买力平价的一般形式，它表明汇率取决于不同货币衡量的可贸易商品的价格水平之比，换言之，汇率取决于不同货币对可贸易商品的购买力之比。实际上，可将这一关系式扩展至所有商品，包括不可贸易商品。一些学者认为，在发达的市场机制条件下，一国的不可贸易品和可贸易品之间、各国不可贸易品之间存在着千丝万缕的联系，从而使得购买力平价也适用于不可贸易品，因此应将一国所有的商品和劳务纳入上述物价指数的计算之中。

**2. 相对购买力平价（relative PPP）**

只有当用于计算一般价格水平的商品和相应的权重保持相同，且不存在交易成本时，绝对购买力平价才得以成立，但实际上，各国计算本国价格水平的商品篮子及相关权重存在差异，而且交易成本也是无法避免的。相对购买力平价显示出自己的优势，即使不具备上述严格假定，该理论亦能成立。相对购买力平价认为汇率的变动取决于两国的相对通货膨胀率，用公式表示如下：

$$e_{t+1} = e_t \frac{1+\pi^*}{1+\pi} \qquad 2-4$$

其中，$e_t$ 和 $e_{t+1}$ 分别表示本期和下一期的汇率水平，即一单位的外国货币兑换成本国货币的金额，$\pi$ 和 $\pi^*$ 分别表示本期本国和外国的通货膨胀率。

上式经整理可得：

$$\frac{e_{t+1}-e_t}{e_t} = \frac{\pi^*-\pi}{1+\pi} \qquad 2-5$$

令 $\Delta_e=\frac{e_{t+1}-e_t}{e_t}$，其表示汇率的变动率，上式可写成：

$$\Delta_e=\frac{\pi-\pi^*}{1+\pi^*} \tag{2-6}$$

进一步整理可得：

$$\Delta_e+\Delta_e\cdot\pi^*=\pi-\pi^* \tag{2-7}$$

因此，$\Delta_e$ 可近似表示为：

$$\Delta_e\approx\pi-\pi^* \tag{2-8}$$

式 2-8 为相对购买力平价的一般表达式，其表明一种货币相对于另一种货币的升值率或贬值率大约等于两国通货膨胀率之差。

相较于绝对购买力平价，相对购买力平价更具有应用价值。首先，它避免了过于严格的假定；其次，通货膨胀的数据资料更易获得。事实上，由于商品篮子的选取和权重设置的不同，同一时期不同国家的价格水平难以进行比较，而通货膨胀指标衡量价格水平的变动，具有较强的可比性。

（三）评价

一方面，购买力平价理论是很有影响力、表达简洁直观的汇率决定理论。该理论从货币的基本功能出发，将汇率决定这一复杂问题用简洁直观的形式表达出来，较为合理地解释了汇率的决定基础，即汇率决定于两国货币的购买力。在实践中，它成为经济学家和政府部门计算均衡汇率的常用方法，更为重要的是，购买力平价被普遍作为汇率的长期均衡标准而被应用于其他汇率理论的分析之中，使它占据汇率理论的核心地位。

另一方面，购买力平价理论是一个不完整的汇率决定理论。比如，关于汇率与价格水平之间的关系，是相对价格水平决定汇率，还是汇率决定相对价格水平，抑或两者之间维持互动、双向的作用，购买力平价理论没有对这些关系阐述清楚。正因该理论的不完整性，促使人们寻找新的视角来探究汇率的决定问题，从而使得汇率决定理论得以丰富和发展。

## 三、利率平价理论（theory of interest parity）

购买力平价告诉我们，在开放经济下，由于存在商品套购行为，各国的商品价格与汇率存在着某种联系。而一价定律正是购买力平价理论的分析起点。现在我们将视线从商品市场转向金融资产市场，利率平价理论很好地解释了一价定律在金融市场上的应用表现，揭示了利率与汇率之间存在的某种关联。在开放的世界中，由于资本的逐利性，各国之间的利率差异必然导致资本的跨国流动，即套利行为，而套利至极致，外汇市场重现均衡，此时投资者无论持有何种货币，其预期收益率均相同，利率平价条件得以成立。

利率平价说的基本思想可追溯至 19 世纪下半叶，之后凯恩斯（John Maynard Keynes）于 1923 年在《货币改革论》中第一次系统阐述了古典利率平价说，后来爱因齐格（Paul Einzig）对其做了进一步完善与发展。该学说可分为抛补的利率平价（covered interest-rate parity，简称 CIP）和非抛补的利率平价（uncovered interest-rate parity，简称 UIP）。

（一）抛补的利率平价

“抛补”一词可以简单理解为“抛出或补进”。在外汇交易中，投资者为了避免汇率风险，需要抛出或补进某种外汇，以轧平外汇头寸。比如，某期期末投资者持有 1000 万美元的现汇头寸，为了实现外汇头寸的平衡，他可以选择卖出 1000 万美元现汇，也可以选择卖出一定期限的 1000 万美元期汇（暂时不考虑利息收益）。抛补的利率平价正是在后一种交易行为的基础上形成的。下面我们结合实例来进行分析。

假定资本市场是开放的，不存在外汇管制，资本在两国之间可以自由地流动；投资者均为风险规避者，他们偏好于低风险的资产，如果承受较大的风险，则要求较高的额外收益。为了便于说明，我们设置以下变量：一年期的本币存款利率为 $i$，一年期的外币存款利率为 $i^*$，即期汇率为 $e$，一年期远期汇率为 $F$，均采用的是直接标价法。若一投资者持有 1 元本币的自由资金，打算进行为期一年的储蓄投资。他目前面临两种投资方案：(1)将 1 元本币存放在本国银行，期限 1 年；(2)将 1 元本币兑换成外币，并存放于国外银行，期限 1 年，同时，为了防范汇率风险，卖出了一年期的相应数额的外币期汇。

不难看出，第一种方案的投资所得为：$1\times(1+i)$。

第二种方案稍显复杂，其投资收益为：$\frac{F}{e}\times(1+i^*)$。具体计算过程如下：首先，1 元本币兑换成外币的金额为$\frac{1}{e}$；其次，1 年后该外币的本利和为$\frac{1}{e}\times(1+i^*)$；再次，通过外汇期汇交割最终获得的投资收益为$\frac{F}{e}\times(1+i^*)$。

将两种投资方案的收益进行对比，存在以下三种情形：(1)$1\times(1+i)>\frac{F}{e}\times(1+i^*)$；(2)$1\times(1+i)<\frac{F}{e}\times(1+i^*)$；(3)$1\times(1+i)=\frac{F}{e}\times(1+i^*)$。

对于第一种情形，由于第一种投资方案更加有利可图，因此，更多投资者竞相选择该方案，而第二种方案相对被投资者冷落，从而导致市场上对本币现汇的需求上升，而对外币现汇的需求下降，同时，一年期外币期汇的卖单也减少，即一年期外币期汇的供给减少，因此，$e$ 值降低、$F$ 值增大，$\frac{F}{e}\times(1+i^*)$随之变大。一直持续到 $1\times(1+i)$等于$\frac{F}{e}\times(1+i^*)$时，利率平价条件成立，市场重现均衡。

对于第二种情形，所引发的市场反应正好是相反的：更多投资者选择第二种投资方案，导致市场上对外币现汇的需求上升，而对本币现汇的需求下降，同时，一年期外币期汇的卖单增多，即一年期外币期汇的供给增加，这体现为：$e$ 值上升、$F$ 值变小，从而$\frac{F}{e}\times(1+i^*)$变小，一直持续到两种投资方案所获收益相等为止。

第三种情形即为市场均衡时的情形。

我们对 $1\times(1+i)=\frac{F}{e}\times(1+i^*)$进行整理，可得：

$$\frac{i-i^*}{1+i^*}=\frac{F-e}{e} \qquad 2-9$$

其中，$\frac{F-e}{e}$为外币的升水或贴水率，记为 $\rho$，式 2－9 可写成如下形式：

$$i-i^*=\rho+\rho\times i^* \qquad 2-10$$

式 2-10 可写成以下近似等式：

$$i-i^{*}=\rho \qquad 2-11$$

式 2-11 的经济含义为一种货币的升水或贴水率等于两种货币的利率差。如果本国利率高于外国利率，则本币的即期汇率会升值，同时本币贴水，即本币在未来会贬值；如果本国利率低于外国利率，则本币的即期汇率会贬值，同时本币升水，即本币在未来会升值。

（二）非抛补的利率平价

外汇市场上的套利行为可以区分为抛补套利和非抛补套利，上述第二种方案的投资策略是通过远期交易以规避汇率风险，即为抛补套利，而非抛补套利指的是根据对未来汇率变动的预期，在承担一定的汇率风险情况下将低利率货币兑换成高利率货币以赚取利差的投资行为。与抛补的利率平价不同，非抛补的利率平价假定投资者风险中立，即投资者对收益相同而风险不同的资产不加区分，所有预期收益相同的资产将给他们带来同样的效用。

在非抛补套利交易中，投资者通过预测汇率的变动来计算自己的投资收益。假定预期一年后的汇率为 $Ee$，则投资者投资于外国货币的最终收益为$\frac{E_e}{e}\times(1+i^{*})$。我们遵从上一例的分析思路，将两种投资方案的收益进行对比，依然存在上述三种情形。在套利充分的情况下，最终会形成市场均衡，即非抛补利率平价得以成立。用公式表示为：

$$1\times(1+i)=\frac{E_e}{e}\times(1+i^{*}) \qquad 2-12$$

式 2-12 整理后，可得

$$i-i^{*}=E_{\rho} \qquad 2-13$$

式 2-13 的经济含义为预期的汇率变动率等于两国货币利率之差。该式表明，如果本国利率高于外国利率，则预期本币在未来会贬值；如果本国利率低于外国利率，则预期本币在未来会升值。

（三）非抛补套利与抛补套利的联系

虽然非抛补的利率平价与抛补的利率平价不尽相同，但两者的形成机制完全相同，可以视为殊途同归了。实际上，外汇市场的投机活动促成两者统一起来。当远期汇率与投机者预期的未来汇率不一致时，投机者便认为有利可图。如果 $F>E_e$，投机者认为市场高估了外币的未来价值，而低估了本币的未来价值，因此将卖出外币期汇或买进本币期汇，从而导致外币远期汇率将会下降，直至与预期汇率相等时为止；如果 $F<E_e$，投机者认为市场低估了外币的未来价值，而高估了本币的未来价值，此时将买进外币期汇或卖出本币期汇，从而引发外币远期汇率将会上升，直至与预期汇率相等时为止。可以看出，在投机力量的作用下，远期汇率等同于预期汇率。由此，非抛补的利率平价与抛补的利率平价同时成立。

（四）评价

首先，利率平价理论具有很强的实践价值与现实意义。该学说清晰地刻画了远期汇率、即期汇率与利率之间的关系，这为中央银行调节汇率提供了一些有效的途径与方式。比如，通过培育发达、有效的货币市场，利用利率尤其是短期利率的变动以实现对汇率的调节；通过对远期外汇市场进行灵活的调节来影响即期市场的供求关系，进而影响即期汇率的走势。在现实中，当市场上存在本币贬值的预期时，中央银行为防止本币贬值，可以通过提高本国利率以抵消这一贬值预期对外汇市场的压力，从而维持汇率的稳定。该政策操作正是利率平价学说在现实中的应用。

其次，与购买力平价理论相似，利率平价理论并非一个独立的汇率决定理论，与其他汇率决定理论是相互补充而不是相互对立的。尽管该理论指出了利率对汇率的影响作用，而且这种影响机理在现实中也得到很好的检验，但是汇率与利率作为重要的经济变量，是相互联系、相互影响的。一方面，利率的变动会引发汇率的变化；另一方面，汇率的变化会改变人们的预期和交易行为，以至于影响到外汇市场的供求关系进而影响到利率的变动。因此，利率平价理论与其说是一个独立的汇率决定学说，不如说是一种运用于其他汇率决定理论中的基本关系式。

## 四、资产市场说

资产市场说(asset market approach)是 20 世纪 70 年代中期以后发展起来的一种重要的汇率决定理论。相较于传统汇率理论，资产市场说具有如下显著特点：首先，注重存量分析，而非流量分析。该理论是在国际资本流动迅速发展的背景下产生的，资本与金融项目下的交易对汇率影响显著。一般而言，经常项目收支是一种流量，而资本与金融项目收支则属于存量的范畴；其次，注重一般均衡分析，将商品市场、货币市场以及证券市场结合起来以分析汇率的决定；再次，强调预期的作用。汇率作为外汇资产的价格，心理预期在其变动中起着重要的作用。在资产市场上，即使经济的基本面没有太大改变，但因某种原因导致人们的预期发生改变，并通过资产价格反映出来，比如，汇率在经济状况没有多大变化的情况下呈现剧烈波动。

资产市场说建立在以下前提条件之上：(1)外汇市场是有效的，即市场价格反映了所有可能获取的信息；(2)资本是完全自由流动的，抛补的利率平价条件始终成立；(3)分析对象为高度开放的小国，该国无法影响到国际市场上的利率水平。由于金融资产种类繁多，为了便于理论分析，资产市场说假定本国居民可以持有三种资产：本国货币、本国债券以及外国债券，因此一国的资产市场由本国货币市场、本国债券市场及外国债券市场构成。根据本外币资产是否可替代的假设，资产市场说可区分为货币分析法(monetary approach)和资产组合分析法(portfolio approach)。货币分析法假定本国债券和外国债券是完全可替代的，因此这两种资产市场是一个统一的市场，当货币市场维持均衡时，债券市场也处于均衡状态，在这样的前提下，货币分析法集中分析本国货币市场的供求变动对汇率的影响，而资产组合分析法则假设本国债券与外国债券是不可完全替代的，因此需要结合不同的市场来考察均衡汇率是如何在本币与外币资产动态调整中实现的。根据价格是否具有弹性，货币分析法又可以划分为弹性货币分析法(flexible-price monetary approach)和黏性价格货币分析法(sticky-price monetary approach)。下面我们分别予以介绍。

### (一)弹性价格货币分析法

#### 1. 基本内容

汇率的弹性货币分析法简称为汇率的货币模型，由约翰逊(H. G. Johnson)、蒙代尔(K. A. Mundel)、费兰克尔(J. A. Frenkel)等经济学家于 20 世纪 70 年代初创立。该理论以弗里德曼的现代货币数量论为基础，其主要观点为：均衡汇率水平取决于国内外货币市场的均衡,实际国民收入水平、利率水平以及货币供给水平等因素通过影响物价进而决定汇率水平。

弹性货币分析法建立在以下假设之上:(1)购买力平价始终成立,即假定价格总是立即调整,从而使经济始终保持在充分就业水平;(2)货币需求是稳定的;(3)总供给曲线是垂直的。值得一提的是,在弹性价格假定之下,利率和实际国民收入与货币供给无关,货币供给的变化只能引起价格水平的迅速调整,并不能带来利率的变动而进一步影响到产出。

本国的货币市场均衡条件可以写成如下形式:

$$M_s-p=\alpha y-\beta i \tag{2-14}$$

其中,$M_s$、$p$、$y$、$i$ 分别为国内的货币供应量、价格水平、实际国民收入与利率;$\alpha$、$\beta$ 均为大于 0 的常数,分别表示货币需求的收入弹性与利率弹性系数;除利率外,其他变量均为对数形式。

根据式 2-14,本国价格水平表达式可以写成如下形式:

$$p=M_s-\alpha y+\beta i \tag{2-15}$$

类似地,外国价格水平表达式如下:

$$p^*=M_s^*-\alpha y^*+\beta i^* \tag{2-16}$$

如前所述,购买力平价条件为:

$$e=\frac{P}{P^*} \tag{2-17}$$

我们将其写成对数形式,即:

$$e=p-p^* \tag{2-18}$$

将式 2-15、2-16 代入式 2-18,可得:

$$e=\alpha(y^*-y)+\beta(i-i^*)+(M_s-M_s^*) \tag{2-19}$$

式 2-19 为弹性价格货币分析法的基本表达式,其表明:本国和外国的实际国民收入、利率水平以及货币供给水平是一国汇率水平的决定因素。下面我们具体分析这些因素变化是如何影响到汇率水平的。

(1)实际国民收入变动对汇率水平的影响。我们以一国实际国民收入增加为例进行说明。当一国实际国民收入增加时,实际货币需求随之上升。由于名义货币供给没有变化,为了维持超额的货币需求,居民支出将减少,从而导致物价水平下降。在购买力平价条件成立的前提下,该国货币相对于外币出现相应升值。反之,亦然。

(2)利率变动对汇率水平的影响。当一国利率水平上升时,该国实际货币需求因此下降,这会造成支出增加、物价上涨,从而导致该国货币相对于外币趋向贬值。相反,当一国利率下降时,将会导致该国货币升值。

(3)货币供给量变化对汇率水平的影响。当一国货币供给量增加时,会造成现有价格水平上的超额供给,因此居民将会增加支出以减少持有的货币余额,而支出增加会造成国内物价水平上涨。在购买力平价的作用下,该国货币对外币贬值。相反,当一国货币供给量减少时,该国货币则升值。

2. 评价

货币模型是资产市场说中最为简单的一种形式，在现代汇率理论中具有重要的地位。

一方面，该理论以购买力平价为分析基础，将汇率视为一种资产价格，从而抓住了汇率变量的特殊性质。在国际资本流动越发频繁的今天，为汇率波动提供了新的解释视角，具有较强的现实意义，同时运用了一般均衡的分析思路，将商品市场、货币市场以及外汇市场的均衡纳入同一个分析框架之中。另一方面，该理论设立的前提条件与现实不符。比如，假定价格水平具有充分的弹性，实际上，商品市场上的价格调整一般比较缓慢，在短期内表现出黏性；在货币市场均衡分析中假定货币需求是稳定的，这一点也存在争议。

（二）黏性价格货币分析法

1976 年美国经济学家多恩布什（Dornbusch）提出汇率的黏性价格货币分析法，简称为"超调模型（overshooting model）"。与弹性货币模型不同的是，该模型认为短期内商品价格具有黏性，这使得购买力平价在短期内不成立，经济存在由短期平衡向长期平衡的过渡过程。实际上，货币模型得出的结论正是超调模型在长期中的情形。

1. 基本内容

超调模型是对弹性货币模型的修正，融合了短期分析和长期分析的基本思路，对于汇率动态调整做了合理的解释。短期内价格具有黏性是超调模型的关键假设，这实际上承认了凯恩斯主义关于总供给曲线为水平的假定，此时总需求的上升带来产出的提高，而不会改变价格，但在长期价格是灵活可变的，这实际上认可了凯恩斯主义关于总供给曲线为垂直的假定，此时总需求的上升会引起价格上涨，而不会带来产出的任何变化。汇率的动态调整实际上是从短期平衡趋向长期平衡的过程。下面我们来具体分析这一过程。

假设本国的初始价格水平为 $p_1$。当名义货币供给从 $M_1^s$ 增加至 $M_2^s$ 时，由于短期内价格不会变，实际货币供给将从$\dfrac{M_1^s}{p_1}$增至$\dfrac{M_2^s}{p_1}$，货币市场均衡点将从点 1 移至点 2，利率水平从 $i_1$ 降至 $i_2$。由于货币供给的增加是永久性的，人们会预期本币贬值，从而提高外币存款预期收益，也即外币存款预期收益率曲线向右移动。于是，外汇汇率大幅上升，而本币汇率大幅下降。如图 2-1 所示，外汇市场均衡点从点 1′移至点 2′，短期均衡汇率从 $e_1$ 变动至 $e_2$。值得指出的是，如果预期汇率不变，本币的贬值幅度不至于这么大，此时，外汇市场均衡点为点 3′，其对应的均衡汇率明显低于 $e_2$。

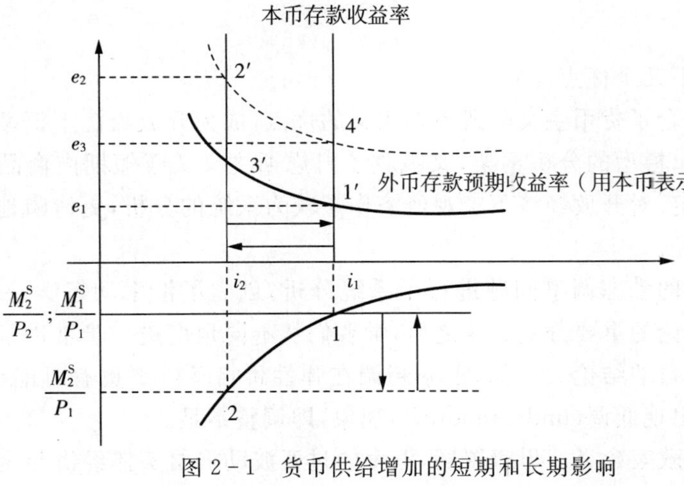


图 2-1　货币供给增加的短期和长期影响

从长期来看，价格是可以充分调整的，价格水平必然与货币供给同比例上升，这意味着最终的实际货币供给与初始的实际货币供给相等，即$\frac{M_1^s}{P_1}=\frac{M_2^s}{P_2}$。同时，利率也恢复到初始水平，外汇汇率沿着外币存款预期收益率曲线向下移动到长期均衡水平$e_3$。

从以上分析可以看出，本国货币供给增加后，短期内汇率迅速上升，然后逐渐向下调整，直至达到其长期均衡水平。在汇率的动态调整过程中，汇率对于货币供给变动的即刻反应超过了长期反应，我们称这一现象为汇率超调。汇率超调是一种重要的现象，是短期价格水平黏性的直接后果。

本国货币供给永久性增加后各经济变量变动的时间路径如图 2-2 所示。(a)在$t_1$时刻，本国货币供给从$M_1^s$永久性地增加至$M_2^s$；(b)价格水平逐渐上涨，直至与货币供给增加相同比例；(c)利率水平瞬时从$i_1$降至$i_2$，然后逐渐回复至初始水平$i_1$；(d)短期内汇率会出现超调，从$e_1$调整至$e_2$，随后缓慢下调至长期均衡水平$e_3$。

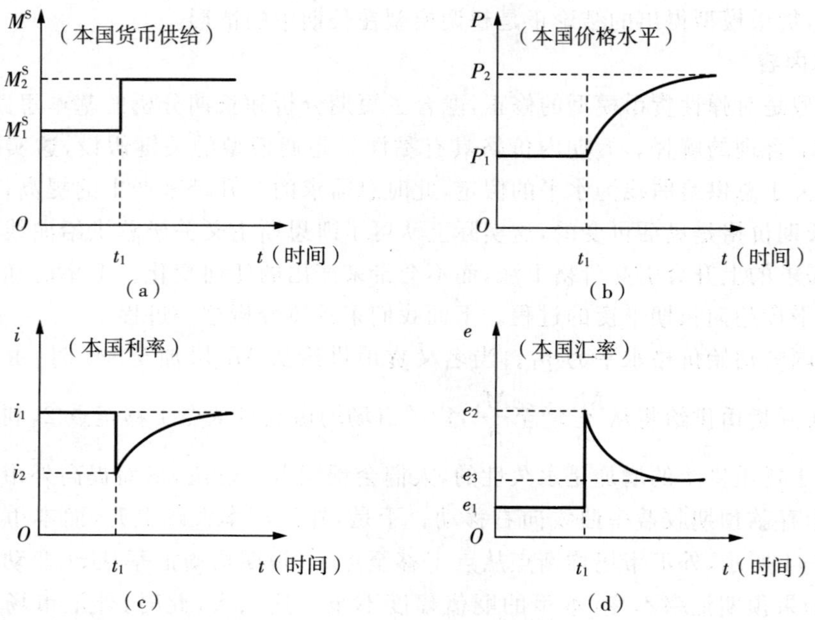


图 2-2 各经济变量调整的时间路径

2. 评价

超调模型具有以下几个优点：

首先，超调模型综合了货币主义与凯恩斯主义的优点，成为开放经济下汇率分析的基本模型。它既采用了货币模型的分析框架，又吸收了凯恩斯主义关于短期内商品价格黏性的这一更切合实际的假定，对开放经济下宏观经济作了较为系统的分析，更清晰地描绘了各重要经济变量的变动路径。

其次，首次对汇率的动态调整问题进行了系统分析，创立了汇率动态学(exchange rate dynamics)这一汇率理论的重要分支。这之后，学者们从不同角度进一步推进了汇率动态调整研究，得到了一些有益的结论。比如，汇率超调在弹性价格条件下也有可能出现；汇率在某些情形下也有可能出现低调(undershooting)现象，即调整不足。

第三，具有鲜明的政策含义。毋庸置疑，汇率的过度波动将给实体经济与金融市场带来很大的冲击，而汇率超调是在资本自由流动条件下汇率自由调整的必然现象，因此在实现资本项目完全开放与汇率完全自由浮动时，需要慎重行事，仔细权衡其中的得与失。

超调模型的缺点在于：

首先，某些假定脱离实际。比如，假定货币需求是稳定的；假定国内外资产具有完全的可替代性等。

其次，忽略了对国际收支流量的分析。作为存量理论的超调模型将汇率波动完全归因于货币市场与外汇市场的失衡，而没有考虑到实体经济的冲击对汇率的影响。

第三，对超调模型难以进行计量检验。其原因在于：(1)模型本身的复杂性使得选择计量检验方式变得很困难；(2)由于现实中的经济生活面临较多的冲击，因此难以确定汇率的变动究竟是对哪一种冲击作出的反应。

### (三)资产组合分析法

汇率的资产组合分析法形成于 20 世纪 70 年代，由美国普林斯顿大学教授布朗森(W. Branson)首先提出。该分析法引入托宾(J. Tobin)的资产组合选择原理，综合了传统汇率理论和货币主义的分析方法，认为货币供求和实体经济等因素所诱发的资产调节和资产评价过程共同决定了均衡汇率水平。

#### 1. 基本内容

该模型将本国居民持有的资产划分为三种形式：本国货币($M$)、本国债券($B$)以及外币债券($F$)，因此一国资产总量 $W$(总财富)由下式构成：

$$W=M+B+e\cdot F \qquad 2-20$$

其中，$e$ 为直接标价法下的汇率。

投资者根据不同资产的收益率、风险及其自身的风险偏好确定最优的资产组合，而当资产总量增加时，且其他因素不变的情况下，人们将按先前比例增加每种资产的持有量。本国货币市场、本国债券市场及外国债券市场之间相互关联，只有当这三个市场处于平衡状态时，该国资产市场才能达到均衡。下面，我们来分析每个市场的供求状况。

对于货币市场而言，货币供给是由央行控制的外生变量，而货币需求取决于本国利率、外国利率以及资产总量等因素。当本国利率与外国利率升高时，人们减少对货币的持有，即货币需求下降；当资产总量增加时，人们按照原有比例增加持有货币。因此，我们可以得出这样的结论：货币需求是本国利率、外国利率的减函数，同时是资产总量的增函数。

就本国债券市场而言，本国债券供给也是由政府控制的外生变量，而本国债券需求亦是本国利率、外国利率以及资产总量等变量的函数。当本国利率上升时，本国债券价格下跌，人们增加持有本国债券；当外国利率上升时，外国债券价格因而下跌，人们会减少对本国债券的持有，转而去购买外国债券；当资产总量增加时，人们依然按照原有比例增加持有本国债券。因此，本国债券需求是本国利率的增函数、外国利率的减函数以及资产总量的增函数。

关于外国债券，其供给是通过经常账户的盈余获得的，在短期内我们假定经常账户状况不发生变动，因此外国债券供给为外生固定值。当本国利率提高时，本国债券价格下跌，人们相应减少对外国债券的持有而增持本国债券；当外国利率上升时，外国债券价格因而下跌，人们会增加持有外国债券；当资产总量增加时，人们依然按照原有比例增加持有外国债券。因此，外国债券需求是本国利率的减函数、外国利率的增函数以及资产总量的增函数。

上述三个市场的供求不平衡会引发本国利率和汇率的调整。短期内,在各种资产供给量既定的情况下,对各种资产的需求将确定本国的利率与汇率水平。实际上,短期均衡的实现可以理解为是由金融资产存量在短期内迅速调整所致。从长期来看,对于本国既定的货币供给与债券供给,经常账户的失衡会带来本国持有的外国债券总量的变动,这一变动又会引起资产市场的调整,在这一反馈互动中直至经常账户实现平衡时,调整才得以结束,长期均衡最终实现。事实上,长期均衡的实现经历了贸易流量缓慢调整的过程,其得益于经常账户与汇率相互作用的动态反馈机制。

**2. 评价**

资产组合分析法的优点体现在以下两个方面:

首先,该模型是更为一般的模型,既区分了本国资产与外国资产的不完全替代性,又融合了存量分析和流量分析以及长期分析与短期分析,且将凯恩斯主义和货币主义结合起来。该模型进一步综合了各种影响汇率的因素,使得原有的汇率理论能够较好地融入其中。

其次,该模型具有特殊的政策分析价值,在货币政策分析中被广泛地加以运用。

该模型的不足之处在于:(1)模型过于复杂,难以进行实证检验;(2)尽管将流量因素纳入理论分析之中,但并未对流量因素本身做更多的探究,而只是理想化地假定经常账户在长期内必然平衡。

## 本章习题

**一、选择题(1～6 题为单项选择题,7～9 题为多项选择题)**

1. 根据国际借贷理论,当一国的流动债权大于流动债务时,外汇汇率将(　　)。
   A. 上涨　　B. 下跌　　C. 稳定　　D. 无法判定
2. 当中央银行融通财政赤字而导致货币供应量增加时,在资产组合分析法下,本币汇率和本国利率(　　)。
   A. 升值/上升　　B. 升值/下降　　C. 贬值/上升　　D. 贬值/下降
3. 当一国国民收入增加时,根据国际收支说,本国汇率会(　　),而在弹性价格货币分析法(货币模型)中,本国汇率会(　　)。
   A. 升值/贬值　　B. 升值/升值　　C. 贬值/贬值　　D. 贬值/升值
4. 购买力平价的理论基础是(　　)。
   A. 货币供求论　　B. 价值理论　　C. 外汇供求理论　　D. 一价定律
5. 根据利率平价理论,以下哪种情形将导致本币升水?(　　)
   A. 本国利率高于外国利率　　B. 本国通胀率高于外国通胀率
   C. 外国利率高于本国利率　　D. 外国通胀率高于本国通胀率
6. 一般说来,一国国际收支出现顺差会使(　　)。
   A. 货币坚挺　　B. 货币疲软　　C. 物价下跌　　D. 通货紧缩
7. 影响汇率变动的长期因素包括(　　)。
   A. 国际收支状况　　B. 通货膨胀差异　　C. 经济增长差异
   D. 利率差异　　E. 心理预期
8. 关于货币主义的弹性货币模型,下列说法正确的有(　　)。
   A. 该理论假定价格总水平总是立即调整

B. 在其他条件不变的情况下，一国的货币供应量相对于其他国家增加会导致该国货币汇率下降

C. 一国实际国民收入增加，则该国货币升值

D. 一国名义利率上升，则该国货币升值

E. 一国预期通货膨胀率上升，则该国货币升值

9. 下列说法正确的有（　　）。

A. 利率低的货币会升水，利率高的货币会贴水

B. 汇率超调是指汇率对于货币波动的长期反应超过了即刻反应

C. 购买力平价说对于长期汇率的解释较为可靠，但解释短期汇率较为困难

D. 中央银行作为一国货币政策的制定者和实施者，一般不参与外汇市场交易

E. 汇率的资产组合模型以本国资产与外国资产不可完全替代为前提

## 二、问答题

1. 直接标价法和间接标价法的区别是什么？
2. 什么是名义汇率、实际汇率和有效汇率？
3. 影响汇率变化的因素有哪些？试以当前人民币汇率变动为例予以分析。
4. 简述购买力平价的基本内容。
5. 请从利率平价学说的角度论述利率与汇率的关系。
6. 简述超调模型中的汇率动态调整过程。
7. 简述资产组合理论的基本思想。

## 三、计算题

已知伦敦某银行某日即期汇率：EUR1＝USD1.3735－1.3765

三个月　　200－100

请计算：(1)三个月欧元是升水还是贴水？

(2)欧元对美元三个月实际远期汇率为多少？

(3)如果美元年利率为3%，欧元年利率为5%，依据利率平价等式，欧元对美元理论上的三个月远期汇率为多少？

# 第三章　汇率制度与外汇管制

**内容简介**:本章介绍各种汇率制度的概念,固定汇率和浮动汇率制度的优缺点和汇率制度选择的主要因素,外汇管理的目标、对象和主要内容,货币兑换与复汇率的概念,分析汇率变动的经济影响问题,货币自由兑换的条件和货币自由兑换后可能出现的一系列问题,以及人民币汇率制度的演变历程。

## 第一节　汇率变动的经济影响

在当代浮动汇率制度下,汇率的变动愈加频繁,随着世界经济一体化、经济和金融全球化,汇率的变动对经济的影响越来越大。它不仅直接影响到国际收支,而且对国内经济和国际经济都会产生影响。所以,世界各国都非常关注本国的汇率变动情况。

### 一、汇率变动对国际收支的影响

#### (一)汇率变动对贸易收支的影响

汇率变化首先会直接影响到贸易收支。这种影响体现在,汇率变化会影响进出口商品的相对价格,进而影响进出口商品的供给和需求,最终影响贸易收支。具体表现为:当一国货币汇率下跌,即发生对外贬值后,对出口商品而言,意味着同样的商品如果出口的本币价格保持不变,则其外币价格下降,因此提高了本国出口商品在国际市场的竞争力,从而出口增加;对进口商品而言,如果进口的外币价格保持不变,则其本币价格上升,意味着进口同样的商品要付出更多的本币,从而减少了对进口商品的需求。本币汇率下跌,导致贸易收支改善;反之,当本币汇率上涨,贸易收支恶化。

汇率变动对贸易收支的影响并非是无条件的,它受到马歇尔—勒纳条件(Marshall-Lener Condition)和J曲线效应的影响。一方面,汇率贬值改善贸易收支必须满足进出口商品的需求价格弹性之和大于1;另一方面,即使满足马歇尔—勒纳条件,汇率贬值也不能立刻改善贸易收支。在贬值的初期,贸易收支进一步恶化,只有经过一段时间后,贸易收支才逐渐好转。

#### (二)汇率变动对非贸易收支的影响

一国汇率的变动除了影响贸易收支,也会对非贸易收支产生影响,例如服务、运输、旅游、劳务及单方面转移等非贸易收支。在国内物价水平稳定的情况下，本国货币汇率下跌，外国货币相对更加值钱，本国的服务、旅游、劳务相对便宜，从而增加对本国服务、旅游和劳务等的需求，改善了非贸易收支；同时，对于本国居民而言，本币汇率下跌，外国居民提供的服务、旅游、劳务相对更贵，从而减少了对外国居民的服务、旅游和劳务需求，同样改善了非贸易收支。

汇率的变动对单方面转移也会产生影响。本国货币汇率下跌，会对侨汇等单方面转移产生不利影响。在国内物价水平稳定的前提下，本国货币贬值，外国侨民只需汇入较少的外汇即可满足国内亲属的同样的生活水平，这意味着来自国外的侨汇收入的减少，即非贸易收入减少。反之，本国货币升值，意味着非贸易收入增加。

（三）汇率变动对资本流动的影响

汇率变动不仅会对经常账户产生影响，而且会对资本和金融账户产生影响，尤其是对短期投机性资本而言。当一国货币贬值，本国资本为了防止贬值的损失，会抛出该国货币，使得资本外流。资本流动还受到汇率变动预期的影响。当人们预期本币贬值尚未到位，还将进一步贬值时，资本流出进一步增加；而当人们认为本币贬值已经到位，未来有可能反弹时，会导致资本流入以获得本币升值带来的利益。

对于长期资本如直接投资而言，情况有所不同。当本币贬值时，同样的外汇投资可以购买更多的劳务和生产资料，外国投资者认为此时投资能够获取更多利润，因此会扩大直接投资，增加资本流入。

汇率的变动还会影响外债的成本。如果该国有对外债务，当本币贬值时，同样数量的外债需要更多的本币以还本付息。因此，本币贬值有利于债权国，而不利于债务国。

（四）汇率变动对外汇储备的影响

汇率变动可以改变外汇储备货币的实际价值。如果一国储备货币对本国货币贬值，则储备货币折算的本国货币减少，外汇储备实际价值减少而遭受损失；反之，外汇储备价值增加。通常情况下，一国货币汇率稳定，有利于该国引进外资，外汇储备增加；而当一国货币汇率变动频繁，会引起资本外流，外汇储备减少。

布雷顿森林体系瓦解之后，各国外汇储备不再以单一美元为主，出现储备货币多元化的特征，汇率的变动对外汇储备的影响渐趋复杂，在分析汇率变动对外汇储备的影响时，要考虑各种储备货币汇率变动情况，也要考虑各种储备货币在外汇储备中的权重，全面分析才能得出准确的结论。

## 二、汇率变动对国内经济的影响

（一）汇率变动对国内物价水平的影响

汇率变动的结果是导致国内物价水平的变化。原因在于汇率变动会导致进出口商品价格的相对变化，最终作用于国内物价水平。从出口的角度，本币贬值有利于扩大出口，增加外汇收入，这使得本国货币供给增加造成物价上涨；同时，由于本币贬值，对国内商品的出口需求增加，国内生产力在短期内还来不及调整，这会加剧国内供需矛盾，造成物价上涨，容易引发国内的通货膨胀。从进口的角度，本币贬值会使以本币表示的进口商品的价格上涨，这会带动国内同类商品价格的攀升。如果进口商品为原材料、生产设备等生产资料，则会带动生产成本的上升，进而推动最终产品价格提升，引起其他商品的价格普遍上涨，最终诱发国内的通货膨胀。

(二)汇率变动对国民收入与就业的影响

汇率变动可以影响商品进出口的相对变化,进而影响国内总需求,国内总需求的变动会影响国民收入和就业水平。当一国货币汇率下跌,如前所述,有利于出口而不利于进口,社会总需求增加,如果此时国内存在闲置资源,则国内出口商品的生产规模扩大,继而带动国内其他行业的发展,推动就业水平的提高,增加国民收入。

(三)汇率变动对国内资源配置的影响

一国货币贬值,有利于出口而不利于进口。因为本国货币贬值,出口商品变得更便宜,从而增加了本国出口商品在国际市场上的竞争力,出口规模增加,面向出口商品生产的国际贸易部门利润增加,国际贸易部门发展更快,导致生产资源流向国际贸易部门,本国对外开放程度增加。另一方面,本国货币的持续贬值也会对本国产业结构产生不利影响。因为一国货币持续贬值会鼓励国内高成本低效益的出口产品和进口替代品的生产,有可能会导致资源流向这类高成本低效益的出口产品和进口替代品,从而扭曲资源配置。

### 三、汇率变动对世界经济的影响

一国的汇率变动对世界经济的影响程度取决于该国在世界经济中的地位。对于小国而言,其汇率变动只会对其贸易伙伴产生一定影响,而大国的汇率变动对世界经济的影响要大得多。大国汇率变动对世界经济的影响主要有以下几方面:

首先,大国汇率变动会影响国际贸易。汇率的频繁波动,增加了外汇风险,不利于核算进出口成本和利润,对国际贸易的发展是不利的。如果大国货币的汇率大幅度贬值,会不利于其贸易伙伴,因此会加剧大国与其贸易伙伴国之间的矛盾,有可能引发贸易战,不利于国际贸易的正常发展。

其次,大国汇率变动可能会引起国际金融动荡。大国货币在国际支付领域充当计价工具、支付工具或者储备货币,如果其汇率频繁变动,为了保值或者投机,各国经济主体会频繁交易以对冲汇率波动的风险,使得国际经济和金融领域出现动荡的局面,甚至导致国际金融危机。再次,大国汇率变动会影响国际储备货币体系和国际金融体系。当大国货币汇率变动频繁,可能影响其国际储备货币的地位和份额。目前国际储备货币呈现多元化发展,正是大国汇率的变动和不稳定带来的结果。

## 第二节 汇率制度的选择

汇率制度是指一国货币当局对本币与外币的比价作出的一系列安排与规定。第二次世界大战以来,主要发达国家的汇率制度经历了两个发展阶段:第一阶段从 1945 年到 1973 年,这一阶段实行固定汇率制度(fixed exchange rate system);第二阶段是 1973 年春以后,开始实行浮动汇率制度(floating exchange rate system)。此外,发展中国家实行不同形式的固定汇率制度。不论是固定汇率制度还是浮动汇率制度,在世界的国际贸易和国际金融领域都发挥着重要的作用。

## 一、固定汇率制度

固定汇率制度是指两国货币比价基本固定，其波动幅度控制在一定范围之内的汇率制度。

(一)固定汇率制度的类型

固定汇率制度包括两类：金本位制度下的固定汇率制度和布雷顿森林体系下的固定汇率制度。

**1. 金本位制度下的固定汇率制度**

金本位制度下的固定汇率制度盛行于19世纪末和20世纪初。金本位制度包括：金币本位制、金块本位制和金汇兑本位制。在金币本位制度下，各国都以法律的形式规定了本国货币的含金量，金币本位制下两国货币的含金量之比称之为铸币平价，铸币平价是决定两国货币汇率的基础，市场上的汇率围绕着铸币平价上下波动，上下波动范围一般不会超过黄金输送点。在金块本位制和金汇兑本位制下，两国货币汇率是由两国货币所代表的含金量之比，即法定平价决定的，这两种金本位制度下的汇率是一种固定汇率，它的波动幅度也被限定在一个狭窄的范围之内。

**2. 布雷顿森林体系下的固定汇率制度**

1944年"布雷顿森林协定"的签署，确立了以美元为中心的固定汇率制度。布雷顿森林体系确立了美元和黄金挂钩、世界各国货币与美元挂钩的"双挂钩"制度。在布雷顿森林体系下，世界各国货币与美元之间的固定汇率是由各国货币与美元所代表的含金量之比所决定的，这个含金量之比称之为黄金平价。国际货币基金组织(IMF)规定，世界各国货币与美元的汇率可以围绕黄金平价上下浮动不超过1%，如果波动幅度超过1%，各国政府有义务干预使汇率回归到规定范围之内。

**3. 两种固定汇率制度的区别**

布雷顿森林体系下的固定汇率制度，与金本位制下的固定汇率制有本质上的区别。

(1)两种制度产生的基础不同

金本位制下的固定汇率制度是在各主要资本主义国家普遍实行金本位制的基础上自发形成的；而布雷顿森林体系下的固定汇率制度，是在国际货币基金组织领导之下人为地建立起来的，并接受其监督。

(2)调节机制不同

在金本位制度下，汇率的波动通过黄金自由地输出入进行自动调节；而布雷顿森林体系下的固定汇率制度，主要是靠各国货币当局利用外汇平准基金直接干预外汇市场来维持汇率的稳定。

(3)货币内在价值不同

在金本位制度下，金币本身依其含金量的多少具有实质性的价值；而布雷顿森林体系下的固定汇率制度中，纸币本身没有价值，是靠法定含金量来规定其代表的价值，并以此来决定汇率。

(4)汇率的稳定程度不同

金本位制度下的汇率波动受制于黄金输送点，通过自由铸造、自由熔化、自由兑换及自由输出入使汇率保持稳定；而在布雷顿森林体系下的固定汇率制度下，当一国国际收支出现根本性不平衡时，经国际货币基金组织认可，可以改变其货币的含金量，即实行本币的法定贬值或升值。

（二）固定汇率制度的优缺点

**1. 固定汇率制度的优点**

减少汇率风险。汇率的相对稳定，国际贸易和投资者容易确定进出口商品价格，核算国际贸易的成本利润，减少汇率波动带来的损失，对国际贸易和投资起到了促进作用。

抑制外汇投机。在固定汇率制度下，当汇率波动超过一定界限，投资者预期政府将会出手干预外汇汇率，这就抑制了外汇投机者通过外汇市场大量买卖某种货币进行投机的行为，有利于国际金融市场的稳定。

**2. 固定汇率制度的缺点**

减少了国内货币政策的独立性和有效性。由于固定汇率制度下各国货币的汇率不能随意调整，因此各国政府无法将汇率作为调节国际收支的工具。当一国国际收支失衡时，只能依靠国内经济政策工具调整国际收支。当一国国际收支出现逆差时，无法通过贬值改善国际收支逆差，只能采取紧缩性的政策，这对于国内经济增长不利。

有可能导致外汇储备的流失。固定汇率制度下，如果汇率波动幅度超过了国际货币基金组织的规定范围时，世界各国有义务采取措施维持汇率稳定，有时候需要动用外汇储备才能保持汇率稳定，从而导致外汇储备的流失。

有可能引起国际汇率制度的动荡和混乱。当一国国际收支恶化，通过干预外汇市场仍然不能奏效时，有可能需要通过法定贬值的手段来平抑汇率时，这会引起其贸易伙伴国采取同样的措施，从而引发外汇市场与国际汇率制度的动荡和混乱。

## 二、浮动汇率制度

浮动汇率制度是指汇率完全由市场的供求决定，政府不加任何干预的汇率制度。即一国货币当局不再规定本币与外币汇率波动的幅度，货币当局也不承担维持汇率波动界限的义务，任由汇率随外汇市场供求变化自由波动。

实际上完全依靠市场供求自发形成汇率而不采取任何干预措施的国家很少或几乎没有，各国政府往往都要根据本国的具体情况，对外汇市场进行不同程度的干预。

（一）浮动汇率制度的类型

随着全球国际货币制度的不断改革，国际货币基金组织于 1978 年 4 月 1 日修改了国际货币基金组织条文并正式生效，实行所谓“有管理的浮动汇率制度”。由于新的汇率协议使各国在汇率制度的选择上有很强的自由度，所以现在各国实行的汇率制度多元化，有单独浮动、钉住浮动、弹性浮动、联合浮动等。

**1. 单独浮动**

单独浮动是指一国货币不与其他任何货币发生固定联系，其汇率由市场外汇供求关系决定。目前，包括美国、英国、日本等在内的多个国家货币实行单独浮动。

**2. 钉住浮动**

钉住浮动是指一国货币与另一种货币保持固定汇率，随后者的浮动而浮动。大部分发展中国家实行钉住浮动汇率制度。根据钉住货币的类型，钉住浮动可以分为钉住单一货币浮动和钉住一篮子货币浮动。钉住单一货币，是指本国货币钉住某一经济往来频繁的国家的货币或者主要使用某国货币，为了使这种贸易和金融关系稳定发展，本国货币通常钉住这一国的货币。现在越来越多的发展中国家放弃了钉住单一美元的汇率制度。钉住一篮子货币浮动，是指本国货币钉住一篮子货币进行浮动，这一篮子货币包含了与本国经济联系密切的国家的货币，货币篮子中的货币权重根据本国与这些国家的贸易额确定。如以色列、沙特阿拉伯等国家钉住特别提款权这一货币篮子。

**3. 弹性浮动**

弹性浮动是指一国根据自身发展需要，对钉住汇率在一定弹性范围内可自由浮动，或按一整套经济指标对汇率进行调整，从而避免钉住浮动汇率的缺陷，获得外汇管理、货币政策方面更多的自主权。目前，巴西、智利、阿根廷等十多个国家采用弹性浮动方式。我国自1994 年汇率制度改革以来，目前实行的是以市场供求为基础、参考一篮子货币进行调节、有管理的浮动汇率制度。

**4. 联合浮动**

联合浮动是指由多个国家组成国家集团，集团内部各货币之间维持固定汇率，对集团之外的国家货币采取共同浮动。欧盟 11 国 1979 年成立了欧洲货币体系，设立了欧洲货币单位(ECU)，各国货币与之挂钩建立汇兑平价，并构成平价网，各国货币的波动必须保持在规定的幅度之内，一旦超过汇率波动预警线，各国要共同干预外汇市场。1999 元，欧元启动，欧洲货币一体化，欧盟各国货币之间的联合浮动成为历史。

### (二)浮动汇率制度的优点和缺点

**1. 浮动汇率制度的优点**

浮动汇率制度能提高外汇资源配置的有效性。在浮动汇率制度下，均衡汇率水平完全由市场供求所决定，从而更有效率。

浮动汇率制度提高了货币政策的独立性。由于汇率取定于市场的供求，资本的流入与流出只会引起汇率水平的升降，而不会改变货币供给量，因此货币政策有了更大的独立性。同时，浮动汇率使一国中央银行不再负有稳定汇率的义务，恢复了对货币的控制权，从而自主地采用货币政策来稳定经济的波动。

浮动汇率制度下更能发挥市场对国际收支的自动调节机制。当一国出现国际收支逆差，外汇升值，本币贬值，本国商品价格相对便宜，外国商品价格相对昂贵，出口增加，进口减少，从而改善该国的国际收支状况。

减少经济周期和通货膨胀在国际传递。在固定汇率下，如果与本国联系密切的某国货币发生通货膨胀，物价上升，外国货币对内贬值，为了保持本国与某国货币的汇率不变，需要增加本国货币的供给，从而使得本国物价同步上升，通货膨胀从某国传导到本国。在浮动汇率制度下，无须保持本国与某国货币的汇率不变，某国通货膨胀的结果只是外币贬值、本币升值，有效地阻止了通货膨胀的国际传递。

**2. 浮动汇率制度的缺点**

不利于国际贸易和国际投资。在浮动汇率制度下，进出口贸易不易核算成本或者使国际投资风险增加，因为汇率的频繁波动，进出口商和国际投资者在从事国际贸易和国际投资的时候，不仅要考虑商品价格，同时也要考虑汇率波动带来的汇率风险，因此在从事国际贸易活动和国际投资的同时要进行外汇交易以对冲风险、套期保值。

助长了国际金融市场上的投机活动，进一步加剧了汇率的波动。浮动汇率制度下，汇率波动频繁而且波动幅度较大，助长了国际金融市场上的外汇投机行为，使得汇率的波动幅度加剧。若外汇投机行为导致巨额亏损，甚至可能引起从事外汇投机的金融机构倒闭。

浮动汇率制度有可能导致各国货币竞相贬值。为了扩大出口规模、减少进口规模、改善国际收支,各国有可能会以本币贬值为手段,结果就是加剧了各国之间的矛盾,不利于贸易和金融领域的国际合作。

## 三、汇率制度的选择

布雷顿森林体系解体之后,很多国家放弃了固定汇率制度,选择了浮动汇率制度。就目前而言,世界各国的汇率制度既有固定汇率制度,也有浮动汇率制度,呈现多元化的特征。每一种汇率制度都有自身的特点,有优点也有缺点,没有一种普遍适用于所有国家或地区的汇率制度,每一个国家或地区应该根据本国(地区)的实际情况选择适合自己的汇率制度。一个国家或地区选择什么样的汇率制度,需要考虑以下一些因素:

### (一)本国经济的结构性特征

在国际贸易和金融领域的大国,其对外贸易已经实现多元化,不宜选择某一基准货币实施固定汇率,而应实行浮动汇率制度。而且大国经济内部调整的成本较高,经济政策的独立性很强。对于小国和地区而言,它们一般对少数几个大国的贸易依存度较高,比较适宜采用固定汇率制度,而汇率的浮动则不利于其对外贸易的发展。同时小国或地区经济内部调整的成本也较小。

### (二)国际和国内经济条件的制约

一国选择汇率制度必须考虑国际和国内经济条件的制约,随着国际和国内经济条件发生变化,该国的汇率制度也应相应调整。在国际资金流动数量庞大的情况下,对于国内金融市场与外界联系非常紧密的国家而言,如果本国干预外汇市场的实力不是非常强大的话,采用固定汇率制度难度很大。

### (三)特定的政策目的

出于特定的政策目的对于汇率制度的选择也起到重要的参考作用。例如,为了有效地控制国内的通货膨胀采用固定汇率制度。原因在于本国的通货膨胀使本币对内购买力下降,本币对内贬值通过成本机制、工资收入机制进一步加剧了国内的通货膨胀,在固定汇率制度下,政府采用宏观政策调控更易取得稳定物价的效果。

### (四)区域经济合作情况

对于某一区域内的各个国家和地区,由于其经济和贸易关系比较密切,它们的货币之间采取固定汇率制度会对彼此之间维持良好的经济关系比较有利。欧元的诞生就很好地说明了这一点,欧盟部分国家于20世纪70年代末实行的联合浮动方式对后来欧元的诞生和欧洲国家经济贸易关系的进一步发展起到了非常重要的促进作用。

# 第三节　外汇管制

## 一、外汇管制的含义

外汇管制有广义和狭义之分。狭义外汇管制也称为外汇限制,是指一国政府对本国居民从国外购买经常账户下的商品和劳务所需的外汇进行限制;广义的外汇管制也称为外汇管理,是指一国政府授权本国的货币金融当局,对外汇收支、买卖、借贷、转移及国际结算、外汇汇率和外汇市场等实行的管制措施。

一国实行外汇管理,主要基于以下各种目的:改善国际收支、稳定汇率、增加储备资金、避免国际市场价格巨大变化的影响等。另外,实行严格的外汇管理有时还可以作为外交谈判的筹码,对本国输出不利时,采用外汇管制或贸易额度等,以获取对方的让步;有时要求对方国家接受某些条件后,才批给外汇,允许对方货物的输入等。

## 二、外汇管制的对象

### (一)对人的管理

根据外汇管理的有关规定,人可以分为居民和非居民。各国对居民和非居民在外汇管理中予以区别对待,一般对居民管理较为严格,而对非居民的管理较为宽松。

### (二)对物的管理

主要是指包括对外币现钞和铸币的管理;对外币表示的各种有价证券的管理,如公债、债券、股票、银行存折等;对外币表示的各种支付凭证的管理,如汇票、支票、本票、旅行支票、信用卡等;对贵金属的管理,如黄金、白银等;也包括对本国货币出入境的管理。

### (三)对地区的管理

包括两层含义:一是对国内不同地区采取不同的外汇管理。如对出口加工区、自由贸易区、经济特区等采取较为宽松的外汇管理,而对其他地区则较严格。二是对不同国家和地区采取不同的外汇管理政策。

## 三、外汇管制的类型

以是否实行全面的或者部分的外汇管制为标准,外汇管制可以分为以下三种类型:

### (一)严格型外汇管制的国家和地区

有些国家和地区对贸易收支、非贸易收支和资本项目收支,都实行严格的外汇管制。实行严格的外汇管制的国家以经济不发达的国家为主。在资本输出的外汇管制方面,发展中国家大都实行严格的管制,一般不允许个人和企业自由输出外汇资金。近年来随着区域经济一体化与贸易集团化趋势的出现和发展,不少发展中国家放松了外汇管制,鼓励企业积极向海外投资,以带动本国出口的增长。

### (二)非严格型外汇管制的国家和地区

对一些经济比较发达的国家和地区,对贸易和非贸易收支原则上不加管制,但对资本项目的收支仍然加以不同程度的管制,市场机制在经济活动中起主导作用。

### (三)松散型外汇管制的国家和地区

有些国家对经常项目和资本项目的外汇交易不实行普遍和经常性的限制,但不排除从政治和外资需要出发,对某些特定项目或国家采取包括冻结外汇资产和限制外汇交易等制裁手段。这些国家一般采用浮动汇率制度,其货币自由兑换。一般而言这些国家经济发达,黄金和外汇储备充足,国际收支整体状况良好。

## 四、外汇管制的内容

实行外汇管制的国家和地区,外汇管制的内容主要包括:对贸易外汇和非贸易外汇的管制，对货币兑换的管制，对资本输出输入的管制，对黄金、现钞输出输入的管制，对汇率的管制等。

### （一）对贸易外汇和非贸易外汇的管制

#### 1. 对贸易外汇的管制

（1）对出口收汇的管制

对出口实行外汇管制，规定出口商必须将其赚取的外汇及时调回国内，并结汇给外汇指定银行。出口商必须向外汇管理机构申报出口商品价款、结算所使用的货币、支付方式和期限。在收到出口外汇之后，必须向外汇管理机构申报交验许可证，并按官方汇率将全部或部分外汇收入结汇给指定银行。剩余的部分外汇可以用于自己进口或者按市场汇率转卖给他人。

许多国家在税收、信贷、汇率等方面采取措施，以促进本国商品出口，同时对国内供应短缺的某些商品则实行限制出口；有些国家按其与有关国家达成的协议，对某些商品的出口实行数量限制；有些发达国家虽然对出口收汇并无限制，但由于政治上的原因，对某些国家采取各种临时性的贸易制裁或禁止某些战略物资和尖端技术的出口。

（2）对进口付汇的管制

为了节约外汇、减缓国际收支逆差，一般规定进口商须经过外汇管理机构批准后才可到指定外汇银行购买外汇。除此之外，还规定了其他一些措施：①进口存款预交制。进口商在进口某些商品时，应先在指定银行预存一定数额的贷款，银行不计利息。存款数额的确定因进口商品的类别、进口商品所属国别而定。②提高或降低开出信用证的押金额，以控制进口。③对进口商品颁发许可证、配额证等。

#### 2. 对非贸易外汇的管制

（1）对非贸易外汇收入的管制

非贸易外汇收入涉及的范围较广，包括运输费、保险费、佣金、利息、专利费、许可证费、版税、稿费、特许权使用费、技术劳务费、对外劳务工程承包费、旅游费、奖学金、留学生费用等。外汇管理较宽松的国家往往对携带数量及结汇等不加限制，而外汇管理较严格的国家主要采取直接限制、登记限制等有关措施。

（2）对非贸易外汇支出的管制

发展中国家对非贸易外汇的支出有相当严格的限制。主要措施有设定限额、实行登记和批汇制度。对境外居民的外汇支出有一个最高限额，在这一限额内允许自由携带或汇出，超过此限额就需要审批；另外还规定出国旅游购买限额和购买间隔期，以限制外汇支出。

### （二）货币兑换管制

外汇的收入和支出的管制是以货币能否自由兑换为前提。如果一国的货币可以完全自由兑换为另一种货币，那么对外汇的收入和支出的管制就难以实现。货币自由兑换是指在外汇市场上能够自由地用本国货币兑换某种外国货币，或者用某种外国货币兑换本国货币。根据国际货币基金组织的规定，只要是经济账户下的货币实现自由兑换，该国货币即可视为可兑换货币；但若要实现完全自由兑换，还必须在资本账户下也能实现自由兑换。货币兑换管制是外汇管制最基本最重要的内容。

### （三）对资本输出输入的管制

资本的输出直接影响一国的国际收支，因此，世界各国都非常重视对资本输出输入的管制，差别只是在于管制程度的不同。当一国国际收支顺差时，倾向于鼓励资本输出，限制资本流入；而当一国国际收支逆差时，倾向于鼓励资本流入，限制资本流出。

发达国家对资本的输出输入较少采取限制措施，即使采取一些限制措施，也是为了缓和对汇率和外汇储备的压力，以免发生通货膨胀。发展中国家非常重视对资本输出输入的管制，主要原因在于发展中国家一般外汇短缺，从而限制资本输出，积极吸引国外资本流入。随着世界经济的发展，发展中国家对资本输出输入的管制趋于宽松。

（四）对黄金、现钞输出输入的管制

对外汇进行管制的国家一般禁止私人输出或输入黄金，输出输入黄金只能由中央银行或其他机构办理。对输出本国的现钞规定了最高限额，对输入本国的现钞也规定限额及用途。

（五）对汇率的管制

对汇率的管制主要包括对汇率水平和汇率种类的管理。

**1. 对汇率水平的管理**

对汇率水平的管理，即对本国货币与外国货币的比价水平的管理，包括合理水平的确定和比价的调整等。

**2. 对汇率种类的管理**

对汇率种类的管理是指实行单一汇率还是复汇率。

单一汇率是指由外汇管理部门根据本国的国际收支情况，以法令形式规定、调整本币对外币的汇率，所有的外汇交易都必须使用这一汇率。

复汇率是指一国实行两种或两种以上汇率的制度，包括两种汇率的双重汇率制度和两种以上汇率的多重汇率制度。在外汇管制的情况下必然存在复汇率制度。原因在于：第一，是价值规律发挥作用的结果。在外汇管制的情况下，官方汇率一般会高估本币价值，同样的外汇按官方汇率结汇得到的本币较少，因此出口商及其他外汇持有者，希望将外汇拿到自由市场上按市场汇率结汇，以兑换更多本币；同样，进口商及其他外汇需求者，不能按官方汇率以较少的本币获得所需的外汇，也会转向自由市场按市场汇率兑换数量较少的外汇。第二，外汇管理当局有意识利用的结果。有些外汇管制国家主动利用官方汇率和自由汇率并存规定某些出口商品和非贸易外汇收入的一部分可以不按官方汇率结汇给外汇指定银行，而是拿到自由市场出售；另一方面某些进口商品和非贸易外汇支出的一部分可以不按官方汇率向外汇指定银行购买，而是允许其按市场汇率在自由市场购买，目的是奖励出口、限制进口。这种复汇率被称为“主动的复汇率”。

在实行单一汇率制而又存在外汇管制的国家中，除了存在官方外汇市场和官方汇率外，必然存在自由外汇市场和自由汇率，这形成了自发的复汇率，这种复汇率与上述的“主动的复汇率”从本质上说是不同的。

## 第四节　货币自由兑换

在外汇管制的条件下，货币是不能自由兑换的，它有诸多限制条件。从外汇管制到货币的自由兑换，涉及经济金融的各个方面。

## 一、货币自由兑换的含义

货币自由兑换是指国内外居民能够自由将其所持有的本币兑换为其他任何货币。当代国际社会中,货币的自由兑换并不是一点限制都没有,总是或多或少地有些限制,根据货币可兑换的程度,可以分为部分自由兑换和完全自由兑换。

### (一)部分自由兑换

只要没有同时实现经常项目和资本项目下的自由兑换,就是部分自由兑换。部分自由兑换是指一国居民在经常项目或资本项目下,自由地将其所持有的本币兑换成其他任何货币,用于国际支付和转移。部分自由兑换包括经常项目下的自由兑换及资本与金融项目下的自由兑换。

经常项目下的自由兑换是指对国际收支经常项目的外汇支付和转移的汇兑实行无限制的兑换。国际货币基金组织在其章程第八条的第二、三、四条款中规定,凡是能够实现不对经常性支付和资金转移施以限制,不实行歧视性货币措施或多重汇率,能够兑付外国持有的在经常交易中所取得的本国货币的国家,该国货币就是经常项目下的自由兑换货币,表明该国承担了国际货币基金组织协议的第八条所规定的义务,成为"第八条款国"。

资本与金融项目自由兑换是指对资本流入和流出的兑换都没有限制。实现资本与金融项目自由兑换的要求比经常项目自由兑换难度要大得多。实行资本与金融项目自由兑换的国家,绝大多数是发达国家,发展中国家为数很少。

### (二)完全自由兑换

完全自由兑换是指一国或某一货币区的居民,可以自由地将其持有的本币兑换成其他国家或地区的货币,用于经常项目和资本与金融项目下的国际支付。根据世界多国的货币自由兑换实践,从经常项目自由兑换到资本与金融项目自由兑换是分步实施的:经常项目的有条件兑换、经常项目自由兑换、经常项目自由兑换和资本与金融项目的有条件兑换、经常项目和资本与金融项目的自由兑换。

## 二、货币自由兑换的条件

综合各国的货币自由兑换实践,实现货币完全自由兑换是一个漫长的过程,需要一定的前提条件。总体而言,要实现货币自由兑换,尤其是货币与金融项目下的货币自由兑换必须满足以下条件:

### (一)健康的宏观经济形势

#### 1. 宏观经济形势良好、稳定

没有严重的通货膨胀,不存在大量失业,经济运行正常有序,政府的财政状况良好,金融领域不存在银行巨额不良资产等现象,这种良好而稳定的宏观经济形式持续时间较长。

#### 2. 有效的市场调节机制

市场机制在经济运行中发挥重要作用,要求国内形成一体化的、有深度的、有效率的市场体系。无论是商品市场还是金融市场均不存在价格扭曲的现象。就商品市场而言,市场上的价格能够充分反映真实的供求状况,不存在价格扭曲因素,能对市场上各种要素的变化作出灵敏的反应,国内市场价格与国际市场价格接轨,不会有非常大的差异;就金融市场而言,金融工具的价格不存在扭曲的现象,金融市场竞争充分,交易活跃,价格有较大弹性。

### 3. 成熟的宏观调控能力

首先,政府具有成熟的宏观调控能力,能够灵活运用各种政策工具对经济进行调控,比如根据经济发展的需要及时调整财政政策,货币政策具有较强的独立性,金融市场完善;其次,政府在宏观调控方面有丰富的实践经验和操作技巧,在宏观调控方面有较强的针对性;第三,政府的声誉良好,言行一致。

### (二)健全的微观主体

实现货币自由兑换,健全的微观主体更加重要。一个经济体的微观经济主体是企业,实现货币自由兑换,企业将面临来自国内外同行的竞争,能否在激烈的市场竞争中生存和发展,决定了货币自由兑换的可行性。企业能否在竞争中生存并发展,取决于企业是否具有较强的技术能力和较高的劳动生产率,从制度上看企业必须是自负盈亏的利益主体,对市场价格变动反应及时。商业银行作为微观金融主体对于资本与金融项目下的货币自由兑换意义重大,只有经营状况良好、资本充足、不良资产比例控制在一定范围之内、具有较强的市场竞争力的商业银行,才能在货币自由兑换后,仍然保持较好的经营状况。

### (三)合适的汇率制度和合理的汇率水平

适当的汇率制度和合理的汇率水平不仅是货币自由兑换的前提条件,也是实现货币自由兑换之后继续保持汇率稳定的重要条件。当一个国家实现资本自由流动时,具有适当弹性的汇率制度更加合适;汇率水平比较合理,不存在严重的低估或高估。

### (四)有效的金融监管

为了防范大量投机性资金进入金融系统所带来的问题,金融监管要严格、规范,能及时应对各种情况,为了避免发生系统性金融风险,实施宏观审慎的金融监管具有非常重要的意义。

## 三、货币自由兑换后可能出现的问题

当一国实现货币自由兑换之后,可能出现一系列问题,这些问题可能给一国经济带来非常不利的经济后果。因此,一国在实现资本与金融项目货币自由兑换方面应该非常谨慎。

当一国货币自由兑换之后,如果经济和金融领域存在问题,国际游资可能冲击该国货币,使该国货币在短期内暴涨暴跌,而国际游资乘机牟取暴利;货币自由兑换后,国际资本流动更加频繁,这会影响到国内货币政策的效果;货币自由兑换后,一旦一国经济指标恶化,有可能引发资本大量外逃。

# 第五节　人民币汇率制度

人民币汇率制度指的是我国货币当局对人民币汇率变动的基本方式所作的基本安排和规定。它同其他汇率制度一样,包括确定汇率的依据、汇率波动的界限、维持汇率应采取的措施和规定汇率如何调整。我国人民币汇率制度的内容是随着我国经济环境的演变而不断变化的,在不同的经济时期,人民币汇率制度有着不同的内容。

## 一、计划经济时期的人民币汇率制度

从中华人民共和国成立到改革开放这段时期，我国的外汇和汇率由国家严格管理，既有固定汇率，也有浮动汇率，随经济形势发展而变。汇率的变化对外汇收支没有发挥调节作用，只是作为计划经济内部的核算工具。

## 二、改革开放初期的人民币汇率制度

1978 年之后，我国开始进行经济体制改革，逐步向社会主义市场经济体制过渡，在这一阶段，人民币汇率制度和外汇管理体制有如下内容：

### (一)实行外汇留成制度

改革原有的外汇分配制度，为了调动创汇单位的积极性，增加外汇收入，从 1979 年开始实行外汇留成办法。在外汇由国家集中管理、统一平衡、保证重点的同时，实行贸易和非贸易外汇留成，区别不同情况，适当留给创汇的地方和企业一定比例的外汇，以解决发展生产、扩大业务所需要的物资进口。外汇留成的对象和比例由国家规定，留成外汇的范围和比例逐步扩大，指令性计划分配的外汇相应逐步减少。

### (二)建立和发展外汇调剂市场

随着外汇留成制度的实施，又出现了外汇供求之间的矛盾，即有的企业有多余的留成外汇，而有的企业急需外汇但是没有外汇来源，这样对外汇就有了调剂余缺的需求。从 1980 年 10 月起中国银行开办外汇调剂业务，允许持有留成外汇的单位转让给缺少外汇的单位。以后调剂外汇的对象和范围逐步扩大，开始时只限于国有和集体企业的留成外汇，后来逐步扩大到外商投资企业、国外捐赠的和国内居民的外汇。调剂外汇所使用的汇率，开始是在国家规定的官方汇率的基础上上调一定的幅度，自从 1988 年 3 月以后，调剂外汇的汇率放开，由买卖双方根据外汇供求状况议定，中国人民银行适度干预，并通过制定“外汇调剂用汇指导序列”对调剂外汇的用途加以引导，市场调节的作用日益增强。

从 1998 年 10 月至 1993 年底，外汇调剂市场与我国官方外汇市场两个市场并存，存在两个汇率，由市场供求关系决定的外汇调剂价和市场调节作用日益增强，1993 年底，外汇调剂市场的交易额占我国进出口成交额的 80%。外汇调剂市场有如下的正面作用：(1)外汇调剂市场是官方按计划分配外汇资金的一条补充渠道，弥补了官方外汇市场的不足。外汇调剂价高于官方汇价，合理调整了创汇企业和用汇企业的经济利益，减少外汇企业的亏损，促进了外向型经济的发展。(2)由于外商投资企业被允许参加调剂外汇市场，能够促使它们将产品转销到国外，有利于外商投资环境的改善。(3)为探索人民币的均衡汇率，建立有管理的浮动汇率制度探索经济，同时，也有利于打击黑市，保持外汇市场的稳定。

### (三)改革人民币汇率制度

为了奖出限入，加强外贸的经济核算和适应外贸体制改革，从 1981 年开始实行贸易内部结算价和对外公开牌价双重汇率制度。1981 年 1 月制定了贸易外汇内部结算价，按照当时全国出口商品平均换汇成本加上 10%利润，按照 1 美元兑 2.8 元人民币结算，适用于进出口贸易的结算，官方汇率是 1 美元兑 1.5 元人民币，用于非贸易外汇的结算。

贸易内部结算价和对外公开牌价并存对鼓励出口和照顾非贸易交易起到了积极作用，但是不利之处在于导致了进口成本上升，进口企业亏损增加，加重了财政负担和国内的通货膨胀，在使用范围上出现混乱，给外汇核算和外汇管理带来难题。

由于上述双重汇率导致的问题，已经不适应经济发展的需要，从1985年开始，我国正式取消贸易外汇内部结算价，人民币对外公开牌价为1美元＝2.8元人民币，人民币汇率改变为单一汇率。随着国际市场上美元升值，我国逐步下调官方汇率。自1986年开始实行人民币管理浮动汇率制度，以取代原来的钉住“一篮子货币”汇率制度。实行浮动汇率制度后，从1986年到1991年4月，人民币汇率逐渐下跌。1991年4月之后，人民币汇率表现为涨跌互现，政府的干预减少，市场调节机制更加灵活，开始实行有管理的浮动汇率制度，至1993年年底，人民币外汇牌价为1美元＝5.8元人民币。

## 三、1994年以后的人民币汇率制度

从1994年1月1日开始，人民币官方汇率和外汇市场调剂汇率并轨，实行以市场供求为基础的、单一的、有管理的浮动汇率制度，美元兑换人民币的汇率从1993年底的1美元＝5.8元人民币下调至1美元＝8.7元人民币。人民币汇率由市场供求决定，中国人民银行公布每日汇率，外汇买卖允许在一定幅度内浮动。

通过汇率并轨，以银行间统一的外汇市场取代外汇调剂市场，消除了汇率地区间差异，使外汇资源从两个市场的分配统一到一个市场，在外汇分配领域取消了审批制度，充分发挥市场机制的作用，有利于我国与国际经济规则接轨。汇率浮动也可以在一定程度上对国际收支自动平衡恢复机制起作用，有利于我国企业参与国际竞争、改善投资环境、吸引强化流入。不利之处在于汇率并轨后，人民币对西方主要国家货币都发生了不同程度的贬值，加重了我国的外债负担，同时，汇率并轨之后，人民币汇率随着外汇供求状况的变化经常调整，增加了外汇风险。

## 四、现行人民币汇率制度

### (一)2005年人民币汇率形成机制改革

我国从2005年7月开始的人民币汇率形成机制改革，使得人民币不再钉住单一美元，而是选择若干与我国对外经济关系密切的主要货币组成货币篮子，给货币篮子中的每一货币赋予不同的权重，根据国内外经济形势变化，以市场供求为基础，参考“一篮子货币”算出人民币多边汇率指数的变化，对人民币汇率进行管理和调节，使其在合理均衡水平上保持基本稳定。

这种汇率形成机制的要点如下：(1)货币篮子中的货币选取和权重确定。主要是根据我国对外贸易、外债、外商直接投资分红等对外经济贸易活动中占较大比重的主要经济体的货币组成，按其重要性赋予不同权重。(2)中间汇率的确定。中国外汇交易中心在每日银行间外汇市场开盘前，向市场的做市商询价，以此作为人民币对美元汇率中间价计算的基础，去掉最高价和最低价后，将各做市商报价予以加权平均，得出当日人民币对美元汇率的中间价。(3)人民币汇率波动区间。银行间外汇市场，在中国人民银行公布的美元交易中间价上下0.3%的幅度内波动。非美元货币对人民币交易价在中国人民银行公布的该货币当日交易中间价1.5%至3%的幅度内波动。

银行对客户美元现汇牌价实行最大买卖差价不超过中国外汇交易中心公布交易中间价的1%的非对称管理，只要现汇卖出买入的差价不超过当日交易中间价的1%，并且卖出与买入形成的区间包含当日交易中间价即可。银行对客户美元现钞卖出与买入差价不得超过

交易中间价的4%。银行可在规定差价幅度内自选调整当日美元挂牌价格，实行一日多价制。外汇指定银行可自行决定对客户挂牌非美元货币对人民币的现钞买卖价，无买卖差价幅度的限制。

(二)2010年6月进一步推进人民币汇率形成改革

中国人民银行决定从2010年6月开始，人民币汇率不再进行一次性重估调整，重在坚持以市场供求为基础，参考"一篮子货币"进行调节。按照已经公布的外汇市场汇率浮动区间，对人民币汇率浮动进行动态管理和调节，为增强人民币汇率弹性，保持人民币汇率在合理、均衡水平上的基本稳定，促进国际收支基本平衡，维护宏观经济和金融市场的稳定，为实现汇率市场化和汇率的自由浮动打基础。

2015年8月11日，中国人民银行宣布完善人民币兑美元汇率中间价形成机制，做市商在每日银行间外汇市场开盘前，参考上日银行间外汇市场收盘汇率，综合考虑外汇供求情况以及国际主要货币汇率变化向中国外汇交易中心提供中间价报价。一方面在机制上加大市场供求对汇率形成的决定性作用，提高中间价的市场化程度；另一方面则顺应市场的力量对人民币汇率适当调整，使汇率向合理均衡水平回归。改革后中间价与市场汇率之间的偏离得到校正，中间价的市场化程度和基准作用明显增强。

未来，中国人民银行将坚持市场化取向，根据中央的改革部署和国际收支格局的变化规律，稳妥有序完善市场化汇率形成机制，发挥市场在汇率形成中的决定性作用，增强人民币汇率双向浮动弹性，建立汇率调节国际收支的市场化长效机制，保持人民币汇率对一篮子货币基本稳定，促进国际收支平衡。

## 本章习题

### 一、选择题

1. 其他条件不变，一国货币对外贬值，可以(　　)。
   A. 增加一国对外贸易值　　B. 扩大进口和缩减出口
   C. 扩大出口和缩减进口　　D. 使国际收支逆差扩大
2. 一国货币升值对其进出口收支产生何种影响？(　　)
   A. 出口增加，进口减少　　B. 出口减少，进口增加
   C. 出口增加，进口增加　　D. 出口减少，进口减少
3. 汇率波动受黄金输送费用的限制，各国国际收支能够自动调节，这种货币制度是(　　)。
   A. 浮动汇率制　　B. 国际金本位制
   C. 布雷顿森林体系　　D. 混合本位制
4. 目前，我国人民币实施的汇率制度是(　　)。
   A. 固定汇率制　　B. 弹性汇率制
   C. 有管理浮动汇率制　　D. 钉住汇率制
5. 所谓外汇管制就是对外汇交易实行一定的限制，目的是(　　)。
   A. 防止资金外逃　　B. 限制非法贸易
   C. 奖出限入　　D. 平衡国际收支、限制汇价
6. 一国货币大幅度升值，则(　　)。

A. 对该国物价无影响　　B. 会引起该国物价上涨

C. 会引起该国物价下跌　　D. 对该国物价有什么影响难以判断

7. 固定汇率制度(　　)。

A. 不利于国际经济交易的发展

B. 不利于抑制国际投机

C. 不利于通货膨胀的国际传递

D. 使各国在很大程度上丧失经济政策的主动权

8. 目前中国的人民币属于(　　)。

A. 不可兑换的货币　　B. 经常项目下可兑换货币

C. 资本项目下可兑换货币　　D. 自由兑换的货币

## 二、问答题

1. 请分析汇率变动一国对外贸易产生的影响。
2. 请分析比较固定汇率制度和浮动汇率制度的优点及缺点。
3. 一个国家或地区选择什么样的汇率制度,需要考虑哪些因素?
4. 什么是复汇率?为什么说在外汇管制的情况下必然存在复汇率制度?
5. 要实现货币自由兑换,一个国家或地区必须满足哪些条件?

# 第四章 外汇市场和外汇交易

**内容简介**：本章介绍外汇市场的基本知识、国际上重要的外汇市场以及各种传统外汇交易和衍生外汇交易业务，分析外汇风险的含义及不同类型的外汇风险的防范方法。

外汇交易是指外汇的买卖或兑换，在国际金融市场上，有无数的交易者从事外汇交易。外汇交易来自国际贸易，但是今天外汇交易额度已经远超国际贸易额度，外汇交易者的目的已经不再局限于国际贸易的目的，绝大多数外汇交易是为了套期保值、投机和融资。外汇交易包括传统的外汇交易，如即期交易、远期交易、套利交易、掉期交易等。除了传统的外汇交易之外，随着外汇业务的不断创新，衍生外汇交易近年来发展迅速，主要有外汇期货交易和外汇期权交易等。在外汇市场上有大量的、基于各种目的的外汇交易者，比如外汇银行、中央银行、外汇经纪人和外汇交易商。

## 第一节 外汇市场简介

### 一、外汇市场的概念

外汇市场(foreign exchange market)是指由外汇供求双方以及外汇经纪人组成的外汇买卖的有形场所或无形网络。

在外汇市场进行外汇交易的主要是外汇银行。外汇银行在经营外汇业务的过程中，不可避免地要出现买进与卖出外汇之间不平衡的现象。如果买进多于卖出，称之为“多头”(long position)；卖出多于买进，则称之为“空头”(short position)。外汇银行为避免汇率波动给自己带来损失，在经营外汇业务时，时常遵循“买卖平衡”的原则。就是对每种外汇，如果出现“多头”，则将多余的外汇卖出；如果出现“空头”，则买进短缺的外汇。遵循“买卖平衡”的原则并不意味着外汇银行在外汇交易之后需要立即平衡。它们会根据各国的金融情况、本身的资金实力以及对汇率变动趋势的预测，然后决定立即平衡，或者加以推迟，如果推迟平衡则意味着投机。

在外汇市场上，外汇的交易有两种类型：一是本币与外币之间的兑换，即外汇需求者按相应汇率用本币购买外汇，外汇供给者按相应汇率卖出外汇换回本币；二是不同币种的外汇之间的兑换，如在外汇市场上用欧元购买美元，或用美元购买日元等。前者称为国内外汇市场，后者称为国际外汇市场。目前，不仅美元、日元、欧元、英镑等发达国家或地区的货币在外汇市场上作为主要国际货币进行交易，某些新兴工业国家的货币也开始进入国际外汇市场。从交易的币种看，美元、欧元和日元占据中心地位，其中美元占据的市场份额最大。

## 二、外汇市场的特点

外汇市场交易的对象为货币，是不同货币之间的兑换。在国内外汇市场可以用本国货币兑换外国货币，也可以用外国货币兑换本国货币；在国际金融市场可以用一种外汇兑换另一种外汇。

外汇市场是无形的交易市场。从全球角度来看，外汇市场是一个国际市场，它没有空间上的限制。随着信息技术和通信技术的发展，外汇交易越来越多地通过传真、电话和互联网进行，各国外汇市场之间已经形成一个高度发达、迅速而又便捷的通信网络。目前，世界上主要的外汇市场如伦敦、纽约、东京等地的外汇交易都是通过通信网络进行的。这种外汇市场被称为无形的外汇市场。

外汇市场是24小时不间断的交易市场。由于时差的存在，世界上主要的外汇市场营业的时间有所差别，但是从全球角度看，24小时一直都有外汇市场在进行外汇交易。通过遍布全球的通信网络，全世界各大外汇市场紧密联系在一起，形成一个24小时不间断地运行的市场。

## 三、外汇市场的参与者

### （一）外汇银行

外汇银行包括专营或兼营外汇业务的本国商业银行，在本国的外国银行分行或代办处以及其他金融机构。外汇银行是外汇市场的主体，在整个外汇市场中处于中心地位。在不同的国家或者是地区，对经营外汇业务的银行有不同的规定。日本的外汇银行必须获得“外汇指定银行”资格；英国的外汇指定银行必须由英格兰银行推荐并得到财政部批准；而在美国，所有银行都可以经营外汇业务。外汇银行在外汇零售市场上为客户提供服务，进行外汇交易，通过外汇买入价和卖出价的差价营利。外汇银行在外汇批发市场上，一方面为客户在市场上进行外汇交易获取服务费收入，另一方面直接进行自营外汇买卖，从中获利或避免外汇风险。

### （二）外汇经纪人

在外汇市场上进行买卖的主要是商业银行，交易频繁，金额很大，但是大多数外汇银行之间并非面对面交易，而是通过外汇经纪人作为外汇中介安排成交的。为了促进外汇银行之间的交易，出现了专门从事介绍成交的外汇经纪人(foreign exchange broker)，他们自己不买卖外汇，而是依靠同外汇银行的密切联系和对外汇供求情况的了解，促成双方成交。从中收取手续费(brokerage)。外汇经纪人必须经中央银行批准，方可取得外汇经纪业务资格。

有两类经纪人。一类称为一般经纪人，也称为大经纪人，外汇经纪业务已为大经纪商所垄断，他们是公司或合伙的组织，规模很大，其利润十分可观。所以有些大商业银行为了节省手续费，愈来愈倾向于绕过大经纪人直接进行外汇交易。一般经纪人除了作为外汇银行外汇交易的中介赚取手续费之外，有时候也运用自己的资金参与外汇交易赚取利润，当然也承担相应的风险。

还有一种外汇经纪人叫“跑街”(running broker)，也被称为外汇掮客、小经纪人，帮顾客买卖外汇以赚取佣金，他们利用通信设备联络于银行、进出口厂商、贴现商(discount house)等机构之间促进外汇买卖双方成交。小经纪人一般不会运用自己的资金进行外汇交易，不承担外汇交易的风险，以赚取交易佣金为目的。

(三)客户

在外汇市场从事外汇交易的客户主要包括进出口商、跨国投资者、国际旅游者、出国留学人员、汇出及汇入侨汇者等一般客户。他们在外汇市场上的作用和地位，仅次于外汇银行。这类客户一般不直接进行外汇交易，而是通过外汇银行进行外汇交易。

随着国际经济的进一步活跃，跨国公司成为外汇市场的主要客户。跨国公司在其经营过程中，涉及大量频繁的进出口结算、头寸调度、直接投资及证券投资，因而经常性地参与外汇买卖。他们的外汇交易已不再局限于交易和保值需求，参与外汇投机、追逐利润也成为其外汇活动的主要动机。

(四)中央银行

中央银行或政府外汇主管机构是一国行使金融管理和监督的专门机构。为了管理外汇市场，中央银行经常通过参加外汇市场的交易干预外汇市场，维持外汇市场的秩序，使汇率稳定在一定水平或在一定波动范围内。为此，它们有时要进入市场并大量地买进或卖出外币。中央银行进入外汇市场，不是以营利为首要目的，它在外汇市场上起着双重作用：影响汇率走势和监管外汇市场的运行。

## 四、外汇市场的交易层次

(一)银行与客户之间的交易

银行与客户之间的外汇交易属于外汇零售交易，顾客出于贸易投机或资金转移等各种动机通过外汇银行进行外汇交易，它是外汇市场存在的基础。凡是与外汇银行有外汇交易关系的公司或个人都是外汇银行的客户，包括进出口商、投资者、外汇投机者、旅游者等。非投机性的外汇交易通常与国际结算联系在一起，主要是本币与外币之间的兑换。而投机性的外汇交易则可能是一种外汇与另一种外汇的买卖。银行在与客户的外汇交易中，包括银行从客户手中买入外汇和银行将外汇卖给客户，本质上是中介作用。银行与客户之间的交易，它的基本特点是没有最低交易额的限制，每笔外汇交易额较小，买卖差价大。银行在这种业务中仅赚取买卖价差。

(二)银行与银行之间的交易

银行与银行之间的交易，即银行同业外汇交易属于外汇批发交易。其参与者主要是外汇银行、各类财务公司、投资公司和证券公司。银行同业市场交易通常有最小成交金额的限制，一般每笔交易不得少于100万美元。银行同业外汇交易是外汇市场最重要的组成部分，由于银行同业市场交易金额大，因而其买卖差价往往要小于银行与客户间的买卖差价。

(三)外汇银行与中央银行之间的交易

中央银行参与外汇市场活动，一是为了增加外汇储备的数量或改变外汇结构，二是为了维护外汇市场的秩序，干预外汇市场，使汇率保持在符合本国经济政策和国际协议需要的水平上。中央银行干预外汇市场所进行的外汇交易是在它与外汇银行之间进行的。中央银行最常用的干预外汇市场的手段是干预现汇市场，通过购买或抛售某种外币，避免汇率大幅波动。中央银行还可以通过干预期汇市场和调整利率的形式，达到干预市场的目的。

## 五、世界主要的外汇市场

### （一）伦敦外汇市场

伦敦外汇市场（London foreign exchange market）是全球最大的外汇交易中心。其交易规模庞大，交易货币包括几乎所有的可兑换货币，规模最大的是英镑兑美元的交易，其次是英镑兑欧元、瑞士法郎以及日元的交易。伦敦外汇市场是一个典型的无形外汇市场，所有的外汇交易都是通过电话、电报、电传等电子通信设备完成的。伦敦外汇市场以交易灵活效率高、交易设施先进以及拥有一批训练有素的专业人才而著称。

在伦敦的外汇交易市场，几乎所有的国际性大银行都在此设有分支机构，大大活跃了伦敦市场的外汇交易。由于伦敦地理位置独特，地处两大时区交汇处，连接着亚洲市场和北美市场，导致亚洲接近收市时伦敦正好开市，而伦敦收市时纽约正好开市，所以这段时间交易异常活跃。

伦敦外汇市场的外汇交易分为即期交易和远期交易。汇率报价采用间接标价法，交易货币种类众多，最多达八十余种，常用的也有三四十种。交易处理逗度很快、工作效率高。伦敦外汇市场上外汇套汇业务十分活跃，自从欧洲货币市场发展以来，伦敦外汇市场上的外汇买卖与“欧洲货币”的存放有着密切联系。

### （二）纽约外汇市场

纽约外汇市场（New York foreign exchange market）是二战以后发展起来的外汇市场，是美国外汇市场的代表，是全球第二大外汇交易市场，对世界外汇走势有着重要影响。美国的外汇市场主要集中在纽约。在美国几乎从未实行过外汇管制，政府也不指定外汇专门银行，所有商业银行均可自由经营外汇业务。出于成本考虑，小银行主要服务于客户，一般不承担外汇风险，它们向大银行抛出多余外汇，补进短缺外汇，维持自身的头寸平衡。

二战以后，随着美元成为世界性的储备和清算货币，纽约也成为全世界美元的清算中心。纽约外汇市场已迅速发展成一个完全开放的市场，目前世界上 90%以上的美元收付都是通过纽约“银行间清算系统”（clearing house interbank payment system，CHIPS）进行的，因此纽约外汇市场有着其他外汇市场无法取代的美元清算和划拨功能，其地位日益巩固。

### （三）东京外汇市场

东京外汇市场（Tokyo foreign exchange market）是亚洲最大的外汇交易中心。20 世纪 60 年代以前，日本实行严格的金融管制。1964 年日本加入国际货币基金组织后，日元才被允许自由兑换，东京外汇市场开始逐步形成。20 世纪 80 年代以后，随着日本经济的迅速发展和在国际贸易中地位的逐步上升，东京外汇市场也日渐壮大起来。20 世纪 90 年代以后，受日本经济泡沫破灭的影响，东京外汇市场的交易一直处于低迷状态。日本是贸易大国，进出口商的贸易需求对东京外汇市场上的汇率波动影响较大。由于汇率的变化与日本贸易状况密切相关，日本中央银行对美元兑日元的汇率波动极为关注，同时频繁干预外汇市场，这是该市场的一个重要特点。

东京外汇市场上，银行同业间的外汇交易可以通过外汇经纪人进行，也可以直接进行。日本国内的企业、个人进行外汇交易必须通过外汇指定银行进行。该市场的汇率有两种：一种是挂牌汇率，内含利率风险、手续费等，每个营业日上午 10 点左右，各家银行以银行间市场的实际汇率为基准各自挂牌进行交易;另一种是市场联动汇率,以银行间市场的实际汇率为基准标价。东京外汇市场的交易品种比较单一,主要是美元兑日元、欧元兑日元的交易。

(四)新加坡外汇市场

新加坡外汇市场是在20世纪70年代初亚洲美元市场成立后,逐渐发展起来的新兴外汇市场,它的外汇日均交易规模仅次于东京外汇市场。新加坡在地理位置上处在欧、亚、非三大洲交通要道,具有优越的时区,新加坡外汇市场上午可与中国香港、东京和悉尼交易,中午可以和中东的巴林交易,下午可与伦敦、苏黎世、法兰克福等欧洲市场进行交易,晚上和纽约交易,一天24小时都可以进行外汇交易。新加坡外汇市场拥有现代化通信网络,同时直接同纽约的CHIPS系统和总部在欧洲的SWIFT系统(society for worldwide interbank financial telecommunications,环球银行间电信协会)直接连接,非常有利于货币结算。

## 第二节 主要外汇业务

### 一、即期外汇交易

(一)即期外汇交易的概念

即期外汇交易(spot exchange transaction),也称为现汇交易,是指外汇交易双方以当时外汇市场的价格成交,并在成交后的两个营业日内办理资金交割的业务。两个营业日交割是最初为方便账务处理和清算而约定俗成的,尽管现在外汇市场上通过计算机网络建立起了银行之间的清算系统,可以做到当天交易当天入账,但是两个营业日交割的制度已成惯例,被沿袭下来。

即期交易是外汇市场上其他外汇交易的基础,也是最常见、最普通的交易形式。大部分即期外汇交易发生在银行同业之间,金额巨大。即期交易的汇率构成了所有外汇汇率的基础。

即期外汇交易是按买卖外汇的当日汇率成交的,故其使用的汇率称为即期汇率(spot exchange rate)。即期外汇交易对进出口商来说,除用于临时性支付货款或从事投机需要外,大多数情况用于调整头寸结构。而对外汇银行来说,进行即期交易主要是为了及时补进"空头"抛出"多头"以轧平头寸。

即期外汇交易的交割日为成交当天,即T+0,称当日交割(value today);交割日为成交后第一个营业日,即T+1,称明日交割(value tomorrow);交割日为成交后的第二个营业日,即T+2,称即期交割(value spot),它是即期外汇交易的标准交割日。

交割日必须是双方外汇市场都在营业的时间。如逢该国的节假日,则顺延一天;如有的国家节假日是两天,则顺延两天,以此类推。

(二)即期外汇业务的种类

即期外汇交易不同于现钞交易,现钞交易可以在同一时间、同一地点进行不同货币现钞的兑换,而现汇交易有可能在同一时间,却绝不可能在同一地点进行交易。它只能是在此地付出某种货币,在彼地收进另一种货币。根据买卖外汇的不同汇兑方式,即期外汇业务可分为电汇(telegraphic transfer,T/T)、信汇(mail transfer,M/T)和票汇(demand draft,D/D)。

1. 电汇

经营外汇业务的汇款银行应汇款人的要求，直接用电讯方式（电报、电传等）通知国外的汇入银行，委托其支付一定金额给收款人的一种汇款业务。电汇的凭证，就是经营外汇业务的商业银行的电讯付款委托单据。电汇方式下，银行在国内收进本币，在国外付出外汇的时间相隔很短，银行不能利用顾客的汇款，而国际电报费又较贵，所以电汇汇率在几种即期外汇交易中的汇率最高。国际外汇市场上公布的外汇牌价一般都是电汇汇率。其他汇兑方式的汇率也都以电汇汇率为基础进行核算，所以电汇汇率为基本汇率。

2. 票汇

票汇是指汇出行应汇款人的申请，开立以汇入行为付款人的汇票，列明收款人的姓名、汇款金额等，交由汇款人寄送给收款人或自行携带出国，凭票取款的一种汇款方式。票汇的凭证即银行汇票（bank draft）。票汇的特点之一是汇入行无须通知收款人取款，而由收款人上门自取；特点之二是收款人通过背书可以转让汇票，到银行领取汇款的，未必是汇票上列明的收款人本人，而有可能是其他人。因此，票汇牵涉到的当事人可能较多。

采用信汇和票汇方式时，银行收到顾客交付的本币之后，经过两国间邮程所需要的时间，才在国外付出外汇，在此期间，银行利用了顾客的汇款，有利息收益。因此，信汇和票汇的汇率低于电汇汇率，差额大致相当于邮程期间的利息。当前，国际邮件多用航邮或快件，邮程时间大大缩短，因而信汇、票汇和电汇汇率的差额已经很小。

3. 信汇

信汇是指汇出行应汇款人的申请，直接用信函通知国外的汇入行，委托其支付一定金额给收款人的一种汇款业务。信汇的凭证是通过邮局的信汇委托书，只是汇出行在委托书上不必加注密押，而是以负责人签字代替。由于信汇邮程需要的时间比电讯方式长，银行可以利用这部分资金，所以信汇汇率低于电汇汇率，其差额相当于邮程期间的利息。

（三）套汇交易

套汇交易（arbitrage）是指利用两个或两个以上不同市场的汇率差价，在低价市场买入某种货币，同时在高价市场卖出该种货币，以赚取利润的交易活动。套汇交易产生的基础条件是固定汇率制度的解体，现在大多数国家都实行的是浮动汇率制度，在一般情况下，由于各国各地区紧密的联系、快速的信息传递、快速的资金流动，各外汇市场的汇率非常接近。但是有时候，不同外汇市场的汇率，在很短暂的时间内有较大的差异，从而引起套汇交易。

套汇交易利用不同市场的汇率差异，在汇率低的市场大量买进，同时在汇率高的市场卖出，这种做法具有强烈的投机性。市场上出现大量套汇活动后，会使汇率低的货币上涨、汇率高的货币下跌，从而使不同外汇市场的汇率达到平衡。

套汇业务都利用电汇进行，因为汇率的较大差异非常短暂，机会转瞬即逝，所以必须通过电汇方式进行。

1. 直接套汇

直接套汇（direct arbitrage），也称为两地套汇（two-point arbitrage），是指利用两个外汇市场之间的汇率差异，在某一外汇市场低价买进某种货币，而在另一市场以高价出售的外汇交易方式。

【例 4－1】 纽约市场和中国香港市场在某日某时的汇率分别为：

纽约市场：USD1＝HKD7.8010/25

中国香港市场：USD1＝HKD7.8030/35

从上述汇率可以看出，纽约的美元比中国香港便宜，套汇者选择在纽约买入美元，同时在中国香港卖出美元。具体操作如下：在纽约市场套汇者买进1美元，支付7.8025港元，同时在中国香港市场卖出1美元，收进7.8030港元。做1美元的套汇业务可以赚取0.0005港元。通过这种套汇活动导致纽约外汇市场美元的汇率上升，中国香港外汇市场美元的汇率下跌，两地间的汇率差距逐渐缩小直到平衡，套汇交易自行终止。

**2. 间接套汇**

间接套汇(indirect arbitrage)，也称三角套汇(three-point arbitrage)，是指利用三个或三个以上的外汇市场汇率的差异，同时在这三个市场上贱买贵卖，以赚取汇率差额的外汇交易。

**【例4-2】** 某日某时三地的外汇市场行情如下：

伦敦外汇市场：GBP1＝USD1.6980/95

巴黎外汇市场：GBP1＝EUR1.4731/62

纽约外汇市场：USD1＝EUR0.7854/94

判断这三个外汇市场是否存在套汇机会。如果存在，如何套汇？并计算在不考虑其他套汇成本的基础上用100万英镑套汇的利润。

对于三地有无套汇可能性的判断，可根据以下原则：看三地的汇率的连乘积是否等于1。若等于1则无价差，无利可图，无法套汇；不等于1则有价差，可以套汇。

设有三种货币A、B、C，若以S(A/B)表示1单位A国货币以B国货币表示的汇率，S(B/C)表示1单位B国货币以C国货币表示的汇率，S(C/A)表示1单位C国货币以A国货币表示的汇率，则套汇前提条件为：

$$S(A/B) \times S(B/C) \times S(C/A) \neq 1$$

如果大于1，可以正向套汇，以A币兑换成B币，B币兑换成C币，C币兑换成A币。如果小于1，套汇的方向相反，即以A币兑换成C币，以C币兑换成B币，以B币兑换成A币。

按照上述条件判断是否能够套汇，S(GBP/USD)×S(USD/EUR)×S(EUR/GBP)＝1.6980×0.7854×1/1.4762＝0.9034＜1，应该反向套汇，即在巴黎外汇市场上用英镑兑换欧元，在纽约外汇市场上用欧元兑换美元，在伦敦外汇市场上用美元兑换英镑。用100万英镑套汇的利润＝100万×(1/0.9034－1)＝100万×0.1069＝10.69万。

## 二、远期外汇交易

### (一)远期外汇交易的含义

远期外汇交易(forward exchange transaction)又称期汇交易，是指交易双方在成交后并不立即交割，而是事先约定币种、金额、汇率、交割时间等交易条件，到约定日期才进行实际交割的外汇交易。从交割日来看，即期交易是在两个交易日之内交割，远期外汇交易的交割通常是在两个交易日之后的一年以内进行。伴随着现代外汇市场的发展，一些银行又针对客户需求推出了交割期在一年以上的超远期外汇交易。但是从世界各国的外汇远期市场交易的实际情况来看，通常意义上的远期外汇交易仍然是在一年以内，如1个月、2个月、3个月、6个月、12个月，以3个月最为常见。

与即期外汇交易相比，通常情况下，远期外汇交易的规模更大，市场参与者主要是一些具有较高信誉水平的大企业和大银行。因为在远期外汇市场中，交易双方在签订合同后暂无须在第一时间办理相应的资金交割，真实的资金交割被延时到未来的某个时间，而远期汇率与即期市场中真实汇率的变动肯定会有偏差，这个偏差如果较大，就可能会给交易者带来较大的风险或收益。因此，为了规避信用风险，外汇银行往往更加愿意与信誉水平较高的客户进行远期外汇交易。

（二）远期外汇交易的作用

**1. 远期外汇交易可用于进出口商和短期投资者规避汇率风险**

**【例 4-3】** 某一日本出口商向美国进口商出口价值 10 万美元的商品，成本 1200 万日元，约定 3 个月后付款。双方签订买卖合同时的汇率为 USD1＝JPY130，如按此汇率结算，出口该批商品可换得 1300 万日元，扣除成本出口商可获利 100 万日元。但 3 个月后，若美元汇率跌至 USD1＝JPY128，则出口商只可换得 1280 万日元，比按原汇率计算少赚了 20 万日元；美元汇价跌至 USD1＝JPY120 以下，则出口商可就得亏本了。可见，美元贬值或日元升值将对日本出口商造成压力。因此，日本出口商在与美国进口商订立买卖合同时，就按照 USD1＝JPY130 的汇率，卖出 3 个月的 10 万美元期汇，3 个月的期限一到，日本出口商从美国进口商那里得到 10 万美元卖给日本的外汇银行，不管此时外汇市场上美元兑日元的汇率如何变化，日本出口商都能得到 1300 万日元，从而避免了汇率变动的风险。

**2. 保持银行远期外汇头寸的平衡**

当进出口商为避免汇率风险而同银行进行远期交易时，银行为了避免自身遭受风险，也经常进行远期交易。对不同期限不同货币的外汇，视其外汇头寸（exchange position）情况，抛出或者补进以保持远期外汇头寸的平衡。

**【例 4-4】** 银行在与客户的远期交易中一共卖出远期美元 1000 万美元，同时买进了 500 万同期的远期美元，为平衡远期头寸，防止远期交割时汇率波动导致的风险，该银行可再买进同期的远期美元 500 万，使外汇头寸平衡。

**3. 远期外汇投机**

在汇率波动频繁的情况下，远期外汇市场的存在给外汇投机创造了条件。外汇投机者可先以远期汇率预约卖出外汇，以待日后外汇汇率下跌时在现汇市场买入该种外汇进行冲抵，这称为“空头”。这类投机者因为预测今后外汇汇率趋于下跌，故在外汇汇率相对较高时先行预约卖出，一旦日后外汇汇率下跌在即期外汇市场再买进该种外汇，这样可从中获利。不过，如果其后外汇汇率不降反升，则投机者将遭受损失。由于这类投机者以预约形式进行交易，卖出当时自己手中实际并没有的外汇，故又称“卖空（sell short）”。

**【例 4-5】** 在东京外汇市场上，某年 3 月 1 日，某日本投机者判断美元在 1 个月后将贬值，于是他立即在远期外汇市场上以 USD1＝JPY110.03 的价格抛售 1 月期 1000 万美元，交割日是 4 月 1 日。到 4 月 1 日时，如果美元的即期汇率下降，为 USD1＝JPY105.03，那么投资者在外汇即期市场以 USD1＝JPY105.03 买入 1000 万美元，并且以 USD1＝JPY110.03 的汇率交割这 1000 万美元，可以获利 1000 万×（110.03－105.03）＝5000 万日元；如果美元的即期汇率不降反升，为 USD1＝JPY115.03。该日本投机者在即期外汇市场购买 1000 万美元现汇实现远期合约交割，要遭受 1000 万×（115.03－110.03）＝5000 万日元的损失。可见，远期外汇投机具有很大的风险。如果投机者预测正确，可以获利收益；但是如果投机者预测错误，就会遭受很大的损失。

假如投机者先以低价预约买进外汇，以便日后汇价上升时卖出，则称“多头”。这类投机者因为预测日后汇率将趋于上涨，故在外汇汇率相对较低时先行买进，待日后外汇汇率上升时再卖出，以从中牟利。他们中有不少仅仅是在到期日收付汇率涨落的差额，并不具有十足的交割资金，因此一般又将其称为“买空(buy long)”。

【例 4-6】 在法兰克福外汇市场上，如果某德国外汇投机商预测英镑对美元的汇率将会大幅度上升，他就可以做买空交易，先以当时的 GBP1＝USD1.5550 的 3 月期远期汇率买进 100 万 3 个月英镑远期；3 个月后，当英镑对美元的即期汇率猛涨到 GBP1＝USD1.7550 时，在即期外汇市场上卖出 100 万英镑，可获得 100 万×(1.7550－1.5550)＝20 万美元的投机利润。当然，若交割日市场即期汇率的变动与投机者相反，投机者将会遭受损失。若 3 个月后即期汇率不升反降为 GBP1＝USD1.4450，则该投机者将遭受 100 万×(1.5550－1.4550)＝10 万美元的损失。

(三)远期汇率和即期汇率的关系

远期汇率是在即期汇率的基础上形成的。一般来说，远期汇率以即期汇率为基础，受到有关两种货币利率差异的影响而确定。即期汇率与远期汇率必然存在差额，称为远期差价(forward margin)或远期汇水。其中，当远期外汇价格大于即期外汇价格时，称为升水(at premium)；当远期外汇价格小于即期外汇价格时，称为贴水(at discount)；当远期外汇价格等于即期外汇价格时，称为平价(at par)。

一笔远期外汇交易可以看成是一笔即期外汇交易和两笔资金拆放交易综合而成的。所以决定远期外汇交易汇率的因素有：即期外汇价格、交易双方货币之间的利率差异以及远期期限的长短。计算远期外汇价格的计算公式为：

远期汇率＝即期汇率＋即期汇率×(报价货币利率－基准货币利率)×天数/360

【例 4-7】 美元 1 个月期的同业拆借利率为 2.46%，日元的利率为 0.11%，美元/日元的即期汇率为 120.45。

1 个月期美元/日元汇率＝120.45＋120.45×(0.11%－2.46%)×30/360＝120.45＋(－0.24)＝120.21，即美元兑日元 1 个月远期汇率贴水 24 点。

(四)远期汇率的报价方式

1. 直接报价

直接报价是指在外汇牌价上直接报出远期外汇的实际汇率。日本和瑞士外汇市场均采取这种报价方式。这种直接报出远期汇率的方法适用于银行对一般客户的报价。

【例 4-8】 某日苏黎世外汇市场的报价：

| | USD/CHF |
|---|---|
| 即期汇率 | 1.2484/1.2514 |
| 1 个月远期汇率 | 1.2566/1.2588 |
| 2 个月远期汇率 | 1.2428/1.2444 |
| 3 个月远期汇率 | 1.2288/1.2303 |
| 6 个月远期汇率 | 1.1920/1.1940 |
| 12 个月远期汇率 | 1.1760/1.1810 |

2. 差价报价

外汇银行只公布即期汇率而不直接公布远期汇率，远期汇率是在即期汇率的基础上，通过远期汇率与即期汇率的差价来表示的。这样报价的好处是简明扼要。虽然即期汇率变动的同时，远期汇率也作相应变动，但通常远期汇率却比较稳定，因此，用差价报价比直接报价省事。

(1)表明远期汇率与即期汇率差价的方法有两种:一种是升水、贴水和平价,英国、德国、美国和法国等国家采用这种方法。

直接标价法下:

升水:远期汇率=即期汇率+升水

贴水:远期汇率=即期汇率-贴水

**【例 4-9】** 巴黎外汇市场美元的即期汇率为 1 美元=0.8814 欧元,3 个月远期外汇升水 26 点,则 3 个月远期外汇汇率为 1 美元=0.8814+0.0026=0.8840 欧元;如 3 个月远期外汇贴水 26 点,则 3 个月远期外汇汇率为 1 美元=0.8814-0.0026=0.8788 欧元。

间接标价法下:

升水:远期汇率=即期汇率-升水

贴水:远期汇率=即期汇率+贴水

**【例 4-10】** 在伦敦外汇市场上即期汇率为 1 英镑=1.4608 美元,3 个月远期外汇升水 51 点,则三个月远期汇率为 1 英镑=1.4608-0.0051=1.4557 美元。如 3 个月远期外汇贴水 51 点,则三个月远期汇率为 1 英镑=1.4608+0.0051=1.4659 美元。

(2)表明远期汇率与即期汇率差价的另一种标价方法是点数(Points)。

一般情况下,汇率在一天内也就是在小数点后的第三位数变动,也即变动几十个点,不到 100 个点。表明远期汇率的点数有两栏数字,分别代表买入价与卖出价。直接标价法买入价在先,卖出价在后,间接标价法则相反。如远期汇率下第一栏点数大于第二栏点数,其实际远期汇率的计算方法则从相应的即期汇率减去远期的点数;如远期汇率的第一栏点数小于第二栏点数,其实际远期汇率的计算方法则在相应的即期汇率上再加上远期的点数。总结规则如下:左大右小往下减,左小右大往上加(无论直接标价法还是间接标价法)。

**【例 4-11】** 在纽约外汇市场:

| | 即期汇率 | 3 个月远期 |
|---|---|---|
| USD/CHF | 1.2486-91 | 10-15 |

瑞士法郎对美元 3 个月远期汇率的点数为 10-15,第一栏点数小于第二栏点数,所以实际汇率数字应在相应的即期汇率数字上加上远期点数,即 3 个月远期汇率实际为 1.2486+0.0010=1.2496,1.2491+0.0015=1.2506,即 3 个月远期汇率:

USD/CHF　1.2496-(1.25)06

**【例 4-12】** 在纽约外汇市场:

| | 即期汇率 | 3 个月远期 |
|---|---|---|
| USD/CHF | 1.2486-91 | 15-10 |

瑞士法郎对美元 3 个月远期汇率的点数为 15-10,第一栏点数大于第二栏点数,所以实际汇率数字应在相应的即期汇率数字上减去远期点数,即 3 个月远期汇率实际为 1.2486-0.0015=1.2471,1.2491-0.0010=1.2481,即 3 个月远期汇率:

USD/CHF　1.2471-81。

### (五)套利交易

套利交易(interest arbitrage)又称利息套汇,是指套利者利用不同国家或地区短期利率的差异,将资金从利率较低的国家或地区转移至利率较高的国家或地区,从中获取利息差额收益的一种行为。

**1. 套利交易的分类**

根据套利交易时是否考虑到外汇头寸暴露的风险，将套利交易分为抛补套利和未抛补套利。

(1)未抛补套利

未抛补套利(uncovered interest arbitrage)，又称未抵补套利，是指套利者把外汇从利率低的市场转向利率高的市场，从中谋取利差收益，但并不对未来的汇率变动采取防范措施的一种外汇交易。未抛补套利具有纯投机性质，因为在套利的过程中没有对外汇头寸进行抛补，需要承担高利率货币贬值的风险。

**【例 4-13】** 假设美国市场美元的年利率为 6%，日本市场日元的年利率为 2%，美元兑日元的即期汇率为 USD1＝JPY97.14/97.15，一年期的汇率不变。如果一位日本投资者拥有 1.2 亿日元，请比较该投资者在一年期限内进行套利或不套利各自的收益情况。

如果不套利，一年后 1.2 亿日元的本利和：12000 万×(1＋2%)＝12240 万(日元)

如果套利，首先把 1.2 亿日元兑换成美元：12000 万÷97.15＝123.52 万(美元)

存入美国银行，一年后得到美元本利和：123.52 万×(1＋6%)＝130.93 万(美元)

最后再兑换成日元：130.93 万×97.14＝12718.54 万(日元)

最终收益：12718.54 万－12240 万＝478.54 万(日元)

在不考虑别的成本的条件下，套利比不套利多收入 478.54 万日元。

**【例 4-14】** 美国市场美元的年利率为 6%，日本市场日元的年利率为 2%，美元兑日元的汇率为 USD1＝JPY97.14/97.15，如果一年后美元兑日元的市场汇率为 USD1＝JPY91.7253/91.8200，为获得利差收益，一日本投资者欲将 1.2 亿日元转到美国投资一年，请比较该投资者进行套利和不套利的情况。

如果不套利，1 年后 1.2 亿日元的本利和：12000 万×(1＋2%)＝12240 万(日元)

如果套利，首先 1.2 亿日元兑换成美元：12000 万÷97.15＝123.52 万(美元)

存入美国银行，一年后得到美元本利和：123.52 万×(1＋6%)＝130.93 万(美元)

最后再兑换成日元：130.93 万×91.7253＝12009.59 万(日元)

最终收益：12009.59 万－12240 万＝－230.41 万(日元)

从上述两个实例可以算出，未抛补套利存在一定的风险。一年后如果美元兑日元的汇率没有变化，套利收入超过不套利收入；一年后如果美元兑日元的汇率上涨，套利收入同样超过不套利收入，除了套利收入之外，还可以获利套汇收入，也就意味着这种情况下，套利收入与不套利入收入差距更大；但是一年后如果美元兑日元的汇率下跌，如果下跌的幅度比较大，有可能套利的收入比不套利的收入还要少，说明此时未抛补套利遭受汇率贬值的风险。因此，未抛补套利存在一定的风险性。

(2)抛补套利

抛补套利(covered interest arbitrage)，又称抵补套利，是指套利者把资金从低利率国调往高利率国的同时，在外汇市场上卖出高利率货币的远期，以避免汇率风险的外汇交易方式。这实际上是将远期交易和套利交易结合起来的套期保值。

**【例 4-15】** 接以上未抛补套利的例子，假设美元兑日元一年期的远期汇率为 USD1＝JPY93.67/89，若日本投资者利用远期外汇交易来抵补套利，请比较该投资者套利与不套利的收益情况。

如果不套利，1 年后 1.2 亿日元的本利和：12000 万×(1＋2%)＝12240 万(日元)

如果套利，1.2 亿日元兑换成美元：12000 万÷97.15＝123.52 万(美元)

存入美国银行，一年后得到美元本利和：123.52 万×(1＋6%)＝130.93 万(美元)

卖出 130.93 万美元期汇，预收：130.93 万×93.67＝12264.21 万(日元)

最终收益：12264.21 万－12240 万＝24.21 万(日元)

即套利比不套利可多收入 24.21 万日元。

从这个例子中可以看出，抛补套利考虑了外汇头寸暴露的风险，在套利的同时，通过远期交易将未来的收益锁定，不管未来美元兑日元的汇率如何变化，抛补套利的收入已经确定，这就意味着抛补套利不存在外汇风险。

**2. 投资者抛补套利所采纳的一般原则**

(1)如果利率差大于较高利率货币的贴水幅度，那么，应将资金由利率低的国家调往利率高的国家。其利差所得会大于高利率货币贴水给投资者带来的损失。

(2)如果利率差小于较高利率货币的贴水幅度，则应将资金由利率高的国家调往利率低的国家。货币升水所得将会大于投资于低利率货币的利息损失。

(3)如果利率差等于较高利率货币的贴水幅度，则人们不会进行抛补套利交易。因为它意味着利差所得和贴水损失相等，或者是升水所得与利差损失相等。在此情况下无论投资者如何调动资金，都将无利可图。

(4)如果具有较高利率的货币升水，那么，将资金由低利率国家调往高利率国家，可以获取利差所得和升水所得双重收益。但是，这种情况一般不会出现，因为它所诱发的抛补套利交易会影响各国货币的利率和汇率。如果不考虑投机因素的影响，抛补套利的最终结果是利率差与较高利率货币的贴水幅度趋于一致。

## 三、掉期交易

### (一)掉期交易的概念

掉期交易(swap transaction)是指在外汇市场上买进或卖出一种货币的同时，卖出或买进同等金额的该种货币，但买进或卖出的交割日期不同。

掉期交易具有以下特点：外汇的买进与卖出是同时进行的；买进与卖出的外汇是同一种货币；买进和卖出的金额相等；买卖外汇的交割期限不相同；掉期交易主要在银行同业之间进行，某些大公司也经常利用掉期交易进行套利活动。

掉期交易的主要目的是轧平各货币因到期日不同所造成的资金缺口。在掉期交易中，一种货币在被买入的同时即被卖出，并且所买进货币与所卖出货币在数额上总是相等的，因此，掉期交易并不改变交易者的外汇净头寸，而只是由于所买卖货币在期限上有所不同，交易的结果导致交易者所持有的货币期限发生变化，从而达到规避汇率风险的目的。

### (二)掉期交易的种类

**1. 即期对远期掉期交易**

即期对远期掉期交易(spot-forward swap transaction)是在买进即期外汇的同时，卖出远期外汇，或者在买进远期外汇的同时，卖出即期外汇的一种外汇买卖活动。这是掉期交易中最常见的形式，也是应用范围较广的一种掉期交易形式。如国际投资者的投资保值、进出口商的远期交易的展期外汇银行筹措外汇资金及调整外汇头寸等都可以利用掉期交易。

**2. 即期对即期的掉期交易**

亦称为“一日掉期”(one-day swap transaction)，即同时做两笔金额相同、交割日相差 1

天、交易方向相反的即期外汇交易。这种形式的掉期交易常见的 t 安排有:(1)今日对明日的掉期(today-tomorrow swap transaction),即将第一笔即期交易的交割日安排在成交的当天,将第二笔反向即期交易的交割日安排在第二天。(2)明日对后日的掉期(tomorrow-next swap transaction),即将第一笔即期交易的交割日安排在成交后的第一个营业日,将第二笔反向即期交易的交割日安排在成交后的第二个营业日。这种形式的掉期交易是特种形式的掉期交易,主要是外汇银行为了避免短期资金拆借的风险而采用。

**3. 远期对远期掉期交易**

远期对远期掉期交易(forward-forward swap transaction)是同时做两笔反方向的等量同货币不同交割期的远期外汇交易。比如买入较短期限的远期外汇,卖出较长期限的远期外汇;或者买进较长期限的远期外汇,卖出较短期限的远期外汇。这一形式使银行能够利用有利的汇率变动机会从中获利,所以越来越多地受到重视和使用。

### (三)掉期交易的应用

**1. 套期保值**

**【例 4-16】** 某公司 2 个月将收到 100 万英镑货款,4 个月后需要对外支付 100 万英镑,2 个月期的远期汇率 GBP1＝USD1.6500/50,4 个月期的远期汇率为 GBP1＝USD1.6000/50。该公司应如何运用掉期交易以实现套期保值的目的?

卖出 2 个月的远期英镑 100 万,应收美元 100 万×1.6500＝165 万

同时买入 4 个月的远期英镑 100 万,应付美元 100 万×1.6050＝160.5 万

不管 4 个月到期后即期外汇汇率如何变化,该公司通过掉期业务,不仅满足了外汇使用的需要,而且可盈利 165 万－160.5 万＝4.5 万美元。

**2. 银行调整外汇结构和外汇头寸**

银行可利用掉期外汇交易消除与客户进行单独远期交易所承受的汇率风险,调整外汇的期限结构,进而使银行的资产结构合理化。

**【例 4-17】** 某客户向某银行卖出 6 个月期的 100 万英镑期汇后,为避免风险,轧平交易,该银行必须再卖出相同数额、相同交割日期的英镑期汇。从理论上讲,这种办法是可行的,但银行只进行单方面的卖出交易,很难在同业市场上找到愿意承担风险的交易对手。此时,银行可借助掉期外汇交易达到轧平头寸以避免风险的目的。具体做法是:该银行在买入客户出售的 100 万英镑期汇之后,首先在即期外汇市场上出售 100 万英镑现汇;然后再做一笔相应的掉期交易,即在买入 100 万英镑现汇的同时,又卖出 6 个月的 100 万英镑期汇。这样,英镑现汇一卖一买而相互抵消,银行实际上只卖出了 6 个月期的 100 万英镑期汇,从而轧平了银行的外汇头寸。

**3. 解决外汇合约的延期问题**

**【例 4-18】** 我国某出口企业与银行就一笔出口业务签订 1 个月远期外汇合同。1 个月后,进口商不能按期付款,且希望延期付款 2 个月。这就造成了我国出口企业与银行签订的远期合同无法履行的问题。这时,出口企业便可以即期汇率卖出一笔与原合同金额相同的外汇,来交割到期的远期外汇合同。同时,再与银行签订新的卖出等额的 2 个月远期外汇的合同。在这一过程中,即期汇率与合同载明的远期汇率之间的差额由出口企业承担。

## 四、外汇期货交易

金融期货合约(financial future contracts)是指交易双方同意在约定的将来某个日期按

照价格、交割地点和交割方式等约定条件买入或卖出一定标准数量的某种金融工具的标准化协议。在实际操作中，期货合同到期后真正实际交割的现象很少见，绝大多数交易都是在合约到期前采用对冲的方式了结。原因在于期货合约的交易目的并不是买卖标的物资产，而是利用期货市场来套期保值，或投机牟利。外汇期货就属于金融期货合约的一种，它是在传统外汇交易的基础上发展起来的，属于外汇衍生交易。

### （一）外汇期货交易的概念

外汇期货交易（foreign exchange future transaction），又称外币期货交易（foreign currency future transaction）是指在有形的交易市场，通过结算所的下属成员清算公司或经纪人，根据成交单位、交割时间标准化的原则，按约定价格购买与出卖远期外汇的一种业务。

在期货市场中，企业买卖期货合约的目的大多是规避现货价格波动的风险，而投机者则是为了赚取价格波动的差额。因此很少有人愿意参与商品的实物交割，在到期前都以对冲的形式了结。所谓的对冲（hedge），是指买进期货合约的人，在合约到期前会将期货合约卖掉；而卖出期货合约的人，在合约到期前会买进期货合约来平仓。这种先买后卖或先卖后买的活动都是允许的。

### （二）外汇期货交易的特点

#### 1. 交易合约标准化

外汇期货合约是一种由交易所制定的、标准化的、买卖双方通过公开叫价达成的、具有法律约束力的文件。其标准化体现为：

一是每份外汇期货合约的交易单位都是标准的。以芝加哥国际货币市场（international monetary market，IMM）为例，每份外汇期货合约的标准金额分别为 62500 英镑、10 万加元、1250 万日元、12.5 万瑞士法郎。外汇期货的交易可以是若干个标准单位，但最小是一个标准单位。

二是交割月份与交割日期是标准的，为每年的 3 月、6 月、9 月和 12 月。交割月的第三个星期三为该月的交割日，如果当天不是营业日，则顺延至下一个营业日。合约交易的截止日期为交割日前的第二个营业日，最后一个交易日的汇率为结算价。

#### 2. 交易以美元为报价单位

在外汇期货市场上，交易货币均以每单位货币值多少美元来标价，这种标价方式是由外汇期货交易的本质决定的。作为外汇期货标的物的货币和商品期货的标的物一样，其价值应由结算货币（通常为美元）来表示。这与即期外汇交易和远期外汇交易是不同的，在即期外汇交易和远期外汇交易中，除了对英镑等少数几种货币美元作为报价货币外，大多数情况下美元都是作为基准货币。

#### 3. 价格波动

在外汇期货交易中，每种货币期货合约都规定有价格变动的最低限度和日价格波动的最高限度。价格变动的最低限度是指进行外汇期货合约买卖时，合约价格每次变化的最低数额。日价格波动的最高限度是指一个营业日内期货合约价格波动的最高幅度，一旦期货合约价格波动达到或超过这一限度时，交易即自动停止。

最小价格变动：外汇期货合约在买卖时，由于供需关系使合约价格产生变化的最低限度。

**【例 4－19】** 英镑期货合约的最低价格波动为 0.0002（简称 2 个点），每个点等于每英镑的万分之一美元。以美元价格计算,最小价格波动=62500×0.0002=12.5美元。

加元、日元、瑞士法郎、欧元的最小价格波动为一个点。

最高价格波动幅度:每日交易价格的最大变化幅度,达到这一限额,价格的上升和下降将自动受到限制,该种货币的期货交易就将停止。

**【例4-20】** 加元、日元、瑞士法郎、英镑的最高限价为75点(0.0075)、100点(0.000100)、150点(0.0150)、500点(0.0500)。

以美元价格换算最高限额分别为:750美元、1250美元、1875美元、1250美元。

自1985年2月起,IMM(国际货币市场)取消了所有对外币期货日价格波动的最高限制。

**4. 保证金制度**

外汇期货合约在成交时,只是确定了交易双方在未来特定日期按照合约规定的条件进行外汇交割的责任,而没有实际的货币支付。一份期货合约从成交到交割须经过一定时间,由于价格的变化,其买卖双方必然有一方受益,一方亏损,受益的一方应该得到回报,亏损的一方有可能不愿意履行或无法履行合约,结果可能因为交易双方亏损的一方违约而导致期货交易无法完成交割,期货交易也无法存在。因此,为了保证期货交易合约的履行,外汇期货交易所实行保证金制度。

外汇期货交易合同的履行是由交易所提供担保的,交易双方均须向交易所缴存保证金。保证金(margin)按功能分为初始保证金和维持保证金。初始保证金(initial margin)是指客户在每一笔外汇期货交易开始时缴纳的保证金,一般占合同价值的5%~10%。维持保证金(maintenance margin)是指保证金允许下降的最低限额,一般是初始保证金的2/3或3/4。

在交易过程中,凡是未平仓的合同都要按照当日收市价逐日清算,通过结算价格反映盈亏,进而调整初始保证金数额。如果市场变化对客户有利,就把每日盘余部分计入客户的初始保证金账户内,如果客户缴纳的初始保证金随价格的变化低于交易所规定的最低保证金限额,外汇经纪商就会通知客户补缴保证金,否则交易所将强行平仓,由此带来的损失客户自行承担。由于外汇期货交易通过保证金制度以较高的杠杆率控制交易合约金额,因此具有高投机性和风险性。

**5. 每日清算制度**

每日清算制度就是以每种期货合约在交易日收盘前最后30秒或60秒交易的平均价作为当日的结算价,与交易所会员进行的每笔交易的价格进行比较,计算出会员们当日交易中的损益,并将损益记入交易者的保证金账户。盈利者可以提出高于初始保证金水平的金额,亏损者如保证金账户上的金额低于维持保证金,必须在规定的期限内向清算所缴纳保证金至初始保证金的水平,否则,交易所将停止其交易并强行平仓,损失由保证金余额支付。这样,结算所成了所有成交合约的履约保证者,并承担了所有的信用风险。这种清算制度为期货交易提供了一种简便高效的对冲机制和结算手续,从而提高了期货交易的效率和安全性。

### (三)外汇期货交易的参与者

**1. 外汇期货交易所**

期货交易所是公司以个人名义加入而取得席位并实行会员制的一个非营利机构。交易所本身既不介入交易,也无权操控价格,只是向交易者提供一个公平竞争的场所,其主要职责为:提供交易场地,制定标准交易规则,负责交易规则的监督和执行,制定标准的期货合同,解决交易纠纷等。只有取得交易所会员资格的人才能进入交易所场地内进行期货交易,而非会员则只能通过会员代理进行期货交易。

**2. 经纪公司**

经纪公司(broker)又称佣金公司,是外汇期货交易所中充当中介的法人实体,可分为场内经纪人与期货佣金商。经纪公司内拥有交易所会员资格、进入期货交易所内进行交易的人员称为场内交易人。在场内交易人员中,有些人员专为自己的利益进行交易,称为专业投机商;而更多的人员是从交易所外接受大量的交易指令,按场外客户的交易指令进行期货交易,这部分人叫作(纯粹的)场内经纪人。

期货佣金商(futures commission merchant)是代表金融、商业机构或一般公众进行期货交易的公司或个人组织,其目的是从代理交易中收取佣金。它是非交易所会员参加期货交易的中介,主要职责是向客户提供完成交易指令的服务,记录客户盈亏,代理期货合同的实际交割,处理客户的保证金,向客户提供决策信息以及咨询业务等。

**3. 清算公司**

清算公司(clearing house)又称清算所,是交易所下设的营利性机构,负责外汇期货合同的清算工作,既可以是一个具有独立法人地位的组织机构,也可以是交易所的附属公司。清算所一般作为交易双方的最后结算者。交易所的会员要想成为结算会员,必须单独申请,而非结算会员的交易所会员清算时必须通过结算会员来进行,并缴纳一定的佣金。

**4. 外汇期货交易者**

外汇期货交易者(foreign exchange futures trader)是指那些交易所的会员客户,也是指代表期货经纪商从事自营业务的场内交易商。根据其交易目的可以将外汇期货交易者分为商业交易者和非商业交易者,前者一般为企业,后者一般为个人。

商业交易者本身主要以从事现货市场交易为主,其参与外汇期货市场交易的主要动机有两点:一是对现货市场上已存在的交易未来的外汇收益或支出可能面临风险的考虑,利用期货市场规避汇率风险;二是也可利用期货市场来调配资产配置,以满足达到预期收益的目标。此类交易者主要是进出口商和商业企业。非商业交易者是指交易所的会员客户,这些交易者从事外汇期货交易的主要目的是投机。

### (四)外汇期货交易与外汇远期交易的区别和联系

**1. 外汇期货交易与外汇远期交易的区别**

(1)市场组织形式

外汇期货市场是在一个有形市场里面公开交易,有规定的交易时间,是有组织的市场,交易所有较为严格的规章制度;而外汇远期市场是一个无形市场,没有交易时间的限制。通过电话、电传、电脑终端等电信网络来进行。

(2)实现交易的方式

外汇期货市场实行会员制。只有期货交易所的会员才能进入交易所进行交易,非会员客户只能通过会员单位才能进行外汇期货交易;外汇远期交易没有上述限制,交易双方可以直接交易,也可以通过经纪人进行交易。外汇期货市场交易双方可以是银行和非银行金融机构、企业甚至自然人,他们进入外汇期货市场交易无须了解对方的信用状况,但是需要缴纳保证金,由清算所承担信用风险;而外汇远期交易双方交易前(尤其是银行和一般客户之间的交易)需要了解对方的信用状况,合同到期交割前没有产生现金流,因此交易双方的信用很重要,交易双方自行承担信用风险。

(3)报价方式

外汇期货交易双方各自只报一种价格，买方报买价，卖方报卖价；而在外汇远期交易中，是双向报价，即同时报买入价和卖出价。

(4)交易是否标准化

外汇期货交易是在交易所里进行的，交易所中的交易合约都是标准化的，对交易的货币种类、合同金额和交割期限都有明确规定；而外汇远期交易不论交易合同金额和交割期限都可由交易双方协商确定，是非标准化的交易合约。

(5)是否实际交割

在外汇期货业务中，实际交割的期货合约非常少，大多数通过“以买冲卖”或“以卖冲买”来了解外汇期货合约，因此外汇期货交易具有很高的流动性；而外汇远期交易中，绝大多数的交易在交割日那天实际交割。

**2. 外汇期货交易与外汇远期交易的联系**

(1)交易目的相同。从事外汇期货交易与远期外汇交易都是为了防范外汇风险或进行外汇投机。

(2)都是一定时期以后交割，而不是即期交割。

(3)都是通过合同的形式把购买或出卖外汇的汇率固定下来。

(4)交易市场互相依赖。外汇期货市场与远期外汇市场虽然是两个独立的市场，但由于市场交易的标的物相同，一旦两个市场出现较大差距，就会出现套利行为，因此，两个市场的价格互相影响、互相依赖。

(五)外汇期货交易的应用

**1. 保值功能**

(1)多头套期保值

多头套期保值(long hedging)又称买入套期保值(hedge buying)，是指进口商将要以外汇支付货款，为避免计价货币汇率上升造成损失，先在外汇期货市场上购进同等数量的外汇期货合约，等到将来在现货市场上购进所需外汇时，卖出购进的期货合约。

**【例 4-21】** 一名德国商人某年 3 月 1 日从美国进口汽车，约定 3 个月后支付 250 万美元，为了防止美元升值带来的不利影响，他进行了多头套期保值。3 月 1 日现汇汇率为 EUR1＝USD1.5917，此时外汇期货汇率为 EUR1＝USD 1.5896；6 月 1 日现汇汇率为 EUR1＝USD 1.5023，此时外汇期货汇率为 EUR1＝USD1.4987。请分析该德国商人的多头套期保值情况。

分析过程见表 4-1 所列：

**表 4-1 多头套期保值盈利情况**

| 现货市场 | 期货市场 |
| --- | --- |
| 3 月 1 日，汇率 EUR1＝USD1.5917，购买 250 万 USD 理论上需支付 EUR1570647.74 | 3 月 1 日，买入 20 份 6 月份到期的 USD 期货合约（125000USD/份），汇率 EUR1＝USD 1.5896，支付 EUR1572722.70 |
| 6 月 1 日，汇率 EUR1＝USD 1.5023，购买 USD 实际支付 EUR1664115.02 | 6 月 1 日，卖出 20 份 6 月份到期的 USD 期货合约，汇率 EUR1＝USD1.4987，收入 EUR 1668112.36 |

（续表）

| 现货市场 | 期货市场 |
|---|---|
| 理论上多付：1664115.02－1570647.74＝EUR93467.28 | 盈利：1668112.36－1572722.70＝EUR95389.66 |
| 净盈利＝1922.38EUR | |

从表 4－1 所列可以看出，该德国商人因为担心美元升值，造成自己进口汽车的成本增加，进行了多头套期保值。如果预期准确，美元确实升值，则该商人在现汇市场是相对亏损的，但是在期货市场是盈利的，弥补了现汇市场中的亏损。在此例中，期货市场上的盈利不但能够弥补现汇市场中的亏损，而且得到 1922.38 欧元的净盈利。

(2)空头套期保值

空头套期保值(short hedging)又称卖出套期保值(hedge selling)，是指在期货市场上先卖出某种外汇，再买进同样数量的外汇。一般是出口商将要收到外汇货款，为防止未来的应收账款价格下跌，采取先在外汇期货市场上卖出与货款同等数量同一币种的外汇期货合约，等到将来收到货款在现货市场上出售外汇时，买入期货合约与原来购进的卖出外汇期货合约对冲，从而锁定其价格。

**【例 4－22】** 一家美国公司预计 1 个月后(6 月 12 日)会有一笔外汇应收款 5,000,000 英镑，当时现汇市场 GBP1＝USD1.8620，为了防止英镑汇率贬值，该公司进行卖出套期保值。5 月 12 日，外汇市场现汇汇率为 GBP1＝USD1.8620，此时期货汇率为 GBP1＝USD1.8545；6 月 12 日，外汇市场现汇汇率为 GBP1＝USD1.8460，此时期货汇率为 GBP1＝USD1.8350。请分析该美国公司的空头套期保值情况。

分析过程见表 4－2 所列。

**表 4－2　空头套期保值盈利情况**

| 现货市场 | 期货市场 |
|---|---|
| 5 月 12 日，GBP/USD＝1.8620，此时收到 500 万 GBP 理论上可以得到 9310000USD | 5 月 12 日，卖出 80 份 6 月份到期的 GBP 期货合约（62500USD/份），汇率 GBP/USD＝1.8545，价值 USD9272500 |
| 6 月 12 日，GBP/USD＝1.8460，500 万 GBP 只能得到 9230000USD | 6 月 12 日，买入 80 份 6 月份到期的 GBP 期货合约，汇率 GBP/USD＝1.8350，支出 USD9175000 |
| 理论上现货亏损：80000USD | 盈利：97500USD |
| 净盈利＝17500USD | |

从表 4－2 所列可以看出，该美国公司担心英镑贬值，自己 1 个月后才能收到的外汇应收款项 5000000 英镑能够兑换的美元变少了，遭受外汇贬值风险，因此进行空头套期保值。如果预期准确，英镑确实贬值了，该公司在现汇市场上是相对亏损的，但是在期货市场上是盈利的。在本例中，期货市场中的盈利不但能够弥补现汇市场中的亏损，而且实现 17500 美元净盈利。

**2. 投机功能**

外汇期货交易实行保证金制度，只需要缴纳少量保证金即可进行数倍于保证金额度的交易，相当于使用了外汇交易杠杆，具有投机性质。如果预期准确，可以得到高额回报，反之则承受高额损失。套期保值者利用外汇期货市场进行保值，他们不愿意承担外汇汇率波动的风险，把风险转移给愿意承担风险的交易者，即外汇市场的投机者，正是由于投机者的存在，才能使外汇期货市场存在并发展下去。如果所有的交易者都是套期保值者，没有投机者的存在，外汇期货市场就有可能因为找不到交易对手而难以存续。因此投机者促进了期货市场的流动性，提供了交易资金，而且确保了市场的稳定性。当然，如果这个市场投机者数量太多，也有可能导致期货价格扭曲，破坏正常的市场秩序。

(1)买空卖空投机

投资者根据对未来期货价格变动趋势的预测，来决定买空或者卖空，以赚取外汇期货价格差额收益。如果预测外汇期货升值，就买空(先买后卖)，赚取差价；如果预测外汇期货贬值，就卖空(先卖后买)，同样能够赚取差价。

**【例 4-23】** 假设某年 5 月 1 日外汇市场行情如下：即期汇率 USD1＝120JPY，日元期货 JPY1＝USD0.00833，某投机者预测 8 月交割的日元期货价格将上涨，买入 100 份 8 月日元期货合约。如果 7 月 1 日日元期货价格上涨为 JPY1＝USD0.00933。那么该投资者可获利多少？

如果 7 月 1 日日元期货价格上涨为 JPY1＝USD0.00933，该投机者卖出日元期货合约，获利 12500000×100×(0.00933－0.00833)＝1250000 美元。在不考虑交易成本的情况下，该投机者获利 125 万美元。

(2)外汇期货套利交易

外汇期货套利交易是指投机者同时买入和卖出两种相关的外汇期货合约，然后再卖出和买入上述的外汇期货合约，通过这两种合约的相对价格变动获利。可分为跨期套利交易、跨市套利交易和跨币种套利交易。①跨市套利交易(intermarket arbitrage)是指套利者在不同市场上预测同种外汇期货价格走势不同，在一个交易所买入一种外汇期货合约，在另一个交易所卖出同种外汇期货合约，过了一段时间之后将合约同时平仓，即卖出先前买入的外汇期货合约，买入先前卖出的外汇期货合约，从中获取利润。当然如果想要从跨市套利交易中获利，必须对同一种外汇期货在不同期货市场中的价格走势预测准确。②跨期套利交易(inter-period arbitrage)是指同时买进和卖出相同币种但是交割月份不同的外汇期货合约，从中获利。跨期套利交易包含两种形式：一种是现货交易与期货交易组合，买入现货卖出期货或者买入期货卖出现货；另一种是两笔不同期限的期货交易组合，如买入期限较短的期货卖出期限较长的期货，或者买入期限较长的期货卖出期限较短的期货。③跨币种套利交易是指套利者预测交割月份相同而币种不同的外汇期货合约价格将出现不同走势，买入预期价格上涨的外汇期货合约，卖出预期价格下跌的外汇期货合约，从中获利。

## 五、外汇期权交易

### (一)外汇期权交易概述

外汇期权(foreign exchange option)，又称为外币期权(foreign currency option)，是一种选择权，外汇期权的持有人，也就是期权的买方支付期权费，有权利在合约期内按照执行价格从卖方手中买入或者向买方出售一定数量外汇的权利，卖方收取期权费，有义务应买方要求卖出或买入该笔外汇。

自从 1982 年 12 月美国费城股票交易所(Philadelphia stock exchange，PSE)引进英镑期

权合约以来，外汇期权交易发展十分迅速，随后增加了日元、瑞士法郎、加元等期权交易。交易的机构也日益增多，目前主要的交易机构有芝加哥商品交易所、纽约商品交易所、加拿大蒙特利尔交易所、温哥华交易所、伦敦股票交易所、伦敦国际金融期货交易所、阿姆斯特丹交易所等，其中，费城股票交易所的外汇期权交易最为活跃。

### （二）外汇期权交易的特点

#### 1. 权利义务不对等

在外汇期权交易中，交易双方的权利和义务是不对等的，期权买方享受权利而不承担义务，即与执行价格相比，现汇汇率对期权买方有利时，买方就行使权利，而当现汇汇率对期权买方不利时，买方可以不行使权利，期权到期作废；对于期权卖方而言，收取了卖方的期权费之后，有义务按照买方的要求买入或卖出双方约定数量、价格的外汇。

#### 2. 期权费不能收回

期权费（premium）又叫作保险费，是期权的买方在期权交易时，为了获得合同约定外汇的买进和卖出的选择权而向期权的卖方支付一定的费用。由于期权的买方获得了今后是否执行的决定权，期权的卖方就承担了汇率波动带来的风险。为了补偿汇率风险可能给卖方造成的损失，期权的买方要向卖方支付一定的风险金，所以这笔期权费实际上相当于对期权交易风险进行投保的保险费。期权费一般在合同成交的第二个营业日一次付清，期权买方无论在有效期内是否执行权利，都不能将期权费追回。期权费的高低，根据合同到期长短与汇率波动的大小而定。

#### 3. 期权交易风险较小

购买期权具有风险有限而收益无限的特点。就购买期权者来说，他所承担的最大风险是为购买期权所支付的权利金即期权费，当期权的购买者在有利价的情况下行使期权时，则可能取得无限的收益；而期权出卖者可能获得的最大利润就是权利金，一旦期权购买者在有利价时行使期权且期权出卖者履行义务时，后者可能遭受无限的风险损失。

### （三）外汇期权合约的内容

在交易所内交易的外汇期权交易合约是标准化的合同，交易所对外汇期权合约的内容做了事先的规定，主要包括以下内容：

#### 1. 汇率

外汇期权交易涉及的汇率均以美元来表示，如 1 英镑等于多少美元，1 加元等于多少美元。这一点和外汇期货交易类似。

#### 2. 执行价格

执行价格（strike price）又称协定价格、履约价格、合同价格，是指在期权交易双方约定的期权到期日或期满前双方交割时所采用的交易价格。执行价格确定后，在规定的期限内，无论价格怎样波动，只要期权的买方要求执行该期权，期权的卖方就必须以此价格履行义务。

#### 3. 保证金

保证金（margin）是指当买方按照执行价格要求交割时，为保证卖方按照约定履行义务而要求卖方缴纳的费用。卖方所缴纳的保证金通过清算会员缴存在清算公司的保证金账户内，如果市场看跌，就要随时追加。

#### 4. 交割月份与交割日期

交割月份通常为每年的 3 月、6 月、9 月和 12 月；交割日期是指期权买方有权履约的最后一天，通常为交割月份的第三周的星期三。

5. 合约到期日

合约到期日是指期权买方决定是否要求履约期权合约的最后日期。通常定于到期月份第三周的最后一个交易日，如果超过这一时限，买方未通知卖方要求履约，即表明买方已放弃这一权利。

6. 交易标准化单位

外汇期权的每一合同单位是标准化的单位。费城股票交易所规定的币种和交易单位如下：一份英镑期权合同 1.25 万英镑，一份瑞士法郎期权合同 6.25 万瑞士法郎，一份日元期权合同 625 万日元，一份加元期权合同 5 万加元。

7. 期权费

期权费又称保险费，是指在签订合同时由买方支付给卖方，以获得履约选择权的费用。期权费的表示方法有两种：一是按照履约价格的百分比来表示；二是按履约价格的百分比换算的每单位货币折合的美元数表示。例如一笔履约价格为每英镑 1.86 美元的看涨期权，其期权费可标为 4%或者每英镑 0.0744 美元。一般情况下，期权的买方须在期权成交日后的第二个银行工作日将期权费支付给卖方。

8. 交割方式

外汇期权的交割一般通过清算公司的会员来进行。世界上最大的外汇期权市场芝加哥证券交易所专门设有清算公司（options clearing corporation，OCC），以保证交易的顺利进行。也就是说，买卖双方不必考虑对方的信用，到期由 OCC 负责期权合同的清算事宜。

（四）外汇期权交易的类型

1. 按期权买进或卖出的性质分类

按期权买进或卖出的性质分类，可分为看涨期权和看跌期权。

看涨期权（call option），又称买入期权或多头期权，即期权买方预测未来某种外汇价格上涨，购买该种期权以获得在未来一定期限内以合同价格和数量购买该种外汇的权利。购买看涨期权既可以使在外汇价格上涨期间所负有的外汇债务得以保值，又可以在外汇价格上涨期间有权以较低的执行价格买进该种外汇，同时以较高的市场价格抛出，从而获利。

看跌期权（put option），又称卖出期权或空头期权，即期权买方预测未来某种外汇价格下跌，购买该种期权以获得未来一定期限内以合同价格和数量卖出该种外汇的权利。购买看跌期权一方面可使在外汇价格下跌期间所持有的外汇债权得以保值，另一方面又可以在外汇价格下跌期间，以较低的市场价格买入外汇，以较高的执行价格卖出外汇而获利。

2. 按期权的执行时间分类

美式期权（American-style option）是指期权买方可在期权到期日的任何一个工作日，向期权卖方要求行使权利；而欧式期权（European-style option）是指期权买方只能在期权到期日当天向期权卖方行使权利，不能提前要求外汇交割。与欧式期权相比，美式期权的买方在执行合同上更具有灵活性，因此支付的期权费更高。

3. 按外汇期权交易地点分类

场内交易期权（exchange trade option，ETO），是指在外汇期货交易所内成交的外汇期权。该种期权只有交易所的会员才能直接参加，交易双方一般需要签订标准化的交易合同。期权合约成交后，由期权清算公司（OCC）保证交易的执行。清算公司对期权买方支付期权费和期权卖方履行合约负最终责任。与期货交易中交易双方都需要缴纳保证金不同，场内期权交易只要求期权卖方缴纳保证金，而期权买方没有缴纳保证金的要求，期权买方只需缴纳相应的期权费即可。

场外交易期权(over the counter option，OTC)，是指不通过外汇期货交易所而进行的期权交易。该种期权交易比较灵活，交易的币种、金额、期限以及执行价格由交易双方根据需要而定，通过银行以电话、电传、电子通信网络的方式进行交易。

(五)外汇期权交易与外汇期货交易的区别

外汇期权交易与外汇期货交易具有相同的地方，都可以用来作为保值或者投机的工具，但二者也有许多不同之处。

1. **买卖双方权利义务不同**

外汇期货交易的风险收益具有对称性。期货合约的双方都赋予了相应的权利和义务。而外汇期权交易的风险收益具有非对称性。期权买方享有在合约有效期内买进或卖出外汇的权利。当买方认为市场价格对自己有利时才行使权利，当买方认为对自己不利时，完全可以放弃权利，其损失只限于期权费。对期权卖方而言具有强制性，只要期权买方行使权利，期权卖方必须按照期权合约向期权买方卖出或买入相应的外汇。双方的权利和义务是不对等的。

2. **交易标的物不同**

期货交易的标的物是金融资产，外汇期货交易的标的物就是一定金额的外汇；而外汇期权交易的标的物是一种权利，即在未来某一段时间内按约定的价格买卖某种标的物的权利。

3. **保证金不同**

在外汇期货交易中，买卖双方都要缴纳一定的保证金。而在期权交易中，买方不需要缴纳保证金，只需缴纳期权费；但为了保证期权卖方拥有履约的能力，期权卖方必须存入一笔保证金，必要时须追加保证金。

4. **风险不同**

在外汇期货交易中，交易双方所承担的价格风险几乎相同，双方面临的风险是对称的。在外汇期权交易中，期权买方的亏损是有限的，亏损不会超过期权费，而盈利则可能是无限的；而期权卖方的盈利是有限的，最多不超过期权费，而亏损可能是无限的。外汇期权交易双方风险不对称。

5. **交割方式不同**

外汇期货交易的商品或资产，除非在未到期前卖掉期货合约，否则到期必须交割；而外汇期权交易在到期日可不交割，期权合约过期作废。

(六)期权交易的损益分析及其应用

1. **看涨期权**

当即期汇率高于执行价格时，期权买方通过行使期权，可以用低于市场价格的执行价格买入外汇，在此基础上减去期权费，即为买者的净收益。随着汇率的不断上升，看涨期权买方的收益不断上升；当即期汇率等于执行价格时，买方行使期权与否结果都一样，此时相当于损失了期权费；当即期汇率小于执行价格时，买方放弃行使期权，其亏损就是期权费，这是期权买方最大的亏损。看跌期权买方的收益和损失可用公式表示为：

$$R=\begin{cases}S-K-P(S>K,\text{行使期权})\\-P(S\leqslant K,\text{放弃行使期权})\end{cases}$$

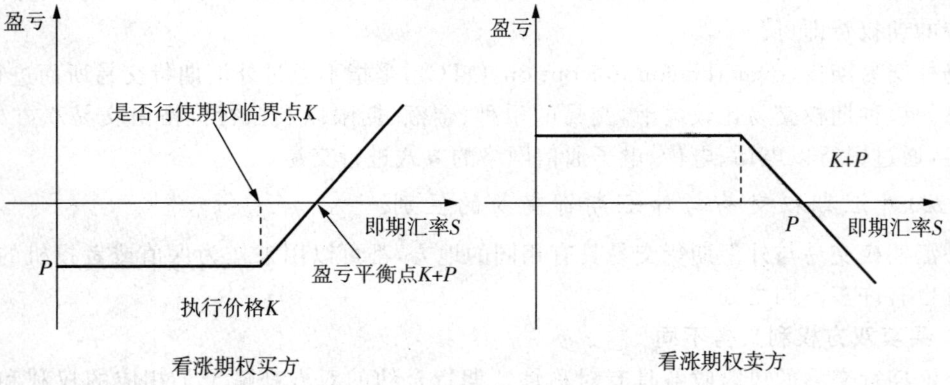


图 4-1 看涨期权交易双方损益图

**2. 看跌期权**

当即期汇率低于执行价格时，看跌期权买方行使期权，获得差价收益，随着市场汇率不断下降，看跌期权买方的获利就越大；当即期汇率高于执行价格时，看跌期权放弃行使期权，其最大损失仅为期权费。因此，看跌期权买方与看涨期权的损益模式是一样的，即有限的损失，无限的收益，区别仅在于方向不同。看跌期权买方的收益和损失可用公式表示为：

$$R=\begin{cases}K-S-P(S<K,\text{行使期权})\\-P(S\geqslant K,\text{放弃行使期权})\end{cases}$$

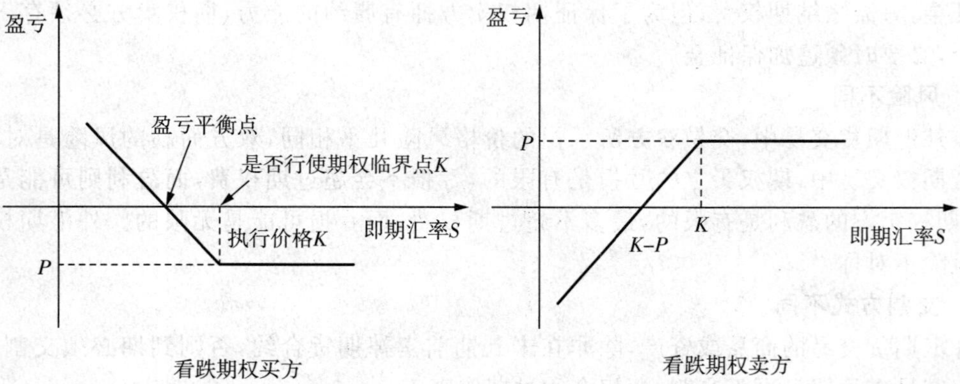


图 4-2 看跌期权交易双方损益图

**3. 外汇期权的应用**

(1)看涨期权保值

**【例 4-24】** 美国进口商从英国进口一批货物，3 个月后将付款 100 万英镑，3 个月后他将得到一笔 150 万美元的收入用来支付这笔货款。即期汇率为：GBP1＝USD1.5。美国进口商如何通过买入外汇期权避免外汇波动给自己带来风险？

此时美国进口商最担心汇率发生什么变化呢？美国进口商将担心英镑升值、美元贬值，这意味着他需要花更多美元购买同等数量的货物。为防止英镑升值、美元贬值带来汇率风险，该美国进口商购入 100 万英镑的 8 份看涨期权合约，每份合约 12.5 万英镑，期权费为每份 2500 美元，执行价格为 GBP1＝USD1.5。现在看一下当 3 个月后市场价格产生不同变化时，这份看涨期权是如何帮助进口商保值的？

若3个月后英镑升值，市场汇率为GBP1＝USD1.7，美国进口商执行期权，则按执行价格GBP1＝USD1.5，支付美元金额150万(100×1.5)美元，另外缴纳2万(2500×8)美元的期权费，共支付152万美元。如美国进口商当初没有购入看涨期权，则按3个月后的市场汇率GBP1＝USD1.7，支付美元金额为170万(100×1.7)美元。可以看到，购入看涨期权进行保值可以节省18万美元。若3个月后英镑市场汇率不变或贬值，美国进口商放弃行使权利，仅损失期权费2万美元。

(2)看跌期权保值

**【例4-25】** 美国出口商向英国出口一批货物，3个月后将收款100万英镑，即期汇率为GBP1＝USD1.5。美国进口商如何通过买入外汇期权避免外汇波动给自己带来风险？

此时美国进口商最担心汇率发生什么变化呢？美国出口商此时最担心的是英镑贬值，出口同等数量货物，却只能换来少量美元。为防止英镑贬值带来汇率风险，该出口商购入100万英镑的8份看跌期权合约，每份合约12.5万英镑，期权费为每份2500美元，执行价格为GBP1＝USD1.5。

若3个月后英镑贬值，汇率为GBP1＝USD1.3，美国出口商执行期权，则按执行价格GBP1＝USD1.5收入美元金额150万美元，另外缴纳2万(2500×8)美元的期权费，共收入148万美元。如美国出口商当初没有购入看跌期权，则按3个月后的市场汇率GBP1＝USD1.3，收入美元金额130万美元。可以看到，购入看跌期权进行保值可以多收入18万美元。若3个月后英镑汇率不变或升值，美国出口商放弃行使权利，仅损失期权费2万美元。

(3)外汇期权投机

**【例4-26】** 外汇市场上，某外汇投机者认为英镑在未来的3个月内有可能发生大幅度升值，且变动幅度都会超过当时期权市场上英镑买入期权的期权费。该投资者购买了3个月后到期的10万英镑的美式看涨期权。执行价格为GBP1＝USD1.5600，期权费2000美元，到期日为12月15日。这名外汇投机者如何获利？

从买入期权开始至12月15日的任何一天中，若该投机者预测正确，市场汇率大于执行价格与期权费之和，该投机者就可以执行期权，以协定价格买入英镑，然后在现货市场卖出英镑，获取利润。

假定11月28日，市场汇率为GBP1＝USD1.5900，投机者执行期权，以GBP1＝USD1.5600的价格买入10万英镑，付出15.6万美元，然后在现货市场上按即期汇率GBP1＝USD1.5900卖出10万英镑，获得15.9万美元，除去付出的2000美元期权费，投机者获利1000美元。

## 第三节　进出口报价与外汇风险及管理与防范

### 一、进出口报价

#### (一)即期汇率下的外汇折算与报价

**1. 外币/本币折算成本币/外币**

外币/本币折算成本币/外币就是将一单位外币等于多少本币折算成一单位本币等于多

少外币。大多数国家或地区外汇市场所公布的汇率通常为直接标价法，即1单位或100单位外币等于多少本币，而不公布1单位本币等于多少外币。在实际外汇业务中，有可能需要在报价时把外币/本币换算成本币/外币。

**【例4-27】** 中国香港外汇市场某日1美元＝7.7970港元，如求1港元等于多少美元，则1/7.7970＝0.1283，即1港元＝0.1283美元。

**2. 外币/本币的买入/卖出价折算成本币/外币的买入/卖出价**

这就是将外币对本币的买入价与卖出价，折算成本币对外币的卖出价与买入价，即已知外币对本币的买入/卖出价，求本币对外币的买入/卖出价。折算本币/外币的买入价，要用1除以原来的外币/本币的卖出价；折算本币/外币的卖出价，要用1除以原来的外币/本币的买入价。

**【例4-28】** 中国香港外汇市场某日牌价：美元/港元7.7920/7.8020。求：港元/美元的买入价/卖出价。

折算港元/美元的买入价，应以1除以美元/港元的卖出价，即1/7.8020＝0.1282；折算港元/美元的卖出价，应以1除以美元/港元的买入价，即1/7.7920＝0.1283。因此，港元/美元的买入价/卖出价为0.1282/0.1283。

**3. 未挂牌外币/本币与本币/未挂牌外币的折算**

求本币与未挂牌某一货币比价的方法有如下几个：

(1)先列出本币对已挂牌某一主要储备货币(如英镑或美元)的中间汇率；

(2)查阅像伦敦、纽约这样的主要国际金融市场上英镑或美元对未挂牌某一货币的中间汇率(伦敦或纽约均公布英镑或美元对所有可兑换货币的比价)；

(3)对(1)和(2)的中间汇率进行折算：(2)/(1)＝本币/未挂牌货币的汇率；(1)/(2)＝未挂牌货币/本币的汇率。

**【例4-29】** 中国香港市场某出口商接到丹麦进口商的要求向其发出港元与丹麦克朗的两种货币报价。而中国香港外汇市场不公布港元兑丹麦克朗的牌价。

折算程序如下：(1)先列出港元兑已挂牌某一主要储备货币(英镑)的中间汇率，GBP1英镑＝HKD12.28；(2)查阅当天或最近一天伦敦外汇市场1英镑兑丹麦克朗的中间汇率，GBP1＝DKK10.9458。则港元/丹麦克朗的汇率＝(2)/(1)＝10.9458/12.28＝0.8914；求丹麦克朗/港元的汇率＝(1)/(2)＝12.28/10.9458＝1.1219；根据上述计算方法，中国香港出口商就可以将出口商品的港元成本折算成丹麦克朗，对丹麦进口商报价。

**4. 不同外币之间的折算**

外汇交易中常常会涉及两种非美元货币的交易，而国际金融市场的报价多数是美元对另一种货币的报价，此时，需要进行汇率折算，得出的汇率称为交叉汇率(cross rate of exchange)。

交叉汇率的计算是指根据其他两种货币的汇率通过计算得出的汇率。知道中间汇率后，进行汇率的折算比较简单。在实际业务中，货币的汇率是双向报价，即同时报出买入价和卖出价，此时，折算汇率的计算相对来说比较复杂。

根据两种货币汇率中起中介作用的货币所处的位置，交叉汇率的计算方法分为三种。设美元为中介货币，美元在两种货币的标价法中所处的位置有三种情况：(1)美元在两种货币的标价法中均为基础货币；(2)美元在两种货币的标价法中均为标价货币；(3)美元在一种货币标价法中是基础货币，在另一种货币的标价法中是标价货币。

三种情况下交叉汇率的计算如下：

(1)美元均为基础货币时，用交叉相除的计算方法。

**【例 4－30】** 已知USD/CHF：1.0485/1.0496

USD/EUR：0.6652/0.6665

计算 EUR/CHF 的汇率。

由于是交叉相除，就要确定两个问题，一是分子与分母的确定，二是确定交叉的是分子还是分母。在美元均为基础货币时，折算汇率中，处于基础货币位置上的、原来给定的含有该基础货币的汇率为分母，原来给定的含有标价货币的汇率为分子，交叉的是分母。

上式可表述为：USD/CHF 1.0485 1.0496

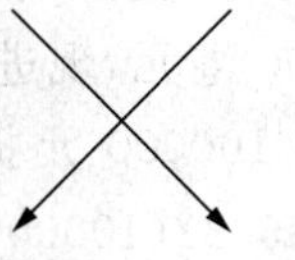

USD/EUR 0.6652 0.6665

则 EUR/CHF 的买入价为 1.0485/0.6665＝1.5731，卖出价为 1.0496/0.6652＝1.5779，则所求交叉汇率为 EUR/CHF＝1.5731/1.5779。

(2)美元在两种货币标价法中均为标价货币，交叉汇率的计算方法仍为交叉相除。

**【例 4－31】** 已知CAD/USD：0.9395/0.9408

GBP/USD：1.8563/1.8582

计算 GBP/CAD 的汇率。

这时，折算汇率中，处于基础货币位置上的原来给定的含有该基础货币的汇率为分子，原来给定的含有该标价货币的汇率为分母，交叉的仍然是分母。

上式可表述为：CAD/USD 0.9395 0.9408

GBP/USD 1.8563 1.8582

即 GBP/CAD 的买入价为 1.8563/0.9408＝1.9731

卖出价为 1.8582/0.9395＝1.9779

因此，GBP/CAD 的汇率为 1.9731/1.9779。

(3)美元在一种货币标价法中为基础货币，在另一种货币标价法中是标价货币。交叉汇率的计算方法是同边相乘，即两种汇率的买入价和卖出价分别相乘。

**【例 4－32】** 已知GBP/USD：1.8563/1.8582

USD/EUR：0.6652/0.6665

计算 GBP/EUR 的交叉汇率。

上式可表述为：GBP/USD 1.8563 1.8582

USD/EUR 0.6652 0.6665

GBP/EUR 的买入价为 1.8563×0.6652＝1.2348

卖出价为 1.8582×0.6665=1.2385

因此,GBP/EUR 的汇率为 1.2348/1.2385。

### (二)合理运用汇率的买入价和卖出价

汇率的买入价与卖出价之间一般相差 1‰~3‰,进出口商如果在货币折算对外报价与履行支付义务时考虑不周,签订合同条款不明确,就可能遭受损失。在运用汇率的买入价与卖出价时,应注意下列问题:

**1. 本币折算外币时,应该用买入价**

**【例 4-33】** 如果中国香港出口商的商品底价原为本币(港元),但客户要求改用外币报价,则应按本币与该外币的买入价来折算。如美元对港元的买入价为 7.789;卖出汇率为 7.791。设某港商出口机床的底价为 100000 港元,现进口商要求以美元向其报价,则该商人应根据港元对美元的买入价,将港元底价 100000 元折算成美元向其报 12838.6(100000/7.789)美元。如按卖出价折算则只报 12835.32(100000/7.791)美元。出口商将本币折外币按买入价折算的原因在于:出口商原收取本币,现改收外币,则需将所收外币卖给银行,换回原来的本币。出口商卖出外币,即为银行的买入,故按买入价折算。

**2. 外币折算本币时,应该用卖出价**

**【例 4-34】** 按上例的外汇汇率,假如中国香港某服装厂生产每套西装的底价为 100 美元,现进口商要求其改用港元对其报价,则该服装厂根据港元对美元的卖出价,将 100 美元底价折成港元(100×7.791)为 779.1 对其报价。如按买入价折合,则只报 778.9 港元。出口商将外币折成本币按卖出价折算的原因在于:出口商原收取外币,现改收本币,则需以本币向银行买回原外币。出口商的买入,即为银行的卖出,故按卖出价折算。

**3. 以一种外币折算另一种外币,按国际外汇市场牌价折算**

无论是用直接标价市场的牌价,还是用间接标价市场的牌价,外汇市场所在经济体的货币均视为本币。如将外币折算为本币,均用卖出价;如将本币折算为外币,均用买入价。

**【例 4-35】** 某日中国香港市场(直接标价法)美元兑港元牌价为 1 美元(外币)买入价为 7.7800 港元,卖出价为 7.7820 港元;同日纽约市场(间接标价法)美元兑港元牌价为 1 美元(本币)卖出价为 7.7850 港元,买入价为 7.7880 港元,则美元与港元相互折算的方法如下:

(1)根据中国香港市场(直接标价法)的牌价

1 美元折算港元为:1×7.7820=7.7820 港元

1 港元折算美元为:1÷7.7800=0.1285 美元

(2)根据纽约市场(间接标价法)的牌价

1 港元折算美元为:1÷7.7850=0.1285 美元

1 美元折算港元为:1×7.7880=7.7880 港元

## 二、外汇风险

### (一)外汇风险的含义

外汇风险(foreign exchange risk)是指经济实体以外币计价或衡量的资产与负债、收入与支出及未来经营活动形成的现金流的本币价值因有关货币汇率的上下波动而产生损益的可能性。

汇率变动产生的影响，可能产生外汇收益，也可能形成外汇损失。其最终结果如何取决于有关经济体持有的外汇头寸。构成外汇风险的三大因素是本币、外币和时间。三个因素中缺少一个，外汇风险就不存在。如果对外经济交往中不需要货币兑换，包括本币与外币之间的兑换和不同外币之间的兑换，或者货币兑换是即时的，不存在时间因素，那么企业经营面临的外汇风险就很小。

外汇头寸(exchange position)是指经济主体外币资产或负债存量。外汇头寸通常表现为三种状态：一是头寸轧平，即外汇资产等于外汇负债；二是多头，又称超买，即外汇资产大于外汇负债；三是空头，又称超卖，即外汇资产小于外汇负债。外汇敞口头寸(foreign exchange exposure position)是指外汇资产与负债的差额，即暴露于外汇风险之中的那一部分资产或负债。

(二)外汇风险的类型

**1. 交易风险**

交易风险(transaction risk)，是指一个经济实体在以外币计价的国际贸易、非贸易收支活动中，由于汇率波动而引起应收账款和应付账款的实际价值发生变化的风险。

交易风险主要表现为三个方面：(1)以信用为基础的即期或延期付款为支付条件的商品或劳务的进出口，在货物装船或劳务提供后，出口商将承受出口收入因外汇汇率下跌而可能减少的风险，同样进口商将承受进口支出因外汇汇率上升而增加的风险。进出口企业从签订合同到债权债务的清偿，通常要经历一段时间，而这段时间的汇率会发生变动，于是，未结算的金额就成为暴露的风险头寸。(2)外汇银行在外汇买卖中持有的外汇头寸的多头或空头，也会因汇率变动而可能蒙受损失。已签订待履行的远期外汇合同，因约定汇率和到期时市场汇率之间有偏差而产生风险。(3)以外币计价的国际投资和借贷活动，在债权债务未清偿前因汇率变动而产生资产减少或负债增加的风险。国际筹资中的汇率风险通常表现为，当借入一种外币而需要换成另一种外币使用，则筹资人将承受借入货币与使用货币之间汇率变动的风险。

**2. 会计风险**

会计风险(accounting risk)。会计风险也称折算风险(translation risk)，它是指跨国公司的母公司与海外子公司合并财务报表时由于汇率变化而引起资产负债表中某些以外币计量的资产、负债、收入、费用等项目在折算为本币时产生的金额变动的风险，是一种账面损失的可能性，是一种存量风险。

会计核算是企业经营管理的主要内容之一，一般通过编制资产负债表来反映其经营状况。企业在编制综合财务报表时使用的报告货币被称为记账本位货币(reporting currency)，企业在经营活动中流转使用的各种货币就被称为功能货币(functional currency)，企业通常以本币进行会计核算，而跨国公司的海外子公司的财务报表则大多按所在国的当地货币进行核算。因此，拥有外币资产负债的企业就要将原来的以外币度量的各种资产和负债按一定汇率换算成本币来表示，以便汇总编制综合的财务报表。一旦功能货币与记账货币之间汇率发生变动，比如记账本位货币升值，同样多功能货币的价值在账面上就减少了，这就是会计风险。会计风险在合并会计报表过程中，只影响国内母公司账面价值，海外子公司的实际经济价值并没有减少。这是它不同于交易风险的地方。

**3. 经济风险**

经济风险(economic risk)，又称经营风险(operation risk)，是指由于意料之外的外汇汇率变化而导致企业产品成本、价格等发生变化，从而导致企业未来经营收益的不确定性。对金融机构而言，经济风险比交易风险和折算风险对企业影响更大。原因在于，经济风险将会直接影响金融机构在国际业务中的经营成果，并且这种风险的受险部分是未来的长期收益和长期现金流量。与交易风险和会计风险的影响都是一次性的不同，经济风险所经历的时间比较长，因而防范难度和控制难度也比较大。

上述三类风险有一定的联系，从时间上看，会计风险是对过去会计资料计算时因汇率变动而造成的资产或负债的变异程度，是账面价值的变化；交易风险是当前交易或结算中因汇率变化而造成的实实在在的经济损失或经济收益；而经济风险是因汇率变化对未来的经营活动和经营收益所产生的潜在的不确定性。

## 三、外汇风险的管理与防范

外汇风险管理（foreign exchange risk management）是指外汇资产持有者通过风险识别、风险衡量、风险控制等方法，预防、规避、转移或消除外汇业务经营中的风险，从而减少或避免可能的经济损失，实现在风险既定条件下的收益最大化或收益既定条件下的风险最小化。在现代市场的竞争环境下，各经济体为了充分利用有效信息，力争减少汇率波动带来的不利影响，在外汇业务风险管理中应该遵循一些原则。

### （一）外汇风险管理的原则

#### 1. 分类防范原则

对于不同类型和不同传递机制的外汇风险损失，应该采取不同方法来分类防范，切忌生搬硬套。对于交易结算风险，应以选好计价结算货币为主要防范方法，辅以其他方法；对于金融资产投资的汇率风险，应采取各种保值为主的防范方法；对于外汇储备风险防范，应以储备结构多元化为主，辅之以适时进行外汇抛补。

#### 2. 全面重视原则

外汇风险有不同的种类，不同的风险对企业的影响也有差异，有的是有利的影响，有的是不利的影响，这要求发生涉外经济业务的政府部门、企业或个人对自身经济活动中的外汇风险高度重视，涉外企业和跨国公司需要对外汇买卖、国际结算、会计折算、企业未来资金运营、国际筹资成本及跨国投资收益等项目下的外汇风险保持清醒的头脑，避免顾此失彼，从而造成重大的损失。

#### 3. 管理多样化原则

这要求涉外企业灵活多样地进行外汇风险管理。企业的经营范围、背景特点、管理风格各不相同，涉及的外币的波动性、外币净头寸、外币之间的相关性、外汇风险的大小都不一样，因此每个企业都应该具体情况具体分析，寻找最适合自身风险状况和管理需要的外汇风险战术及具体的管理方法，而不能长期只采用一种外汇风险管理方法。

#### 4. 收益最大化原则

涉外经营企业在进行汇率风险管理时，应确定具体的风险管理战术，选择合适的外汇风险管理方法，考虑成本和收益的平衡，以获取综合收益最大化。外汇业务风险管理的本质是一种风险的转移或分摊，例如采用远期外汇交易、期权、互换、期货等金融工具进行套期保值，都需要支付一定的成本，以此为代价来固定未来的收益或支出。

### （二）外汇风险管理的战略

外汇风险管理战略是经济主体在外汇风险管理中的指导思想和基本态度，包括完全避险的管理战略、消极保值的管理战略和积极的外汇风险管理战略。

**1. 完全避险战略**

完全避险战略是指企业追求对经营中出现的外汇风险采取全部的套期保值交易，对手中的外汇头寸，不管是哪种货币，不管未来汇率走势如何，全部进行抛补，不留任何来自汇率方面的不稳定因素，消除一切风险因素。但是这种战略使涉外企业在规避汇率风险时，也放弃了可能获利的机会，机会成本较高。

**2. 消极保值战略**

消极保值战略是指企业对其业务中的外汇风险听之任之，不采取任何措施进行控制或消除，承担一切外汇风险的风险管理战略。采用这种战略的企业往往是风险爱好者，他们相信市场机制的作用，或者相信自己对汇率变化的把握，或者认为企业对外汇风险管理花费的成本比风险本身的影响要大。实际上，除非特殊情况，企业一般很少采取消极保值的外汇风险管理战略。

**3. 积极的外汇风险管理战略**

积极的外汇风险管理战略是指企业有选择地对可能带来不利影响的外汇风险进行套期保值，同时保留可能带来有利影响的外汇风险，有目的、有针对性地对外汇风险进行管理，以最大限度地避免损失、谋取风险收益。持这种战略的企业有利用汇率的波动谋取利润的投机者，也有以平衡外汇风险头寸为目标的套期保值者。

（三）外汇风险管理与防范的方法

**1. 交易风险的防范与管理**

(1)币种选择法

① 选择有利的计价结算货币

在进出口双方签订合同时，选择哪种货币作为计价货币，对双方来讲都至关重要。作为出口商应争取用硬币成交，避免以软币成交。硬币是指汇率平稳或不断升值的货币，软币是指汇率不稳而且总是下跌的货币。一笔交易由于软硬货币选择的不同，其结果迥然不同。

**【例 4-36】** 如果一笔交易双方商定以美元计价并支付，到交割日，美元对西方国家货币汇率平均下跌 10%，出口商所收到的货款价值也就损失 10%（尽管美元金额没变）。相反，如果当时以日元计价，而日元在实际支付日那天对西方国家货币的汇率平均上涨 15%，对美元汇率上涨 20%，该出口商实际收到的款项将远远高于以美元计价支付的金额。与出口商相反，进口商应尽量选择软币作为计价货币，用软币计价付汇可以减少付汇成本。

在谈判中选择哪一种货币是一个比较复杂的问题。首先，各种货币之间的“软”和“硬”经常变化，在签订合同时，某种货币是硬币，但在支付时很可能变成软币。这就要求企业在签订合同之前对汇率有个大概的预测。其次，货币的选择不是凭一方的意愿决定的，而是由双方共同协商确定，在这当中，贸易条件、商品的销路状况等都会影响到货币的选择。

② 选择本币作为计价货币

选择本币作为计价货币，不涉及货币的兑换，进出口商中的一方则可以完全防范外汇风险。如以出口商所在国货币作为计价货币，出口商就没有外汇风险，但对于进口商来说仍然存在外汇风险。

采用本币计价法的优点是简便易行，效果显著。但由于买卖双方往往会因计价货币的选择产生矛盾，因此要根据本国货币的国际地位和贸易双方的交易习惯来考虑接受何种计价货币。以前人民币不能作为国际贸易计价结算货币，因此我国企业无法通过本币计价结算消除外汇风险，随着人民币国际化进程的推进，用人民币作为计价货币成为可能。

③ 选择自由兑换货币计价

选择自由兑换货币作为计价结算货币，便于外汇资金的调拨和运用，一旦汇率有变动，可以立即兑换成另一种有利的货币。

(2)合同中增列保值条款

① 黄金保值条款

黄金保值条款是指在签订贸易合同时，按当时黄金市场价格将应支付的合同货币金额折合成若干黄金，到实际支付日，若黄金价格波动，支付的货币金额也相应变动。

黄金保值条款是一种传统的货币保值条款，从第二次世界大战到20世纪70年代初的30年左右的时间里，黄金的美元价值基本上是固定的，因此黄金具有保值作用。自从1974年黄金非货币化之后，黄金与货币之间的固定联系不复存在，因此黄金保值条款也从此失去了存在的基础。

② 价格调整保值条款

价格调整保值条款，又称加价保值与压价保值。在国际贸易中，如果不能做到"收硬付软"，有时出口不得不以"软货币"成交，进口不得不以"硬货币"支付，这时就需要运用价格调整保值条款。

加价保值主要用于出口贸易，是指出口商接受"软货币"计价成交，将汇率损失摊入出口商品价格，以转嫁外汇风险损失。按国际惯例，加价保值公式为：

加价后商品价格＝原出口商品价格×(1＋计价货币预期贬值率)

压价保值主要用于进口贸易，若进口商接受"硬货币"计价成交，将汇率变动可能造成的损失从进口商品价格中剔除。压价保值公式为：

压价后商品价格＝原进口商品价格×(1－计价货币预期贬值率)

③一篮子货币保值条款

一篮子货币保值条款是指在贸易合同中，规定某种货币为计价结算货币，并以一篮子货币为保值货币。具体做法是：签订合同时，按当时的汇率将货款分别折算成各保值货币，货款交割日，再按此时的汇率将各保值货币折回成计价结算货币来结算。在实际操作中，通常选用特别提款权、欧洲货币单位等一篮子货币作为保值货币。

**【例4-37】** 某企业签订出口石油的贸易合同，价格为每桶石油24美元，双方商定以欧元、日元、英镑来保值。三种货币所占的比例为：欧元40%，日元和英镑分别为30%，当时的外汇市场汇率为1欧元＝1.14美元，1美元＝100日元，1英镑＝1.50美元。把24美元折成三种货币：

24美元×40%×1/1.14＝8.42(欧元)

24美元×30%×100＝720(日元)

24美元×30%×1/1.5＝4.80(英镑)

到付款日，市场汇率变为1欧元＝1.19美元，1美元＝95日元，1英镑＝1.55美元，因此：

8.42×1.19＝10.02(美元)

720/95＝7.58(美元)

4.80×1.55＝7.44(美元)

10.02＋7.58＋7.44＝25.04(美元)

即进口商每桶将支付 25.04 美元。由于“一篮子货币”中的各种保值货币与支付货币汇率的变化不同，有升有降，因此能够分散风险。目前，很多国家用特别提款权和欧元保值。

(3)提前或推迟结汇法

提前或推迟结汇法又称迟收早付或迟付早收法，是指在国际支付中，如果预期某种货币将要升值或贬值时，可将收付外汇的结算日期提前以达到避免外汇汇率变动风险或获取外汇汇率变动收益的目的。

提前或推迟的基本做法有以下两点：①预期外汇汇率将要上升时，出口商或外币债权人应尽量推迟收汇日期，以期获得计价货币汇率上升的利益；而进口商或外币债务人则应争取提前付汇，以避免将来计价货币升值多支付本国货币。②预期外汇汇率将要下跌时，出口商或外币债权人应争取提前收汇，使其提前付款，以避免计价货币贬值带来的损失；而进口商或外币债务人则应尽量推迟付汇日期，以达到用较少的本币换取计价货币的目的。

(4)套期保值法

套期保值法是当内部经营不足以消除净外汇头寸时，利用各种外汇交易市场，如远期外汇市场、期货市场、期权市场及互换市场进行套期保值，以降低交易风险。利用外汇市场的外汇交易进行套期保值主要通过创造与未来外汇收入或支出相同币种、相同金额、相同期限的债务或债权，以达到消除外汇风险的目的。

① 远期外汇交易法

远期外汇交易法就是具有远期外汇债权或债务的企业与银行签订远期外汇交易，通过买卖远期外汇来消除外汇风险的方法。拥有外汇债权或债务的企业和银行达成的远期外汇买卖本身具有外汇风险所包含的时间、本币和外币三要素。

利用远期外汇交易法，把时间结构从将来转移到现在，并在规定的时间内实现本币与外币的冲抵。所以该方法可以使进出口商消除外汇的时间差和地点差的影响，最大限度地减少外汇风险。目前，在我国外汇市场可利用的交易工具较少的情况下，远期外汇交易是我国企业防范外汇风险用得最多的一种方法。

② 掉期交易法

掉期交易主要运用于客户目前持有某种甲货币而需要另一种乙货币，经过一段时间又将收回乙货币以换回甲货币。通过掉期交易可固定换汇成本，防范外汇风险。

③ 期货交易法

期货交易法是指具有远期外汇债权或债务的企业，委托银行或经纪人购买或出售相应的外汇期货，以消除外汇风险的方法。具体来说，具有外汇债权的公司担心收汇时计价外汇贬值，可在期货市场利用空头套期保值避免外汇风险；具有外汇债务的公司担心付汇时计价外汇升值，可在期货市场利用多头套期保值避免外汇风险。

④ 期权交易法

期权交易法是指具有外汇或债务的企业，通过外汇期权市场进行外汇期权交易，以消除或减小外汇风险的方法。具体做法是进口商应买进看涨期权，出口商应买进看跌期权。期权交易在风险管理方面较其他方法更具灵活性、主动性及风险预知性。操作者可以根据市场汇率变动做任何选择，既可履约，也可不履约，最多损失期权费。

⑤ 货币互换法

货币互换是指交易双方通过互相交换币种不同但期限相同、金额相当的两种货币，以降低筹资成本和防范外汇风险的衍生金融业务。货币互换业务实际上是以两种货币之间的交换和换回取代外汇交易中的两种货币之间的买进和卖出，从而达到防范外汇风险的目的。

⑥ 外汇借款法

外汇借款法就是当企业拥有预期外汇收入时，可借入一笔与预期外汇收入相同币种、相同金额、相同期限的资金，并立即将其出售换回本币，到结算日一旦外汇汇率下跌，则外汇收入的风险损失可由外汇借款的风险报酬来补偿。外汇借款法的具体程序如下：出口企业在签订贸易合同后，立即在金融市场上借入所需外币；在即期外汇市场卖出外币取得本币，将本币资金投入经营取得收益；执行贸易合同后，出口商收汇，用收回的货款偿还贷款本金和利息。

⑦ 外汇投资法

外汇投资法就是当企业有预期外汇支出时，可买入一笔与预期支出外汇相同币种、相同金额、相同期限的外汇，并将其进行同期限的投资。等到付款日，可用收回的外汇支付外汇债务，如果外汇汇率出现上升，则可以将外汇投资的风险收益补偿外汇支出的风险损失。一般投资的市场是短期货币市场，投资的对象为规定到期日的银行定期存款、银行承兑汇票、国库券、商业票据等。需要注意的是，投资者如果用本币投资，则仅能消除时间差，只有把本币换成外币再投资，才能同时消除货币兑换地点差的风险。

外汇投资法和外汇借款法都是通过改变外汇风险的时间结构来避险，但两者却各具特点：前者是将未来的支付移到现在，后者是将未来的收入移到现在。

(5)国际信贷法

国际信贷法是指在中长期国际支付活动中，企业利用国际信贷形式来实现资金融通和规避外汇风险的目的的方法。国际信贷法主要有出口信贷(export credit)、福费廷(forfeiting)、国际保理业务(international factoring business)等方法。

① 出口信贷

出口信贷是指为了提高本国大型成套机器设备和大型工程项目的出口竞争力，由出口方银行或政府给予补贴或优惠贷款的方法。出口信贷又分为买方信贷和卖方信贷。

买方信贷是指在大型机器设备和成套设备贸易中，为了扩大本国设备的出口，由出口商所在国银行向进口商或进口商所在国银行提供的中长期贷款。买方信贷有两种具体形式：一种是直接贷款给外国进口商，但需有进口方银行担保；另一种是贷款给外国的进口方银行，无须其他银行担保，再由进口方银行将贷款转给进口商。这样，得到买方信贷的进口商就可以即期付款，不仅使出口商尽快得到货款和减小外汇风险，而且各项费用不计入货价，便于买方与出口商讨价还价。

卖方信贷是指在大型机器设备和成套设备贸易中，为了便于出口商以延期付款方式或赊销方式出售商品，出口商所在地银行对出口商所提供的中长期贷款。卖方信贷的基本方式是出口商利用出口信贷替进口商垫付货款，允许进口商在成交后分期偿还。这样出口商的外币负债(从银行的借款)与外币资产(对进口方的应收账款)轧平，即使出现汇率变动，出口商也不会受到损失。

② 福费廷(forfeiting)属于担保业务的一种类型，是票据担保业务中最常见的形式。它通常是指买进因商品和劳务的转让(主要是出口贸易)而产生的在将来某一时间到期的债务，这种购买对原先的票据持有人没有追索权。通常这些应收款项采用商业汇票或本票的形式，担保人应进口商请求，在延期付款票据(远期汇票等)上加签担保，以便出口商向当地银行或金融机构进行贴现融资，且贴现机构对出口商没有追索权。由于远期汇票的期限一

般都较长，所以福费廷交易也被称为“中长期出口票据贴现融资”。

福费廷具有以下特点：

福费廷票据产生于销售货物或技术或劳务服务的正当贸易，在大多数情况下，票据的开立都是以国际贸易为背景的。但随着同业竞争的加剧和业务技术的改进，少部分国内贸易也进入了福费廷业务的范畴。

福费廷业务中，出口商向包买商卖出票据时，即声明无追索权。从而把票据权利转给包买商。

福费廷业务是一种非常重要的中长期融资业务，融资期限至少是半年以上，以5～6年的居多，也有长达10年之久的。每个包买商都设定自己的时间限制，这种限制很大程度上取决于市场条件及对该笔交易所牵涉的风险的估计。

出口商选择福费廷，实际上是将赊销变成了一次现金交易。出口商仅有的责任就是生产和提供符合贸易合同规定的货物或劳务，并正确开出票据（远期汇票）。因此，福费廷业务对出口商来说是一项很有吸引力的服务。在很多国家，人们发现福费廷与其他现有的出口融资形式比较，可能是一种相对便宜的选择。

信誉卓越的福费廷融资者的业务经营政策中有一条重要的原则是：维护福费廷交易中有关各方的利益。他们一般既不把出口商的名字转告给第三方，也不在将来直接与出口商发生业务往来，因此，福费廷票据的卖方（包括银行在内）是受到保护的。

③ 国际保理业务

国际保理业务（international factoring business）是指由从事国际保理业务的保理商向出口商提供的包括收汇风险担保、资信调查、货款催收、资金融通等内容的一系列综合性财务服务。

在国际市场竞争越来越激烈的情况下，出口商为了争得买主，必须在产品、价格和付款条件诸多方面具有竞争力。就付款条件而言，在信用证（L/C）、付款交单（D/P）、承兑交单（D/A）和赊销（O/A）中，最受进口商欢迎的是承兑交单（D/A）和赊销（O/A）付款方式。但在这两种付款方式下，出口商承担的风险太大，出口商往往因此而不愿接受，从而失去贸易成交的机会，这就需要国际保理机构提供信用风险担保和融资，使进出口双方顺利达成交易。所以保理业务一般是在托收方式下为出口商提供信用担保和融资而进行的，可以使出口商便于避免风险、及时收回货款。国际保理对于扩大出口极为有利。

保理业务最大的特点就是可以提供无追索权的贸易融资，而且手续方便、简单易行，既不像信用放款那样需要办理复杂的审批手续，也不像抵押放款那样需要办理抵押品的移交和过户手续。在出口商卖断单据后，能够立即得到资金融通。当然，如果出口商资金雄厚，有时也可以在票据到期后再向保理公司索要货款，一般保理商在票据到期以前预付给出口商80％～90％的货款（扣除融资利息），这样就基本解决了在途和信用销售的资金占用问题。如果出口商将单据卖断给保理公司，就意味着一旦进口商拒付货款或者不按期付款等，保理公司只能自己承担全部风险，而不能向出口商行使追索权。由于保理公司承担了信贷风险，放弃了追索权，所以出口商可以将这种预付款作为正常的销售收入对待，而不像对银行的贷款那样必须显示在平衡表的负债方。这样一来，表示公司清偿能力的主要参数之一的流动比率也会得到改善，有助于提高公司的资信等级和清偿能力。

(6)易货贸易法

易货贸易法（barter trade），就是贸易双方直接进行货物的等价交换。简单的易货贸易，只需双方签订一个交易合同,一次性交换就完毕;较为复杂的易货贸易是在合同中明确规定在多长期限内、分多少批进行清偿。在我国引进外资初期,经常采用该种方法。例如,我国某电器制造公司引进德国一条冰箱生产线,就可以用将来生产的冰箱抵补这条生产线的欠款。由于易货交易不涉及货币的结算,所以不存在外汇风险。

(7)汇率保险法

从保险学角度看,汇率风险属投机风险而非纯粹风险,属不可保风险,但现在有不少国家批准保险机构承保汇率风险。在西方国家,开设此类保险业务是为本国企业增强国际竞争能力、占有和扩大国际市场服务的。进出口企业按比例交付一定保险费投保后,在保险有效期内将汇率变动的风险转嫁给保险公司。

(8)外汇风险管理的综合方法

① BSI 法

BSI(borrow-spot-invest)法,即借款—即期外汇交易—投资法,是指有关的企业通过借款即期外汇交易和投资的程序,争取消除外汇风险的风险管理办法。企业在有应收外汇账款的情况下,为防止应收外币的汇率波动,首先借入与应收外汇相同数额的外币,将未来的外汇风险的时间结构转变为即期。借款后时间风险消除,但货币风险仍然存在,此风险则可通过即期合同法予以消除。也就是将借入的外币,卖给银行换回本币,外币与本币价值波动风险不复存在。利用这种方法消除风险虽有一定的费用支出,但可将卖得的本币进行投资,获取本币投资收益。

② LSI(lead-spot-invest)法,即提前结汇—即期外汇交易—投资法,是指有关的企业通过提前结汇、即期外汇交易、投资或借款消除外汇风险暴露的风险管理办法。LSI 法与 BSI 法的全过程基本相似,只不过将第一步从银行借款对其支付利息,改变为请债务方提前支付,给其一定折扣而已。

无论外币债权人还是债务人使用 LSI 法还是 BSI 法,作为外汇风险管理工具,都没有改变经济主体的资金流动计划。LSI 法因为提前收到的账款转化为投资,提前付出的账款通过借款解决。这种外汇风险管理的代价取决于折扣率与借款利率或投资收益率之间是否存在差异。而 BSI 法不要求公司提前付出资金或收到货款,从而也不会给公司带来相应的利息收入或支出。只是如果两国存在利率差异,企业就可能承担一定的外汇风险管理代价。

**2. 会计风险的管理与防范**

涉外经济主体对会计风险的管理,通常是实行资产负债表保值。这种方法要求在资产负债表上以各种功能货币表示的受险资产与受险负债的数额相等,以使其会计风险头寸(受险资产与受险负债之间的差额)为零。只有这样,汇率变动才不致带来任何折算上的损失。

实行资产负债表保值,一般要做到以下几点:

(1)弄清资产负债表中各账户、各科目上各种外币的规模,并明确综合会计风险头寸的大小。

(2)根据风险头寸的性质确定受险资产或受险负债的调整方向。如果以某种外币表示的受险资产大于受险负债,就需要减少受险资产,或增加受险负债,或者既减少受险资产又增加受险负债。反之,如果以某种外币表示的受险资产小于受险负债,就需要增加受险资产,减少受险负债,使两者平衡。

(3)在明确调整方向和规模后,要进一步确定对哪些账户、哪些科目进行调整。这正是实施资产负债表保值的困难所在,因为有些账户或科目的调整可能带来相对于其他账户、科目调整更大的收益性流动性损失，或造成新的其他性质的风险（如信用风险、市场风险等）。从这一意义上说，通过资产负债表保值获得会计风险的消除或减少，是以经营效益的牺牲为代价的。因此，需要认真对具体情况进行分析和权衡，决定科目调整的种类和数额，才能使调整的综合成本最小。

在外汇风险的管理中，交易风险的防范要求与会计头寸的防范要求可能发生冲突，从而加深风险管理的难度。对于跨国公司来说，最容易防范会计风险的办法，是要求所有在国外的分支机构都使用母国货币进行日常核算，使其受险资产额和受险负债额都保持为零，以避免编制综合财务报表时的会计风险。但各分支机构难免会面临交易风险，因为分支机构日常使用最多的通常是东道国货币，当使用母国货币作为核算货币时，便不可避免地会时时承受交易风险。同样地，假定分支机构要避免交易风险，则又会面临会计风险。

**3. 经济风险的管理与防范**

对经济风险的管理十分复杂。经济风险不单来自国际经济合同签订之后，而且跨国公司早在决定在海外投资设立分公司起，就已经面临经济风险了。防范经济风险的目标是预测和防止非预期汇率变动对企业未来净现金流的影响。这一目标要求跨国公司应及时发现市场出现的不均衡状况，并随时采取措施。因此，对经济风险的管理需要从长期入手，从经营的不同侧面全面考虑企业的发展。经济风险管理针对以上影响经济风险的要素，采取如下策略：

(1)经营多样化

经营多样化包括产品多样化、销售渠道多样化、生产地址多样化和原材料来源的多样化。这种经营多样化是指国际范围内的多样化，它既可防范一般非系统风险，也可防范一国的统风险。系统风险(systematic risk)是指一个国家内所有企业都拥有的风险，如一国范围内的经济周期、利率的提高等所造成的风险。非系统风险(unsystematic risk)是指单个企业所具有的风险。系统风险靠一国国内的分散化策略是消除不了的，但通过跨国经营的多样化就可降低甚至消除系统风险。非系统风险可以通过分散化予以消除。由此可知，进行多样化的跨国经营，其防范风险的能力要比只在国内经营的企业大多了。这是因为，在世界许多国家都有子公司的大企业，其各个分支机构同时遇到经济风险的可能性是极小的。

(2)财务多样化

财务多样化是指在世界许多金融市场筹集多币种来源的资金和将手中拥有的多币种资金投资于多种货币标值的金融工具。这样，有的币种升值，有的币种贬值，从而可在相当大程度上抵消公司面临的汇率风险。

## 本章习题

### 一、单项选择题

1. 外汇银行在外汇买卖中，如果卖出多于买入，则称为(　　)。
   A. 空头　　B. 多头　　C. 升水　　D. 贴水
2. 当因汇率波动而导致实际收入发生不确定时，此风险称为(　　)。
   A. 交易风险　　B. 经济风险　　C. 储备风险　　D. 会计风险
3. 套利者在进行套利交易的同时进行外汇抛补以防汇率风险的行为叫(　　)。
   A. 套期保值　　B. 掉期交易　　C. 投机　　D. 抛补套利

4. 某日纽约的银行报出的英镑买卖价为 GBP1＝USD1.6783/93，3 个月远期贴水为 80/70，那么 3 个月远期汇率为（ ）。

A. 1.6703/23　B. 1.6713/1.6723　C. 1.6783/93　D. 1.6863/63

5. 出口方银行向国外进口商或进口方银行提供的信贷叫（ ）。

A. 卖方信贷　B. 买方信贷　C. 福费廷　D. 混合信贷

6. 在货币期货业务中进行外汇期货交易，由（ ）来签订合同。

A. 买方与卖方　B. 买方与经纪人

C. 卖方与经纪人　D. 通过经纪人，买方或卖方分别同结算所

7. 外汇远期交易的特点是（ ）。

A. 它是一个有组织的市场，在交易所以公开叫价方式进行

B. 业务范围广泛，银行、公司和一般平民均可参加

C. 合约规格标准化

D. 交易只限于交易所会员之间

8. 一般情况下，即期外汇交易的交割日定为（ ）。

A. 成交当天　B. 成交后第一个营业日

C. 成交后第二个营业日　D. 成交后一星期内

9. 最经常也是最普通的一种外汇交易方式是（ ）。

A. 期货交易　B. 间接汇率　C. 即期交易　D. 远期交易

## 二、计算题

1. 某公司三个月后有 100 万英镑收入。为避免英镑的贬值，这家公司决定通过期权交易来化解外汇风险。现汇率 1：15.00，三个月期权汇率 1：14.80，三个月后实际汇率 1：14.50，期权费 0.1 人民币元/英镑。请计算：(1)如不买期权，该公司的损失是多少？(2)购买期权后，该公司的损失是多少？

2. 外汇市场的即期汇率如下：

中国香港市场：USD1＝HKD7.7804/14

纽约市场：GBP1＝USD1.4205/15

伦敦市场：GBP1＝HKD11.723/33

请问是否存在套汇机会？如果存在套汇机会，该如何套汇？

3. 在美国外汇市场上，即期汇率 GBP1＝USD1.4802，3 个月美元升水 0.34 美分，则 3 个月的远期汇率是多少？

4. 某公司购买了 1250000 欧元的卖出期权，期权费为每欧元 0.01 美元。如果执行价格为 EUR1＝USD0.22，到期日即期汇率为 EUR1＝USD0.21，则某公司需要买入多少份期权（每份欧元期权合同规模为 62500 欧元）？其利润/损失是多少？

## 三、问答题

1. 外汇市场有哪些参与者？

2. 请分析远期外汇交易与外汇期货交易的区别和联系。

3. 什么是外汇风险？它有哪些类型？

4. 在交易风险管理中，套期保值有哪些具体的方法？

# 第五章　国际金融市场与国际资本流动

**内容简介**：随着经济全球化的深入与发展，国际化已经从最初产品国际交换演化为生产要素国际交换，而资本就是最活跃、最重要的国际流动的生产要素。通过资本在全球市场的重新配置，不仅提高了资本使用效率，而且促进了经济发展。同时，大规模的资本流动也给很多国家带来无法预知的风险和动荡，因此认真研究金融市场的风险及国际资本流动的规律是国际金融的首要任务。本章主要介绍了不同类型的国际金融市场的含义，欧洲货币市场的概念、特征及其形成背景，国际资金流动的基本知识，债务危机与货币危机的含义及其形成原因。

## 第一节　国际金融市场概述

### 一、国际金融市场概念及分类

#### （一）概念

国际金融市场（International financial markets）的概念有广义和狭义之分。从广义上看，国际金融市场是指在国际范围内进行资金融通、证券买卖及相关金融业务活动的场所，是经营国际货币信用业务与各种金融商品交易市场的总和，包括货币市场、外汇市场、黄金市场和衍生产品市场等。从狭义上看，国际金融市场仅是指从事国际资金借贷和融通的市场。

#### （二）构成

根据资金的国际流动方式和发展阶段不同，国际金融市场可分为外国金融市场（Foreign financial market）和欧洲货币市场（Euro currency market）。外国金融市场又称为在岸市场，而欧洲货币市场又称为离岸市场。

**1. 外国金融市场**

该市场是国内金融市场的对外延伸，是一国国内金融市场上发生跨国流动的部分，是居民与非居民之间进行资金融通及相关金融业务的场所，比较典型的在岸市场是外国债券市场和国际股票市场。

外国债券市场是指外国借款人在某国发行的以该国货币表示面值的债券，如日本人在美国发行的美元债券，我国筹资者在英国发行的英镑债券等。外国人在美国发行的美元债券称为“扬基债券”;在英国发行的英镑债券称为“猛犬债券”;在日本发行的日元债券称为“武士债券”;外国机构在华发行的人民币债券称为“熊猫债券”。2005 年 10 月,中国人民银行批准国际金融公司和亚洲开发银行在全国银行间债券市场分别发行 11.3 亿元和 10 亿元的熊猫债券,期限均为 10 年,这是中国债券市场首次引入外资机构发行主体。熊猫债券的发行表示我国金融市场的国际化迈出了重要的一步。

国际股票是指由一家或几家大型国际投资银行承销,对发行公司所在国家以外的投资者销售的股票。国际股票市场就是发行、流通国际股票的国际金融市场,它是各国股票市场自身不断发展并走向国际化的一种必然结果,由于股票的发行必须经过各国金融监管当局批准,因此该行为是两个国家之间的资金融通行为。

2. 欧洲货币市场

欧洲货币市场是指利用与各国国内金融市场相独立的市场进行,在这些市场上,交易的货币一般不是市场所在国发行的,例如发生在伦敦的美元信贷业务。因此这种市场基本上不受任何一国国内政策法令的管制,在利率、业务惯例上具有自己的特点,交易中使用的货币一般不是市场所在国发行的货币,交易的双方一般都是市场所在地的非居民。这种非居民之间进行交易的国际金融市场,又称为离岸金融市场。

最早开展此类业务的国家是英国,在伦敦经营美元的存款和放款业务可以不受英国金融法规的约束,也无法受到美国金融法规的约束,因此该项业务在伦敦国际金融中心大规模展开,并发展到多个地区。

根据欧洲货币市场的营运特点,可以将其分为功能中心和名义中心两类。功能中心可以提供全面的外币资金融通业务,有着强大的经济实力和良好的金融服务水平,例如伦敦、中国香港、东京、新加坡等;名义中心纯粹是金融交易的场所,并不经营具体的金融业务,只从事借贷投资业务的转账或注册等事务,有免税和监管很少的好处,主要有开曼群岛、巴哈马、巴林、英属维京群岛等。

(三)分类

国际金融市场根据各自的特点,可按照性质、资金融通期限的长短、经营业务的种类、金融资产的交割方式等多种特征来进行划分。除了上一部分按照资金的国际流动方式、发展阶段划分的外国金融市场和欧洲货币市场外,还有以下划分方式。

**1. 根据资金融通期限长短划分**

根据资金融通期限的长短,可分为国际货币市场和国际资本市场。国际货币市场是指资金借贷期在 1 年以内(含 1 年)的交易市场,或称短期资金市场;国际资本市场是指资金借贷期在 1 年以上的中长期信贷或证券发行,或称长期资金市场。

**2. 根据经营业务种类不同划分**

根据经营业务的种类的不同,可分为国际资金市场、国际外汇市场、证券市场、国际黄金市场。国际资金市场是狭义上的国际金融市场,即国际资金借贷市场,按照借贷期限长短可划分为短期信贷市场和长期信贷市场;国际外汇市场是由各类外汇提供者和需求者组成的,进行外汇买卖、外汇资金调拨、外汇资金清算等活动的场所;证券市场即是股票、公司债券和政府债券等有价证券发行和交易的市场,是长期资本投资人和需求者之间的有效中介,是金融市场的重要组成部分;国际黄金市场是指专门从事黄金交易买卖的市场。

**3. 根据金融资产交割方式不同划分**

根据金融资产交割的方式不同,可分为现货市场、期货市场和期权市场。现货市场是指市场上的买卖双方成交后须在若干个交易日内办理交割的金融市场，主要包括现金交易和固定方式交易；期货市场是按达成的协议交易并按预定日期交割的交易场所，包括期货交易所、结算所或结算公司、经纪公司和期货交易员，商品及证券均可在期货市场上交易；期权市场是投资者进行期权交易的场所，即对特定时间内以约定价格购买特定商品的权利进行交易的场所。

## 二、国际金融中心

### （一）分布情况

国际上的大部分金融活动从地理上看积聚在少数几个中心城市上，主要是纽约、伦敦、苏黎世等地。在这些面积不大的地理区域中，建立了数目庞大的银行及其他金融机构的总部及分支机构，有大量金融业务也集中在这里开展，并由于专业分工及规模经济而大大降低了交易成本，国际金融中心由此产生。国际金融中心就是那些能够提供最便捷的国际融资服务、最有效的国际支付清算系统、最活跃的国际金融交易场所的城市，是金融产品交易中心、资金集散中心、金融产品定价中心和金融信息中心。

国际金融市场产生的根本原因是国际交往增加，以货币为媒介的国际贸易发展，在信用不发达的中世纪产生了铸币兑换业，随着往来的发展，铸币兑换已不能满足市场的需求，伴随着国际信用的产生与发展，国际信贷产生，国际金融市场由此发展起来。

### （二）形成

从历史上看，国际金融中心萌芽于13世纪意大利的佛罗伦萨。进入19世纪后，英国的工业革命完成得最早，经济发展较快较早，并从海外殖民地掠夺了大量财富，伴随着英国成为世界上最重要的国际贸易大国，英镑成为当时世界上主要的交易结算货币，伦敦率先成为国际金融中心。

在一战结束后，随着英国经济实力削弱，加之许多殖民地国家独立，伦敦在国际金融市场的影响力有所降低。与此同时，美国经济优势的加强，国际贸易中美元逐步取代了英镑的地位，纽约在国际金融活动中的地位也越来越突出。瑞士作为中立国，经济、货币都相对较为稳定，因此国际金融业务也发展迅速，因此逐步形成了纽约、伦敦、苏黎世三大国际金融中心的格局。

二战后，随着各国经济恢复和快速发展，同时离岸金融市场的飞速发展，在经济快速增长地和离岸金融业务的集中地也形成了一些新的国际金融中心，例如新加坡、卢森堡、法兰克福、东京等。

### （三）在我国的发展

我国的金融中心上海于21世纪初订立了建设成功能型国际金融中心的目标，根据目标先形成国际金融中心框架；到2020年，基本建成国际金融中心。具体分为三个发展阶段：

第一阶段（2001—2010），上海国际金融中心的初级建设阶段，努力缩小与新加坡、中国香港的差距；

第二阶段（2011—2020），中期建设阶段则要争取达到或者超过新加坡、中国香港的水平；

第三阶段（2021—2030），后期建设阶段要争取在亚洲或亚太区域内确立上海国际金融中心的优势地位，缩短与伦敦、纽约间的差距，努力跻身于世界级国际金融中心行列。

在中央金融机构和上海市政府的推动下，目前上海已经形成一个由证券市场、同业拆借市场、外汇市场、期货市场、黄金市场等构成的全国性金融市场体系，集聚了国内外知名金融机构，其中各类外资和中外合资金融机构达到300多家，为下一步成为国际金融中心打下坚实的基础。但仍存在一些问题，主要来自制度性障碍和金融市场不完善两个方面，人民币资本与金融项目不可自由兑换所造成的资金内外流动限制和金融交易产品相对匮乏的问题都限制了国际金融行业的发展。

解决以上问题的对策主要有以下几点：

第一，金融制度创新。解决目前存在的制度性障碍，增加潜在资金流量，逐步放松对资本的管制，并通过QFII和QDII等方式实现资金内外流动，同时加快国内利率市场化的进程。

第二，金融产品创新。目前金融市场不完善表现在缺乏投资产品、金融渠道狭窄，导致大量金融资源闲置、投融资成本较高、金融效率较低，因此创新要以丰富交易品种、拓宽金融渠道、提高金融效率为目标。

第三，鼓励民间资本进入。积极创造条件，鼓励民间资本介入本国金融行业和国际金融行业，促进行业竞争，在平稳的前提下加速汇率体制市场化与资本流动自由化的发展进程。

## 第二节　欧洲货币市场上的国际金融活动

### 一、欧洲货币市场概述

#### （一）概念

资金进行国际流动的方式有两种。一种是利用一国原有的国内金融市场进行，这些交易一般使用市场所在国发行的货币，受到该国金融市场上的惯例和政策法令的约束，交易是在来自外国的交易者与市场所在地的本国交易者之间进行的。资金的另一种国际流动方式则是利用与各国国内金融市场相独立的市场进行，在这些市场上，交易的货币一般不是市场所在国发行的，例如发生在伦敦的美元信贷业务。因此，这种市场基本上不受任何一国国内政策法令的管制，在利率、业务惯例上具有自己的特点，交易中使用的货币一般不是市场所在国发行的货币，交易的双方一般都是市场所在地的非居民。这种非居民之间进行交易的国际金融市场，可称为离岸金融市场。从货币的角度来定义，又可以将之称为欧洲货币市场，即在某种货币的发行国国境之外从事该种货币借贷业务的市场。

#### （二）类型

欧洲货币市场按其在岸业务与离岸业务的关系可分为三种类型。第一种是一体型，即有本国居民参加交易的在岸业务与非居民间进行交易的离岸交易之间没有严格的分界，在岸资金与离岸资金可以随时互相转换，伦敦即属此类型。第二种是分离型，即在岸业务与离岸业务分开。分离型的市场有助于隔绝国际金融市场资金流动对本国货币存量和宏观经济的影响。美国纽约离岸金融市场上设立的国际银行设施，日本东京离岸金融市场上设立的海外特别账户，以及新加坡离岸金融市场上设立的亚洲货币账户，均属于此类。第三种是走账型或簿记型，即这类市场没有或几乎没有实际的离岸业务交易，而只是起着其他金融市场资金交易的记账和划账作用，目的是逃避税收和管制。中美洲和中东的一些离岸金融中心即属此类。

（三）形成背景

欧洲货币市场的前身是欧洲美元市场，这一市场起源于 20 世纪 50 年代，市场上最初只有欧洲美元。当时，美国在朝鲜战争中冻结了中国存放在美国的资金，苏联和东欧国家为了本国资金的安全，将原来存在美国的美元转存到欧洲国家的商业银行。美国和其他国家的一些资本家为避免其“账外资产”公开暴露，从而引起美国管制和税务当局追查，也把美元存在伦敦的银行，从而出现了欧洲美元。而当时英国政府正需要大量资金以恢复英镑的地位和支持国内经济的发展，所以准许伦敦的各大商业银行接受境外美元存款和办理美元借贷业务，1957 年英格兰银行采取措施，一方面对英镑区以外地区的英镑贷款实施严格的外汇管制；另一方面却准许伦敦的商业银行接受美元存款并发放美元贷款，从而在伦敦开放了以美元为主体的外币交易市场，这就是欧洲美元市场的起源。当时，欧洲美元总额不过 10 亿多美元，而且存放的目的在于保障资金安全。

到 20 世纪 60 年代后，欧洲美元市场上交易的货币不再仅限于美元，马克、瑞士法郎等货币也出现在这一市场上。同时，这一市场的地理位置也扩大了，在亚洲的新加坡、中国香港等地也出现了对美元、马克等货币进行借贷的市场。这样，原有的欧洲美元市场便演变为欧洲货币市场。在这里，“欧洲”不再是一个表示地理位置的概念，而是境外的意思。所谓“欧洲货币”，就是指在货币发行国境外流通的货币，如欧洲美元、欧洲马克等。而经营欧洲货币业务的银行以及市场，就可称为欧洲银行与欧洲货币市场。

（四）形成原因

**1. 美国政府的限制措施促使大量美元外流**

1958 年以后，美国国际收支开始出现赤字，国际收支发生逆差，并且规模越来越大，于是美元资金大量流出国外，这为欧洲美元市场提供了大量的资金。为防止国际收支进一步恶化，美国采取了限制资本流出的措施，这迫使美国境外居民的美元借贷业务转移到欧洲美元市场上来，美国银行也相应地在欧洲开设了许多分支机构，这些都刺激了欧洲美元市场的发展。

**2. 石油美金流入和发展中国家的资金需求**

20 世纪 70 年代之后，石油的两次大幅提价也大大促进了这一市场的发展。一方面，石油输出国手中积累了大量的所谓“石油美元”需要寻求出路，这些美元投入欧洲美元市场使这一市场的资金供给非常充裕。另一方面，发展中国家中的非产油国的国际收支纷纷出现赤字，它们都转向欧洲美元市场上借入资金以弥补赤字，从而使得这一市场上的资金需求也增加了。

**3. 欧洲美元市场的存贷款利率优势**

欧洲美元市场的发展与自身的利率优势是分不开的，主要表现为相较于美国的存贷款利率，欧洲美元市场上的存款利率更高，而贷款利率更低。造成这一现象的原因主要有四点：一是欧洲美元市场上无存款准备金管制约束，可以有效地降低商业银行的运营成本；二是可以自主地确定利率，不受“利率上限”之类措施的限制，因此在欧洲美元市场上活动的银行便能提供更具竞争力的利率；三是欧洲美元市场在很大程度上是一个银行同业市场，交易数额很大，加上欧洲美元市场竞争激烈，因此手续费及其他各项服务性费用成本较低；四是欧洲美元市场上的贷款客户通常都是大公司或政府机构，信誉很高，贷款的风险相对较低。（图 5 - 1）

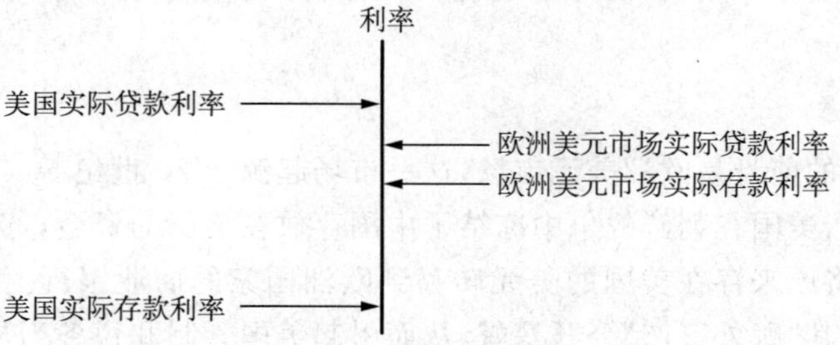


图 5-1 欧洲美元市场利差示意图

**4. 调拨方便,可选货币种类多**

欧洲货币市场,特别是以英国伦敦为中心的境外货币市场,银行机构林立,业务经验丰富,融资类型多样,电讯联系发达,银行网遍布世界各地,资金调拨非常方便。由这个市场取得资金融通后,极容易调成各种所需货币,可以在最短的时间内将资金调拨世界各地。同时,欧洲货币市场所提供的资金不仅限于市场所在国货币,而几乎包括所有主要西方国家的货币,从而为借款人选择借取的货币种类提供了方便条件。

## 二、欧洲货币市场的特点

欧洲货币市场是一种完全国际化的市场,是国际金融市场的主体。由于它经营的是境外货币,因此具有许多与在岸金融市场所不同的经营特点。这些特点可归结为以下几点:

### (一)市场范围广,存在地理中心

欧洲货币市场范围广阔,不受地理限制,是由现代化网络联系而成的全球性统一市场,同时也存在着一些地理中心。这些地理中心一般是由传统的金融中心城市发展而来的,例如伦敦、纽约、东京等,其所在国家经济发达,有充足的资金来源,历史上一直是资金的主要交易场所。这些金融中心具有稳定的经济、政治环境,有良好的通信和金融基础设施,有熟练的金融业经营人才,有官方给予的自由经营条件和优惠政策。它们在 20 世纪 50 年代后期以来,相继经营欧洲货币的金融业务,成为具有国内金融中心、对外金融中心和欧洲货币中心三重功能的国际金融中心。20 世纪 60 年代以来,巴哈马、巴林、新加坡等若干具有特殊条件的城市形成了新的欧洲货币中心。它们与传统的国际金融中心不同,这些新兴金融中心是利用降低税收、减少管制等一系列优惠性措施吸引国际资金在此交易、中转,成为跨国公司、跨国银行的良好避税地。传统的和新兴的国际金融中心在世界范围内大约流通了三分之二的欧洲货币市场的资金。

### (二)规模大、币种多、创新程度高

欧洲货币市场的另一个特点体现在交易规模巨大,品种、币种繁多,金融创新程度高。绝大多数欧洲货币市场上的单笔交易的金额都超过一百万美元,几亿或几十亿美元的交易也很普遍。同时,市场上交易的币种繁多,包括美元、日元、瑞士法郎、英镑、加拿大元等多币种,甚至以发展中国家货币为交易币种的也并不少见,近年来还出现了以特别提款权和欧元为交易币种的交易,这些交易使欧洲货币市场与外汇市场联系非常紧密。

欧洲货币市场上的交易品种主要是同业拆放、欧洲银行贷款与欧洲债券。欧洲银行贷款既有固定利率贷款,也有浮动利率贷款,并且短、中、长期贷款都有,其中主要以中长期贷款为

主，常具有贷款数额大、参加银行多的特点。欧洲债券是指在欧洲货币市场上发行、交易的债券，它一般是发行者在债券面值货币发行国以外的国家的金融市场上发行的。欧洲债券不同于其他债券，大多数欧洲债券的发行采用不记名的形式，并且有提前赎回的专门条款与偿债基金。

在创新方面，20 世纪 80 年代以来，欧洲货币市场上的金融创新最有影响的是票据发行融资安排、互换和远期利率协议。票据发行融资安排是借款人可用自己的名义发行短期票据来筹措中期资金，由包销银行承诺购买借款人发行的任何票据或提供备用贷款。远期利率协议是由借贷双方签订一项“远期利率协议”，约定起算利息的日期，将签约时约定的利率与伦敦银行同业拆放利率比较，协议约定利率低于伦敦银行同业拆放利率时，所发生的差额由贷方付给借方，协议约定利率高于伦敦银行同业拆放利率时，则由借方将超过部分付给贷方。

（三）独特的利率结构

欧洲货币市场的利率体系的基础是伦敦银行同业拆放利率。伦敦银行同业拆放利率同各国的利率有一定的联系，但又不完全相同，是目前国际最重要和最常用的市场利率基准。它除与各国货币市场利率相互影响外，还受欧洲货币市场上供求关系的影响。一般来讲，欧洲货币市场上存贷款的利差比各国国内市场存贷款的利差要小，这一利率上的优势使欧洲货币市场吸引了大批客户。

（四）管制宽松，税费较少

欧洲货币市场主要从事非居民的境外货币借贷，它所受管制较少，同时市场税赋较轻，各银行机构服务费也平均较低。欧洲货币市场的飞速发展使其对国内外经济产生了巨大的影响，但是它不受任何一国国内法律管制，也尚不存在专门对这一市场进行管制的国际法律，因此这一市场上的风险日益加剧。国际上对以欧洲货币市场为核心的国际金融市场的监管采取了商业银行为具体目标的监管方法，于 1975 年 2 月在国际清算银行的主持下，成立了监督银行国际活动的协调机构——巴塞尔银行监督管理委员会（简称巴塞尔委员会）。巴塞尔委员会就银行的国际业务活动制定了一系列规则，其中 1988 年通过的《巴塞尔协议》最为重要，它最主要的内容是规定了经营国际业务的银行的资本与风险资产的比率至少应达到 8%，其中核心资本与风险资产之比至少为 4%；2004 年 6 月，通过了《巴塞尔协议 II》，它以资本充足率、监管部门监督检查和市场纪律作为三大支柱；2010 年通过的《巴塞尔协议 III》，第一次建立了一套完整的国际通用的、以加权方式衡量表内与表外风险的资本充足率标准，有效地扼制了与债务危机有关的国际风险，这也反映出国际金融监管从关注数值向综合分析风险转变。

## 三、欧洲货币市场信用扩张的形成机制

为了理解欧洲货币市场上国际金融活动的特征以及这一市场与其他金融市场的关系，有必要研究欧洲货币市场信用扩张的形成机制。

假定法国某公司在纽约银行拥有 200 万美元的利率为 7%的定期存款。此时，纽约银行与法国公司的相关的资产负债表如下：

| 法国公司 | | 纽约银行 | |
|---|---|---|---|
| 在纽约银行的定期存款 | | 应付法国公司定期存款 | |
| （利率 7%） | ＄2000000 | （利率 7%） | ＄2000000 |

在将这一资金存入纽约银行后，该法国公司发现伦敦的一家银行可对这笔定期存款提供7.25％的利率，便决定将这笔资金转存到伦敦银行。由于这一资金转移是通过银行转账的方式进行的，所以并不导致纽约银行美元存款金额的减少，仅意味着在纽约银行的账户上，这笔资金在目前应支付给伦敦银行而不是法国公司，这一结果如下：

法国公司

| | |
|---|---|
| 在伦敦银行的定期存款 | |
| （利率7.25％） | ＄2000000 |

纽约银行

| | |
|---|---|
| | 应付伦敦银行定期存款（无利息） ＄2000000 |

伦敦银行

| | |
|---|---|
| 纽约银行的活期存款（无利息） ＄2000000 | 应付法国公司的定期存款（利率7.25％） ＄2000000 |

需要指出的是，当法国公司在纽约银行存入美元时，这属于在岸金融市场活动。当它将这笔美元资金转入伦敦银行时，就属于欧洲货币市场的活动，伦敦银行账户上储存的美元也就变成了欧洲美元。伦敦银行以7.25％的利率吸收法国公司存款后，这笔资产以活期存款形式存放在纽约银行账户上，这对于伦敦银行来说是不能接受的，它必然要尽快地将这一资金贷放出去。由于欧洲货币市场上不存在存款准备金比率的限制，因此伦敦银行可以将吸收来的200万美元存款尽数贷出。如果伦敦银行以7.375％的利率拆放给一家西班牙银行，则这一结果又变为：

法国公司

| | |
|---|---|
| 在伦敦银行的定期存款 | |
| （利率7.25％） | ＄2000000 |

纽约银行

| | |
|---|---|
| | 应付西班牙银行的活期存款（利率7％） ＄2000000 |

伦敦银行

| | |
|---|---|
| 贷款给西班牙银行（利率7.375％） ＄2000000 | 应付法国公司的定期存款（利率7.25％） ＄2000000 |

西班牙银行

| | |
|---|---|
| 在纽约银行的活期存款（无利息） ＄2000000 | 应付伦敦银行的定期存款（利率7.375％） ＄2000000 |

同样，西班牙银行也将会尽快地将这笔资金贷放出去。如果西班牙银行将这笔资金在欧洲货币市场上贷放给其他银行，则这一同业间的拆借过程还会持续下去，而在这一过程的尽头，则是最终要使这笔贷款贷放给需要这笔资金用于生产目的的用户。为了使问题简化，我们假定西班牙银行不再将这笔资金贷款给其他银行，而是贷款给某西班牙公司，利率为7.5％，这时相关资产负债表如下：

法国公司

| | |
|---|---|
| 在伦敦银行的定期存款<br>（利率 7.25%）　　$2000000 | |

纽约银行

| | |
|---|---|
| | 在伦敦银行的定期存款<br>（利率 7%）　　$2000000 |

伦敦银行

| | |
|---|---|
| 贷款给西班牙银行<br>（利率 7.375%）<br>$2000000 | 应付法国公司的定期存款<br>（利率 7.25%）<br>$2000000 |

西班牙银行

| | |
|---|---|
| 贷款给西班牙公司<br>（利率 7.5%）<br>$2000000 | 应付伦敦银行的定期存款<br>（利率 7.375%）<br>$2000000 |

因此，欧洲货币市场实质上也是一种信用中介，将资金从最初供给者（上例中的法国公司）让渡到最终需求者（上例中的西班牙公司）手中。这笔数额为 200 万美元的资金进入欧洲货币市场后，在欧洲货币市场上形成了数额 400 万美元的存款。从分析中可以看出：第一，国内金融市场、在岸金融市场、欧洲货币市场这三者之间是紧密联系、相互影响的，从而使资金在全球畅流不息。国际金融市场以国内金融市场为依托，而又对这个市场乃至于国内经济发挥着重要影响。第二，欧洲货币市场上的存款和国内存款一样，也存在着存款规模的派生创造机制。以上例来说，如果西班牙银行进一步将这笔资金贷给其他银行，则这一银行间的多次拆放，会使存款总额逐次增大。而某一银行直接将这笔资金投放到美国国内市场时，这一存款创造过程就会中断。这种状况类似于国内银行的存款创造机制，最初存入欧洲货币市场的资金相当于国内存款创造过程中的原始存款，资金从欧洲货币市场流入其他市场则相当于国内存款创造过程中的现金漏损。而与国内的信用扩张不同的是，欧洲货币市场业务不受国内存款准备金的限制，银行只要持有少量预防性资金就可以将其他资金全部贷放出去。第三，欧洲货币市场上资金流动的最终结果是资金从最初提供者流入最终需求者手上，因而这一连续的贷款与存款最终能否正常收回，取决于资金最终需求者的偿付情况。欧洲货币市场以其充裕的资金和优惠的利率为许多国家提供资金，但由于这一市场基本不受任何一国国内法规的管制，这使得其经营风险较大，如果它提供的某一贷款的偿还出现问题，则对国际金融市场乃至于各国国内经济与世界经济都会发生重大影响。

## 第三节　国际中长期资金流动与债务危机

国际中长期资金流动是指发生在各国之间，期限在一年或一年以上的资金流动。这一资金流动的主要形式为期限在一年以上的国际银行贷款，在国际证券市场上购买中长期债券与股票并持有期限在一年以上的证券投资活动。由于这一资金流动的期限在一年以上，因此影响这一资金流动的主要因素是国际金融市场上中长期收益率的变化情况以及相应的风险状况。与短期资金流动相比，这一资金流动相对稳定，能够为一国在较长期限内使用，从而更为深入地介入一国经济发展过程之中，对一国宏观经济发挥着持续的影响。

## 一、国际中长期贷款

### (一)国际中长期贷款的特点

国际中长期贷款是指期限在1年以上到10年左右的贷款,一般具有以下特点:

(1)贷款的期限长、金额大。这类中长期贷款往往与成套设备的出口或大型工程建设项目的投资结合在一起,所涉及的金额较大,贷款的期限也比较长。

(2)必须签订贷款协议。由于期限长、金额大,信贷风险也相对较大,因此必须签订贷款协议。协议的主要内容一般包括确定贷款货币、贷款数量、利息率、费用增加的补偿、货币选择条款、提前偿还条款、违约条款、保证条款、司法权条款、资金用途条款、分阶段提取资金条款等。

(3)利率确定灵活。考虑到这类贷款期限较长,因此一般不会使用固定利息率,通常,欧洲货币市场的放款利率以伦敦金融市场银行间拆放利率为基础,再加上一个加息率来计算,一般为0.5%~1%。

(4)银团贷款。又称为辛迪加贷款,银团贷款借款人只需委托一家银行牵头组织贷款,手续方便;金额大、期限长,贷款条件较优惠,既能保障项目资金的及时到位又能降低建设单位的融资成本,是重大基础设施或大型工业项目建设融资的主要方式,并常常需要借款方的官方机构或政府担保,保证了还款的安全性。

### (二)欧洲银团贷款的优势

欧洲银团贷款(Syndicated Loan)是指由一家或几家银行牵头,多家银行与非银行金融机构参加而组成的银行集团采用同一贷款协议,按商定的期限和条件向同一借款人提供融资的贷款方式。这种贷款方式可以充分发挥金融整体功能,更好地为企业特别是大型企业和重大项目提供融资服务,促进企业集团壮大和规模经济的发展,分散和防范贷款风险。所具有的优势主要有以下几点。

(1)融资所花费的时间和精力较少。借款人与安排行商定贷款条件后,由安排行负责银团的组建。在贷款的执行阶段,借款人无须面对所有的银团成员,相关的提款、还本付息等贷款管理工作由代理行完成。

(2)银团贷款操作形式多样。在同一银团贷款内,可根据借款人需要提供多种形式贷款,如定期贷款、周转贷款、备用信用证额度等。同时,还可根据借款人需要,选择人民币、美元、欧元、英镑等不同的货币或货币组合。

(3)有利于借款人树立良好的市场形象。银团的成功组建是基于各参与行对借款人财务和经营情况的充分认可,借款人可以借此业务机会扩大声誉。

(4)银团贷款成员应按照"信息共享、独立审批、自主决策、风险自担"的原则自主确定各自授信行为,并按实际承诺份额享有银团贷款项下相应的权利、义务。

(5)单家银行担任牵头行时,其承贷份额原则上不少于银团融资总金额的20%;分销给其他银团贷款成员的份额原则上不低于50%。按照牵头行对贷款最终安排额所承担的责任,银团牵头行分销银团贷款可以分为全额包销、部分包销和尽最大努力推销三种类型。

(6)银团代理行是指银团贷款协议签订后,按相关贷款条件确定的金额和进度归集资金向借款人提供贷款,并接受银团委托按银团贷款协议规定的职责对银团资金进行管理的银行。代理行可以由牵头行担任，也可由银团贷款成员协商确定。

（三）欧洲银团贷款的主要创新形式

**1. 期限贷款**

期限贷款的期限是固定的，在约定的期限内，借款人按照约定逐步提取贷款资金，经过一段宽限期后，逐步偿还本金，并且采用浮动利率，利息通常是每三个月或半年支付一次，以伦敦金融市场银行间拆放利率为基础，即按照当时市场利息调整贷款利息。

**2. 转期循环贷款**

是指银行同意在未来的一段时期内，通过连续向借款客户提供一系列短期贷款发放中长期贷款的形式。比如双方约定在 10 年内，由银行连续提供 6 个月期限贷款，新旧贷款首尾相接，旧的到期偿还后银行自动提供新的贷款，利率以当时的市场利率为准。这种贷款形式的产生使得短期贷款和长期贷款的界限变得模糊，首尾相接的短期贷款形成了可变期限的中长期贷款。

**3. 票据发行便利**

又称票据发行融资安排，借款人通过循环发行短期票据，达到中期融资的效果。它是银行与借款人直接签订的在未来的一段时间内由银行以承购连续性短期票据的形式向借款人提供中期信贷资金的协议，具有法律约束力。票据发行便利的约定期限一般为 3～5 年，实际上是用短期票据借取中期信贷，票据的期限从 7 天到 1 年不等，最常用的是 3 个月或 6 个月。

## 二、国际证券市场——债券市场

欧洲债券市场（Euro bond market）是专门从事国际债券发行买卖的场所，其中主要流通的债券有 1～5 年的中期债券与 5 年以上的长期债券。欧洲债券在货币发行国以外的地区发行，该形式不受贷款货币发行国的法律约束，也不用批准，因此近年来在欧洲债券市场发展迅速。

（一）欧洲债券市场特点

**1. 市场容量大**

1997 年，欧洲债券发行量已达到 7351 亿美元，超过当年国际银行贷款和外国债券发行额之和，这使得欧洲债券市场可以大宗地、经常地吸纳各种欧洲债券发行，满足大量筹资者和投资者的需要。

**2. 形式相对自由、灵活**

欧洲债券发行通常采用出盘方式，即不经过申请批准的非正式的发行形式，在这个市场上发行债券不需要得到官方批准，因而可以回避一些限制，这是外国债券市场上无法实现的。而且，欧洲债券的发行多由国际辛迪加承担，由各主要金融中心的金融机构组成，因此不会由于某一国家的限制而影响债券的发行。

**3. 发行费用和利息成本较低**

欧洲债券发行费用约为债券面值的 2.5%，相较于外国债券较低，且利息成本也较低。以美元债券为例，同期欧洲美元债券的利息成本要低于扬基债券的利息成本。

**4. 不记名和免缴税款**

欧洲债券多以不记名的形式发行，其利息通常是免除所得税的，或者不预先扣除借款国际的税款，投资者可以保存在国外的所得，逃避向国内缴纳所得税的义务，该项对投资者具有很大的吸引力。

**5. 债券种类多，货币选择性强**

欧洲债券市场可以发行多种类型、期限不同的债券，筹资人可以根据货币汇率、利率等因素选择需要发行的欧洲债券，并且市场中可选择币种较多，选择面较广。

**6. 流通性强，易于变现**

欧洲债券市场有较为发达的二级市场，并且债券多为不记名债券，因此债券持有人可以比较容易地转让债券取得现金。目前欧洲债券的清算和结算主要由设在布鲁塞尔的欧洲清算所和设在卢森堡的塞德尔系统来执行。

（二）欧洲债券的种类

**1. 固定利率债券**

又称为普通债券，其利率在债券发行确定后不再变更，利息按固定的利率每年支付一次，主要优点是预先确定投资者的收益，在利率稳定的时期较为流行。作为传统形式的债券，它在欧洲债券市场上占的比重最大，在1991—1995年欧洲债券发行总额中，固定利率债券发行份额占到77.4%、77.4%、74.7%、65.3%、72.7%。

**2. 浮动利息债券**

这是定期根据市场利率情况调整利率的债券，通常是以三个月或者半年为期限进行调整，一般以伦敦金融业同业拆借利率为基础。由于利率可以适时调整，使投资者受到利率波动带来的损失较小，因此在利率波动较大的时期比较有吸引力。

该类型的债券从20世纪70年代问世以来，发行量的增长速度很快，早在90年代就成为仅次于固定利率债券的第二大欧洲债券，在1991—1995年欧洲债券发行总额中占比达到6.9%、15.5%、17.2%、25.6%、20.7%。

**3. 可转换债券**

这是公司债券的一种，债券持有人可以在约定期限内，以约定的价格将债券转换成发行公司的普通股，该形式也是欧洲债券市场常出现的一种形式。它的主要优点是：对投资者来说，这种债券换股的特权具有一定的吸引力，可以得到股票溢价等收益，同时有利于减轻筹资方的还款压力。

**4. 零息债券**

这是欧洲债券市场20世纪80年代的创新，这种债券没有票面利息，不会分期偿付利息，只是到期一次还本，出售时是以折价的方式进行。它一般为长期债券，因此在出售时需要有很大的折扣来进行销售，所以到期时会有很大的增值，对投资人有一定的吸引力。并且此类债券的收益是来自债券的增值，而不是债券的利息，并且是到期后实现，所以可能对资本增值不作为纳税依据国家的投资者带来避税的机会。

**5. 全球债券**

这是一种新型国际债券，由世界银行于1989年5月首次发行，是指在全世界各主要资本市场同时大量发行，并且可以在这些市场内部和市场之间自由交易的一种国际债券。这类债券的主要特点体现在：第一，是在一个以上的主要资本市场发行，往往能覆盖多个主要资本市场；第二，符合全球交易和资本高度流动性的要求；第三，借款人信用级别高，且多为政府机构。

## 三、国际中长期资金流动对经济的影响

国际中长期资金流动(Long-term international capital flows)的期限在一年以上,借还之间存在较长的时间差,对宏观经济有非常大的影响。不考虑政府支出时,一国国内吸收主要由投资与消费构成,将国外资金运用到这两个不同的项目,就分别形成了生产性贷款与消费性贷款。这些贷款最终均需要偿还,它们的不同用途会对宏观经济产生不同的影响。

### (一)生产性贷款对宏观经济的影响

当一国国内投资的预期收益率与世界利率都比较确定时,如果该国投资的预期收益率高于世界市场利率,那么从国际市场上吸收资金用于投资是有利可图的,也就是应该借入生产性贷款。生产性贷款使本国在消费水平保持不变的情况下,能进行超过封闭条件下的投资活动,从而提高本国的福利水平;反之亦然。

一国不存在对外借款时,该国国民收入与国内吸收相等,均以一较缓慢的速度增长。当一国投资收益率高于世界利率时,该国从国际金融市场上借入资金进行投资,本国的吸收水平就超过了本国国民收入,这一超出数量由借入的资金数量决定。由于本国的投资额超过原有水平,本国国民收入可以较原来有更快的增长。但一国利用外国资金不是无期限的,一定时间后就要开始还本付息,这一债务偿付造成的资金外流会逐步抵消资金流入的数量,直至出现净资金外流。资金流动的这一变化直接影响到国内吸收水平,当存在净资金流入时,国内吸收高于国民收入;而当债务偿付超过资金流入额,出现净债务偿付时,国内吸收低于国民收入。但是即使此时,国内吸收水平仍高于不存在国外借款的国内吸收水平。因此,从国外借款进行投资并能对这一资金加以合理使用,则这一资金流入能有效地改善一国的福利。

当情况与此相反,即一国国内投资收益率低于世界市场利率时,该国资金就倾向于流向国外。对于这一资金流出对本国经济的影响,理论界有着不同的看法。有的学者认为这一流出是合理的,因为一国经济在发展的不同阶段会面临着不同的资金稀缺与过剩的情况,应根据本国投资收益率与世界利率之间的关系发挥利率的自动调节作用。但是另一些学者认为,当世界利率较高而导致本国资金流出国外时,这一流出的私人成本与社会成本是不同的。从私人成本看,仅仅体现为现有的较低的投资收益率水平,而社会成本还应当包括税收收入、对工资与利润的影响、本国产业与技术的进一步发展等。凯恩斯就曾强烈地主张,任何资金流出都会导致一定的本国投资缺乏融资,从而带来本国福利的下降。

### (二)消费性贷款对宏观经济的影响

消费是吸收的一部分,当不存在国际资金流动时,这一消费水平就直接受收入水平的支配。未来收入在不同时期的变化确定了消费水平的相应变化,如果这一消费水平的时间变动轨迹与社会所追求的消费的时间轨迹存在较大差异,那么就可以利用消费性贷款对之调整。依照对消费的不同调整目的,这又可分为三种情况。

#### 1. 推迟消费

以石油输出国组织为例,这些国家在 20 世纪 70 年代的两次调价中积累了巨额收入,但是它们并不希望将这些增加的收入在即期全部用于消费,因为它们担心其石油资源是有限的,不希望在将来可能因收入的逐步降低而降低其消费水平。在这种情况下,较合理的做法是将收入的一部分投放到国际金融市场上,再在将来逐步将这些资金用于消费。

如果不对外贷款，则该国的消费水平将在最初维持在一个较高的水平后逐步降低。当利用向国外贷款来推迟消费时，在投资不变的假定下，表现为国内吸收的降低，就是即期的国内吸收大大低于国民收入。随着时间的推移，在收入逐渐降低时，该国可逐步利用原有的资金用于消费，维持并提高原有的消费水平，最终体现为国内吸收的逐渐增长并最终超过国民收入。

2. **提前消费**

与上例相反，一些经济发展非常迅速的国家，由于预期未来的国民收入将会有较为快速的增长，因此会要求在即期就提高消费。这一要求可以通过从国外借款实现。利用国外借款可以在即期提高消费水平，使其增长超过国民收入的增长。但随着时间的推移，所借资金需逐步偿还，国内吸收也就低于国民收入。

3. **熨平消费**

对于一些初级产品出口国，国际市场上这些产品价格的涨落会带来其国民收入的大幅度波动，由此引起的消费波动是非常不利的。改变这一状况的有效途径是对国际金融市场的利用。例如，当世界市场上初级产品价格提高，本国国民收入增加超过平均水平时，可以将额外的收入用于对外贷款，待本国国民收入低于平均水平时再将之收回用于消费。这样，在国民收入波动时，可以维持一个相对稳定的消费与国内吸收水平。

从以上的分析中可以看出，中长期资金流动对一国宏观经济的影响实际上是利用对资金的使用与偿还之间的时间差异，对国内吸收与国民收入进行跨时期优化。既然资金的使用与偿还之间存在着时间上的不一致，那么这一资金流动也就内在地蕴含着发生对资金偿还的困难——也就是债务危机——的可能性。

## 四、债务危机

债务危机(Debt crisis)从根本上看是由于使用与偿还之间的时间不一致所致，它既有可能发生于对消费性贷款的使用，也有可能发生于对生产性贷款的使用。对于前者而言，发生债务危机的主要可能性一是利用资金提前消费后，国民收入未能有预期的增长，二是利用资金未能熨平消费而是加剧了消费的时间波动。在这两种情况下，偿还资金势必要求压缩即期消费，而如果社会的消费水平很难下降，例如消费主要用于基本生活必备用品时，就会发生偿还到期债务的困难。对于后者而言，情况更为复杂，在实际发生的国际中长期资金流动中居于主要的地位。

### （一）拉美债务危机及其爆发的原因

拉美债务危机是比较典型的一场债务危机，是一系列发展中国家先后无力偿还国外银行贷款的长期普遍性债务违约行为。最初于 1982 年 8 月，墨西哥政府宣布无力按期履行偿还 1982—1983 年到期，债务本息共计 195 亿美元的外债。随后，到 1983 年底共有 32 个国家相继宣布无力清偿外债，从而演化为持续于整个 80 年代的慢性债务危机。导致此次债务危机的原因主要有以下几点。

1. **发展中国家过度举债，债务增长速度快、规模大**

20 世纪 70 年代后期，随着欧洲贷款和债券市场快速发展，许多发展中国家利用这一新兴市场举借外债，整个发展中国家的对外债务，在 70 年代初约为 500 亿美元，而到了 80 年代末已突破 1000 亿美元，这样的债务规模超过其年度出口外汇收入总额的临界值，导致无法有足够的资金偿还贷款。

**2. 利率以浮动利率贷款为主,利率上升超过投资收益率水平**

20世纪70年代,由于"石油美元"流入国际金融市场,借贷资金的利率很低,发展中国家因此举借了大量的浮动利率贷款。而到80年代,出现了严重的通货膨胀,市场利率迅速攀升,债务负担增加。与此同时,出口的初级产品的价格下跌,外汇收入减少,偿还债务出现困难。(表5-1)

表5-1 部分国家1980年至1981年的浮动利率负债比率

| 国家/地区 | 浮动利率负债比率 |
|---|---|
| 阿根廷 | 58.3 |
| 巴西 | 64.3 |
| 哥伦比亚 | 39.2 |
| 智利 | 58.2 |
| 墨西哥 | 73.0 |
| 秘鲁 | 28.0 |
| 委内瑞拉 | 81.4 |
| 整个拉美 | 64.5 |

**3. 商业银行贷款为主,官方贷款比重较小**

由于当时商业一年后国际贷款业务还没有统一的监管标准,各个银行都在不断增加对发展中国家的贷款额度,未采取有效的风险控制措施。因此一旦市场上资金供求关系发生变化时,银行会立刻减少贷款,资金来源不稳定会进一步引发发展中国家资金外逃,从而加剧危机。

**4. 利用资金进行投资的实际收益率低于预期水平**

由于发展中国家所借债务一般是以外币计价,而发展中国家一般都存在着外汇短缺问题,因此这一外债的偿还必须以出口的高速增长为条件。发展中国家在利用外国资金中没能做到这一点,一种以墨西哥为代表,在对本国出口增长有过高期望的支配下,筹措大量资金进行规模庞大的基础设施建设;另一种则以阿根廷等国家为代表,实行的是进口替代的工业化发展战略,试图通过筹措资金来发展国内工业,这一战略导致了对出口的忽视。由于投资项目管理不善、经营效益低下,导致这些国家难以形成稳定的偿债资金来源。

**5. 外在冲击进一步恶化发展中国家的国际收支状况**

发展中国家的国际收支不仅未能因利用外国资金而获得显著改善,而且还因为一系列因素使原有的国际收支恶化。1979年石油价格第二次上升,使非石油发展中国家的石油进口支出大举增加。1980年开始的世界经济衰退,使发展中国家原材料商品的出口价格与出口数量都明显下降。例如,非石油发展中国家出口的实际数量在1981年前每年增长速度都在8%左右,而在1982年这一增长率仅为1.8%。从出口价格看,这一价格指数在1982年较1980年下降了约10%。据统计,以上外来冲击一共约导致发展中国家外债增加401亿美元。

### (二)债务危机的解决方案

债务危机给世界带来了巨大冲击。以美国为例,1982 年底,它最大的九家商业银行共向拉美国家提供了 510 亿美元的贷款,这相当于这些银行自有资金总额的 176%。除这九家银行外,其余商业银行共向拉美国家提供了 790 亿美元的贷款,而这些银行的自有资金总额仅为 420 亿美元。债务国无法偿还债务导致商业银行正常运营出现困难,直接威胁国际金融市场的稳定。同时债务国承受着巨大的还本付息负担,基本上丧失了主动从国际金融市场上筹措资金的能力,经济面临全面衰退和紧缩。因此,及时有效地解决债务危机成为 80 年代国际金融领域最重大的课题。

第一,最初解决方案(1982—1984 年):债务重新安排,修改原贷款协议,延长偿还期。债务危机爆发后,美国等国家与国际货币基金组织共同制订了紧急援助计划。这一解决方案的核心是将债务危机视为发展中国家暂时出现的流动性困难,因此只是采取措施使它们克服这一资金紧缺。这一方案一方面由各国政府、商业银行、国际机构向债务国提供大量的贷款以缓解资金困难,另一方面将现有债务重新安排,主要是延长偿还期限,并不减免债务总额。这一方案要求债务国实行紧缩的国内政策,以保证债务利息的支付,因此对发展中国家来说还是比较苛刻的。

第二,贝克计划(1985—1988 年):新增贷款,延长原有贷款,调整债务国国内政策。对债务危机的最初解决方案并没有使债务国摆脱债务负担,这使得人们发现债务危机不仅仅是一个暂时的流动性困难问题,而是由于债务国现有的经济状况不具有清偿能力,债务危机的解决必须与发展中国家经济的长期发展相结合。1985 年 9 月,美国财政部长詹姆斯·贝克提出了反映这一思想的新方案。这一方案的重点是通过安排对债务的新增贷款,将原有债务的期限延长等措施来促进债务国的经济增长,同时也要求债务国调整其国内政策。在贝克计划的执行中,采用了一些重要的金融创新手段,例如债务资本化、债权交换和债务回购等。债务资本化是指债权银行按官方汇率将全部债务折合成债务国货币,并在债务国购买等值的股票或直接投资取得当地企业的股权,这一过程也称为债务—股本互换。债权交换是指债权人按照一定的折扣将所持债务交换附有担保品的其他债务,这种交换要求新债券的信用较原有的高。债务回购是指债务国以一定的折扣用现金购回所欠的债务。这些金融创新对随后的债务危机解决方案有重要影响。

第三,布雷迪计划(1989 年以后):对原有债务的各种形式减免。1989 年,美国财政部长布雷迪制定了新的债务对策,承认现有的债务额还是大大超过了债务国的偿还能力,因此要在自愿的、市场导向的基础上,对原有债务采取各种形式的减免。在 IMF 等国际组织的主持下,债务国与债权银行磋商减免债务的具体方案,债权国政府和债务国对债务减免后剩余的债务偿还做出担保。据统计,通过布雷迪计划一共使债务国对商业银行的债务削减了 32%。

布雷迪计划不仅减轻了债务国的债务负担,更为重要的是,它提高了债务国的信用,增强了市场对这些国家的信心。1990 年后,美国利率显著下降,这一方面减轻了债务国的负担,另一方面也促使国际资金寻求能获得更高收益的场所,对发展中国家尤其是原债务危机发生国的资金流入恢复了。与此同时,债务国进行的以贸易自由化、私有化、降低通胀率等措施为特征的政策调整也初见成效。到了 1992 年,债务危机已基本宣告结束。

# 第四节　国际短期资金流动与货币危机

## 一、国际短期资金流动概述

（一）概念

国际短期资金流动(Short-term international capital movements)是指发生在各国之间、期限在一年以下的资金流动。这一资金流动主要采取持有短期金融资产的形式，例如持有活期存款、国库券、大额可转让存单、商业票据、银行承兑票据等货币市场金融工具。这种资金就是我们经常所说的投机资本，又叫热钱。这是一种与实际生产、交换没有直接联系的资本流动，例如，国际银行间的同业拆借、国际证券市场上不以获取企业控制权为目的的证券买卖、外汇市场上的外汇投机等。此类资金受短期内的投资收益与风险的影响，对经济的各种变动极为敏感，资金流动的反复性大，具有较强的投机性，并且受心理预期因素的影响非常突出。

（二）国际短期资金流动的特点

**1. 国际资金流动表现出与实物经济相对独立的运动规律**

首先，国际资金流动的增长速度远远快于世界贸易的增长，并且是持续性的，不受全球经济周期波动的影响。例如，1979—1982 年、1990—1993 年这两个阶段由于出现全球性经济危机，世界贸易量出现下降，但国际资金流动却仍保持较高的增长速度。其次，一些新兴离岸金融中心大都出现在经济和贸易不太发达的国家和地区，例如巴哈马、巴林、开曼群岛等。这两个特征就可以说明国际资金流动日益摆脱对实物经济的依赖。

**2. 国际资金流动方式的多样化**

传统的国际资金流动仅表现为自己在不同国家和地区间的流动，而现代的国际资金流动还可能表现为资金在同一个国家或者不同国家的外汇市场、信贷市场、证券市场以及衍生品市场中流动。

**3. 国际资金流动中衍生品交易的比重增大**

目前国际金融市场中衍生品交易增长速度极为迅速，并且具有极大的可逆性，这也是造成 20 世纪 90 年代以来一系列货币危机的重要因素。

**4. 机构投资者成为国际资金流动的主要载体**

这些投资者包括共同基金、养老基金、保险公司、对冲基金、商业银行、信托公司等，机构投资者的规模扩大客观上要求将资产在全球范围内进行配置。

**5. 通过特点的"放大效应"可以对一国乃至全球经济发挥远超过其实力的影响**

比较典型的案例就是索罗斯管理的量子基金直接引发了 1992 年欧洲货币体系危机和 1997 年东南亚地区的货币金融危机。能形成"放大效应"的原因主要有：第一，利用衍生工具的杠杆效应；第二，国际流动的各种资金存在密切联系，短期内可以迅速扩充实力；第三，由于心理预期作用的影响，使得国际资金流动存在"羊群效应"。

（三）国际短期资金流动的分类

国际短期资金流动的主要原因是短期的投资收益与风险，因此，对经济的变动极为敏感，资金流动反复性大、投机性强，就其性质来分，国际短期资金流动可分为以下三种类型：

**1. 套利性资金流动**

套利性资金流动一般是利用各国金融市场上利率与汇率的暂时差异而赚取这一差价，这又可分为套汇与套利。各国货币市场上的利率差异还会引起套利活动，这一套利活动使外汇市场与货币市场紧密相连，利率与汇率间存在着密切的联系。

**2. 避险性资金流动**

避险性资金流动又称资本外逃，它是指金融资产的持有者为了资金的安全而进行资金调拨转移所形成的短期资金流动。造成资本外逃的原因是一国政治局势不稳、经济形势不好、国际收支状况恶化、存在贬值预期等。另外，如一国宣布实行外汇管制，限制资金外流或增加某些征税时，也有可能引起大量资金转移。

**3. 投机性资金流动**

投机性资金流动是指投资者利用国际市场上的汇率、金融资产或商品价格的波动，从中谋取利润而引起的短期资金流动。由于国际金融一体化、国际金融创新等因素的影响，投机资金的力量越来越大，在国际金融市场上的活动越来越猖獗，已成为国际短期资金流动中最主要、最有影响的资金流动。投机性资金流动是我们研究的重点。

同国际中长期资金流动一样，资金的国际短期流动在为经济提供了许多有利条件的同时，给经济的稳定与发展带来了冲击。从经济获得的有利条件看，由于短期资金的流动非常迅速，并且对利率、汇率等经济变量的变动非常敏感，因此一国可以根据实际情况灵活地调整利率、汇率等变量以引导资金的国际流动，及时满足本国在短期内对资金的需求变动。但在另一方面，国际短期资金流动对各国经济的稳定与发展的冲击也非常突出，尤其是近年来，投机性资金流动对一国汇率的攻击频频发生，由此引起的货币危机成为国际金融领域中最引人注目的现象。下面，我们对货币危机问题进行专门分析，以进一步认识国际短期资金流动特别是投机性资金流动的作用机制。

## 二、货币危机问题

### （一）货币危机的概念

货币危机，又称国际收支危机，它的含义有广义与狭义两种。从广义来看，一国货币的汇率变动在短期内超过一定幅度，一般认为超过15％～20％，就可以称为货币危机。就其狭义来说，货币危机是与对汇率波动采取某种限制的汇率制度相联系的，主要发生于固定汇率制下，它是指市场参与者对一国的固定汇率失去信心的情况下，通过外汇市场进行抛售等操作导致该国固定汇率制度崩溃、外汇市场持续动荡的带有危机性质的事件。

货币危机发生时，还会引发股票市场、银行体系等一系列金融市场的价格波动，甚至出现金融机构经营困难而大规模破产的情形，这是由货币危机引发的金融危机。但一般认为，货币危机和金融危机二者是存在区别的。前者主要发生在外汇市场上，体现为汇率的变动；而后者的范围更广、危害更大。

### （二）货币危机的发生原因

当一国爆发货币危机时，如果此时该国并不存在由国内因素导致的金融危机问题，那么这一危机一般是由投机性资金流动带来的投机冲击引起的。在这里，我们区分了两个重要的不同概念，即：投机冲击就其性质来看可分为两种，一种是在基本经济条件恶化时发生的，由建立在经济基础之上的预期导致的；另一种则与经济基础无关，纯粹由于心理预期的变化所带来的。这种区分之所以成为必要，原因就在于我们前面所说的国际资金流动越来越具有自己独特的运动规律。

**1. 经济基础变化带来的投机冲击所导致的货币危机**

政府过度的扩张性财政货币政策导致经济基础恶化是引发对固定汇率的投机攻击从而爆发货币危机的最基本的原因。我们借助于国际收支的货币分析法来分析这种货币危机发生的过程，货币分析法的前提假定在此也成立。

假定一国的货币需求非常稳定，而该国的货币供给由央行国内信贷及持有外汇储备两部分构成。在其他条件不变时，该国居民将会通过向外国居民购买或出售商品、劳务、金融资产等国际收支活动，引起外汇储备变化从而使货币供给与货币需求相等。

在该国货币供求平衡时，如果政府持续扩张央行国内信贷来融通财政赤字，那么这会带来货币供给的扩张。由于居民会通过国际收支活动来自动使货币供给与稳定的货币需求保持相等，那么，根据货币分析法可知，国内信贷扩张必然同时伴随着外汇储备的减少。

一国的外汇储备总是有限的。在其他条件不变时，国内信贷的持续扩张必然最终导致该国外汇储备持续下降直至最终为零。外汇储备是政府维持固定汇率制的主要工具，当政府不持有任何外汇储备时，势必只能听任外汇市场的汇率自由浮动。一般一国持续扩张的货币政策导致该国外汇储备下降为零、放弃固定汇率制时，汇率自由浮动时确立的汇率水平会较原有的固定汇率有大幅度的贬值。

在相当长的时期内，国际上实际发生的货币危机大都属于这一类型。从第二次世界大战后来看，比较有影响的有 20 世纪 70 年代以来墨西哥的三次货币危机、1982 年智利货币危机等。进入 90 年代以来，投机性资金流动对宏观经济的冲击越来越大，往往在经济基本面还比较健康时，也会发生投机性冲击并常常进而爆发货币危机。

**2. 主要由心理预期带来的投机性冲击所导致的货币危机**

投机冲击的出现有可能与经济基本面因素无关，而是在国际短期资金流动存在独特的内在运动规律的条件下，主要由心理预期因素导致的。例如，一国可能在没有实施扩张性政策、外汇储备充足的情况下突然出现投机冲击而发生货币危机。

要导致此类货币危机，投机者对一国货币的投机冲击步骤往往是首先在本国货币市场上借入本币，再在外汇市场对本币进行抛售，持有外币资产。如果这一攻击能取得成功，投机者会在本币贬值后再用外汇购回本币，归还本币借款。这样，投机者在进行投机攻击中的成本是本国货币市场上的利率所确定的利息，预期收益则是持有外汇资产期间外国货币市场上的利率所确定的利息收益以及预期本币贬值幅度所确定的收入。所以，政府提高利率就可以有效地提高投机者进行投机攻击的成本。在外国利率不变时，投机者对本币未来贬值幅度的预期越高，对提高本国利率的承受力也就是可以接受的本国利率上升幅度就越高。从理论上讲，政府总可以将利率提高到一定水平来维持固定汇率制度。问题在于，提高利率不是没有成本的，当政府被迫放弃固定汇率制时，原因一定是提高利率来维系固定汇率制的成本大大高于维持固定汇率制所能获得的收益。如果为维持固定汇率制度而要求将利率提高得超过这一限度，则政府宁肯选择放弃对投机攻击的抵御，听任汇率自由浮动。

投机者的政策实际上也是比较投机活动的成本和收益。只要预期投机攻击成功后的该国货币贬值幅度超过该国提高利率后两国利率之间的差异，投机者就会选择进行投机攻击。如果投机者预期该国货币的贬值幅度足够大，那么在利率提高到该国政府可以承受的上限后，投机者仍可以接受这一利息成本，继续进行投机攻击，以迫使政府最终放弃固定汇率制。在这里，投机者最终能否取得成功，取决于投机者掌握的投机资金数量、羊群效应是否发生、政府态度的坚决性，以及政府之间的国际协调与合作是否及时和有效。

（三）蔓延型货币危机

在金融市场一体化的今天，一国发生货币危机极易传播到其他国家，这种因其他国家爆发的货币危机的传播而发生的货币危机被称为“蔓延型货币危机”。

货币危机最容易传播到以下三类国家：第一类是与货币危机发生国有较密切的贸易联系或者是出口上存在竞争关系的国家。发生货币危机的国家或者对该国商品进口下降，或者对该国的出口大幅度增加，从而导致该国贸易收支变化，使该国国际贸易收支出现严重逆差从而诱发投机攻击。第二类是与货币危机发生国存在着较为相近的经济结构、发展模式，尤其是存在潜在的经济问题的国家。比如，本国货币被高估，投机资金会比较一致地对这些国家逐一攻击。第三类是过分依赖于国外资金流入的国家。影响比较大的货币危机发生后，国际金融市场上的投机资金一般都会调整或收缩其持有的外国资产或至少是存在较大风险的国家的资产。许多国家将不可避免地发生相当部分资金流出的现象，如果这一流出对该国的国际收支有重大影响，则该国也有可能发生货币危机。

（四）货币危机的影响

我们对货币危机的影响的分析，可以从它对货币危机发生国与对国际金融体系的影响这两个层次理解。货币危机的不利影响体现在：

第一，货币危机发生过程中出现的对经济的不利影响。例如，政府采取的提高利率的措施会给经济带来诸多冲击，政府对外汇市场的管制可能会维持很长时间，这会给经济带来严重的消极影响。从国际资金流动角度看，大量资金的频繁流动会扰乱该国的金融市场运作。从公众角度看，货币危机发生期间的不稳定的局势会对他们的正常生产经营活动带来很大干扰，一国的经济秩序也往往陷入混乱状态。

第二，货币危机发生后经济条件会发生变化。首先，货币危机容易诱发金融危机、经济危机乃至于政治危机、社会危机。其次，外国资金往往在货币危机发生后大举撤出该国，会给该国经济发展带来沉重打击。再次，货币危机导致以本币衡量的对外债务大量增加。最后，货币危机发生后被迫采取的浮动汇率制度，往往因为政府无力有效管理而波动过大，给正常的生产、贸易带来不利影响。

第三，从货币危机发生后相当长的时期内政府被迫采取的补救性措施的影响看，紧缩性的财政货币政策是一国政府采取的最普遍的措施，在货币危机并不是由扩张性宏观政策因素导致时，这一措施的后果往往给社会带来巨大的灾难。

当然，货币危机也存在一定的积极作用。首先，货币危机暴露了一国经济原来掩盖的许多问题，例如，金融体系不健全、政府宏观调控能力不够完善等，这就使之有可能得到根本解决；同时，货币危机发生后，该国货币的大幅度贬值一般有利于纠正该国原先存在的货币高估现象，有利于该国国际收支的改善。

# 本章习题

## 一、单项选择题

1. 与在岸市场相比,离岸市场具有的特点是(　　)。
   A. 受所在国金融政策限制
   B. 进行外汇交易,实行管制利率
   C. 与国内金融市场完全分开,不受所在国金融政策限制
   D. 不需要通过中介机构
2. 欧洲货币市场的币种交易中比重最大的是(　　)。
   A. 欧洲英镑　B. 欧洲马克　C. 欧洲美元　D. 欧洲日元
3. 以下区域没有形成欧洲美元市场的是(　　)。
   A. 中国香港　B. 纽约　C. 法兰克福　D. 东京
4. 外国债券不包括(　　)。
   A. 欧洲债券　B. 武士债券　C. 猛犬债券　D. 扬基债券
5. 欧洲美元是指(　　)。
   A. 欧洲地区的美元　B. 美国境外的美元
   C. 世界各国的美元总称　D. 各国官方的美元储备
6. 欧洲货币市场是指(　　)。
   A. 经营欧洲货币单位的国家金融市场　B. 经营欧洲国家货币的国际金融市场
   C. 欧洲国家国际金融市场的总称　D. 经营境外货币的国际金融市场
7. 欧洲货币市场的经营范围(　　)。
   A. 仅限于欧洲境内　B. 以西方发达资本主义国家为主
   C. 不受地域限制　D. 限于美国
8. 欧洲债券是发行人在哪个市场上发行的?(　　)
   A. 欧洲国家　B. 第三国　C. 本国　D. 本国以外
9. 最早出现的欧洲货币是(　　)。
   A. 欧洲英镑　B. 欧洲法郎　C. 欧洲美元　D. 欧洲马克
10. 国际证券市场的主要交易品种是(　　)。
   A. 短期信贷　B. 中长期信贷　C. 股票　D. 债券
11. 东南亚各国在货币危机发生前大多实施的是(　　)。
   A. 货币局制度　B. 中间汇率制度
   C. 浮动汇率制度　D. 钉住美元的固定汇率制度
12. 零息债券发行时一般都是(　　)。
   A. 平价发行　B. 溢价发行
   C. 折价发行　D. 以上三种方式都可以
13. 外国债券的特点是,发行人在一个国家,面值货币和发行市场(　　)。
   A. 同属发行人所在国家　B. 同属另一个国家
   C. 分属不同国家　D. 随意决定

## 二、多项选择题

1. 国际货币市场构成包括(　　)。
   A. 短期信贷市场　B. 短期证券市场　C. 票据贴现　D. 回购市场
   E. 国库券市场
2. 国际中长期贷款的特点包括(　　)。
   A. 签订贷款协议　B. 利率确定灵活　C. 银团贷款　D. 不需要担保
   E. 有些需要官方或政府机构担保
3. 全球债券的特点包括(　　)。
   A. 全球发行　B. 全球交易　C. 高度流动性　D. 信用级别高
   E. 采用单一货币发行
4. 短期信贷市场的特征包括(　　)。
   A. 银行间批发市场,金额巨大　B. 期限从1天到1年
   C. 以伦敦同业拆借利率为基准利率　D. 需要抵押和担保
   E. 不需要抵押和担保,完全凭信用
5. 外国债券的特点包括(　　)。
   A. 面值货币与债券发行地点同属于一个国家
   B. 面值货币与债券发行地点不属于一个国家
   C. 受债券发行地点法律法规约束
   D. 不受债券发行地点法律法规约束
   E. 筹资成本较低

## 三、简答题

1. 简述国际货币市场的构成与作用。
2. 试述欧洲货币市场的特点和形成原因。
3. 简述货币危机的含义与危害。
4. 简述欧洲债券市场的特点。

# 第六章 国际信贷

**内容简介**：国际信贷即便在金融创新层出不穷的今天仍旧是国际融资的重要形式和典型形式，其融资迅速、便利和灵活的特点是其他金融手段难以比拟的。本章主要介绍国际信贷的几个典型形式：国际银行信贷、政府贷款、国际金融机构贷款、短期及中长期国际贸易信贷。

国际信贷市场是国际资金借贷活动的场所。这个市场起源于欧洲货币市场，所以也可称为欧洲信贷市场。20 世纪 70 年代以来，欧洲货币市场规模迅速扩大，为国际信贷市场提供了充足而广泛的资金来源。国际信贷市场的主要参与者是各国政府的借款者，国际组织和机构、跨国公司和跨国银行等，其信贷活动的特点类似于欧洲货币市场，从而使这个市场保持着充裕的资金来源和畅通的资金投放渠道。国际信贷融资是国际融资的重要形式，曾经在国际资本流动中一枝独秀。近二十年来，随着国际证券市场的发展，国际融资手段走向证券化和多样化，但传统的协议借贷仍然是国际融资的重要形式和典型形式，其融资迅速、便利和灵活的特点是其他金融手段所难以比拟的。在历史上，英美和多数发达国家的现代化过程无一不与国际信贷有着密切的联系，而在目前情况下，有效地利用国际信贷融资手段筹集国际资金，显然对于发展中国家加速经济发展、实现经济腾飞有着重要的意义。

## 第一节 国际信贷概述

### 一、国际信贷的概念

国际信贷(international credit)又称“国际借贷”或“国际贷款”，是国际资本流动的一种重要形式，是指一国或数国的政府、金融机构、工商企业或国际性的金融机构等向另一国政府、银行或工商企业提供的资金融通。这种行为要求贷款方向借款方提供约定数量的贷款，同时借款方对贷款的本金和利息具有一种契约性的偿还义务。国际信贷反映了国家之间借贷资本的活动，来源于国际资本的输入与输出。国际信贷的资金来源主要包括国家财政资金、欧洲货币资金和石油美元。

### 二、国际信贷的特点

(1)国际借贷往往涉及多个国家和地区的当事人，其贷款协议的签订和履行、争议的解决、违约责任的赔偿等问题都要受到国际惯例和相关国家法律以及其他一系列因素的影响，这不同于国内贷款。

(2)国际借贷的形式是货币，而不是实物，并且只有能在国际金融市场上自由流通的货币才能充当国际借贷的标的物，如美元、欧元、日元等。由于人民币尚不能在国际上自由兑换，因此我国对外借款的币种只能是外币。

(3)国际借贷关系本质上是借款人与贷款人之间的债权债务关系。其是某种法律上可期待的清偿信用，到时必须还本付息，具有清偿期限，这不同于跨国直接投资形成的国际股权关系。

(4)对于发展中国家来说，借人外债的确能够解决内源融资不足的问题，促进自身国民经济的发展，但是过多的外债也有可能成为发展中国家沉重的负担，甚至爆发债务危机，引发债务国经济的长久衰退。因此，对于发展中国家来说，国际借贷是一把“双刃剑”。

## 三、国际信贷的类型

国际信贷种类较多，依据不同的分类标准可分为不同的类型。

(1)依据贷款人的性质可将国际信贷分为政府贷款、国际金融机构贷款和国际银行贷款。

(2)按贷款的期限分类，可分为短期贷款(不超过 1 年)、中期贷款(1 年以上，一般 2～5 年)和长期贷款(5 年以上，10 年、20 年甚至更长)。

(3)依据国际信贷的组织方式，可将国际信贷分为双边贷款、联合贷款和银团贷款等。

(4)按贷款的利率分类，可分为无息贷款、低息贷款、中息贷款和高息贷款；或者分为浮动利率的国际信贷和固定利率的国际信贷。

(5)按贷款使用的货币和优惠情况分类，可分为硬贷款和软贷款。硬贷款使用币值较坚挺的硬货币(一般为美元)，利率也较高，国际复兴开发银行的贷款就是硬贷款。软贷款条件优惠，一般为无息或低息，而且还款方式灵活，国际开发协会的信贷属于软贷款。

(6)按借款和还款的方法分类，可分为统借统还贷款、统借自还贷款和自借自还贷款等。统借统还贷款是由政府统一对外借款，这些资金或由国家集中使用，或拨给地方、企业，借款本息由政府负责偿还。统借自还贷款是由政府出面统一对外借款，再将款项分给需求的单位使用，各使用单位负责偿还所用贷款的本息。自借自还贷款是使用单位自己借款，自己偿还贷款本息。

(7)按照有无担保可分为有担保的信贷协议和无担保的信贷协议。

从国际资本市场的流动来看，国际信贷的主要形式为国际银行贷款，而政府贷款和国际金融机构贷款通常具有特定的贷款政策。从国际银行贷款来看，其中又以银团贷款最为典型，它体现了现代国际融资中国际信贷的基本特点和基本发展方向。

## 四、国际信贷的成因及经济影响

### (一)国际信贷的成因

在国际经济的发展过程中，一方面发达国家出现了大量的过剩资本，当这些资本在本国找不到有利的投资环境时，就要突破国界，向资金短缺、生产要素组成费用少，而市场又较为广阔的经济不发达国家或地区输出；另一方面，发展中国家为了加速本国经济发展，需要大量资本，在自己资金缺乏的情况下，需要引进外资，以弥补不足。

经济生活国际化的发展、战后经济一体化的兴起，使不同社会制度的国家之间经济交往的障碍大大减少。世界经济市场出现了不同社会制度、不同发展阶段国家之间的商品交换、资金融通、科技交流和劳动力流动的崭新局面。国际经济发展的现实和前途，对国际信贷的发展产生了深远的推动作用。

(二)国际信贷的经济影响

国际信贷的积极影响有：可以利用丰富的资金来源和灵活方便的特点，筹集资金来发展本国的经济建设；国际信贷中的政府和国际金融组织贷款利率比较优惠，贷款期限也比较长，而且有一定的援助性质，这就为一些发展中国家提供了有利的贷款条件；借款国可以通过国际银行、各国政府、国际金融机构或非金融机构等多种途径筹集巨额资金；借款国利用国际信贷引进先进技术和设备，提高本国产品的质量，加强出口商品的竞争力，进一步促进出口贸易的发展；发达国家利用向发展中国家借贷的机会，实现了商品和资本的输出，调整了国内的生产和就业等经济问题。贷款国通过信贷方式达到对其资金保值与增值的目的。

国际信贷的消极影响有：因国际信贷要支付利息，所以受债权国财政与货币政策变化的制约和国际金融市场动荡的影响；利率风险较大；贷款会加重借款国的财政负担。

## 第二节　国际银行信贷

### 一、国际银行信贷的含义

国际银行信贷(international bank credit)，又称国际商业银行信贷、国际商业银行贷款、国际商业贷款，是指一国的商业银行作为贷款人以贷款协议方式向其他国家的借款人提供的商业性贷款。国际银行信贷的债务人是世界各国的借款人，包括银行、政府机构、公司企业、国际机构，其债权人则是外国的贷款银行，主要是工业发达国家的大型商业银行。国际银行信贷有的在提供贷款时指定用途，即与商品出口相联系，或与一定的工程项目相联系；有的在提供贷款时并不指定用途，通常称为自由外汇贷款。本节只论述不指定用途，不与商品出口或工程项目联系的自由外汇贷款。

国际银行信贷是国际贷款中的最典型形式，在国际性贷款总量中占有极大的比重，现已成为国际借贷融资的主导形式，我们必须予以高度关注。

国际银行信贷包含三层含义：

(1)国际银行信贷是在国际金融市场上进行的。国际金融市场有传统的国际金融市场和新型的国际金融市场两种。新型的国际金融市场是指 20 世纪 50 年代末期在西欧各国形成的欧洲货币市场。国际银行信贷因此可分为外国贷款(传统国际金融市场的国际银行信贷)和欧洲贷款(欧洲货币市场的国际银行信贷)两类。外国贷款是指由市场所在国的银行直接或通过其海外分行将本国货币贷放给境外借款人的国际货币交易安排；欧洲贷款是指欧洲银行所从事的境外货币的存储与贷放业务。目前，欧洲货币市场已发展成为世界上规模最大的国际金融市场。因此欧洲贷款也成为国际银行信贷的主流。

(2)国际银行信贷是在一国借款人与外国贷款银行之间进行的。银行信贷的当事人有债务人与债权人两个方面。债务人是世界各国的借款人，包括银行、政府机构、公司企业、国际机构；债权人则是外国的大型商业银行。贷款银行可以是独家的，也可以是由多家银行组成的贷款银团。

(3)国际银行信贷是采取货币资本(借贷资本)形态的一种信贷关系。无论是最初的贷放或最终的收回,银行信贷均采取货币资本形式。目前,世界上有150多种货币(纸币),但大约仅有40多个国家的货币可自由兑换,大多数国家的货币不能自由兑换,因而不能充当国际银行信贷使用的货币。

## 二、国际银行信贷的种类

国际银行信贷按其借贷期限的长短及其具体用途的不同,可以分为短期信贷和中长期信贷两大类。

### (一)国际银行短期信贷

国际银行短期贷款是指一国银行向另一国筹资者提供的贷款期限为1年及1年以下的贷款安排。根据筹资人是否为金融机构,又可将其分为两种情况:银行间的借贷(银行同业拆借)和银行与非银行类客户(公司、企业或政府)间的借贷。

**1. 银行同业拆借业务**

(1)概念

银行同业拆借(inter bank borrowing)是指商业银行(不包括中央银行)之间相互借贷短期资金。主要表现为银行同业之间买卖在中央银行存款账户上的准备金余额,用以调剂准备金头寸的余缺。银行同业拆借通常以批发形式进行,交易形式简便,不需要任何担保或抵押,完全凭借信誉,通过电话、电传、互联网进行。

(2)特点

①期限短。有日拆、周拆、1个月、3个月和6个月拆借等,无须提供担保品,仅凭信用。②批发性。银行间同业拆借的每笔交易数额都比较大,至少在10万美元以上,典型的银行间借贷以100万美元为一个交易单位。③利率低。由于银行类借款人的信誉一般而言要高于其他类型借款人,并且其每笔交易的数量较大,因此,各个银行间各种期限的借贷所形成的利率水平往往就成为这种货币相应期限的基础利率。因为交易量庞大,而且往往交易期限很短,资金快进快出,所以利率水平并不高,且能真实反映货币市场实际的资金供求。最主要的银行同业拆借利率是伦敦银行同业拆借利率(London inter bank offering rate,简称LIBOR),LIBOR因期限、货币不同而不同,形成一个系列。其他国际信贷经常把它作为基准利率,在此基础上,根据借款人的信誉和借款期限,增加一定幅度的附加利率(margin or spread),加息幅度一般在0.25%～1.25%不等。伦敦银行同业拆借利率有两个价:一是贷款利率(offered rate),一是存款利率(bid rate),两者一般相差0.25%～0.5%。近年来由于国际金融中心的扩散,中国香港、新加坡以及其他一些金融中心的同业拆借率,也经常被作为国际金融市场的基础利率。④灵活方便。由于市场资金充足,能满足大规模借贷的需求,在借款地点、借款期限、借款货币、利率高低等方面有较大选择余地。

**2. 银行对非银行类客户的贷款**

商业银行一方面吸收工商企业、跨国公司等客户的闲散资金,另一方面对这些客户发放短期贷款。各国政府的短期信贷主要用于弥补收支赤字,工商企业则通常是为了满足短期流动资金的需要。使用的利率一般为LIBOR加上一个附加利率。

能够成为国际银行短期信贷借款人的非银行类客户,主要是指大的跨国公司和政府机构。银行在向非银行类客户提供贷款时一般也不限定用途,可由借款人自由安排。公司企业借入短期国际资金的主要目的是满足其跨国经营中对流动资金的需要，特别是在进口支付时的需要；公司企业中的一类特殊的公司——基金公司，常常以投机者的角色借入国际短期资金，通过进行套汇、套利及期货期权等投机活动获取利润；而各国政府机构借入国际短期资金的主要目的是弥补本国国际收支的短期逆差。

短期银行信贷的利率一般固定，且除利息外，短期信贷一般不再向借款人收取其他费用。

(二)国际银行中长期信贷

中长期贷款是期限在1年以上的贷款。第二次世界大战前将贷款期限1～5年的贷款称为中期贷款，5年以上的称为长期贷款。第二次世界大战后，习惯上将1年以上、10年左右的贷款期限统称为中长期贷款，一般不再严格划分中期与长期的界限。当前，在欧洲货币市场对工商企业的中长期贷款期限最长为6～7年，对政府机构的最长期限为12年。这种贷款金额大、期限长，通常由借贷双方银行签订贷款协议，有时贷款银行要求借款人所属国家的政府提供担保。由于风险加大，中长期贷款利率比短期贷款利率高，一般要在市场利率的基础上加上一定的附加利率。国际银行信贷按照其组织放贷方式，可以分为以下三种：

(1)双边贷款(bilateral loans)。又称独家银行贷款(sole bank loan)，即一家银行对另一家银行提供的金额在1亿美元左右的贷款，贷款期限为3～5年。这种贷款双方要签订贷款协议。

(2)联合贷款(loan participations/cofinancing loan)。是指在不超过法律限制的条件下，由几家国际商业银行共同作为贷款人联合向借款人协议提供的国际贷款。按照一些国家的法律，联合贷款的贷款人不得超过5家商业银行，否则其贷款将被视为推销性银团贷款而适用证券法和特别法的有关规定。

(3)银团贷款(consortium loan)。又称为“辛迪加贷款”(syndicated loan)，一般是指5家以上的国际商业银行或金融机构按照法律文件约定的方式，联合向借款人协议提供数额较大的国际贷款。银团贷款是目前国际信贷中最为典型、最有代表性的方式。

## 三、国际银行信贷的特点

(1)国际银行信贷的贷款人和借款人具有跨国因素，原则上不受特定身份的限制。按照多数国家的法律，其贷款人可以是具有贷款业务或商业银行业务的任何金融机构，其借款人可为各类主体，而某些发展中国家(如中国)则基于外债控制的考虑，对于本国借款人的资格有一定限制，不是任何单位都可实施此类借款。

(2)国际银行信贷的贷款用途比较自由，一般不受贷款银行的限制。这一点使之优于政府贷款和国际金融机构贷款。其他信贷如出口信贷、项目贷款、政府贷款、国际金融机构贷款均限定用途、专款专用。故称国际银行信贷为自由外汇贷款。

(3)国际银行信贷资金供应充沛，特别是欧洲货币市场银行信贷资金供应较为充足，对借款人筹集大额长期资金较为有利。如独家银行贷款中的中长期贷款每笔的额度可达数千万美元，银团贷款中每笔数额可达5亿～10亿美元。并且中长期信贷还具有借取方便的优点，借款数量、币种、期限等可由借款人灵活选择。出口信贷，一方面受到借款国进口商品的限制，另一方面要受出口国提供贷款可能的限制。政府贷款则首先要以两国关系友好为前提，而且经济上要有利于贷款国，贷款规模还要受到贷款国的财政状况的制约。国际金融机构的贷款则更是数量有限，选择性很小，借款手续烦琐。

(4)国际银行信贷的贷款条件较为苛刻。贷款风险较高,利率水平也较高,贷款期限相对较短。国际银行信贷普遍采用浮动利率计息,受市场供求和环境变化的影响较大,加之信贷资金在国际流动,国际市场汇率的频繁波动也会对其产生影响,所以此类贷款的参与双方都会面临利率和汇率的双重风险。

从利率的角度来看,政府贷款具有援助性,属低息贷款。国际金融机构的贷款,一部分属于向最不发达国家提供的无息贷款,如国际开发协会贷款;另一部分属于中等利息贷款,如世界银行提供的项目贷款。出口信贷的利率受"君子协定"的约束,且出口国政府有利息补贴,因而属于中等利率贷款。

再就贷款期限而论,政府贷款的期限平均超过 30 年,世界银行贷款在 15～20 年,少数达 25 年,国际开发协会贷款的期限可长达 50 年。国际银行中长期信贷的期限以中期(2～5 年)为主,长期一般也不会超过 10 年,借款人还贷的压力相对较大。

20 世纪 90 年代以后,国际银行贷款业务发生了明显变化。很多信用等级较高的公共部门的企业和政府本身基本上都进入证券市场进行融资。对于这类机构来说,在资本市场进行直接融资要比从银行申请贷款更有吸引力。直接融资在很大程度上取代了银行贷款,甚至那些规模较小、信用等级并不高的借款人也可以凭借各种信用和流动性支持以及资产结构的调整从资本市场取得融资。

国际银行贷款仍然是全球金融市场中的重要组成部分。每逢金融风暴来临,资本市场就会随之动荡收缩,有时甚至不再成为一种融资的有效来源,这使得借款人只能纷纷转向银行寻求融资。许多资信良好的企业借款人甚至在其资金情况最好的时期也保留着数目可观的银行信用额度,这样做的目的是在一定程度上确保在急需时可以随时得到这些银行的支持。有一些特殊的融资方式,比如为金融兼并、收购和杠杆收购所提供的短期贷款,以及为项目融资提供的长期贷款,这些传统的银行贷款都是无法被其他形式替代的。

## 四、银团贷款

### (一)银团贷款概述

银团贷款是指由一家或几家银行牵头,多家国际商业银行参加,共同向一国政府、某一企业或某一项目提供高额资金,期限较长的一种国际贷款。银团贷款是国际商业银行贷款中最典型、最有代表性的贷款方式。银团贷款的主要贷款人是银行,借款人是大跨国公司、国际组织和政府。

银团贷款作为二战后国际资本市场上的一项重要金融创新,从 20 世纪 60 年代末兴起至今经历了几个发展阶段。20 世纪 60 年代和 70 年代是银团贷款大发展的时期,银团贷款逐渐成为一项举足轻重的融资方式。80 年代由于受拉美债务危机的影响,以及各国管理部门对银团贷款管理的加强,银团贷款受到很大打击。80 年代末,不动产投资的失败更令西方银团贷款业务雪上加霜。90 年代伴随着全球金融一体化的浪潮和银团贷款方式的日益成熟,银团贷款开始重新崛起。

全球银团贷款的中心一直是伦敦,另外还有纽约和中国香港。而银团贷款的实际发放则是通过众多海外银行分支机构来完成的。

银团贷款的特点:①贷款规模较大,最多可达几亿甚至几十亿美元。②贷款期限长,一般为 7～10 年,有的可长达 20 年。③币种选择灵活,但欧洲美元为主要贷款币种。④贷款成本相对较高,利率通常为 LIBOR 加上一定的加息率,除此之外借款人还需负担一些其他费用。对贷款银行而言，辛迪加贷款的优点是可以分散贷款风险、适度减少同业之间的竞争、克服有限资金来源的制约、扩大客户范围和带动银行其他业务的发展等。对于借款人而言，其优点是能够借到一笔任何一家银行都不愿单独提供的大额贷款，而且要比他自己从多种渠道筹措同等数目资金的成本来得低，也更加方便。此外，借款人获得银团贷款也会使他日后更容易得到其他融资。这些特点和优点都是银团贷款迅速发展的重要原因。

### （二）银团贷款的种类

#### 1. 直接银团贷款

直接银团贷款是指银团内各参加贷款银行直接向某国家的借款人放贷。但必须经参贷银行共同协商，在贷款总协议中指定代理行办理具体贷款事宜。

#### 2. 间接银团贷款

间接银团贷款是指由牵头银行先向借款人贷款，然后由该行再将总贷款权分别转售给其他参加银行。放贷后的管理工作由牵头银行长期负责，直至贷款全部偿还。

#### 3. 一次性贷款

一次性贷款是指在贷款期间不用偿还本金，全部本金在到期日偿还，而利息则按协议分期支付。

#### 4. 期限贷款

期限贷款是指在贷款签约后，借款人按约定逐步提取贷款资金，经过一段宽限期后，逐步偿还本金，或到期一次偿还本金。利息通常是每3个月或半年支付一次，利率可以是固定利率，也可以是浮动利率。

#### 5. 循环信用贷款

循环信用贷款是指银团承诺在未来的一段时期内，连续向借款客户提供一系列短期贷款，旧的贷款到期偿还后银团自动提供新的贷款，借款人可以随时提用。借款人有权不提取新的贷款，但对未提取部分每年要支付固定比率的手续费。偿还可分批偿还或最后一次性还清。

### （三）银团贷款的组织要素

国际银行中长期贷款的组织要素是指参与贷款交易的当事人。

#### 1. 借款人

银团贷款的借款人可以是一国的政府组织、金融机构，也可为商业机构或企业组织。在实践中，银团贷款的借款人可以是直接运用贷款资金的企业组织，如拟建项目的建设单位，也可以是接受建设单位委托对外作为借款人的金融机构，如我国各地的国际信托投资公司。

#### 2. 担保人

为了防范借贷风险，银团贷款通常要求须有担保人作为第二债务人参与国际贷款过程。银团贷款的担保人可以为国际性商业银行，也可为借款人所在国的政府组织、金融机构、商业组织等。通常情况下，该担保人应当具备充分的外汇支付能力，并且也应具有良好的信誉。

#### 3. 贷款银团

贷款银团通常由牵头银行、经理行、管理行（共同经理行）、代理行和参与银行组成。在贷款额较小的银团贷款中，贷款银团至少也由一家经理银行和多家参与银行组成。

（1）牵头银行（leading banks）

牵头银行可以是一家，也可以是多家组成的管理小组。牵头银行的主要职责是：①辛迪加贷款的组织者和管理者；②与借款人直接接触，商定贷款期限和贷款其他条件；③与其他参与贷款的银行协商各自的贷款份额及各项收费标准，并通常须承担较大的贷款份额；④发挥牵头行的技术优势，为借款者和各银行提供金融信息，分析金融市场动向。借款人一般把与自己有业务关系的银行作为牵头行，以便可以对贷款本身有更好的了解。信誉好的国际大银行，也有主动向借款人提出作为牵头行的。被确定为牵头行之后，牵头行就要立即负起责任，履行其职责。借贷双方通过协商达成初步协定后，牵头行就要立即着手向市场发一份筹资备忘录，向各银行说明借款人的借款意向，介绍借款条件及借款人的经营状况、财务状况及资信情况，组织贷款招标或邀请其他银行参与这笔贷款。

(2)经理行(manager banks)

经理行，地位次于牵头银行。有时经理行也包销部分贷款，但大多在推销阶段参加贷款。

(3)管理行(共同经理行)(co-manager banks)

若干银行与牵头银行组成管理小组，共同管理借贷中的一切事务。管理行在贷款中承担相对大的份额，管理行要协助牵头行做好全部贷款工作。在贷款中，如出现贷款总额低于借款要求时，管理行有责任补足缺额。它可以向借款人"全部承贷"，即担保补足贷款的不足部分，也可以向借款人表示承担部分缺额，若确实不能补足缺额，则借款人只好减少借款。

(4)代理行(agent banks)

代理行是牵头行中的一家银行，是贷款银团的代理人，是银团贷款在执行过程中的核心。它受借贷双方的委托，负责监督管理该笔贷款的具体事项。其职责包括同借款人的日常联系，通知各银行及时按规定拨款，负责计算和收取应偿还的利息和本金，并按各参与行在贷款中所占份额而分配给有关银行，监督贷款的使用情况，处理违约事件等。

(5)一般参加行(participating banks)

一般参加行是指由牵头行组织招标或邀请而以本行资金参与贷款的银行，一般都是分散在不同国家的大银行。它可以是十几家、几十家，甚至是一百多家银行。参与行的数目由管理小组根据贷款的具体情况确定，也可以由借款人选择，采取招标制或密商制，即由公开或不公开的方式选择产生。参与行各自承诺其贷款份额，同牵头银行在辛迪加贷款方面有过良好合作关系的银行一般都会被邀请参与贷款。承诺并提供贷款是参加行的义务，其相对应的权利是通过代理行了解借款人的资信状况、取得与贷款有关的文件及按比例获取利息等。

各银行之间的关系如图 6-1 所示。

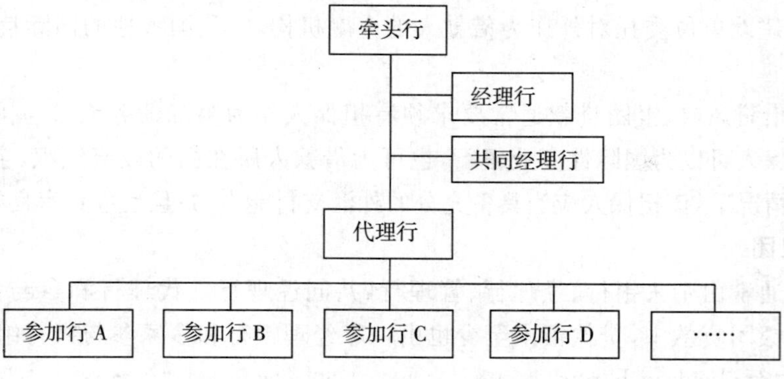


图 6-1 贷款银团的组成银行

4. 专业顾问

除上述当事人之外，在国际银团贷款中通常须有专业性中介机构介入，如法律顾问、财务顾问和工程专业人员提供咨询服务。

（四）银团贷款的信贷条件

信贷条件是指借贷合约中规定借贷双方必须遵守的权利与义务条款，主要包括贷款利息及费用、贷款期限、贷款的偿还及贷款币种选择。

1. 贷款利息及费用

(1)银团贷款的利息

银团贷款的利率分为固定利率和浮动利率两种。由于采取固定利率会给借贷双方带来利率变动的风险，因此国际银团贷款通常采用浮动利率。浮动利率的基准利率通常都采用银行间同业拆借利率，如欧洲货币市场的放款利率通常以 LIBOR 为基础。有的贷款协议的基准利率还采用贷款货币发行国的优惠利率（primary rate）。如从 1981 年起，欧洲美元贷款可以采用美国商业银行的优惠利率。浮动利率的计息方式是，在上述基准利率的基础上，加上一个加息率或称为附加利率。加息率的确定要视贷款金额、期限和借款人的资信状况而定，一般为 0.375%～3%，且习惯做法是随着贷款期限的延长，加息率的幅度逐渐提高。在贷款期限内，需根据 LIBOR 的实际变动，每 3 个月或 6 个月调整一次利率。

贷款利息一般是在每一个计息期末支付一次，计息期为 3～6 个月，欧洲贷款一般一年按 360 天计算，按实际贷款天数计息。其公式为：

$$\text{贷款利息}=\text{贷款额}\times\text{年利率}\times\text{实际贷款天数}/360 \tag{6-1}$$

虽然利息是分期支付且按单利计算，但由于计息期较短、支付次数多，实际上相当于一种复利。

(2)银团贷款的费用

除了利息外，借款人还要负担各项费用：

① 管理费（management fees）。管理费是借款人支付给牵头行的作为其组织和安排贷款的酬金，也称作牵头费。费率按贷款总额的一定百分比计算，一般为 0.25%～0.5%，一次付清或按每次用款额分次支付。即使银团贷款协议没有达成也要支付该笔费用。

② 承担费（commitment fees）。承担费是借款人没有按期使用协定贷款，使贷款银行筹措的资金闲置，而向贷款人支付的赔偿性费用，费率一般为 0.25%～0.5%。目的是促使借款人积极有效地使用贷款，也使贷款银行有效地运筹资金。有的贷款规定从签订贷款协议之日起就开始收取承担费，有的规定在签约的一两个月后开始收取。承担费按未支用金额和实际未支用天数计算，每季或每半年支付一次。其计算公式如下：

$$\text{承担费}=\frac{\text{未使用贷款额}\times\text{未使用的实际天数}\times\text{承担费年率}}{360(\text{或 }365)} \tag{6-2}$$

③ 代理费（agent fees）。代理费是银团贷款中由借款人付给代理行的费用，用于通信、邮政、办公等方面的支出及支付给代理行的报酬。费率由双方协商确定，按固定金额每年支付一次。代理费的高低视贷款金额多少和组织贷款的事务繁简而定，一般 1 亿美元的贷款，每年收费可达 5 万～6 万美元。

④ 前期杂费(out of pocket expenses)。前期杂费是银团贷款中由借款人付给牵头行的劳务费用,用于贷款协定签订之前的准备工作包括差旅费、办公费、宴请费、律师费、通信费等方面的支付。费用支付方式有的按贷款金额的一定比例支付,但多数情况下按牵头行提交的账单一次性支付。收费标准无统一规定,如为 1 亿美元贷款,杂费多则 10 万美元,少则 4 万～5 万美元。

**2. 贷款期限**

贷款期限是指借款人借入贷款到本息全部清偿为止的整个期限。在贷款期限内借款人通常按期分次偿还本息,一般为每半年一次,直到全部偿清为止。在国际银团信贷中,贷款期限一般还规定一个借款人只付利息而不偿还本金的宽限期。贷款期限主要由三部分组成:

(1)提款期(drawdown period)。在提款期间,借款人可按规定的提款额支用款项。

(2)宽限期(grace period)。在宽限期内,借款人只提用贷款,无须还款,但要支付利息。宽限期越长对借款人越有利。

(3)还款期(repayment period)。也叫偿付期。宽限期结束后即进入还款期,借款人开始还款。如无宽限期,则在提款期满后开始还款。

因为有着宽限期和分次等额偿还的情况,有的时候贷款的实际期限和名义期限并不一致,只有在到期一次性还本付息时两者才一致。实际贷款期限的计算公式为:

$$\text{实际贷款期(年)限} = \text{宽限期} + \frac{\text{名义贷款期限} - \text{宽限期}}{2} \tag{6-3}$$

例如,贷款的最终偿还期限与宽限期分别是:

A. 偿还期限 10 年(宽限期 2 年)

B. 偿还期限 8 年(宽限期 5 年)

在此情况下,贷款的平均使用时期是:

A. 宽限期 2 年+剩余 8 年/2=平均 6 年

B. 宽限期 5 年+剩余 3 年/2=平均 6.5 年

这样,B 的平均使用时期比 A 长半年,对借款人有利。平均使用时期也被称作平均贷款期限。在此要注意到,与贷款期是 8 年的相比,A 虽然较早开始偿还,但最终偿还期限是 10 年,这点还是能吸引人的。因此也有人会选择 A。就贷款银行而言,考虑到第 9 和第 10 年的风险,选择 8 年期的贷款为妥。

**3. 贷款的偿还**

银团贷款的中长期贷款本金偿还方式有多种,在协商时要确定下来。一种是贷款到期一次偿还,这适用于贷款金额不大的中期贷款。另一种是分次等额偿还,适用于贷款金额巨大,在 2 亿美元以上,期限较长,在 8 年以上的贷款。该种方式下,借款人通常有 3 年以上的宽限期,在宽限期内还息不还本。宽限期后开始每半年等额偿还一次本金及利息,到期本息全部付清。还有一种是逐年分次等额偿还,这种形式的特点是无宽限期,贷款金额较少,在 1 亿元左右,期限一般在 4～5 年,从第一年起,每年等额偿还本金及利息。这三种方式以第一种对借款人最有利,第二种次之。

**4. 提前偿还**

贷款协议中的提前偿还条款赋予借款人以提前偿还贷款的权利。在一般情况下,如借款人需要，期限越长越有利，但前提是所用货币的汇率和利率不变。但是在某些情况下，则提前偿还更为有利。例如：

(1)某种借款货币汇率上浮较大，继续执行贷款将蒙受巨大损失，在可以获得其他货币资金贷款或自有外汇较充裕时，可以提前偿还贷款。

(2)贷款采用浮动利率，而利率上涨幅度较大时，若有其他优惠利率贷款来源或自有外汇资金充足，则可提前偿还以减轻损失。

(3)在贷款采用固定利率而国际金融市场利率下降幅度较大，且仍有继续下降的趋势时，借款人应借入其他低利率新贷款，提前偿还旧贷款，以减轻高利息负担。

**5. 贷款币种选择**

由于银团贷款普遍采用浮动利率，而且期限较长，贷款面临的利率风险和汇率风险较大，因而借贷双方对币种的选择就直接关系到双方利益及应对风险的防范问题。银团贷款可供借贷双方选择的货币是各种可自由兑换的货币。虽然在传统国际金融市场上，贷款货币必然与贷款银行所在国的货币相同，但是在欧洲货币市场上，可选择的货币就不止一种，主要有欧洲美元、欧洲英镑、欧洲日元等。那么，怎样进行贷款币种选择呢？在银团贷款币种选择时遵循的一般原则是：借款人应选择贷款到期时看跌的货币，即"软币"，以减轻还本付息的负担；贷款人应选择贷款到期时看涨的货币，即"硬币"，以增加收回本息的收益。这样借贷双方的利益就产生了矛盾。在确定币种时，条件往往更利于交易中居于优势地位的贷款方。

一般以"软币"计值的贷款成本要高于以"硬币"计值的成本，因为货币风险必须由利率来弥补。这样在国际银行中长期信贷币种选择中就不能简单地考虑货币的"软""硬"，还要综合考虑利率和汇率之间的关系。

（五）银团贷款的贷款程序

一般来说，银团贷款是从借款人通过初步磋商，选定牵头经理银行开始的。为此，银团贷款程序主要包括以下几个环节：

**1. 选择并确定牵头经理银行**

牵头经理银行是国际银团之"帅"，故选一恰当之"帅"极为重要。借款人通常在广泛接触国际性商业银行的基础上，通过议标（邀请投标）方式或谈判议定的方式确定适当的牵头经理银行。在牵头经理银行确定后，借款人应当向该牵头经理银行出具旨在委托其组织银团贷款的委托书，这是牵头经理银行开始组织银团贷款的前提。

**2. 银团贷款准备工作**

此阶段的准备工作主要包括四个部分。首先，牵头经理银行在专业机构的协助下，与借款人磋商确定基本的贷款结构、贷款方式和贷款条件，并确定贷款准备工作的内容，包括担保的安排、贷款特别安排、借款人国内审批等问题均应确定。其次，牵头经理行应当准备旨在说明借款人具体情况与相关事实的银团贷款推销文件，通常为信息备忘录（information memorandum）。再次，牵头经理人在专业机构的协助下准备包括银团贷款协议在内的各种法律文件，并就贷款协议的主要条款与借款人取得一致。最后，借款人在此阶段应取得一切应有的政府部门批准和许可，而牵头经理银行应根据项目要求组织经理银行向潜在的参与银行推介该贷款项目。

**3. 贷款协议的谈判**

这是正面交锋、极为关键的一个环节，在此阶段，牵头经理人将代表贷款银团与借款人进行贷款协议和相关协议文件的谈判，在通常情况下，贷款协议的大部分条款应先行得到确定，仅将某些受市场制约的重要贷款条件（如利率）留待最终确定；如为有担保贷款，则还应与担保人协商确定贷款协议及担保协议的内容；在许多发展中国家中，该贷款协议还应报政府主管部门审核。

4. 贷款的推销与银团之组织

在国际银团贷款实践中，牵头经理银行通常在贷款协议和贷款推销文件正式签署前即已开始组织贷款推销，向潜在的参与银行发送贷款材料与文件，邀请其参加贷款银团；牵头经理银行在此推销中负有主要责任，而各经理银行往往各自负责一定地区的推销。

5. 签署贷款协议和相关文件

在以电传方式询问确定了全体参与银行可能接受的份额、条件和风险后，牵头经理人将与借款人正式签署贷款协议和相关文件，“约法三章”，并将贷款协议和信息备忘录发送至所有预定份额的参与银行；在此过程中，牵头经理银行将要求所有的参与银行签署旨在参加银团贷款并承诺将独立履行信用的声明，以此完成全部贷款文件的签署。

6. 放款安排及其他

银团贷款协议生效后，牵头经理银行应安排银团贷款的付款和借款人提款，发送提款通知；代理收取本息及服务费，并分派于各参与银行；监督借款人对贷款协议的履行，向参与银行发送定期报告等。

### 国际银团贷款的实例

1. 英吉利海峡海底隧道工程银团贷款案

1987 年连接欧洲大陆和英国的全长达 50.5 千米的英吉利海峡海底隧道工程就是利用银团贷款兴建的。参加该笔贷款的银行多达 150 家，世界上规模最大的银行几乎都参加了这一银团贷款，其中包括我国的中国银行和中信银行。贷款金额高达 86 亿美元，具体贷款金额和货币分别为 26 亿英镑、210 亿法国法郎和 4.5 亿美元。1994 年英吉利海峡海底隧道贯通，将英国的铁路系统与欧洲大陆的铁路系统连接起来，银团贷款的功劳首屈一指。

2. 工商银行牵头组建 550 亿银团贷款 助力盛虹炼化项目高质量发展

2019 年 3 月 11 日下午，工商银行—盛虹集团炼化一体化项目银团牵头行合作暨全面战略合作签约仪式在盛泽举行。

据了解，投资 775 亿元的盛虹 1600 万吨/年炼化一体化项目，是集团响应国家发展高端石化产品，推进炼油和化工一体化发展战略的具体举措。该项目计划于 2021 年建成投产，推动盛虹集团形成独有的油制烯烃、醇制烯烃“双链”并延、协同发展模式，为中国石化产业转型升级提供一条崭新的路径。

根据双方协议，由中国工商银行苏州分行、连云港分行联合牵头，将为盛虹 1600 万吨/年炼化一体化项目组建 550 亿元银团贷款。届时工商银行将选择合适的银行参加本银团贷款，推进银团贷款顺利落地及贷款管理，并为盛虹集团提供融资方案设计、顾问服务及与融资相关的一揽子金融服务。

# 第三节　政府贷款

## 一、政府贷款的概念

政府贷款(government loans)又称官方贷款，系指一国政府以其预算内资金向另一国政府以特定协议方式提供的优惠性贷款，此种贷款通常依据国家间的双边协定或国家间双边关系而提供，具有双边经济援助性质。如日本政府对华提供的日元贷款，经合组织下属的工业发达国家对发展中国家提供的官方发展援助贷款，石油输出国根据“南南合作”原则对发展中国家提供的官方发展援助贷款等。政府贷款一般采取三种方式：一是以出口信贷方式提供的贷款；二是以单纯的中长期贷款协议方式提供的贷款；三是以上述两种方式提供的混合贷款。

在第二次世界大战以前，政府贷款已成为中长期国际信贷市场的一种主要形式，战争结束后，政府贷款多以“经济援助”的形式出现，特别是美国的“马歇尔计划”最为典型，该计划就是以政府贷款的形式向西欧国家和日本提供大量的经济援助，其每年的政府贷款总额达到当时美国国民生产总值的2%，相当于20世纪80年代末期的1000亿美元。这种贷款带有很强的政治色彩，对这些国家的经济复兴确实起到了重大作用。60年代起．以政府贷款为特征的国家经济援助的重点转向发展中国家，一些发达国家也相继参加到经济援助的行列中来。到70年代，联合国制定了“十年发展战略”，要求发达国家向发展中国家每年提供的经济援助应占其国民生产总值的0.7%。虽然大多数发达国家的对外经济援助都大大低于这个比例，但是这种形式的经济援助确实有助于发展中国家的经济发展。

政府贷款的借款人与贷款人均为特定的政府组织，贷款资金主要来自贷款人的国家财政预算收入。此类贷款本质上为国家行为和国家财政收入信贷，因而较少受商业营利原则的支配，更多是从政治及外交关系考虑。政府贷款主要为项目贷款。其贷款用途多限于符合双边协定或双方经贸关系的重要项目，并且在通常情况下，贷款国的有关机构还将按协议对借款国的项目实施过程进行监督管理。

## 二、政府贷款的基本特征

### (一)贷款的分类

政府贷款可分为四类：第一类是软贷款，这种贷款或称财政性贷款，是无息的或低息的，而且还款期和宽限期均较长于一般贷放给非营利性的开发项目；第二类是混合性贷款，是将政府财政性贷款和一般商业性贷款混合在一起的贷款，其优惠程度低于财政性贷款而远远高于一般的商业贷款；第三类是将一定比例的赠款与出口信贷结合起来的贷款；第四类是政府财政性贷款与出口信贷相结合的贷款。

### (二)贷款对象的选择

在一定的国际政治环境和经济环境下，政府贷款的目的性很强。各国政府在对外发放援助性贷款时，对于贷款对象的选择一般要考虑这样几个因素：

(1)同本国经济政治有密切联系的国家，特别是其殖民地或势力范围内的国家；

(2)在外交上和战略上需要争取、扶持的国家；

(3)可以带动本国商品和资本输出，或者可以提供重要资源和能源的国家；

(4)偿还能力强，使用贷款有成效的国家。

(三)贷款机构

政府贷款是利用国家财政资金进行的借贷，一般由政府的财政主管或通过财政部由政府设立的专门机构办理。例如，美国政府国务院之下设有"国际开发署"，日本政府经济企划厅下设有"海外经济协力基金"，科威特政府设有"阿拉伯经济发展基金会"，这些都是办理政府间双边贷款事宜的专门机构。

(四)贷款利率

政府贷款具有利率低、附加费用少的优惠性质，分为无息贷款和计息贷款两种。无息贷款即贷款免付利息，但要收取一定的手续费；计息贷款即贷款要支付利息，利息率一般为1%～3%，但根据国际惯例，此种优惠性贷款至少应含有不低于25%的"赠与成分"。所谓"赠与成分"(grant element，简称 GE)，就是根据贷款的利率、偿还期限、宽限期和综合贴现率等数据，计算出衡量贷款优惠程度的综合性指标。如日本政府项目贷款利率 2.2%左右、德国政府贷款利率 0.75%～3.25%，其附加费通常限于承诺费和手续费或其中之一。

(五)贷款期限

贷款期限均在贷款协议中予以规定，具体包括下面三个部分。

(1)贷款的使用期，或称提取期限。一般规定为1～5年。

(2)贷款的偿还期。一般规定从某年开始在10年、20年或者30年内，每年分一次或两次偿还贷款的本金和利息。

(3)贷款的宽限期。即贷款使用后的一段时间内只付息不还本的期限，一般规定5年、7年或者10年。

(六)贷款程序

政府贷款的订约程序较为复杂。此类贷款通常首先由借款国选定项目，准备项目文件，并向贷款国提出申请；其次，由贷款国对贷款项目的可行性、项目效益和贷款偿还计划进行审查和评估；再次，在贷款国初步同意贷款的基础上，通过使领馆将书面承诺递交借款国，然后双方就贷款基本条件进行换文谈判；最后由借款国与贷款国放贷机构具体商定贷款协议的详细内容，并由双方签署，在贷款协议签署的同时往往还须签署相关的物资采购协议和其他附属文件。

(七)贷款的附加条件

政府贷款虽为优惠性质，但它毕竟要为提供的政治、外交与经济利益服务。政府贷款除去贷以现汇(可自由兑换外汇)外，有时还会规定下面一些附加条件：

(1)借款国所得贷款限于购买贷款国设备、物资、技术成果或技术服务，从而增加贷款国的出口贸易，扩大其商品输出规模。

(2)限制取得贷款的国家采用公开招标方式，或者只能从包括经济合作与发展组织成员国在内的以及发展援助委员会所规定的发展中国家和地区的"合格资源国"采购商品。

(3)使用政府贷款时，连带使用一定比例贷款国的出口信贷。这样既可带动贷款国民间金融资本的输出和商品输出，又可以获得使用出口信贷时进口国应付的5%～15%的现汇收入。

(4)政府贷款有时规定借款国要向贷款国提供各种优惠待遇。例如，减免进出口关税和国内税，对利润、利息、工资的汇出给予保证，对外籍职工的特殊照顾以及对各种损害的赔偿的特殊规定等。

## 三、政府贷款的影响因素

政府贷款既然是利用国家财政资金向外国政府提供的优惠贷款，必然受下列各种政治、经济因素的影响与制约。

### （一）政局的稳定与外交关系的改善

提供贷款与借入贷款的国家政局基本上处于稳定或趋于稳定的状态，至少是提供贷款国政府相信借款国政府的局势趋于稳定，这是进行政府贷款的前提。如果提供贷款国的政局不稳定或者处于政变动荡，就很难对外提供贷款。提供贷款与借入贷款的两国政府相互之间的外交关系与政治气氛是否良好，也是影响提供政府贷款的一个因素。

### （二）提供贷款国政府的财政收支状况

国家财政收支良好时，该国政府所能提供的政府贷款可能多一些；而当该国财政状况恶化时，可能提供的贷款就会少些。但是，实行赤字预算财政政策的国家，即使预算赤字很大，仍然对外提供一定的政府贷款。

### （三）提供贷款国的国际收支状况

向外国提供优惠性的政府贷款，会影响其国际收支状况，表现为国际支付的增加；当借款国还款或支付利息时，则表现为国际收入的增加。因此，当一国国际收支状况良好，国际收支呈现顺差并拥有相当的外汇储备时，可能提供的贷款就会多一些；而当该国国际收支状况恶化时，国际收支出现逆差，黄金或外汇储备流失之时，可能提供的政府贷款就会减少。

政府贷款方式，比较适用于建设周期较长、投资较大的基本建设项目，如能源开发、港口建设、石油化工等。这种贷款只要不附加其他的政治或经济限制条件，无损于国家的主权和独立，从我国经济建设需要出发，如有可能，应该多加利用。

### 日本对华日元贷款

日本所谓“政府开发援助”一词是译自国际经济合作与发展组织（OECD）使用的英文概念：Official Development Assistance，简称 ODA，中文通常译为官方发展援助。日本对华 ODA 包括两部分：一是日元贷款；二是无偿资金援助和技术援助。其中，日元贷款占 70％以上，中方称之为中日两国政府间资金合作，日方称之为“日本对中国的经济协力（合作）”。但由于日元贷款和无偿援助均被列入日本政府的 ODA 财政支出项下，所以日方有时也笼统地称日元贷款为“对华 ODA”。

日本对华日元贷款是中日经济合作的重要组成部分，始于 1979 年。其主要背景是：1972 年中日邦交正常化，中国政府宣布，为了中日两国人民的友谊，放弃日本的战争赔偿。对此，经历了那场侵华战争的有良知的日本人深为感动，认为日本经济发展了，应该对中国提供经济合作。而 1978 年中国确立了改革开放的方针，搞“四个现代化”急需外汇资金配套。1978 年 8 月中日缔结和平友好条约，11 月邓小平访日时首次正式表示中国可以接受日本的政府贷款，中日政府间资金合作的条件渐趋成熟。

此时，日本正值对华友好的大平正芳执政。在得到日本政界、财界普遍支持下，大平首相1979年12月访华时宣布，为支持中国的改革开放和现代化建设，向中国提供日元贷款和技术合作。1980年，中日双方签署了第一批日元贷款的政府换文，为日本企业向中国出口大型成套设备和进口能源创造了条件。

截至2004年3月，日本政府与中国政府签署的ODA协议金额累计32272.07亿日元，其中，日元贷款协议金额29504.89亿日元，无偿资金援助协议金额1364.69亿日元，技术援助累计金额1402.49亿日元，利民工程项目41亿日元。中方实际使用日元贷款19400亿日元，偿还期从贷款时起30年，还可有10年的宽限期。总的来说，中国改革开放以来，日元贷款是中国获得各国官方资金合作的主渠道，最多时占中国吸收所有官方贷款的约一半以上。即使在2001—2003年逐年减少的情况下，日本提供的贷款仍相当于德、法、英三国对华贷款总和的2.8倍以上。

# 第四节　国际金融机构贷款

## 一、国际金融机构的概念和特征

### （一）国际金融机构的概念

国际金融机构贷款(loans from international financial organizations)是由一些国家的政府共同投资组建并共同管理的国际金融机构提供的贷款，旨在帮助成员国开发资源、发展经济和平衡国际收支。其贷款发放对象主要有以下几个方面：对发展中国家提供以发展基础产业为主的中长期贷款，对低收入的贫困国家提供开发项目以及文教建设方面的长期贷款，对发展中国家的私人企业提供小额中长期贷款。

这些国际金融机构既有全球性的金融机构，如国际货币基金组织(IMF)、世界银行(WB)/国际复兴开发银行(IBRD)、国际开发协会(IDA)、国际金融公司(IFC)，也有区域性的金融机构，如亚洲开发银行(ADB)、联合国农业发展基金会和其他国际性、地区性金融组织。

对于申请贷款的国家，一般要进行长时间的严格审查。但是国际金融机构贷款仍然不是以营利为目的，而是带有援助性质，因此其贷款利率相对较低，期限也相对较长。国际金融机构贷款大部分是专项贷款，只能用于特定的项目，贷款的提取必须符合相关的规定，而且国际金融机构还将对贷款的提取和使用过程进行严格的监督。

### （二）国际金融机构的特征

国际金融机构贷款是一种具有非商业性质的优惠性贷款，其基本特征如下：

(1)国际金融机构贷款的贷款人为特定的国际金融机构，而其借款人通常也受到特定范围的限制。例如世界银行贷款的借款人仅限于成员国政府、政府机构、由其政府机构提供担保的公私企业，国际开发协会贷款的借款人仅限于贫困发展中国家的开发项目当事人。

(2)国际金融机构贷款的资金主要来源于各成员国缴纳的股金、捐款以及国际金融机构从资本市场筹集的资金，其资金放贷宗旨通常包含有鼓励成员国从事开发项目，援助发展中国家特别是贫困国家经济发展的内容，不完全等同于以营利为目的的商业贷款。

(3)国际金融机构贷款的条件通常较为优惠，其利率普遍低于商业银行贷款，其优惠性贷款的利率可低于3%甚至为无息，贷款条件的整体优惠性往往并不亚于政府贷款。

(4)国际金融机构贷款通常为中长期贷款，其期限较长，贷款期一般为10年至30年(最长可达50年)，宽限期多为5年左右。

(5)国际金融机构贷款大多为开发性贷款，主要用于经济复兴或开发性项目，非项目性贷款通常为配套性使用，这与商业银行贷款的自由使用也有很大的不同。

(6)国际金融机构贷款对贷款用途往往有严格的限制，不仅贷款协议要求借款人严格遵守贷款目的和贷款用途条款，而且贷款方通常也对借款人的资金运用进行严格的监督和检查。

## 二、国际货币基金组织贷款

详见第七章第四节。

## 三、世界银行集团贷款

### (一)世界银行集团概述

国际复兴开发银行(IBRD)，后称世界银行(简称世行)，成立于1944年，从1947年成为联合国的专门金融机构，之后扩大为五个密切相关的开发机构组成的集团。起初，世行贷款帮助在二战中遭受严重破坏的国家进行战后重建。之后，世行的关注点从战后重建转向发展，重点放在大坝、电网、灌溉体系、道路等基础设施建设上。1956年，国际金融公司(IFC)成立，开始向发展中国家的私营企业和金融机构提供贷款。1960年，国际开发协会(IDA)成立，由加大对贫困国家的重视，逐渐转向以消除贫困作为世行集团的首要目标。随后1966年成立的解决投资争端国际中心(CSID)和1988年成立的多边投资担保机构(MIGA)，主要职能分别为解决外国投资者与东道国之间的投资纠纷和向发展中国家的投资者和贷款人提供政治风险保险(担保)，使得世行集团集聚全球金融资源满足发展中国家需求的能力日臻完善。世界银行集团总部设在华盛顿哥伦比亚特区，现有189个成员国，1万多名员工来自170多个国家，在130多个地方设有办事处，世界银行集团的五个机构由其成员国管理。

世界银行集团是全世界发展中国家获得资金与技术援助的一个重要来源。世界银行不是一家普通意义上的银行，而是一种致力于减少贫困与支持发展的独特的伙伴关系。世行向发展中国家提供低息贷款、无息贷款和赠款，用于支持对教育、卫生、公共管理、基础设施、金融和私营部门发展、农业以及环境和自然资源管理等诸多领域的投资。部分世行项目由政府、其他多边机构、商业银行、出口信贷机构和私营部门投资者联合融资。世行也通过与双边和多边捐助机构合作建立的信托基金提供或调动资金。世行通过政策建议、分析研究和技术援助等方式向发展中国家提供支持，且支持世行为之服务的国家开展能力建设。世界银行为全世界设定了到2030年要实现的两大目标：终结极度贫困，将日均生活费低于1.9美元的人口比例降低到3%以下；促进共享繁荣，促进每个国家底层40%人口的收入增长。

《国际复兴开发银行协议条款》规定，一个国家要想成为世行成员国，就必须首先加入国际货币基金组织(IMF)。加入国际复兴开发银行是成为国际开发协会、国际金融公司和多边投资担保机构成员的前提条件。

### (二)世界银行集团主要机构的贷款

#### 1. 世界银行贷款

国际复兴开发银行(IBRD)即世界银行,是一家由 189 个成员国所有的全球发展合作社。作为世界上最大的开发银行,它通过向中等收入和信誉良好的低收入国家提供贷款、担保、风险管理产品和咨询服务、政策建议,以及协调应对区域和全球挑战,帮助各国减少贫困,推动可持续增长,支持世界银行集团的使命。因其贷款条件较高,俗称“硬贷款”,其发放的贷款呈现如下特征。

(1)贷款政策

① 银行贷款只贷放给会员国。世界银行只向会员国政府或由会员国政府、中央银行担保的私营组织提供贷款,但也曾向某些会员国管辖下的机构提供贷款。对某些中小企业和中小项目的贷款,世界银行通过会员国的中间金融机构向其提供。我国的中间金融机构是中国投资银行。

② 贷款一般与世界银行审定批准的特定项目相结合。该项贷款必须用于借款国的特定项目,而且是经过银行审定,认为在经济上和技术上是可行的,并且是借款国政府最优先考虑的。只有在极为特殊的情况下,才发放非项目贷款。

③ 世界银行不与私营贷款机构竞争。只有当借款国家或项目确实不能以合理条件从其他来源得到资金时,世界银行才能考虑给予贷款。

④ 贷款只贷放给有偿还能力的会员国。世界银行是一个金融机构,它主要依靠在国际货币市场上借入资金向会员国提供贷款,必须确保其贷出的资金能如期回收,因此它只贷给有偿还能力的会员国。

⑤ 世界银行在决定承诺贷款前,首先要审查申请国的偿债能力。审查的范围包括申请国管理能力、宏观经济政策、部门经济政策、金融政策、财政状况、货币制度、预算制度、开支管理制度。其次还要了解该国技术水平、出口、国际收支、外债、创汇能力、对进口依赖程度、资源分配结构以及可能从其他来源取得外援等方面的情况。

⑥ 贷款必须专款专用,并接受世界银行的监督。保证只用于规定的项目,在贷款中不应做政治或其他非经济考虑。

(2)贷款特点

① 贷款须与特定的工程项目相联系。这些工程项目须经世界银行精心挑选,详细核算,严密监督和系统分析。借款国必须向银行提供有关经济、财政以及贷款项目等方面的情况和全部资料。银行提供项目建设费用的全部或部分外汇需要。项目中的当地费用开支部分,世界银行只在特殊情况下才提供使用。

世界银行贷款最初是以基础工程方面的项目为重点,如公路、铁路、港口、航空、管道等方面的贷款。世界银行成立的头 20 年,贷款的 2/3 用来资助电力和运输等基础设施项目。当时认为,只要基础设施建立起来和逐步实现工业化,生产就会自然而然地得到发展。70 年代后,人们发现加强基础设施和促进工业化,有时并不能提高就业机会和减轻贫困现象。因而,世界银行贷款的重点开始从基础结构转向更广泛的目标,大大增加了对能够提高生产力和增加就业机会的项目贷款,对农业和农村发展、教育、人口、城市建设方面的贷款有所增加。此外,世界银行还对会员国提供各种技术援助。

② 世界银行贷款不是以营利为主要目的,而是通过贷款协助会员国发展本国的经济。

③ 贷款期限较长。世界银行贷款短则数年,最长可达 30 年,平均约为 17 年,宽限期 4

年左右。期限较长，是因为贷款结合建设项目进行。这是世界银行贷款受借款国欢迎的主要原因之一。

④ 世界银行的贷款利率，随国际金融市场的利率升降进行定期调整，采用浮动利率。贷款利率参照资本市场利率，但一般低于市场利率。利息从支用部分贷款之日起计算，未用部分不计利息，只从签约之日起按年收取 0.75%的承诺费。

⑤ 贷款手续严密。从提出项目，到取得贷款，一般需要一年半到两年时间。世界银行审定贷款的手续总的来说是科学严谨的。借款国取得贷款不仅可以得到利率较低的资金，而且可以学到较为先进的技术知识和管理经验，有利于提高贷款使用的经济效率和还款能力。

⑥ 世界银行对实施项目中货物和劳务的采购制定了一套程序.其中最重要的是规定大部分采购必须以国际竞争性招标方式进行。

⑦ 借款国使用贷款时，要受世界银行的严格监督。

⑧ 贷款必须如期归还。世界银行的贷款一般不能拖欠或改变还款日期。

⑨ 借款国必须承担贷款期间汇价变动引起的风险。

(3)贷款的资金来源

世界银行提供贷款所需资金，主要来源于以下几个方面：①会员国认缴的股金；②借款，在世界银行提供的贷款总额中有 70%左右来自发行债券；③出让债权，世界银行为了收回部分现金，通常把部分贷款债权转让给私人投资者；④世界银行的利润收入。

(4)贷款程序

世界银行贷款程序大致可分为以下六个阶段：

第一阶段，先同该国举行非正式的商谈，探索提供贷款的可能性。

第二阶段，进行贷款项目的选定。过去选定项目由世界银行直接进行，近年来，银行帮助一些借款国自己选定项目。

第三阶段，借款国进行项目准备。借款国政府要认真审查已选定项目的技术、经济、管理等方面的问题。

第四阶段，进行项目评估。这是世界银行“项目周期”中最重要的阶段。项目评估完全由银行的专家和工作人员负责。

第五阶段，举行正式谈判。双方的要求经过讨论取得一致意见，达成贷款协议，由银行行长提出报告，连同贷款协议书和附件一并送交执行董事会审议。

第六阶段，批准贷款协议。经执行董事会批准贷款协议，再由借贷双方授权的代表正式签署。签署后的贷款文件连同合同注册登记。至此，项目进入执行阶段。

世界银行还要对其资助的项目进行事后评价，它是项目周期的最后一个阶段。事后评价的主要目的是总结经验和教训，为未来项目的设计提供更完善的方案。这项工作通常在项目投资阶段完成后很快进行。

**2. 国际开发协会贷款**

(1)国际开发协会贷款简介

国际开发协会(IDA)是世界银行的一个附属机构，专门对较穷的发展中国家发放条件较宽的长期贷款。也是联合国的一个专门机构。世界银行的会员国均可参加该协会，现有 173 个会员国。

国际开发协会旨在通过为促进经济增长、减少不平等和改善人民生活条件的项目提供无息贷款(称为“信贷”)和赠款来减少贫困。国际开发协会的任务，主要是向较穷的发展中国家的公共工程和发展项目提供比世界银行贷款条件更优惠的长期信贷。与世界银行提供的贷款相比，协会的信贷条件比较优惠，称为软贷款，实际上只贷给会员国政府，不收利息，只收 0.75%的手续费，对未用部分的信贷收 0.5%的承担费。信贷期限较长，还款期限为 30～38 年，包括 5～10 年的宽限期。国际开发协会还向面临债务危机风险的国家提供赠款。除了优惠贷款和赠款外，国际开发协会还通过重债穷国倡议和多边债务减免倡议(MDRI)提供了大量的债务减免。截至 2018 年 6 月 30 日的财政年度，国际开发协会的承诺总额为 240 亿美元，其中 21%是按赠款条款提供的。2018 财年的新承诺包括 206 项新业务。自 1960 年以来，国际开发协会为 113 个国家的投资提供了 3690 亿美元。2016—2018 年三年中，年度承诺额稳步增长，平均约为 200 亿美元。

(2)贷款特点

国际开发协会贷款具有以下特点：

①贷款对象主要是较贫穷的发展中国家。②只有会员国才能申请贷款，必须由会员国政府担保。③如果协会认为借款人可以合理条件从私人来源获得资金，或者可以由世界银行提供时，该协会不提供贷款。④借款国必须有稳定的政治、经济和财政状况，以保证如期偿还贷款。⑤其援助的项目投资收益率高，同时又能提高生产率；应用的技术较简单，使低收入阶层也能掌握，并可减少项目建设费用；平均费用低，以便能够建设更多的项目；提供一系列的投入条件，如在农业项目中提供良种、化肥、信贷、技术援助等，最大限度地提高生产率和收入。⑥借款国偿还贷款时可一部分或全部用本国货币偿付。⑦贷款条件比较苛刻。贷款的使用和监督与世界银行大致相同。

(3)贷款资金来源

国际开发协会提供贷款的资金，主要来源于：①会员国认缴的股金。②各国政府提供的补充资金。⑧世界银行从净收入中的拨款。④借款。⑤协会本身的经营业务的净收入等。

**3. 国际金融公司贷款**

(1)国际金融公司贷款简介

国际金融公司(IFC)是对会员国私人企业提供长期资金的国际性金融机构，也是专注于私营部门的全球最大发展机构，现有 184 个成员国。虽然它是世界银行的附属机构，但它在组织上、财务上都具有独立性，并有其自己的经营特点。

世界银行的贷款以会员国政府为对象，而对私人企业贷款需由政府担保，因此，在一定程度上限制了世界银行业务活动的开展。为了扩大对私人企业的国际贷款，根据美国国际开发咨询局的建议，在世界银行下设立了国际金融公司。该公司配合世界银行，资助会员国，特别是发展中国家私人企业，在其不能以合理条件取得足够的私人资本的情况下，对其建立、改进及扩大提供资金，使其获得增长，以促进会员国的经济发展。国际金融公司对发展中国家会员国私人企业的新建、改建、扩建等项目提供贷款(不需要政府担保)，促进外国私人资本在发展中国家投资，促进发展中国家资本市场的发展。自 1956 年以来，国际金融公司已利用 26 亿美元的资本为发展中国家的企业提供超过 2850 亿美元的融资。在 2018 财年，IFC 对 366 个项目进行了 116 亿美元的长期投资。此外，IFC 还动员了近 117 亿美元支持发展中国家的私营部门。

(2)国际金融公司的经营特点

① 该公司为会员国企业筹资时，主要不是依靠公司本身的投资。公司本身投资额至多

不超过25%。公司可以为企业寻求外国投资者,同时也为外国投资者在会员国中寻求投资对象,公司起着中介人作用。

② 该公司除向会员国企业提供资金外,还向会员国提供金融、法律与技术的咨询和援助。

③ 投资项目必须有利于所在国的经济发展,所在国政府不反对这个项目。投资项目必须有较高的收益率,并能保证偿还投资的本息。国际金融公司的贷款对象主要是亚非拉发展中国家的制造业、加工业及开采业,例如建筑材料、纺织、造纸、肥料、机械、化工、采矿以及公用事业、旅游业等。另外,该公司还贷款给当地的开发金融机构,通过联合投资活动,在组织工业发达国家的资本输出方面起着重要作用。

④ 提供资金方面,不限于贷款,还可以入股。

(3)贷款资金来源

国际金融公司的资金来源如下:①会员国认缴的股金,②通过联合贷款以及保险业和提供备用资金的方法,从国际金融市场筹措的资金。

## 四、区域性金融机构贷款

亚洲开发银行(ADB)、泛美开发银行集团(IDB)、非洲开发银行(ADB)、欧洲投资银行(EIB)、阿拉伯货币基金组织(AMF)等都是世界上重要的区域金融组织。这些组织在发展地区经济、消灭贫困、加强区域合作等方面发挥着显著作用。以下主要介绍几个重要的区域金融组织的发展情况。

### (一)亚洲开发银行

亚洲开发银行(Asian Development Bank,简称ADB),简称亚行,是个类似世行,但只面向亚太地区的区域性政府间金融开发机构,不以营利为目的。它于1966年11月24日正式建立,并于同年12月19日开始营业,总部设在菲律宾首都马尼拉。1986年2月17日,亚行理事会通过决议,接纳我国加入该行。同年3月10日,我国成为亚行正式成员国,按各国认股份额,中国居第三位,日本和美国并列第一。1966年亚行成立之初仅有31个成员体,目前其成员体已经发展到68个,其中49个来自亚太地区,19个来自其他地区。

#### 1. 宗旨

亚行的宗旨是,向其成员国或地区成员(以下简称成员)提供贷款与技术援助,帮助协调成员在经济、贸易和发展方面的政策,同联合国及其专门机构进行合作,以促进亚太地区的经济发展。它的具体任务是:为亚太地区发展中成员的经济发展筹集与提供资金;促进公、私资本对本地区各成员的投资;帮助本地区各成员协调经济发展政策,以更好地利用自己的资源和在经济上取长补短,并促进其对外贸易的发展;为成员拟定和执行发展项目与规划提供技术援助;以亚行认为适当的方式,同联合国及其所属机构,向本地区发展基金投资的国际公益组织,以及其他国际机构、各国公营和私营实体进行合作,并向它们展示投资与援助的机会。

#### 2. 主要业务活动

(1)贷款。按贷款条件划分,亚行的贷款可分为硬贷款、软贷款和赠款3类。硬贷款,即普通资金来源业务(ordinary capital resources,OCR),贷款利率为浮动利率,每半年调整一次。贷款期限为10～30年(含2～7年的宽限期)。软贷款,即优惠贷款,由亚洲发展基金(Asian Development Fund,ADF)提供资金,仅提供给人均国民收入低于670美元(1983年美元)且还债能力有限的亚行成员,贷款期限为 40 年(含 10 年宽限期),不收利息,仅收 1%的手续费。赠款用于技术援助,资金由技术援助特别基金提供,赠款金额没有限制。此外,亚行还利用双边贷、赠款等其他资金渠道为项目安排联合融资。

亚洲开发银行贷款按方式划分有项目贷款、规划贷款、部门贷款、开发金融机构贷款、特别项目执行援助贷款和私营部门贷款等。

2015 年 12 月 11 日亚行已批准向中国提供一笔总额为 3 亿美元的政策性贷款(PBL),帮助中国解决长期困扰首都北京及周边地区的空气污染问题,这是亚行首次向中国提供政策性贷款。

(2)技术援助。亚行的技术援助分为:①项目准备技术援助。②项目执行技术援助。③咨询性技术援助。④区域活动技术援助。

### (二)泛美开发银行

泛美开发银行集团(Inter-American Development Bank Group,简称 IDB Group)是拉丁美洲和加勒比海地区重要的多边区域性金融组织,成立于 1959 年 12 月 30 日,是世界上成立最早和最大的区域性、多边开发银行,总部设在美国华盛顿。该行是美洲国家组织的专门机构,其他地区的国家也可加入,但非拉美国家不能利用该行资金,只可参加该行组织的项目投标。截至 2009 年该行拥有 48 名会员国,其中有 28 名来自美洲。一直以来,该机构致力于本地区经济、社会和制度方面的发展以及区域融合工作。泛美开发银行集团包括三个机构:泛美开发银行(the Inter-American Development Bank,简称 IDB)、泛美投资公司(the Inter-American Investment Corporation,简称 IIC)、多边投资基金(the Multilateral Investment Fund,简称 MIF)。

#### 1. 主要职责

泛美开发银行是该集团的核心机构,也是集团业务的主要执行者。目前它的职责是:提升该地区发展中成员国个体以及整个区域的经济和社会发展速度。它以发放贷款、提供技术援助和开展技术合作项目为主要方式,为公共和私营部门的投资项目、经济和社会政策改革以及应对金融危机和自然灾害等突发事件提供资金支持。业务领域涉及农业、能源、环境、卫生、城市发展、贸易、金融、政府改革等方方面面。目前,银行的主要工作是提高该地区竞争力、减少贫困、实现社会公平和现代化发展,促进区域融合。

#### 2. 主要业务

泛美开发银行的主要业务就是向成员国提供贷款,包括普通业务贷款和特种业务基金贷款。

(1)普通贷款。向政府、公私团体的特定经济项目提供,贷款期限一般为 10~25 年,以贷款使用的同种货币偿还。

(2)特种业务基金贷款。对以公共工程为主的特别经济项目提供,贷款期限为 10~30 年,利率低于普通贷款,并可全部或部分用借款货币偿还。

(3)社会进步信托基金贷款。由美国政府提供资金形成的,主要用于资助拉美国家的社会发展和低收入地区的住房建筑、卫生设施、土地整治和乡村开发、高等教育和训练等方面。

### (三)亚洲基础设施投资银行

亚洲基础设施投资银行(Asian Infrastructure Investment Bank,简称亚投行,AIIB)是一个政府间性质的亚洲区域多边开发机构。重点支持基础设施建设,成立宗旨是促进亚洲区域的建设互联互通化和经济一体化的进程,并且加强中国及其他亚洲国家和地区的合作,是首个由中国倡议设立的多边金融机构，总部设在北京，法定资本1000亿美元。2013年10月2日，习近平主席提出筹建倡议，2014年10月24日，包括中国、印度、新加坡等在内21个首批意向创始成员国的财长和授权代表在北京签约，共同决定成立投行。2015年12月25日，亚洲基础设施投资银行正式成立。截至2019年4月22日，亚投行有97个正式成员国。中国提倡筹建亚洲基础设施投资银行，一方面能继续推动国际货币基金组织(IMF)和世界银行(WB)的进一步改革，另一方面也是补充当前亚洲开发银行(ADB)在亚太地区的投融资与国际援助职能。

**1. 主要宗旨**

通过在基础设施及其他生产性领域的投资，促进亚洲经济可持续发展、创造财富并改善基础设施互联互通；与其他多边和双边开发机构紧密合作，推进区域合作和伙伴关系，应对发展挑战。

**2. 主要职能**

为履行其宗旨，银行应具备以下职能：

(1)推动区域内发展领域的公共和私营资本投资，尤其是基础设施和其他生产性领域的发展。

(2)利用其可支配资金为本区域发展事业提供融资支持，包括能最有效支持本区域整体经济和谐发展的项目和规划，并特别关注本区域欠发达成员的需求。

(3)鼓励私营资本参与投资有利于区域经济发展，尤其是基础设施和其他生产性领域发展的项目、企业和活动，并在无法以合理条件获取私营资本融资时，对私营投资进行补充。

(4)为强化这些职能开展的其他活动和提供的其他服务。

**3. 业务类型**

根据协定，亚投行的业务分为普通业务和特别业务。

普通业务是指由亚投行普通资本(包括法定股本、授权募集的资金、贷款或担保收回的资金等)提供融资的业务。

特别业务是指为服务于自身宗旨，以亚投行所接受的特别基金开展的业务。两种业务可以同时为同一个项目或规划的不同部分提供资金支持，但在财务报表中应分别列出。

**4. 主要投资**

作为由中国提出创建的区域性金融机构，亚投行主要业务是援助亚太地区国家的基础设施建设。在全面投入运营后，亚投行将运用一系列支持方式为亚洲各国的基础设施项目提供融资支持——包括贷款、股权投资以及提供担保等，以振兴包括交通、能源、电信、农业和城市发展在内的各个行业。

### (四)非洲开发银行

非洲开发银行(African Development Bank，简称ADB)是非洲国家在联合国非洲经济委员会帮助下于1964年9月成立的一个面向非洲的区域性政府间国际金融组织，1966年7月开始营业。该行总部设在科特迪瓦(象牙海岸)首都阿比让。2002年，因科政局不稳，临时搬迁至突尼斯至今。非洲开发银行是非洲最大的地区性政府间开发金融机构。截至2007年5月，非行有77个成员国，非洲53个国家全部为成员，此外还有包括中国在内的区外成员24个。

**1. 宗旨**

非行的宗旨，是向非洲成员国提供投资和贷款，或给予技术援助，充分利用本大陆的人力和资源，以促进各国经济的协调发展和社会进步，协助非洲大陆制定发展的总体战略，协调各国的发展计划，尽快改变本大陆贫穷落后的面貌，以便逐步实现“非洲经济一体化”。

2. 主要业务

向成员国提供贷款(包括普通贷款和特别贷款)，以发展公用事业、农业、工业项目以及交通运输项目。

普通贷款业务包括用该行普通资本基金提供的贷款和担保贷款业务。

特别贷款业务是用该行规定专门用途的“特别基金”开展的贷款业务。这类贷款的条件非常优惠，不计利息，贷款期限最长可达50年，主要用于大型工程项目建设。

此外，银行还为开发规划或项目建设的筹资和实施提供技术援助。

3. 贷款对象

非行贷款的对象是非洲地区成员国，主要用于农业、交通和通信、工业、供水等公共事业上，也包括卫生、教育和私营领域的投资项目。1986年后，非行还支持了一些非项目计划，如结构调整和改革贷款、技术援助和政策咨询方面的投资等。非行贷款的期限一般为12～20年，包括展延还款期5年。

### 世界银行助力安徽省提升公路养护水平

世界银行执行董事会于2017年2月21日批准给中国提供1.5亿美元贷款，支持安徽省公路养护创新示范项目，提升公路养护水平。

中国拥有世界上规模第二大的公路网，2014年中国公路总里程达到446万千米。在公路资产养护方面，中国面临资金不足、市场化程度有限以及公路养护计划、规划制定和预算资源配置与使用效率低等问题。这些问题在安徽省较为突出，其经济发展和公路状况均落后于其他沿海发达省份，安徽省公路管理部门努力探寻高效率和有效的方法以改善公路养护计划、规划和服务供给。

负责此项目的世行高级交通专家翟小可说：“这个项目将帮助安徽省改善公路养护服务水平，加强公路资产管理能力。项目力争在管理流程、人员、技术和资金之间达成平衡。项目将借鉴世行在安徽省以及其他省份交通项目的成功经验和国际最佳实践。”

项目总投资逾2.9亿美元，世行贷款1.5亿美元，政府配套资金约1.4亿美元。项目实施地为合肥市、安庆市、宣城市、滁州市、宿州市和广德县等5市1县，实施期为2017年至2023年。

### 农民参与和科学灌溉相结合实现真实节水

中国是一个严重缺水的国家，人均水资源占有量为2100立方米，仅为世界平均人均水资源量的1/4。水资源的时空分布与人口和耕地的分布不相协调，再加上气候变化的影响日益明显，使得问题更加严重。

灌溉农业是中国半数以上人口的就业和生计来源，也是水资源的最大用户，占全国总用水量的60%左右。为了保障有限水资源的可持续利用，中国急需提高农业用水效率。

从2012年至2016年，中国政府与世界银行合作，在中国北方缺水严重的河北、山西、宁夏实施了节水项目二期。项目总投资近1.6亿美元，其中世界银行贷款8000万美元。项目通过水利工程和节水设施建设，推广农业节水措施，加强灌溉管理部门和用水户的农业用水管理能力，以期达到加强农业用水管理、提高农作物水分生产率的目标。

## 第五节　国际贸易短期信贷

### 一、国际贸易短期信贷的概念和类型

#### （一）国际贸易短期信贷的概念

国际贸易短期信贷是从事贸易的进出口商、进出口银行及相关贸易参与人之间所提供的期限在1年以内的各种贸易信贷。

进出口的贸易活动中，在商品的采购、仓储、出运的各个阶段，以及与此相关的制单、签订合同、申请开证、承兑、议付等环节，都可能发生资金的短缺，都要以不同的方式得到融资的便利。这势必会引起出口商与进口商之间以及进出口商与进出口商所在地银行之间的商业信用或银行信用关系，以加速商品的流通，促进贸易的完成。在这些贸易信贷过程中，为了满足进出口方购买商品或出口产品的某种资金的短期需要，产生了短期贸易信贷。

#### （二）国际贸易短期信贷的类型

与进出口贸易资金融通有关的对外贸易信贷形式繁多，其适用范围较广，可以从不同的角度进行分类。

（1）根据提供信用对象的不同，短期贸易信贷可分为商业信用和银行信用两种形式。

① 商业信用是指出口商和进口商在商品形态上相互提供的信用，它反映了出口商与进口商之间因赊购、赊销商品而形成的债务关系。对出口商来说，提供商业信用的过程，同时也是其商品资本转化为货币资本的过程。商业信用主要通过票据来实现。

② 银行信用是在商业信用的基础上发展起来的。银行信用是由银行以货币形态提供给出口商或进口商的信用，它反映的是银行向出口商或进口商提供贷款所发生的债务关系。银行能把社会上暂时闲置的游资集中起来，形成巨额的借贷资本，因此，银行信用的范围不像商业信用那样，要受出口商品的方向和数量的限制，它可以随意提供给任何一个出口商或进口商。

在各国的银行制度中，商业银行除经营与国内工商业有关的短期信用业务，并办理与国际结算有关的业务外，在很多国家的银行体系中，还常常设有专业的对外贸易银行，专门经营与对外贸易有关的信贷业务。

(2)根据贸易信贷接受对象的不同,又可分为对出口商的信贷与对进口商的信贷。

对出口商的信贷主要包括进口商对出口商的预付款、经纪人对出口商的信贷和银行对出口商的信贷;而对进口商的信贷主要有出口商对进口商提供的信贷、银行对进口商提供的信贷等。

(3)根据提供信用工具的不同,短期贸易信贷又可分为承兑信用和放款信用。

## 二、国际贸易短期信贷中对出口商的信贷

### (一)对出口商的信贷

(1)一种是具有保证性质的预付款(advance),即作为进口商执行合同的保证,通常称为定金(down payment)。

如果预付款的期限很短,占交易金额的比重不大,那么这种预付就具有保证性质。出口商要求进口商支付定金,是担心在供货期内货价下跌,进口商会拒绝执行合同,是为了约束进口商。保证性质的预付款,其金额一般相当于货价可能的下落幅度。

(2)另一种是具有信贷性质的预付款,即进口商向出口商提供的信贷。

在对外贸易中,预付款究竟属于前者还是后者,要看预付金额与货款总金额的比例关系、预付时间的长短和出口商的情况而定。如果预付款期限较长、金额较大,这种预付是进口商对出口商提供的信贷。提供信贷性质的预付款,通常是经济发达国家在发展中国家收购农产品或其他初级产品时所采用的。进口商提供这样的信贷,其目的在于以最有利的条件收购其所急需的产品,借以获得高额利润。发达国家在发展中国家收购初级产品时,出口商卖出货物是因他急需货款,被迫接受较为苛刻的条件;而发达国家从发展中国家进口农产品的预付款,要收取高额利险。发展中国家在从经济发达国家进口装备时,一般也要预付货款。不能把在发展中国家收购初级产品的预付和在发达国家订购机器设备的预付等同看待,两种预付具有根本不同的性质。发达国家担心发展中国家的进口商不能履约,常要求预付部分货款,以防止其可能遇到的风险。发达国家出售机器装备的出口商,大都是财力雄厚的大公司,它们一则希望进口商执行合同,一则不愿全部使用自己的资本,或利用银行信贷来生产装备品,才要求进口商预付货款。发展中国家从发达国家进口装备时的预付款是无息的,并且如无预付,即提高货价。

### (二)经纪人对出口商的信贷

贸易经纪人对出口商的信贷是贸易经纪人为获得有利的贸易条件和贸易利润向出口商提供的信用。经纪人在一些发达国家的基础原料及粮食的对外贸易中起着重要作用。如英国的经纪人组织在签订木材、毛皮类商品的对外贸易合同时,通过向外国出口商提供信贷,压低收购价格,获取高额利润,并确保本国工业垄断组织能按有利条件取得初级产品和粮食供应。国际贸易经纪人大多采取公司组织形式,与银行有密切的关系,受到银行垄断组织的支持,能获取低息贷款。因此经纪人不但取得贸易利润,还通过提供信贷资金获取收益。经纪人对出口商提供信贷的方式通常包括以下三类:

#### 1. 无抵押采购商品贷款

经纪人通常在与出口商签订合同时,便对出口商发放无抵押采购商品贷款。贷款合同通常规定在合约期内出口商必须通过经纪人经销规定数量的商品,贷款常以出口商签发的期票为担保,贷款金额约等于交易货价的25%~50%。当贷款期限与交易合同期限吻合时

通常将无抵押采购商品贷款转为商品抵押贷款后偿还本息。不过,有时这种贷款按规定期限偿还,并不与供货的时间相同。

2. **货物单据抵押贷款**

除去无抵押品贷款外,经纪人还办理货物单据抵押贷款,无抵押贷款就以此项贷款来抵付。按货物所在地的不同,货物单据抵押贷款可分为出口商国内货物抵押贷款、出口商在途货物抵押贷款、运抵经纪人所在国的货物抵押贷款以及运抵预定出售地国家货物的抵押贷款。

3. **承兑出口商汇票**

是经纪人通过承兑出口商汇票的方式向出口商提供信用保证,以便于出口商持承兑的汇票向银行贴现融资。当贸易经纪人自身资金紧缺,无法直接向出口商提供资金支持时,便借助自身的信用优势通过办理承兑票据,间接向出口商提供信用支持。

经纪人通过提供信贷,以加强对出口商的联系与控制。因为这种信贷诱使出口商必须通过经纪人出售货物,甚至在他们有可能将货物直接卖给进口商的情况下,也要通过经纪人出售。

### (三)银行对出口商的信贷

当地银行和国外银行都可以对出口商提供信贷。出口商可以在其出口业务的各个阶段,从银行取得信贷,获得其所需要的资金供应。

1. **无抵押品贷款(unsecured loans)**

一些大出口商获得国外订单时,银行可对其提供无抵押品贷款,以帮助出口商生产出口商品。由于这些出口厂商大多与贷款银行关系密切,有经常的业务往来,因此,这种贷款一般以透支(over draft)方式进行,即银行根据客户的资信情况,为客户在其银行往来账户上核定一个透支额度,允许客户根据资金需求在限额内透支,并可以用正常经营中的销售收入自动冲减透支余额。当前国内银行较少采用这种贷款方式,而英国和美国大多以透支方式办理这种贷款。法国和德国以特种账户(special account)方式办理。

2. **打包放款(packing credit)**

打包放款也叫信用证打包放款或装船前信贷,它是指银行对出口商在接受国外订货到货物装运前这段时间所需流动资金的一种贷款。银行向出口商发放打包放款的依据即出口商收到的国外订货凭证,这种凭证主要是进口商开来的信用证、得到认可的出口成交合同和订单或表明最终开出信用证的证明。打包放款从形式上看属于抵押贷款。实际上,其抵押对象是尚在打包中,而没有达到可以装运出口程度的货物。出口商向银行洽借打包放款,须填打包放款书,规定贷款用途,并根据出口商的资信状况和实际需要确定贷款金额和期限。打包放款的期限自信用证抵押之日起至出口商提供货运单据并向开证行寄单收回货款之日。借款期限的长短由银行与出口商根据收回货款的时间来商定,通常不超过3个月。出口打包放款的期限通常为3～6个月。打包放款的金额一般不是信用证的全额,而是信用证金额的70%～80%。出口商获得的这项贷款,仅限于该信用证项下出口商品的备货和出运,不得挪作他用。银行在向开证行收回货款后,将从货款中扣除贷款本金和利息。在出口商不按期归还本息的情况下,银行还可从出口商在任何银行开立的账户中扣收,并加收罚息。也有在出口商完成出口装运,并向银行交付装运单据后,贷款银行即将出口打包放款改为下述的出口押汇,从出口押汇款项中扣除打包放款的本息。

3. **出口押汇**(outward documentary bill purchased)

出口押汇是指出口商在货物发运后,将货运单据交给银行,并出具以全套单据作为抵押品的抵押书,银行在审核单证相符后进行议付,即对汇票或单据扣除押汇日至约计收回款项之日期间的利息后向出口商买单付款(即对单据或汇票付给对价)。之后,银行再向开证行寄单收款,冲回原垫付的资金。出口押汇实际上是银行在信用证、托收和出口保理项下的议付。

与打包放款一样押汇亦是银行对出口商提供的短期资金融通,且融资的金额均为信用证或单据金额的一定比例,而非百分之百。所不同的是,出口押汇不是在货物发运之前,而是在货物发出并备齐单证后。出口押汇的时间通常也较长,为3~6个月。此外,贷款利息在出口押汇中以贴现方式从贷款中扣除,而在打包放款中则从收回的贷款里直接扣除。

4. **票据贴现**(discount)

票据贴现是商业银行的一种特殊放款业务,是指出口商在票据到期前向银行融通资金,由银行买入未到期票据的行为。票据贴现是国际贸易中出口商融通资金的一种重要方式。

## 三、国际贸易短期信贷中对进口商的信贷

### (一)出口商对进口商提供的信贷

出口商为了争夺销售市场,加强出口商品的竞争力,常常采用赊销方式销售商品。出口商对进口商提供的信贷通常称为公司信贷(corporation credit)。公司信贷分为开立账户信贷(open book account credit)与票据信贷(bill credit)。

1. **开立账户信贷**(open book account credit)

开立账户信贷是指在赊销方式下,出口商和进口商在订立协议的基础上,出口商发货后,用记账方法允许进口商先收取货物,再支付货款,即将进口商应付的货款借记在进口商账户下,而进口商则将这笔货款贷记出口商账户,进口商在规定的期限内支付货款。在对外贸易中开立账户信贷并不流行,多用在出售小型装备品方面。

开立账户信贷没有可转让凭证证明买方必须在一定日期支付预定的金额,这种方式对进口商而言是有益的,而出口商却要冒货款落空的风险。但由于该种交易成本较低,有利于出口商争得生意,因此,很多出口商甘愿冒这个风险。不过,出口商愿意以这种方式对进口商提供信贷一般都有一个前提条件,即出口商对进口商非常熟悉和信任。国内总公司和国外分公司之间的销售较多使用这种交易方式。

2. **票据信贷**(bill credit)

此外,出口商也可以通过票据信贷方式向进口商提供短期资金。在进口商保证于一定期限内支付出口商汇票的前提下,出口商将单据直接寄交给进口商或委托银行转交给进口商。票据信贷期限的长短,主要取决于商品本身的性质、进口商的资信情况以及票据能否在银行贴现等方面。美国出口商对外国进口商提供信贷的期限在90天至120天之间。

### (二)银行对进口商提供的信贷

1. **承兑信用**(acceptance credit)

出口商有时不完全相信进口商的支付能力。为了使汇票的付款有保证,出口商有时会提出汇票由银行承兑的条件。如果银行同意承兑汇票,就必须在汇票规定的期限内兑票,进口商则应于付款日前将款项交付承兑银行,以便其兑付出口商开出的汇票。办理承兑的银

行不一定是进口商本国的银行，也可以是第三国银行。

2. **放款**(loan)

银行对进口商放款的方式有透支和商品抵押放款两种。透支是指进口商可以向银行签发超过其往来账户余额一定金额的支票。当然，这种透支信贷方式一般只发生于信誉比较好、与银行有经常业务往来的进口企业。商品抵押放款是进口商银行应进口商要求开立以出口商为受益人的凭货物单据支付的信用证，出口商提交货运单据，成为开证银行代付货款的保证。

3. **进口押汇**(inward bill receivables)

进口押汇即进口货物抵押信贷，是指进口地银行在信用证项下或D/P(付款交单)托收项下，进口商因资金周转关系，无法及时对外付款赎单，便向开证银行出具抵押申请书，开证银行或受托行凭受益人提交的货运单据为抵押替进口商垫付货款及从属费用的融资形式。以信用证进口押汇为例，开证行收到交来的单据后，如单证相符，或虽有不符点但客户及开证行双方都同意接受，开证行应立即偿付议付行或交单银行，垫付的款项由申请人随后归还。开证申请人在开证时如已预交部分押金，除抵扣货款外，其余部分列作进口押汇，待开证申请人备款赎单时，再按规定利率和银行垫款天数清偿进口押汇本息。进口押汇不另设额度，包括在信用证授信额度之内。进口开证所占用的额度要等申请人还清银行垫款后才能循环使用。押汇的期限一般不超过90天，并且专款专用，不得移作他用。

在进口押汇业务中，释放单据的方式大致有三种：

(1)凭信托收据(trust receipt)放单，因此信托收据也是进口押汇的一种形式。当货物运抵进口地而进口商仍未支付货款时，进口货物本身就成为银行的抵押品，这时，运输商或进口商需作为银行的代理人，凭必要的单据进行报关提货，并根据银行的指示，以银行名义将货物存仓。然后，在进口商签署了总质权书的条件下，银行则凭进口商签具的、以银行为抬头的信托收据出具提货单，授权货栈，把货物转交给借款的进口商。一般信托收据上必须注明货物出售后的全部货款在规定的日期内交付银行。银行对进口商是否叙做进口押汇，主要通过考察进口商的资信及商誉情况而定。

(2)凭进口押汇协议放单，这种协议通常包括类似于信托收据的内容。

(3)由申请人付清银行垫款后放单，即付款赎单。

在最后一种情况下，如申请人暂时无力赎单，银行还必须考虑货物的存仓保险事宜。待客户付清贷款后再签发提货单给客户提货。

押汇银行从垫款之日起开始收取押汇利息，利率按市场利率加上一定的升幅。这个升幅可根据每个客户的不同情况因人而异，同时按回收期的长短将押汇利率分为几个档次，如30天以内、60天以内、90天以内。时间越长，利率越高。这种计息方式可以鼓励客户尽早还款，以降低银行业务风险并加速资金周转。

4. **信用证授信额度**(limits for issuing letter of credit)

信用证授信额度是进口地银行不收取开证保证金而是通过控制客户融资额度的方式来为进口商开立信用证的融资形式。进口商(即开证申请人)必须向银行提供保证金、抵押品或担保书后，银行才会考虑为该进口商开出信用证。为方便业务，对一些资信较好、有一定清偿能力的客户，银行通常根据客户所提供抵押品的数量和质量及其资信状况，核定一个相应的开证授信额度，供客户循环使用，客户在额度内申请开立信用证时可免收或减收保证金。

银行根据自己的实际业务需要，对开证额度进行分类。其基本类型主要有以下两种。

(1)普通信用证额度(general L/C limit)。

在订立额度后，客户可无限次地在额度内委托银行对外开出信用证，额度可循环使用。银行根据客户的资信变化和业务需求变化随时对额度做出必要的调整。

(2)一次性开证额度(one time L/C limit)

这种额度是为客户的一个或几个贸易合同核定的一次性开证额度，不得循环使用。如客户成交了一笔大额生意，普通开证额度不够使用或普通额度的大量占用会影响其正常经营，银行可根据其资信状况和押品情况核定一次性开证额度，供此份合同项下开证使用。

**5. 买方远期信用证(buyer's forward L/C)**

买方远期信用证是以假远期付款方式为兑现方式的承兑信用证(国内俗称为假远期信用证)。这种承兑信用证一般加列有“买方远期条款”，规定买方出具以开证行为付款人的远期汇票，自己承担汇票承兑费、贴现息等费用，向卖方即期付款。卖方(即信用证受益人)在向开证行交单后可即时得到买方付款，买方(即信用证申请人)是凭其与开证行之间的承兑信用额度协议取得承兑汇票，即刻在贴现市场上贴现用于作即时付款的，然后买方再凭质押书和单据收据或信托收据向开证行取得单据，并按期向开证行付款。最后，开证行作为汇票承兑人在付款到期日再向汇票持票人履行其付款义务。开证行在买方远期信用证项下为买方承兑汇票，却也为买方提供了融通资金的便利，买方远期信用证项下的汇票实质上可视为一种特殊的融资汇票。

**6. 信托收据(trust receipt)**

开证行收到交来的相符单据后，必须对交单银行或受益人履行相应的付款责任，该付款责任不能受申请人清偿能力的影响。但是，开证申请人往往因其资力或业务性质所限，无法按时付款赎单。不能赎单就不能提货进行加工、销售或转卖，也不能尽快收回货款。因此，开证申请人在向银行洽谈开证额度的同时，通常也向银行申请相应的信托收据额度。在核定额度后，开证行对相符单据付款的同时，即凭申请人签发的信托收据将证下单据以信用托管方式释放给申请人。申请人收到单据后，凭此提货进行加工、销售或转卖，并于一定的时间内用收回的货款归还银行的垫款。

信托收据实质上是将货物抵押给银行的确认书。在这种情况下，开证申请人作为银行的受托人代为保管该批货物并保证：

(1)以银行的名义办理货物存仓；

(2)以银行的名义进行货物加工并将加工后的货物重新存仓；

(3)安排出售货物，并立即或在规定期限内用销售收入归还全部银行垫款。

根据信托收据的性质和特点，银行在法律上应享有以下权利：①当申请人发生破产倒闭或清盘时，所有信托收据项下的货物，均不在其债权人可分配资产的范围之内，这些货物的所有权仍归银行所有；②在申请人出售货物后贷款尚未付清的情况下，银行有权向买方直接收取货款。

## 四、保付代理业务

### (一)保付代理业务的概念和历史

在英国、美国、法国、意大利、日本等国的对外贸易短期融资业务中，盛行一种保付代理业务(factoring)。保付代理业务可译为“应收账款收买业务”“承购应收账款业务”“出口销售保管”和“应收账款管理服务”等，目前译名渐趋统一，统称保付代理，简称“保理”。应用于各个国家之间的保理业务则称为国际保理(international factoring)。

**1. 保付代理的概念**

保理业务是指出口商以商业信用形式出卖商品(或提供服务)，在货物装船后(或服务提供完毕后)立即将发票、汇票、提单等有关单据，卖断给承购应收账款的财务公司或专门组织(下称保理商)，收进全部或一部分货款，从而取得资金融通的业务。

1988 年国际统一私法协会(UNIDROIT)通过的《国际统一私法协会国际保理公约》对保理的定义是：保理是指卖方、供应商、出口商与保理商间存在的一种契约关系。根据该契约，卖方、供应商、出口商将其现在或将来的基于其与买方(债务人)订立的货物销售或服务合同所产生的应收账款转让给保理商，由保理商为其提供下列服务中的至少两项：贸易融资、销售分户账管理、应收账款的催收、信用风险控制与坏账担保。

(1)贸易融资

出口方在发货或提供技术服务后，将单据递交保理商，保理商立即以预付款形式向出口方提供不超过单据金额 80%的无追索权融资，相应地按市场优惠利率加上适当的加息率(通常为 2%)计算利息，基本上可以解决出口方因赊销而引起的资金占用问题。

(2)销售分户账管理

在卖方叙做保理业务后，保理商会根据卖方的要求，定期或不定期向其提供关于应收账款的回收情况、逾期账款情况、信用额度变化情况、对账单等各种财务和统计报表，协助卖方进行销售管理。

(3)应收账款的催收

保理商一般有专业人员和专职律师进行账款追收。保理商会根据应收账款逾期的时间采取信函通知、打电话、上门催款直至采取法律手段等方式催收应收账款。

(4)信用风险控制与坏账担保

卖方与保理商签订保理协议后，保理商会为债务人核定一个信用额度，并在协议执行过程中，根据债务人资信情况的变化对信用额度进行调整。对于卖方在核准信用额度内的发货所产生的应收账款，保理商提供 100%的坏账担保。也就是说如果进口商拒付货款或不按期付款，保付代理组织不能向出口商行使追索权，自行承担全部风险。这是保理业务最主要的内容。

保理商与出口商的关系在形式上是票据买卖、债权承购与转让的关系，而不是一种单纯的借款关系。保理业务能够很好地解决赊销中出口商面临的资金占压和进口商信用风险的问题，因而在欧美、东南亚等地日渐流行，在世界各地发展迅速。

**2. 保付代理业务的历史**

保付代理业务最早起源于 18 世纪的英国。工业革命后，英国纺织业产能迅速发展，开始以寄售(consignment)方式大量向海外出口纺织品。寄售方式虽然扩大了纺织品出口规模，却严重积压出口商的资金。出口商便在运出纺织品后，将货物单据出售给保付代理机构，及时收回现金，利用早期原始的保理业务来加快资金结算和周转速度，扩大再生产规模。到 19 世纪，欧洲国家大规模地向美国出售纺织品，上述业务在欧洲大陆上又获得进一步发展。20 世纪初，美国在出口贸易融资中，也开展保付代理业务，随国际贸易发展保理业务规模也逐年增大。第二次世界大战后，国际保理业务不再局限于纺织品、食品、大众日用品等传统产品出口领域，迅速扩展到电子、家具、机械等各个行业，一些国家专业保付代理机构开始建立跨国联营网络，并在国际范围内建立行业组织，以便加强同业之间的沟通与协作。亚洲国家的国际保理业务起步较晚。1972 年，日本大藏省批准成立日本首家保付代理机构。同年，新加坡也成立了保付代理机构，发展承购应收账款业务，为本国对外经济贸易发展服务。

1968 年，国际保理商联合会（Factors Chain International，简称 FCI）在荷兰成立，总部设在阿姆斯特丹。它是由 120 多家银行所属的保理公司组成的世界性联合体，为会员提供国际保理服务的统一标准、程序、法律依据和技术咨询并负责组织协调和技术培训。目前，国际保理商联合会可向法国、德国、意大利、日本、新加坡、英国、美国等近 50 多个国家和地区提供国内或国际保理业务。进入 20 世纪 90 年代以后，国际保理商联合会一直与我国保持着良好的合作关系。1994 年 5 月，所有的保理商联合会都启用了一种新的 EDI（Electronic Data Interchange）通信系统 EDI Factoring。它的基础是联合国 EDI FACT 标准——一种由联合国支持并开发的真正的环球电子数据交换标准。

根据国际保理商联合会（FCI）的统计数据，2015 年全球保理业务规模达 2.37 万亿欧元，其中国内保理和国际保理分别占比 78%和 22%。2009—2015 年，国内保理和国际保理年复合增长率分别为 9%和 21%，国际保理增速是国内保理的两倍。2015 年，我国保理业务总量为 3528.8 亿欧元，位居全球第二，其中国际保理和国内保理业务量分别达 1263(1445)亿欧元和 2266(2616)亿欧元。

### （二）保付代理业务的类型

保理按不同标准有不同分类，实务中常用的保理业务主要有以下种类：

(1)按出口商出卖单据是否可以立即得到货款现金划分，保付代理业务可分为到期保付代理业务（maturity factoring）和预支保付代理业务（advance factoring）两种。前者是最原始的保付代理业务形式，即指出口商装运货物取得单据后，将其卖给保付代理组织，该组织确认并同意票据到期时无追索权地向出口商支付票据金额，而不是在出卖单据的当时就向出口商支付现金。后者又称标准（standard）保付代理业务，是指出口商将出口的有关单据卖给保付代理组织后，立即得到现金。保付代理机构不仅提供按期收取货款的服务，还须以自有资金通过买断货物票据提供融资服务。

(2)按是否公开保付代理机构的名称标准，可分为公开保付代理机构名称和不公开保付代理机构名称的保付代理业务。前者需要在结算票据上标明收取货款的保付代理机构的名称，以便于保理业务操作。后者是按一般贸易结算托收业务流程收款，不需要在票据上注明保付代理业务机构的名称。

(3)按保付代理组织与进出口商之间关系的标准，可分为双保付代理业务、直接进口保付代理业务和直接出口保付代理业务。双保付代理业务是指出口商所在国保理机构与进口商所在国保理组织订有业务合作协议，两国保理机构既对出口商的履约信用，又对进口商的支付资信加以保证，通过双向保证贸易双方的权利义务，减少贸易风险。直接进口保付代理业务是进口商所在国保理机构直接向出口商结算付款，而不通过出口商所在国保理机构中介代理。直接出口保付代理业务是指出口商的保付代理组织不通过进口商所在地的保付代理组织转送单据，而是直接与进口商联系，直接向进口商收取货款并对出口商融资。

后两种又称单保理模式，其中双保理模式是目前国际上最为流行的形式，在欧洲和北美开展的保理业务中，大多数都采用这一形式，而单保理模式则更多地用于国内保理业务中。

(4)按保理机构有无追索权标准，可分为无追索权保理业务和有追索权保理业务。前者是保理机构在进口商不能按期履行支付货款义务时，不能向出售票据债权的出口商进行追索清偿的业务，保理业务大多为无追索权的保理业务。后者是指保理机构仅提供融资和托收账款等保理服务，不承担坏账担保而具有追索权的保理业务。

(5)按进出口商所处国家标准，可分为国际保理业务和国内保理业务。前者即进出口商分处不同国家(地区)的保理业务。后者即进出口商处于同一国家的保理业务，也即国内买主与卖主分处两地的保理业务。目前，中国银行叙做的国内保理占其保理业务总量的30%～40%。

2009年以来，国内一些商业银行在上述保理基本业务的基础上开始尝试一些新的业务形式，如深圳发展银行开展的适用于转口贸易的出口双保理离在岸联动业务、进出口保理业务和融资租赁保理业务等。

(三)双保理制的业务流程

国际保理业务种类多样，其操作方式也有所不同。目前，双保理模式已随着现代信息技术的发展逐渐向世界推广，国际保理商联合会也推出了FACT保理业务系统并为此种保理模式制定了标准。在国际保理业务的运行机制中，双保理制是最重要和运用最为广泛的一种。其基本业务流程，包括双保理制的运行步骤以及相应的流程图如下所述。

**1. 运行步骤**

双保理制的业务运行步骤如下所述。

(1)出口保理商与进口保理商之间签订保理商代理合同。

(2)出口商与出口保理商之间签订国际保理协议。即进出口双方在交易协商过程中，出口商首先向出口保理商提出申请，填写出口保理业务申请书，出口保理商对其经营状况进行审查。审查合格后，出口商向出口保理商提供一份所有客户的清单，列明每个进口商的名称、地址及出口商所掌握的客户资信和经营情况，并据此为每个进口商申请一个信用额度，作为进口保理商为进口商核定限额的参考。

(3)出口商向出口保理商提出其对进口商的信用额度申请。出口商填写的出口保理业务申请书又称为信用额度申请书，用于为进口商申请信用额度。申请书一般包括出口商业务情况、交易背景资料、申请的额度情况等内容。

(4)出口保理商将出口商对进口商的信用额度要求传递给进口商所在国的进口保理商。具体操作时，一般由出口保理商于当日选择进口保理商，通过由国际保理商联合会开发的保理电子数据交换系统EDI FACTORING将申请中的情况通知进口保理商，并请其对进口商进行信用评估。出口保理商一般选择已与其签订过代理保理协议并参加了FCI组织且在进口商所在地的保理商为进口保理商。

(5)进口保理商对进口商的商业资信进行调查和评估，并确定进口商的信用额度。进口保理商还需根据出口保理商所提供的情况考虑并确定自己的服务条件和报价。

(6)进口保理商将其对进口商核准的信用额度或拒绝核准信用额度通知书传递给出口保理商。

(7)出口保理商将进口保理商核准的关于进口商的信用额度或拒绝核准信用额度通知书转给出口商。

(8)出口商与进口商签订货物销售合同。

(9)出口商根据进口保理商通知的信用额度发运货物。货物出运后，出口商将正本发票、提单、原产地证、质检证书等单据直接寄给进口商。

(10)出口商将应收账款转移通知书和出口保理融资申请书，以及由出口商将发运货物的应收账款转让给出口保理商。

(11)出口保理商按照出口保理协议向出口商提供资金融通(一般不超过发票金额的80%)。

(12)出口保理商签署应收账款转移通知书并附发票副本寄送进口保理商。

(13)进口保理商在规定的时间按商业惯例向进口商催收货款。即由出口保理商在收到副本发票及单据当天将发票及单据的详细内容通过 EDI Factoring 系统通知进口保理商,进口保理商于发票到期日前若干天开始向进口商催收。

(14)在货款到期日,进口商(债务人)到期向进口保理商付款。

(15)进口保理商通过银行将货款转付给出口保理商,并及时向出口保理商寄送对账单或付款报告书。

(16)出口保理商扣除预付货款、佣金、银行转账及其他费用,将余款支付给出口商,并及时向出口商提供对账单。

**2. 业务流程图**

上述双保理制的运行步骤如图 6-2 所示。

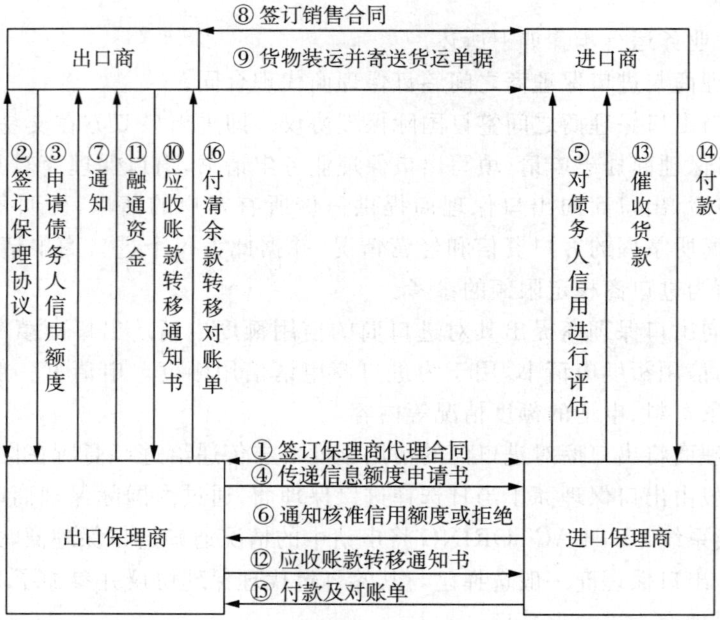


图 6-2 双保理业务流程图

**【案例分析 6-1】** 出口商 A 向进口商 B 出口一批价值 12 万美元的商品,装船后 30 天 D/A(承兑交单)方式付款。由于出口商 A 仅仅是一家业务规模很小的贸易公司,它不想过多地占用自己的流动资金,因此 A 希望采用国际保理业务融通资金。问其业务流程是什么?

**分析:**

出口商希望采用国际保理方式进行融资,其具体做法可以简要陈述如下。

(1)出口商 A 首先选定一家出口地的 C 保理商作为出口保理商,然后与其签订出口保理协议,同时向其提出 12 万美元的授信额度申请以及提交出口保理商要求提供的进口商有关资料,以备审核。

(2)出口保理商 C 立刻选定进口地的 D 保理商作为进口保理商,然后将出口商 A 的申请递交D。进口保理商D仔细审核申请，然后通过各种方式获得进口商B的信誉信息，通过综合各方采集到的关于B的资料做出授信决定，其授信额度为8万美元，并立刻通知出口保理商C。

(3)出口保理商C立刻将进口保理商的授信决定通知出口商A。出口商很快出运货物连同正本提单一起通过代收行交给进口商，而副本提单则交给出口保理商C。

(4)出口保理商收到副本提单后很快将发票的细节通知进口保理商，并按照保理协议预付出口商80%的货款(9.6万美元)。

(5)货到目的地后，进口商凭承兑远期汇票取得提单提取货物，并承诺到期付款。

(6)在货款到期日，进口保理商将所有核准的货款付给出口保理商。出口保理商获取已经收到货款的通知后，立即将其余货款支付给出口商A并扣除了相应的费用。

### (四)保付代理的费用

国际保理商向出口商收取的费用由保付代理手续费和利息两部分构成。

#### 1. 保付代理手续费

保付代理手续费是国际保理商向出口商提供服务而收取的劳务费用，其中包括：出口商支付的各类咨询服务的报酬；出口商支付的信贷风险评估成本及报酬；出口商支付保存进出口商之间交易磋商记录与会计处理的相关费用等。

保付代理手续费以贸易单据载明的贸易金额为基数乘以费率计算，通常每月清算一次。手续费的费率一般为应收账款总额的1%左右，具体费率主要考虑贸易性质、交易金额及信贷额与汇率风险等因素确定。

#### 2. 利息

保理商从收买单据向出口商付出现金到票据到期从海外收到货款，这一时期内的利息负担完全由出口商承付。利率根据预支金额的大小，参照当时市场利率水平而定，通常按LIBOR 3个月或6个月加一定的风险利率计收。出口商如利用保付代理形式出卖商品，均将上述费用转移到出口货价中，其货价当然高于以现汇出卖的商品价。

### (五)保付代理业务的利弊

#### 1. 保付代理业务为出口商提供的便利

(1)减少了信用风险：保付代理业务代出口商对进口商的资信进行调查，为出口商决定是否向进口商提供商业信用以扩大商品销售提供信息和数据，另外只要出口商的商品品质和交货条件符合合同规定，就可以通过保理商在无追索权的情况下购买其应收账款，将信贷风险和汇率风险转嫁给保理商。避免了坏账的风险和损失。

(2)融通资金并提供销售账务管理服务：出口商将货物装运完毕，向出口商保付代理人提交单据后即可提出融资要求，立即获得所需资金，从而使账面债权变成可用资金，加速了资金周转。

(3)增加出口营业额，节省开支，增加利润：出口商由于采取了更为灵活的支付方式保付代理业务，对国外新老客户提供更有竞争力的付款条件，吸引了众多的客户，扩大了市场份额，从而增加了出口营业额。由于保付代理人负责买方的资信调查、销售账务管理等，使出口商业务开支减少，从而降低其经营成本，同时营业额增加，风险和坏账损失减少，使出口商利润增加。

(4)出口商如从银行贷款取得资金融通，则会增加其负债数字，提高企业的负债/资产比率，恶化资产负债表(balance sheet)的状况，对企业的资信不利，影响其有价证券上市。而出口商利用保付代理业务，货物装船、出卖票据后，立即收到现金，资产负债表中的负债不仅不会增加，反而使表中资产增加，改善负债/资产比率，有利于企业的有价证券上市与进一步融资。

**2. 保付代理业务为进口商提供的便利**

(1)降低进口成本，增加利润：保付代理业务的费用支出主要由出口商承担，从而减少进口商的费用支出。由于保付代理是介于以银行信用为基础的信用证方式和以商业信用为基础的托收方式之间的一种支付方式，使进口商免去了向银行缴纳开信用证押金和各项手续费的负担，同时也减少了资金积压和利润损失。

尽管在采用保理业务后，出口商将办理该项业务有关的费用转移到出口货价中，但是，货价提高的金额一般仍低于因交付开证押金而蒙受的利息损失。

(2)简化购货手续，提高效率：进口商在规定的信用额度内签订销售合同，成交金额不超过核准的信用额度，因而免去了很多烦琐环节，购买手续简化，进货迅速，只要收到单据即可提货，适应多变的国际市场需求，提高市场竞争力。而且保付代理业务也适用于小批量、多批次的交易。

(3)收到符合合同规定的货物有保障：由于保付代理人承担100%的买方信用风险担保，只要出口商在批准的信用额度内发运符合合同规定的货物，即可避免风险，收到款项。因此，出口商为了顺利收汇，一般都须按照合同规定条款发运货物和提交单据。因此，在很大程度上保证了进口商能够按时按质地收到货物。

**3. 保付代理业务的缺陷**

由于保付代理人在保付代理业务中承担了100%的买方信用风险担保，因而保付代理人的风险大大超过了信用证业务中开证行的风险。尽管保付代理人事先对进口商的资信进行调查，对其信用进行评估，并规定了信用额度，但进口商万一发生倒闭或无力履行支付，其信用额度的全部付款由保付代理人承担。所以保付代理人批准的信用额度只适用于中小额交易。

**【案例分析 6-2】**

我国出口商A以D/A(承兑交单)方式与澳大利亚进口商B签订一项出口贸易合同，并委托我国银行C(出口保理商)叙做出口保理业务，双方签署了出口保理业务协议和保理融资扣款授权书。出口商A交给银行C一张金额为20万美元的发票并获得融资12万美元。同时，银行C将该发票转让给进口保理商美国银行D。但货物抵达澳大利亚20天后，美国银行D给中国银行C发来贸易纠纷通知书，认为该批商品可能存在质量问题，表示将延长付款时间以检查质量，D银行已将核准信用额度取消。中国银行C收到通知书后立刻转给出口商A。为了避免贸易货款回收风险，中国银行C通知将从账目上扣除贸易融资款项以及利息费用。但遭到出口商A的反对，因为出口商A认为进口商B没有提供法定检验机构的质量检验证明，不能单凭自身的判断为依据。于是中国银行C请求D银行协助调查进口商提出质量问题的原因并督促其拿出有力的证据，但银行D表示自己已经取消了已核准的发票金额，不再承担应收账款的收取责任。中国银行C认为银行D的做法违背了国际保理惯例，立即向国际保理商联合会申诉。FCI在取证后认定，由于进口商B不能提供法定的质量证明，银行D仍需承担赔付货款的责任。虽然进口商B继续拖延支付货款，但银行D必须对出口商赔付，出口商A收到货款后向中国银行C偿还了贸易融资款。

**分析：**

本案例较好地体现了国际保理业务中保理商的职责与作用。出口商A在进口商B不能提供法定证据证明其产品存在质量问题的情况下，拒绝了出口保理商中国银行C的扣款要求，并在出口保理商的帮助下使得进口商不得不承担了赔付货款的责任，较好地维护了自身的利益；而出口保理商当初扣款的做法并不合理，存在逃避保理商职责的嫌疑，同时在贸易纠纷尚未成立的情况下，其消极做法容易引起与出口商的融资纠纷。在出口商的据理力争下，出口保理商及时纠正了其不正确的做法并帮助出口商及时收回货款。此外，虽然根据国际保理惯例，进口保理商不承担贸易纠纷项下的付款责任，但有义务尽力协助解决纠纷，包括对进口商的法律诉讼。本案中的进口保理商在贸易纠纷未被认可前，关注自身利益胜过自身信誉，单方面启动保障条款，擅自取消已核准的信用额度，不愿承担付款责任，违背了国际保理的相关精神。因此，出口保理商可以通过向FCI申诉，借助法律来维护其合法利益。本案值得注意的是，如果进口商在规定时间内拿出了法定证据证明出口商的产品确实存在质量问题，那么进口保理商可以在赔付后向出口保理商追索货款。同时在实务中，出口保理商无论为出口商还是自身的利益考虑，对进口保理商都应做出慎重的选择。

# 第六节　国际贸易中长期信贷——出口信贷

国际贸易短期信贷期限一般均在1年以内，只能满足商品周转期较迅速、成交金额不大的资金需要。一些大型机械设备，周转期长，成交额大，进出口商则需期限较长的信贷支持。因此经济发达国家的商业银行和对外贸易银行常常向本国的出口商或国外的进口商发放期限在1～5年或5年以上的国际贸易中长期信贷，给予资金融通，以促进本国大型机械设备或成套项目的出口。与国际贸易短期信贷相比，国际贸易中长期信贷不仅向进出口商融资，而且还是垄断资本争夺销售市场的武器。由于国际贸易中长期信贷追求的目的着重于扩大出口，所以国际上将国际贸易中长期信贷统称为出口信贷。

目前，出口信贷已成为一种经常使用的信贷方式，在国际贸易发展中具有十分重要的作用。出口信贷的主要形式有卖方信贷、买方信贷、福费廷、信用安排限额、混合贷款、签订存款协议等。

## 一、出口信贷的概念和特点

### （一）出口信贷的概念

出口信贷(export credit)是一种国际信贷方式，是指一国政府为支持和扩大本国大型设备等产品的出口，增强国际竞争力，对出口产品给予利息补贴、提供出口信用保险及信贷担保，鼓励本国的银行或非银行金融机构对本国的出口商或外国的进口商(或其银行)提供利率较低的贷款，以解决本国出口商资金周转的困难，或满足国外进口商对本国出口商支付货款需要的一种国际信贷方式。出口信贷与资本性货物相联系。

### （二）出口信贷的主要特点

**1. 投资周期较长，风险较大**

短期贸易信贷的投资周期通常为1年或1年以内，资金周转较快，因而投资风险较低；

而出口信贷都在 1 年以上,甚至达到 5 年以上,最长不超过 10 年,投资周期长,周转慢,相应的投资风险也较高。

**2. 有贷款用途的限制**

投资领域侧重于出口的大型设备或技术。短期贸易信贷的投资对象是一般的制成品、中间产品或原材料,并兼顾出口与进口需要;而出口信贷的主要对象则是大型机械设备或技术的贸易,交易额度较大,其投资的重点是急“出口”之所需,为本国产品(主要是成套设备)与技术的出口提供直接或间接的服务。

**3. 比例贷款**

为了减少可能出现的风险,最高贷款额一般不超过贸易合同金额的 85%。

**4. 利率较低**

短期贸易信贷在利率收取与信贷条件方面与本国金融市场上的融资方式类似,也不受某些国际协定的约束;而出口信贷利率收取与信贷的条件则与国内一般的融资有明显的区别,即向本国出口商或国外进口商提供的中长期贷款明显低于国内市场的利率,其差额由国家补贴。

**5. 与信贷保险紧密结合**

由于这种投资方式提供的信贷偿还期限长、金额大,其风险较高,为保证投资资金的安全,发达国家一般都设有国家信贷保险机构,如发生贷款不能收回的情况,信贷保险机构利用国家资金给予赔偿。这种方式实际上是利用国家力量来加强本国出口商在国际市场上的竞争力,促进资本货物的出口。

**6. 国家成立专门发放出口信贷的机构**

机构负责制定出口信贷政策,管理与分配国际信贷资金,特别是中长期信贷资金。发达国家提供的对外贸易中长期信贷,直接由商业银行发放,如因金额巨大、商业银行资金不足时,则由国家专设的出口信贷机构予以支持。如英国曾规定商业银行提供的出口信贷资金超过其存款 18%时,超过部分则由英国的出口信贷保证局予以支持。美国发放中长期对外贸易信贷的习惯做法常由商业银行与进出口银行共同负担。有的国家对一定类型的对外贸易中长期贷款,直接由出口信贷机构承担发放的责任。由国家专门设置的出口信贷机构,利用国家资金支持对外贸易中长期信贷,可弥补私人商业银行资金的不足,改善本国的出口信贷条件,加强本国出口商夺取国外销售市场的力量。

综上所述,出口信贷具有明显的国家资助的性质,这也是 20 世纪以来各国产业结构和经济形势变化的必然结果。

## 二、卖方信贷

### (一)卖方信贷的概念和条件

**1. 卖方信贷的概念**

卖方信贷(supplier's credit)是指出口方银行向本国出口商(卖方)提供贷款,以支持出口商因向外国进口商赊销大型机器设备等资本品所面临的融资需要。由于出口方银行是向本国出口商即卖方提供的贷款,因此称之为卖方信贷。

**2. 申请和发放卖方信贷的条件**

申请和发放卖方信贷必须符合各国政府规定的特定条件。由于卖方信贷具有政府贴补优惠和支持本国出口的特定目的,因此,并非所有本国的出口商都能享受银行的卖方信贷。

申请发放卖方信贷的条件，除经济合作与发展组织(OECD)实施的国际惯例外，各国也大都有切合自身实际的规定。例如，我国规定只有在中国注册并经国家主管部门批准有权经营机电产品和成套设备出口的中国法人企业，才能申请出口卖方信贷；要求出口的机电产品和成套设备在中国境内制造的部分一般应占总货值的70%以上(船舶占50%以上)；要求提供出口卖方信贷融资的最低出口合同金额为50万美元，进口商支付的最低现金比例不低于合同金额的15%，同时出口商投保出口信用险；贷款还款期一般不超过10年。

## (二)卖方信贷的业务流程

卖方信贷的业务操作流程主要环节如图6-3所示。

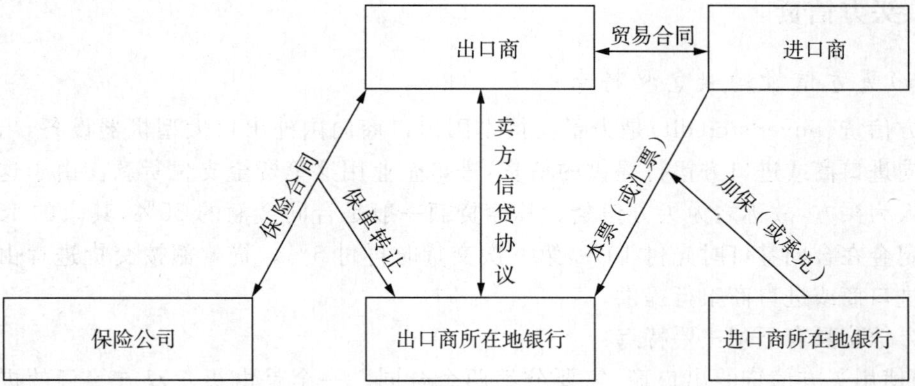


图6-3　卖方信贷流程图

(1)出口商以延期付款或赊销方式向进口商出售大型机械装备或成套设备，出口商在与进口商洽谈贸易合同时一般先向当地出口信用保险机构询保，确定投保中长期延期付款收汇险，落实费用负担，以便将有关保费打入成本，并为取得当地银行的出口信贷提供前提。

(2)进口商与出口商达成协议，签订贸易合同。一般支付做法是：进口商先缴付15%的现汇定金；出口商向进口商交运设备后，进口商再向出口商支付10%～15%的设备货款；其余设备价款在进口商验收保证期满后3～5年内分期向出口商支付。

(3)出口商为解决资金周转的困境向当地银行申请贷款，签订卖方信贷协议，并将其投保的保单转让给贷款银行。

(4)出口商签订的法律性文件有三个：与进口商的贸易合同；与保险机构的保险合同；与银行签订的卖方信贷协议。出口贸易合同中的定金比例、延期付款次数和金额，以及最长的延付期必须与卖方信贷协议有关条款协调一致。

(5)在贸易合同中，一般要求进口商出具不同付款期限的本票，或由出口商开具不同付款期限的汇票，并由进口商有关银行加保或承兑，贷款银行要求以此作为抵押担保。

(6)进口商随同利息分期向出口商支付以本票或汇票形式存在的货款后，出口商根据贷款协议，再分期(通常每半年偿还一次)偿还银行出口信贷本息。

不过在实践中更多的做法是银行直接介入：进口国银行会把其出具或承兑的本票、汇票直接交给贷款银行，贷款银行一般则会要求出口商把进出口合同项下的债权凭证抵押在银行，用到期款项优先偿还贷款本息。

有时，出口商所在地银行向出口商发放卖方信贷，还要求与出口商有关的企业对出口商按期偿还贷款进行担保，与银行签订担保合同。

### (三)卖方信贷的利弊

利用卖方信贷,出口商向银行借取卖方信贷,除按出口信贷利率支付利息外,还须支付信贷保险费、承担费、管理费等费用。但出口商一般要将费用附加于出口成套设备货价中回收,但每项费用的具体金额进口商不得而知。所以延期付款的货价一般高于以现汇支付的货价,有时高出3%~4%,有的甚至高出8%~10%。由于进口商对这些附加费用及相关信息不够了解,出口商有可能借此获得更多的利润。

对于进口商或进口商银行来说,以这种方式进口商品的手续比较简单,只需要与出口商打交道,无须进行多方面的洽谈。

## 三、买方信贷

### (一)买方信贷的概念和特点

买方信贷(buyer's credit)是为了支持本国出口商向国外出口大型机器设备,出口方银行直接向进口商或进口方银行提供的信贷,进口企业用这笔资金支付货款。由于这种信贷的借款人为买方,故称之为买方信贷。其信贷额一般是合同金额的85%,其余的15%是定金。而定金在合同签订时先付10%,第一次交货时再付5%。贷款额按交货进程由出口方银行向进口商或进口商银行提供。

买方信贷具有下列主要特点:

(1)使用买方信贷的出口商,需要分签两个合同。一个是由买卖双方签订的进出口合同,另一个是由卖方银行与买主或买方银行签订的贷款合同。贷款合同以贸易合同为前提,但又独立于贸易合同。所以,买方信贷的手续比卖方信贷更为复杂。

(2)出口交易存在商务和财务两个方面的明显分界线。按照买方信贷的安排,出口供货者只负有商务方面的责任,即提供高质量的产品,保证迅速交货,令人满意地完成建厂和装配任务(如这是合同内规定的任务),保证设备的正常运转,提供担保书等。供货者一旦履行了这些要求,就不再有其他责任。因为合同内所规定的有关财务方面的安排是由提供买方信贷的金融机构即出口方的银行来负责的。

(3)虽然买方信贷规定由出口国银行向进口商或进口商的银行提供贷款,但不许将这笔资金从出口国转移到进口国境内。在买方信贷下,出口商与进口商交易一般采取即期付款方式,即根据贷款合同规定,出口国银行凭出口商提供的货运单据,及时向出口商支付货款,同时记入进口商的借款账户内,到期后由进口商按照贷款合同分期偿还贷款本息。

### (二)买方信贷的形式

买方信贷分为向进口商和进口商银行贷款两类。

#### 1. 直接贷款给进口商的买方信贷

直接贷款给进口商的买方信贷称为直接买方信贷。

这种买方信贷的程序与做法如下:

(1)进口商与出口商达成协议,签订贸易合同,进口商先缴付相当于货价15%的现汇定金。

(2)进出口双方的贸易合同,经出口商所在地银行审查同意后,由出口商所在地银行与进口商签订贷款协议。

(3)出口商所在地银行向进口商提供贷款一般要求由进口商的有关银行提供还款担保。

(4)出口商所在地银行为防范贷款发放的政治和商业风险,根据国际惯例要求出口商为其贷款投保出口信用风险。出口商与保险公司签订保费协议，支付保费；保险公司与贷款银行签订担保协议，贷款银行作为保险赔付的受益人。

(5)进口商以其所借的款项，以现汇条件，通过账户划拨，向出口商支付货款。

(6)进口商对出口商所在地银行的欠款，按贷款协议的规定，分期偿付。

直接贷款给进口商的买方信贷程序如图 6－4 所示。

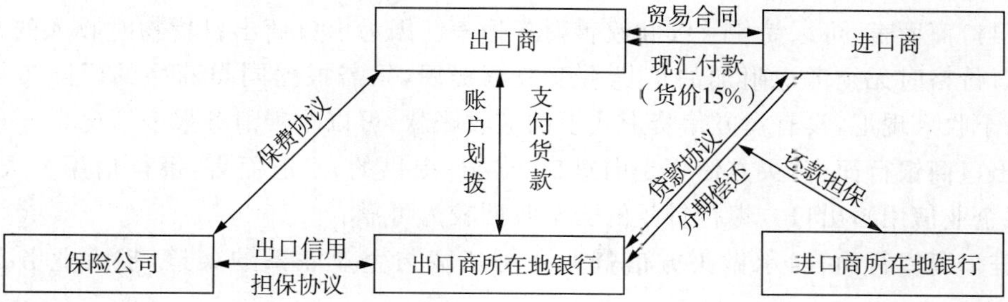


图 6－4　直接贷款给进口商的买方信贷流程图

### 2. 直接贷款给进口商银行的买方信贷

贷款给进口方银行的买方信贷称为间接买方信贷。

这种买方信贷的程序与做法如下：

(1)进口商与出口商达成协议，签订贸易合同，进口商先缴付 15%的现汇定金。

(2)进出口双方的贸易合同经出口商所在地银行审查同意后，出口商所在地银行与进口商银行签订贷款协议。

(3)出口商所在地银行为防范贷款发放的政治与商业风险，根据国际惯例要求出口商为其贷款投保出口信用风险。出口商与保险公司签订保费协议，支付保费；保险公司与贷款银行签订担保协议，贷款银行作为保险赔付的受益人。

(4)进口商所在地银行以其借得的款项转贷给进口商，后者以现汇条件，通过账户划拨向出口商支付货款。

(5)进口商所在地银行根据贷款协议分期向出口商所在地银行偿还贷款。

(6)进口商与进口商所在地银行间债务，按转贷协议规定，在国内清偿结算。

直接贷款给进口商所在地银行的买方信贷程序如图 6－5 所示。

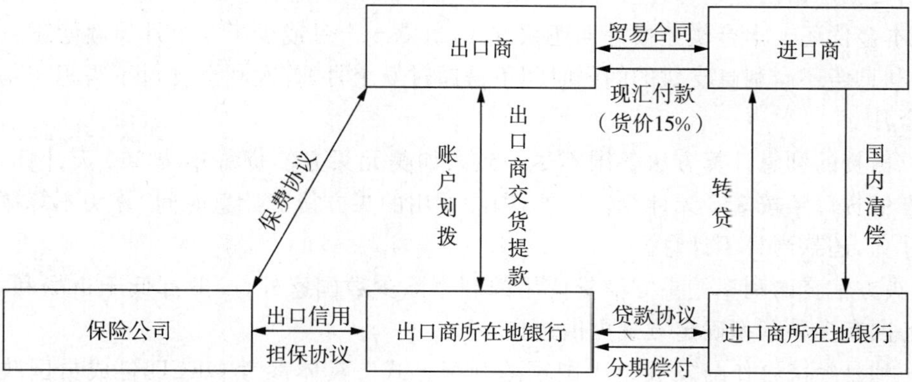


图 6－5　直接贷款给进口商所在地银行的买方信贷流程图

间接买方信贷比直接买方信贷用得多，因为间接买方信贷对进口商、出口商、进口商银行、出口商银行都有明显的好处。

对进口商而言，应用间接买方信贷，有关信贷手续和相关费用由银行处理，可以集中精力关注货物的技术、质量等级、包装、价格和有关的贸易条件等自己熟悉的领域。买方信贷费用由进口方银行和出口方银行双方商定，并由进口方银行支付给出口方银行，这笔费用往往少于卖方信贷下由出口方支付给出口方银行的费用。

对出口商而言，可以简化手续和改善财务报表。因为出口商出口货物时收入的是现汇，制定出口价格时无须考虑附加的信贷手续费等费用，只需根据同类商品的国际市场价格。此外，由于收入现汇，没有卖方信贷形式下的应收账款，可以改善财务报表情况。

对出口商银行而言，买方信贷是向进口方银行提供的，一般而言，银行信用大大高于商业信用（企业信用），出口方银行贷款的安全收回较为可靠。

对进口商银行而言，承做买方信贷业务可拓宽与企业联系的渠道，扩大业务量，增加收益。

（三）买方信贷的贷款条件

(1)接受买方信贷的进口商所得贷款仅限于向提供买方信贷国家的出口商或在该国注册的外国出口公司进行支付，不得用于第三国。

(2)进口商使用买方信贷资金只能用于进口单机、成套设备和相关的技术与劳务工程等资本性货物，一般不能以贷款资金购买进口原材料、消费品等。

(3)资本货物的构成。提供买方信贷的国家出口的资本货物大多数限于该国制造的，如该资本货物的部件是由多国产品组装，则本国部件应占50%以上。各国规定标准不一。

(4)现金支付。为控制信贷风险，买方信贷的贷款只能提供合同金额的85%，船舶为80%，其余要付现汇。贸易合同签订后或贸易合同生效前要先行预付5%的定金，一般贷款资金要在支付结清15%～20%的货款现汇后才能发放使用。

(5)信贷起始日。信贷起始日是指偿还贷款的起始日，正式还款日期在信贷起始日后的6个月开始。信贷起始日的确定，视出口信贷标的物的不同而不同。

(6)最长还款期。根据国家富裕程度确定不同的最长还款期。发达国家买方信贷的最长还款期一般为5年，中等发达国家最长还款期一般为8.5年，发展中国家买方信贷的最长还款期一般为10年，电站设备出口信贷的还款期可延长为12年。如超过此贷款期限，当事国在做出贷款承诺前应通知经济合作与发展组织(OECD)的有关成员国。

(7)本金偿还。本金偿还按等期还款方式，每隔6个月或少于6个月等额偿还一次。

(8)利息偿还。利息支付的间隔时间不得超过6个月，首次利息支付不得迟于信贷起始日后6个月。

买方信贷的利息计算方法各国不尽一致。如美元买方信贷每年按360天计算，欧元和日元买方信贷每年按365天计算。另外，国际通用的买方信贷计息时间“算头不算尾”，即借款当日计息，还款当日不计息。

(9)买方信贷的利率。买方信贷使用的利率除少数国家外，一般都低于市场利率，但在实际中各国有多种利率确定方式可供选择：

第一种是经济合作与发展组织国家的利率方式。具体参考OECD各成员国政府债券利率形成的商业参考利率(Commercial Interest Reference Rate，简称CIRR)确定，每月15日调整一次。商业参考利率实行固定利率，是最主要的买方信贷利率形式。商业参考利率具体还有各种实施形式，如不论还款期限长短，商业参考利率统一以各国 5 年期政府债券的收益率计算，如英国；或者依据不同标准尺度计算，如美国。

第二种是按照伦敦银行同业拆放利率（LIBOR）计收买方信贷利息的方式，其利率水平要明显高于商业参考利率水平。如日本发放买方信贷即采用此类利率方式，政府不予贴息。

第三种是采用介于前两种利率水平之间的利率方式，如加拿大买方信贷利率水平高于商业参考利率水平，但低于伦敦银行同业拆放利率水平。

第四种是政策性优惠利率与商业性利率相结合方式。如美国买方信贷的部分资金来源于专门的进出口银行，采用较低的利率；部分资金由商业银行提供，按照市场利率计收。利率总水平按照两种资金来源比例变化调整确定，总体利率水平也高于商业参考利率水平。

（10）当地费用。当地费用是指进口商为完成机械设备进口而必须在本国或第三国购买商品或劳务的支出；或出口商为完成机械设备的出口而必须购买商品或劳务的支出。申请当地费用的最高金额，不得超过设备贸易合同价款的 15%；富裕国家当地费用限于支付保险费和担保费。

（11）买方信贷所使用的贷款货币。各国提供买方信贷所使用的货币不尽相同，既可使用提供买方信贷国家的本币；也可将买方信贷国家本币与美元结合使用，不同货币采用不同利率；还可使用美元作为买方信贷的贷款货币。

（12）买方信贷的费用。使用买方信贷进口商或进口方银行除支付利息外，还需要支付相关的管理费、承担费和信贷保险费等。因此，贸易合同的货物价格不包括这些费用，更能够反映设备的真实成本。管理费率与承担费率一般为贷款金额的 1‰～5‰，有的国家不计收买方信贷的承担费。信贷保险费率一般为贷款金额的 2.5‰。

（13）买方信贷的申请手续。出口商与进口商银行签订贷款总协议，规定贷款总额，在进口商与出口商达成交易，签订贸易合同须动用贷款时，根据贸易合同向进口国银行申请，经批准后即可使用贷款。但有的国家规定在签订买方信贷总协议之外，根据贸易合同，还要签订具体协议。

买方信贷与卖方信贷相比各有优劣。从各国出口信贷的发展历程看，其早期都以卖方信贷为主要形式。随着各国经济发展，出口产品结构中资本性货物出口比重提高，贸易融资需求逐渐由短期、小额资金转向长期、巨额融资，买方信贷形式的优势日益显现，占出口信贷的比例也快速增长。目前在西方发达国家中，买方信贷额已占全部出口信贷总规模的 90% 以上，成为出口信贷的主要方式。近年来，我国与欧美各国银行签订的出口信贷合同多数属于贷给我方银行的买方信贷。

## 四、“福费廷”业务

从 20 世纪 60 年代起，在资本性货物等成套机电设备的出口贸易中，西欧国家开始出现作为国际贸易中长期资金融通业务的福费廷形式，并得到迅速推广发展。

### （一）福费廷的概念

福费廷（forfeiting）又称包买票据或票据买断，是指在延期付款的大型设备贸易中，出口商把远期票据以无追索权的方式出售给出口商所在国银行或金融公司（包买人），提前取得货款现金的资金融通形式，其性质也属于出口信贷。这些远期票据是经进口商承兑并通常由进口地著名银行保兑的远期汇票或本票，在票据到期日由包买人向进口商索偿。包买也就是包买人对出口商持有的债权凭证进行无追索权的贴现。

包买人通常由银行或专门的包买公司来承当，故又称“包买行”。伦敦因为有 500 多家银行，作为国际金融交易中心，它亦是主要的福费廷市场。福费廷中，涉及的金额总数少至几十万美元，多达数千万美元。有些规模较大的业务还需要通过银团来承办。福费廷中的远期票据，期限多为 3～7 年，其中 5 年的居多，最长可达 10 年。

### (二)福费廷的基本程序

福费廷的基本程序如下：

(1)出口商与进口商在洽谈设备、资本货物等贸易时，如欲使用“福费廷”，应事先和其所在地的银行或金融公司即包买行接洽包买事宜，签订包买协议；进口商从当地银行获得信用支持，包括提供担保便利，保证在进口商不能履行支付义务时，由其最后付款。进口商往来银行对远期票据(远期汇票或本票)的担保形式有两种：①在票据票面上，保证到期付款，这叫保证(aval)；②出具保函(guarantee letter)保证对票据付款。担保银行要经出口商所在地银行的同意，如该银行认为担保行资信不高，进口商要另行更换担保行。担保行确定后，由进口商和出口商签订远期付款贸易合同，言明使用“福费廷”。

(2)出口商装运货物，并将货运单据通过当地银行交与进口方银行，以换取经进口商承兑的附有银行担保的承兑汇票(或本票)。单据的寄送办法按合同规定办理，可以凭信用证条款寄单，也可以跟单托收，但不论有证无证一般以通过银行寄单为妥。

(3)出口商出具远期汇票由进口商承兑，并由进口方银行加保，或者由进口商出具远期本票，再由进口方银行加保。加保后的票据转交出口商。转交前，一般由出口地银行代为加盖出票日期。

(4)货运单据交给进口商，由其凭以提货。

(5)出口商收到票据后，经背书，依照放弃追索权的原则，向包买行贴现，取得现款。

(6)包买行贴入票据后，按不同到期日依次向进口方加保银行求偿。

福费廷的流程如图 6-6 所示。

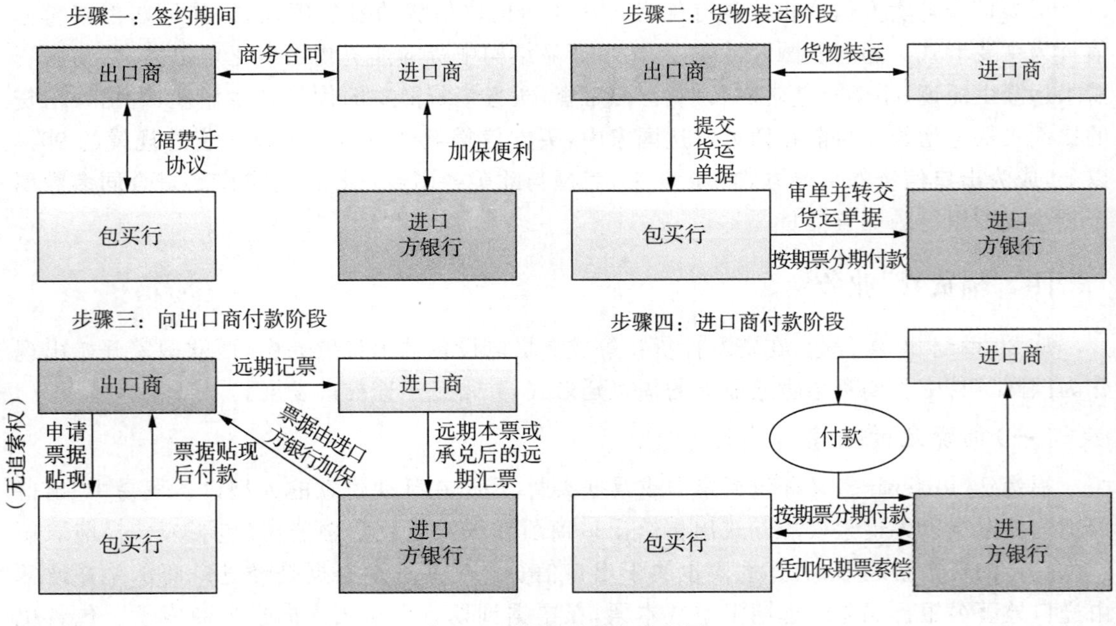


图 6-6 福费廷基本流程图

在福费廷中，远期票据是由一系列等额但期限不同的汇票或本票构成。每张票据的金额按融资期限均分，均注明面值和利率，通常每半年付款1次。

票据的面值为本金与利息之和。出口商以贴现方式将这些票据售给包买行时，包买行要从中扣除票据贴息率及其他包买费用，出口商收到的实际款额即为出口货物的实际售价。福费廷的主要成本是贴息率，其他的包买费用还包括选期费、承诺费和宽限期利息等。这些费用有的是一次性的，也有的是按月支付的。它们与贴息一样，均由进口商负担，都包含在出口商报给进口商的利率中。

### （三）福费廷对出口商和进口商的作用

#### 1. 对出口商的作用

（1）在出口商的资产负债表中，可以减少国外的负债金额，提高企业的资信，有利于其有价证券的发行。

（2）能够立即获得现金，改善流动资金状况，有利于资金融通，促进出口的发展。

（3）信贷管理、票据托收的费用与风险均转嫁给银行。

（4）不受汇率变化与债务人情况变化的影响。票据贴现后，出口商就不需再承担外汇风险了，因为他的外币货款业已收回。而且，出口商还无须承担进口方拒付的风险，因为包买行没有追索权。

#### 2. 对进口商的作用

对进口商而言，利息与所有的费用负担均计算于货价之内，即采用福费廷方式的货价较高。但采用福费廷的手续却比其他出口信贷方式简便得多，不需要进口商多方联系、洽谈，使其能够有足够的精力进行贸易谈判。这一优势与费用成本需要进口商仔细权衡。

### （四）福费廷与一般票据贴现的区别

福费廷是由银行或金融公司买进出口商持有的远期汇票，扣除利息后支付现款的票据贴现业务。因而，福费廷业务与票据贴现具有相同的性质，但从具体操作看，两者又存在以下方面的区别：

（1）两者的融资期限不同。票据贴现通常只为180天以内的票据融资；但福费廷业务通常被认为是一种中长期的融资方式。

（2）两者的追索权不同。办理出口贴现业务的银行买入票据后，作为善意持票人除了有权向债务人索偿外，在债务人无力支付时，对贴现申请人即出口商享有追索权；但福费廷业务都是建立在无追索权基础之上的。

（3）两者对贴现票据的要求不同。一般票据贴现中，贴现的票据常为国内贸易或一般国际贸易中发生的票据，开立票据的方式并无特别规定，也并非一定要有银行的承兑担保。而福费廷则是特定大型成套出口设备的票据，因交易额巨大，通常一单贸易合同要分别开立数张等值的远期汇票或期票，且每张票据间隔时间一般为6个月，同时必须有高信用等级大中型银行的承兑担保。

（4）两者收取的费用不同。一般票据贴现除按市场贴现率收取贴现利息外，不收取其他附加费用。而办理福费廷业务收取的费用较多，除按市场贴现率收取贴现利息外，贴现银行还要向出口商收取一次性支付的管理费，按一定费率计算的从签订福费廷协议日至实际购进票据之日期间的承担费，以及出口商未能按时履行或撤销贸易合同收取的罚款等。

(5)两者业务办理的手续不同。一般票据贴现业务办理手续简单,只要贴现票据开具规范,信用等级安全,贴现人随时可向贴现银行申请办理贴现。而福费廷业务通常在与出口商关系密切的银行办理,业务程序复杂,须事先与业务银行签订福费廷协议,远期票据须经审核同意的担保银行承兑担保,业务对象必须是特定的出口业务。

(五)福费廷与保付代理业务的区别

福费廷与保理业务虽然都是由银行向出口商提供的贸易融资业务,但二者之间还是存在着一些差异的。

(1)两者的融资期限、金额和风险不同。保理业务提供的是融资期限不超过180天的短期贸易融资,最长一般不超过一年,保理金额不大,风险相对较小。而福费廷业务通常以中长期融资为主,融资期限最长可达10年,票据金额巨大,付款期限长,风险相对较大。

(2)两者的支持对象不同。保理通常以支持一般进出口商品为主,而福费廷业务多用来支持资本性货物的出口或大型对外工程承包。

(3)两者的承兑担保和安全性不同。保付代理业务不需要进口国银行承兑担保出口商提交的货物结算票据,保理机构会面临进口商不按时结算支付或拒付的可能风险。而福费廷业务的贴现票据必须有进口国银行的担保,贴现银行的业务风险十分有限。

(4)两者的融资金额不同。保理业务提供的融资比例通常不超过80%,而福费廷业务则可以获得全额的融资。

(5)两者的追索权不同。保理业务提供的融资既有追索权融资也有无追索权融资,但福费廷业务都是无追索权的融资。

(6)两者的事先约定不同。在保付代理业务中,出口商采用保付代理方式结算货款,不需要事先在贸易合同商谈时与进口商协商,并征得其同意。而采用福费廷业务最终结算货款,进出口双方必须事先在商谈贸易合同时,进行协商并取得一致意见。

(7)两者的业务内容涵盖范围不同。保付代理业务的服务内容多样,在提供保付代理服务的同时,还常附有资信调查、会计处理、代制单据等服务项目。而福费廷业务的服务内容则专业单一,除了买断远期票据外,不附加其他服务项目。

**【案例分析6-3】** 国内机械设备进出口公司A向印度某工程公司出口小型道路挖掘机,合同总价值为58万美元,付款条件为180天远期信用证。A公司收到印度银行B开来的信用证后备货,在货物发运后取得该批出口货物项下的全套单据。此时,A公司为加速资金周转,拟向银行卖断该远期信用证项下的全套单据。于是A公司向其主办银行C(也是原信用证通知行)提出此要求,C银行仔细审核单据后认为该笔业务贸易背景真实、单证一致、单单一致,可以受理。而一周后,C银行通知A公司,由于其总行系统对印度B银行的授信额度已满,该笔业务将无法办理。A公司遂将此笔业务向国内D银行和外资E银行咨询,3天后,D银行和E银行均表示同意办理,但报价不同。除均收取0.15%的单据处理费外,D银行的融资价格为同期LIBOR加1.2%,而E银行的融资价格为同期LIBOR加1%。于是A公司选择E银行办理此笔业务。A公司在与E银行签署协议后,向其提交出口远期信用证和全套出口单据。E银行审核单据后向B银行寄送单据,9天后B银行发回承兑电。于是E银行在扣除贴现息和单据处理费后,将余额支付给A公司,至此该笔福费廷业务办理完毕。

请问本案例中,A公司通过叙做福费廷业务获得哪些便利?我们可以获得哪些启示?

**分析：**

本案例是远期信用证项下福费廷业务的典型。从本案例可以看出福费廷业务操作简单、交易迅速，通过叙做福费廷业务，A公司获得无风险的融资，有利于改善企业现金流转，同时不占用A公司的授信额度，不影响A公司在银行的继续融资能力。通过本案例，我们可以获得以下几点启示：

(1)远期信用证通常是企业申请办理出口项下福费廷业务最主要的结算工具，其操作也最为简便。出口企业在货物出口后有加速资金周转、规避汇率风险等需求时，可选择远期信用证结算方式。

(2)银行为企业办理远期信用证项福费廷业务时，除将收到开证行承兑电作为必需的前提条件外，还要该银行系统对开证行有足够的授信额度。

(3)出口企业办理福费廷业务时，通常应选择两家以上银行进行询价，对各银行报价进行综合成本核算后，再选择服务好、价格优的银行办理。

## 五、信用安排限额

在银行日益介入国际贸易业务、促进并组织进出口成交所起的作用日益增长的情况下，20世纪60年代后期一种新型的出口信贷形式——信用安排限额，开始在出口信贷业务中推行。

信用安排限额(credit line agreement)是出口国银行为扶持本国一般消费品或基础工程的出口，给予进口商所在地的银行以中期融资的便利，向进口国银行提供信贷资金，并通过进口国银行向进口本国商品的贸易商融资的贷款业务。信用安排限额本质上也属买方信贷，但与买方信贷相比，其不是针对某具体贸易合同提供的特定信贷支持，贷款对象也不由出口国银行选择，而是事先通过协议由出口国银行向进口国银行提供一揽子信贷资金，再由进口国银行全权选择放贷对象，实施较小金额业务的贷款操作。

信用安排限额有以下两种形式：

### (一)一般用途信用限额

一般用途信用限额(general purpose credit line)，又称购物篮信用(shopping basket credit)，是出口国银行向进口国银行提供无特定受贷对象和资金用途的信贷资金额度，以满足符合贷款条件的进口商购买该出口国普通消费品的资金需要。一般用途信用限额是典型的信用安排限额形式，目的是要扩大本国出口贸易的规模。这些消费品是由出口国众多彼此无直接关系的出口商提供的，以满足对方许多彼此无直接关系的进口商购买该出口国消费品的需要，出口国银行与进口国银行常常相互配合，促成成交。在双方银行的总信贷限额下，双方银行采取中期贷款的方式，再逐个安排金额较小的信贷合同，给进口商以资金融通，以向出口商支付，信贷合同的偿还年限通常为2～5年。

### (二)项目信用限额

项目信用限额(project credit line)是出口国银行向进口国银行提供的特定用于购买本国的基础设备(capital goods)或基础工程建设(programme of capital works)的贷款限额，以满足进口国厂商购买出口国基础设备或筹措基础工程建设资金的融资需要。这些设备和工程往往由几个出口商共同负责，有时甚至没有一个总的承包者。项目信用限额同一般信用限额的条件与程序相似，不过借款主要用于购买工程设备，有明确限定的资金用途和贷款对象。

## 六、混合贷款

混合贷款(mixed credit)是将出口信贷与政府信贷或赠款混合贷放的融资方式。混合贷款是在出口信贷主要是卖方信贷与买方信贷的基础上发展起来的,一些发达国家为扩大本国大型成套设备的出口,加强本国设备出口的竞争力,在进出口银行发放出口信贷的同时,出口国政府还从公共预算中列支资金提供低息的政府贷款或无偿赠款,并按一定比例与出口信贷一并发放,以激励出口商和进口商,利用出口信贷资金扩展进出口业务和支付当地费用与设备价款的需要。

根据 OECD 的规定,这部分政府贷款均含有 35%以上的赠予成分,所以收取的利率比一般出口信贷利率更低,一般为 1.5%～2.5%,期限最长可达 30～50 年,贷款金额最高可达出口贸易合同金额的 100%,贷款条件远比一般出口信贷优越。目前,各国混合贷款中政府出资部分的比例有的高达 50%。政府贷款或赠款占整个贷款金额的比率视当时政治经济情况及出口商或进口商的资信状况而有所不同,一般占贷款金额的 30%～50%,但由于政府贷款受本国财力和财政预算的约束,混合贷款发放的数量与规模都有一定限制,各国主要用于扶持本国的重点出口产业和产品。混合信贷近几年来发展较快。

西方国家提供混合信贷的形式多种多样,经常变化,大致有两种。

(1)对一个项目的融资,同时提供一定比例的政府贷款(或赠款)和一定比例的买方信贷(或卖方信贷)。例如,20 世纪 80 年代意大利和法国提供的混合信贷中政府贷款占 52%,买方信贷占 48%;政府贷款(或赠款)和买方信贷分别签署贷款协议,两个协议各自规定其不同的利率、费率和贷款期限等融资条件。

(2)对一个项目的融资,将一定比例的政府贷款(或赠款)和一定比例的买方信贷(或卖方信贷)混合在一起,然后根据赠予成分的比例,计算出一个混合利率。例如,20 世纪 80 年代英国的 ATP[Aid and Trade Provision (援助和贸易法案)的简称]方式和瑞典方式就是这样。这种形式的混合信贷只签一个协议,当然其利率、费率和贷款期限等融资条件也只有一种。

由于混合贷款中政府公共预算资金占相当比重,优惠度大,因而贷款的政策要求高,申请审批缜密,贷款国银行对出口建设项目甄别筛选、评估和资金使用规定特定的操作程序和规范要求,实行严格的跟踪监管。OECD 对混合信贷的发放逐步收紧,1999 年 4 月通过的出口信贷君子协定规定申请混合信贷的条件是:①项目资金难以或无法获得;②项目一定为无盈利项目,即项目的现金流不足以抵补项目的营运成本;③从其他渠道不能取得君子协定所规定的信贷条件或符合市场信贷条件的资金。但是,这三项规定不适用于不发达国家。

## 七、签订存款协议

存款协议(deposit facility agreement)是指出口国银行按照协议在进口国银行开立账户,并在规定期限内存放特定金额的存款,并在期满之前要保持约定的最低额度,作为进口国银行向本国进口商购买出口国设备提供买方信贷的资金来源。存款协议与项目信用限额融资类似,实质也是出口国银行向进口国银行提供对本国进口商发放买方信贷的资金,一般适用于中小型进口项目。我国中国银行曾与英国行在 1978 年签订过存款协议,供我国贸易公司利用存款外汇资金购买英国设备。

# 本章习题

## 一、简答题

1. 什么是银团贷款？简述银团贷款的组织要素。
2. 政府贷款在贷款对象的选择上有没有什么限制？
3. 简述国际货币基金组织和世界银行的贷款特点。
4. 亚洲基础设施投资银行成立的宗旨和基本职能是什么？
5. 银行对出口商和进口商的短期贸易信贷有哪些形式？
6. 简要介绍目前国际保理业务的服务内容。
7. 简要介绍双保理模式下的业务流程。
8. 什么是出口信贷？包含有哪些形式？
9. 简述出口信贷的主要流程。
10. 什么是买方信贷？有哪几种形式？
11. 什么是福费廷？福费廷与保付代理业务有什么不同？
12. 银行提供信用安排限额和存款协议的目的是什么？

## 二、问答题

1. 试述国际信贷的形成原因及经济影响。

2. A公司为国内电子产品生产企业，发展前景较好，银行信用评级为AAA，授信额度充足。欧洲知名企业B是其优质固定的大客户。现在A公司计划上市，需要在短期内尽快优化财务报表。针对B公司所欠的应收账款，银行向A公司推荐了出口保理。请问做出口保理是否合理，并阐述理由。

3. 试述福费廷业务对进口商和出口商的影响分别表现在哪些方面？

# 第七章 国际货币体系与国际金融机构

**内容简介**:本章介绍国际货币体系的含义与发展演进;国际货币体系的现状;金本位制的运行特征及崩溃原因;布雷顿森林体系的根本缺陷;当前牙买加体系的运行情况及问题;国际货币基金组织的简要情况;国际货币基金组织的职能和宗旨;国际货币基金组织的资金来源;国际货币基金组织贷款的条件。

## 第一节 国际货币体系概述

国际货币体系(international currency system)就是各国政府为适应国际贸易与国际支付的需要,对货币在国际范围内发挥世界货币职能所确定的原则、采取的措施和建立的组织形式的总称。

### 一、国际货币体系的具体内容

国际货币体系的具体内容包括:确定世界及各国货币的汇率制度;确定有关国际货币金融事务的协调机制或建立有关协调和监督机构;确定资金融通机制;确定主导货币或国际储备货币;确定国际货币发行国的国际收支纪律约束机制。

### 二、国际货币体系的目标和作用

(一)目标

保障国家贸易、世界经济稳定有序地发展,使各国的资源得到有效开发和利用。

(二)作用

建立汇率机制,防止循环的恶性贬值;为国际收支不平衡的调节提供有效手段和解决途径;促进各国的经济政策协调。

### 三、国际货币体系的发展演进历程

(一)国际金本位制度(international gold standard)

国际金本位制度是历史上第一个国际货币制度,是19世纪到第一次世界大战前各国相继推行的货币制度。其主要内容为:(1)黄金是国际货币体系的基础,可以自由输出输入国境，是国际储备资产和结算货币；(2)金铸币可以自由流通和储藏，也可以按法定含金量自由铸造，各种金铸币或银行券可以自由兑换成黄金。

金币本位制(gold coin standard)是一种较为稳定的货币制度，表现为该体系下各国货币之间的比价、黄金与其他代表黄金流通的铸币和银行券之间的比价以及各国物价水平的相对稳定，因而对汇率稳定、国际贸易、国际资本流动和各国经济发展起了积极作用。

该货币制度过于依赖黄金，而现实中黄金产量的增长远远无法满足世界经济贸易增长对黄金的需求，简言之，黄金不够用了。再加上各国经济实力的巨大差距造成黄金储备分布极端不平衡。于是银行券的发行日益增多，黄金的兑换日益困难。一战爆发后，各国便中止黄金输出，停止银行券和黄金的自由兑换，国际金本位制度宣告解体。

### (二)虚金本位制度(empty gold standard system)

该制度又称金汇兑本位制(gold exchange standard)，盛行于一战结束到30年代经济大萧条开始。该制度是在1922年意大利热那亚召开的国际货币金融会议上确定的。

虚金本位制下，黄金依旧是国际货币体系的基础，各国纸币仍规定有含金量，代替黄金执行流通、清算和支付手段的职能；本国货币与黄金直接挂钩或通过另一种同黄金挂钩的货币与黄金间接挂钩，与黄金直接或间接保持固定的比价；间接挂钩的条件下，本国货币只能兑换外汇来获取黄金，而不能直接兑换黄金；黄金只有在最后关头才能充当支付手段，以维持汇率稳定。

虚金本位制节约了黄金的使用，弥补了金本位中黄金量不足的劣势。但是世界贸易的发展中对黄金的需求和黄金的产量的缺口仍然存在，尤其是在汇率频繁波动时用黄金干预外汇市场来维系固定比价显得力不从心。

1929—1933年世界经济大危机，国际虚金本位制度瓦解。

### (三)混乱阶段

从20世纪30年代到二战前，国际贸易体系进入了长达十几年的混乱时期，其间形成了以英、美、法三大国为中心的三个货币集团(英镑集团、美元集团、法郎集团)，三大集团以各自国家的货币作为储备货币和国际清偿力的主要来源，同时展开了在世界范围内争夺国际货币金融主导权的斗争，这种局面一直持续到二战结束。

### (四)布雷顿森林体系(Bretton Woods system)

“国际货币基金协定”确立了美元与黄金挂钩、各国货币与美元挂钩并建立固定比价关系的、以美元为中心的国际金汇兑本位制。

“双挂钩”的具体内容是：确定了国际储备货币——美元，且规定美元与黄金挂钩，同时建立永久性国际货币金融机构——国际货币基金组织。从而解决了国际储备黄金短缺的困难，以固定汇率稳定了世界金融市场，促进了国际金融合作。

但以一个强大经济实体来稳固世界金融市场，容易因为此经济实体的起伏与衰盛导致世界金融市场的波动，而造成不稳定性，最终二战后以美元为中心的固定汇率制度崩溃。事实上，美国从1950年代起国际收支出现逆差，国际市场上美元大量过剩，60年代到70年代间曾发生多次美元危机(dollar crisis)。

### (五)牙买加体系(Jamaica system)

牙买加体系从布雷顿森林体系70年代崩溃后沿用至今。

布雷顿森林体系瓦解后，1976年IMF通过《牙买加协定》，确认了布雷顿森林体系崩溃后浮动汇率的合法性，继续维持全球多边自由支付原则。虽然美元的国际本位和国际储备货币地位遭到削弱，但其在国际货币体系中的领导地位和国际储备货币职能仍得以延续，IMF 原组织机构和职能也得以续存。但是由国际货币体系的五个基本内容所决定的布雷顿森林体系下的准则与规范却支离破碎，因此现存国际货币体系被人们戏称为“无体系的体系”，规则弱化导致矛盾重重。特别是经济全球化引发的金融市场全球化趋势在 20 世纪 90 年代进一步加强时，该体系所固有的矛盾日益凸现。

## 第二节 布雷顿森林体系

### 一、布雷顿森林体系(Bretton Woods system)的建立过程

(一)布雷顿森林协定

**1. 签订背景**

在经历了两次世界大战和 20 世纪 30 年代大萧条的痛苦之后，各国已逐渐形成一种共识，即健全的国际货币制度和稳定的国际货币金融体系对世界贸易的扩展和经济的繁荣起到决定性的作用。在此背景下，努力实现国际货币合作已经成为一种时代的要求。1942—1943 年，在第二次世界大战胜负形势比较明朗的时候，英美等国便开始检讨两次世界大战和全球经济大萧条所带来的国际货币体系的混乱和无序，并酝酿着建立一个新的国际货币制度。

两次世界大战使帝国主义国家之间的实力对比发生了巨大的变化。一方面，经历了战争的摧残，曾自称“日不落”的大英帝国受到了巨大的创伤，经济遭到严重破坏，国内工业发展严重滞后，出口份额锐减，对外投资收入显著减少，短期债务激增，黄金储备一落千丈，英镑失去了作为硬通货的地位，亦丧失了恢复坚挺的可能性。尽管如此，英镑区和帝国特惠制仍然存在，英镑仍然是一种主要的国际储备货币，伦敦依旧是一个重要的国际金融中心，因此，英国还在为竭力保持它的国际地位而不断挣扎。另一方面，战争结束时，美国的工业制成品占世界工业制成品总量的一半；美国的对外贸易占世界贸易总额的 1/3 以上，国外投资总额急剧增长；黄金储备高达 200.8 亿美元，约占资本主义世界黄金储备的 59%。它已成为资本主义世界最大的债权国和经济实力最雄厚的国家，这就为建立美元的霸权地位创造了必要的条件。综上，战后所重新确定的英美两国在国际经济、政治事务中的重要地位对布雷顿制度的谈判有重要作用，也基本奠定了国际金融制度谈判的基础。

**2.“怀特方案(White Plan)”和“凯恩斯方案(Keynesian Plan)”**

布雷顿森林协定是建立在英美两国战后有关货币金融制度的方案基础之上的，即美国财政部官员怀特提出的“怀特方案”和英国经济学家凯恩斯提出的“凯恩斯方案”。通过对 20 世纪 30 年代世界经济大萧条的深刻反思，并对两次世界大战爆发的深层次原因进行深入思考，怀特特别强调货币稳定的问题，并指出国际货币制度的不合理是导致战争爆发及全球经济衰颓的主要原因之一，如何构建并保障稳健的货币制度自然成为怀特方案的核心议题。美国政府经过仔细研究，三易其稿，最终于 1943 年 4 月公布国际稳定基金方案，即怀特方案。

怀特方案的主要内容包括：(1)会员国共同投资，组织汇兑稳定基金。该基金为会员国

提供便利，以维持各国货币汇价的稳定，缓和各国对外收支不平衡，以及促进各国间贸易的发展及资本的流通。稳定基金的资本完全由成员国缴纳，各国以其分摊的配额向基金缴纳一定数额的款项，该款项需以黄金和本国通货来共同支付，各成员国的配额代表其最大限度的义务及提款权。各国因国际收支而需要其他国家的货币时，可用本国货币和黄金向稳定基金购买。同时，亦应加强国际金融监管，保证稳定基金对各会员国提款行为的监督权。基金应设立基金理事会，理事会对成员国的配额使用情况进行监管并有权采取相应制裁措施。

(2)设立国际通货，名为尤尼塔斯(Unitas)，各国货币的汇价以尤尼塔斯表示。尤尼塔斯为成员国的共同货币，基金可直接向需要提款的成员国提供尤尼塔斯。

(3)消除封锁账户，签订双边结算协定，制定多边结算制度，以取代各国的外汇管制或使外汇管制成为不必要，排除成员国经常改变汇率的做法，对汇率改变加以限制。

(4)稳定基金对债权国和债务国的国内经济政策均具有干涉权，但在怀特建议的相关制度下，债权国的义务较轻，低于债务国。

几乎与怀特方案形成的同时，凯恩斯亦完成了人们称之为凯恩斯方案的战后金融体制计划，其主旨基本上与怀特方案相同。凯恩斯方案以英国政治经济利益为基础，兼采英国银行透支制度的原则，建议成立国际结算联盟，其作用是通过向成员国提供透支便利，避免各成员国因国际贸易逆差而影响国际经济发展。

其主要内容包括：(1)允许会员国在联盟进行大量透支，以偿付国际债务，会员国的透支限度依其战前占世界贸易的份额而定，各会员国的透支能力不得超过其配额。

(2)会员国应创立一国际通货，名为班克，其价值与黄金保持联系，会员国间的通货汇价以班克表示。各会员国政府在结算联盟以转账的形式，并以班克为记账单位，买卖各自的货币。

(3)建议取消对经常性贸易外汇的管制，并建议各国政府对其他形式的资本流通加以限制，联盟应在最大限度内稳定各国的通货，建议采用比较固定的汇率制度。

(4)保证国际收支的长期平衡和外汇制度的正常运作，会员国应共同承担相应的责任，债权国和债务国应共同负有调整的义务。

二战之后，在经济大萧条所带来的国际货币制度满目疮痍的背景之下，怀特计划和凯恩斯计划对设计规划一个适应时代发展要求的国际货币体系起到了极大的推动作用。虽然两个计划的拟定均以各自所代表的国家利益为出发点，并不能完全反映国际货币制度改革的要求，但它们却在一定程度上为国际货币制度改革指明了方向，为战后建立一个更加美好的国际货币制度树立了航标。

**3.《布雷顿森林协定》**

1943 年 9 月到 1944 年 4 月，围绕着怀特方案和凯恩斯方案，英美两国政府代表团在有关国际货币计划的双边谈判中展开了激烈的争论。会议经过热烈讨论，才于 1944 年发表了《专家关于建立国际货币基金的联合声明》。同年 7 月，在美国新罕布什尔州的布雷顿森林召开了有 44 国参加的"联合和联盟国家国际货币金融会议"，通过了以"怀特方案"为基础的《国际货币基金协定》和《国际复兴开发银行协定》，总称《布雷顿森林协定》，从而建立起布雷顿森林体系。这个体系的根本宗旨是建立一种世界性的货币，这种货币应该能够适应世界经济发展的要求；建立一种汇率制度，以稳定汇价，促进世界贸易的增长，从而有助于保持高水平的就业和实际收入；制定国际收支不平衡的调节政策。

《布雷顿森林协定》的主要内容体现在以下五个方面：

(1)建立黄金—美元本位制的国际货币储备。布雷顿森林协定确定了以黄金为基础,以美元作为最主要的国际储备货币的国际货币储备体系。在黄金—美元本位下,美元以35美元折合一盎司黄金的官价直接与黄金挂钩,其他国家的货币则直接与美元挂钩,各国政府或中央银行随时可用美元向美国政府按官价兑换黄金。

(2)实行可调整的固定汇率制度。各国货币对美元的汇率,一般只能在平价上下1%的幅度内波动,各国政府有义务在外汇市场上进行干预活动,以保持外汇行市的稳定。只有在一国国际收支发生"根本不平衡"时,才允许贬值或升值。

(3)成立国际金融机构。协定规定战后建立一个永久性的国际金融机构,即国际货币基金组织。基金组织具有监督国际汇率、提供国际信贷、协调国际货币关系三大职能,是战后推动、监督和协助国际货币制度有效运行的中心机构。各成员国通过基金组织对国际货币问题进行磋商,从而促进国际货币合作;基金组织对会员国提供临时性的融通资金,帮助成员国解决战后国际收支失衡问题;基金组织还担负着消除外汇管制、促进汇兑稳定、规范外汇市场、扩大国际贸易的职责。同时,基金组织的各项规则,也构成了国际金融领域中各成员国所必须遵循的纪律,在一定程度上维护着国际货币与金融秩序。

(4)完善国际收支的调节措施。会员国在遇到经济结构失调、国际收支不平衡、初级产品出口价格不稳定等情况而发生国际支付困难时,可以向基金组织提出贷款申请,并提交予以调解国际收支的计划,基金组织经过审核证实该成员国确有资金融通的需要时,就可以向该国提供一定数额的外汇,对其在短期内恢复国际收支平衡起到临时性的资助作用,贷款只限于会员国用于弥补国际收支赤字,即用于经常项目的支付。

(5)确定国际支付的结算原则。会员国不得限制经常项目的支付,不得采取歧视性的货币政策措施,要在兑换性的基础上实行多边支付,从而取消外汇管制。

在《布雷顿森林协定》基础上建立起来的布雷顿森林体系,结束了二战之前国际货币金融体系的混乱无序状态,标志着战后国际金融秩序的全面恢复和国际货币体系的重新确立。它所确立的黄金—美元本位制度,使得在战后世界黄金储备量短缺所造成的国际储备不足的情况下,以美元的供应有效地弥补了国际清偿能力的欠缺。它所实行的可调整的固定汇率制度,对稳定外汇汇率、抵制采用竞争性货币贬值的手段、促进世界生产和贸易的迅速发展起到了至关重要的作用。它诞生了国际货币基金组织,提供了国际合作机制,促进了国际货币合作,为各国就货币金融问题进行深入的协商与谈判提供了一个广阔的平台。同时,基金组织对各成员国提供短期贷款,帮助成员国渡过难关,从而促进国际金融局势的稳定。它要求建立多边支付体系、严格的国际支付结算原则,有助于取消外汇管制,在真正意义上形成国际社会的互谅和合作。

### (二)"特别提款权(special drawing rights)"的创设

#### 1. 美元危机(dollar crisis)

布雷顿森林体系确立了以黄金为基础、以美元为中心的黄金—美元本位制,这个体系在美元按一定比例兑换黄金能够得到保证的情形下是可以维持的。在20世纪50年代前半期,资本主义世界还存在着"美元荒",各国都需要美元来扩充国际储备,所以美元仍然保持相对稳定态势,处于优势地位。但从50年代后半期起,美国国际收支变成慢性赤字,各国对美元的可兑换性产生怀疑,因此,美元对黄金的兑换要求越来越强烈,且美国的黄金储备也越来越少,这又加深了各国对美元的不信任。于是,美国的黄金大量外流,对外短期债务激增,到1960年美国对外短期债务已经超过了它的黄金储备额,美元信用发生动摇,终于导致美元危机的爆发，国际货币体系遂进入动荡的阶段。

**2.《互惠信贷协定》与《总借款协定》**

1960 年美元危机爆发以来，其对国际货币体系的正常运转所造成的负面影响开始逐渐显现。经历了两次世界大战期间国际货币金融秩序的紊乱所带来的经济大萧条，世界各国更加清醒地认识到，对布雷顿森林体系下良好的国际货币秩序的维护当属义不容辞。因此，面对日益严重的美元危机，自 20 世纪 60 年代起，世界主要资本主义国家纷纷通过加强国际金融合作来稳定美元地位，避免国际货币金融秩序的动荡。

1960 年 3 月，美国同以十国集团为主的十四个国家签订了双边备用信贷协定，即《互惠信贷协定》。协定规定，两国中央银行相互开立对方货币的账户，当某一成员国货币受到压力时，它随时可用本国货币换取对方货币，用于干涉外汇市场，维持汇价。中央银行互惠信贷在 1961 年货币危机中第一次使用，在一定程度上维持了国际金融秩序的平稳发展。

美国国际贸易的持续逆差和黄金储备的持续外流，使得美国国际储备急剧减少。在此种情况下，它随时都有可能向国际货币基金组织提取巨额资金，用来补充其作为国际金融中心所需要的国际准备，这就会造成基金组织无法向其他国家提供足够的资金。基于此情况，基金组织总裁雅可布逊(Jacobson)建议达成借贷协定，特别是与潜在债权国达成谅解，在必要时从后者借贷资金。1961 年 12 月，基金总裁与美国、英国、联邦德国、法国、意大利、日本、加拿大、荷兰、比利时、瑞典十个国家达成了《基金总借款协定》，该协定于 1962 年 10 月生效。十个国家的出资总额是 60 亿美元，在一定条件下贷给基金组织，作为补充储备。

《互惠信贷协定》与《总借款协定》均是应对国际金融危机的产物。各国之间通过与基金组织的合作，达成互谅互助的协议，来共同预防和解决金融危机可能造成的国际货币体系的动荡。虽然各国均是在本国利益的驱动下来进行国际协商与谈判，但这在客观上匡正了布雷顿森林体系的发展道路，从而维护了国际货币金融秩序。

**3.《基金协定条款第一次修改案》**

20 世纪 60 年代初期，国际社会所签订的一系列借贷协定虽然在一定程度上有助于缓解美元危机，扩大国际融资。但是面对美元信用的日益下降、抢购黄金浪潮的渐趋猛烈以及国际流动资金的持续不足等问题，这些措施无异于杯水车薪。面对日益严重的国际金融情势，从 20 世纪 60 年代开始，一些主要工业国家的政府官员和经济学家就纷纷研究对策，提出了形形色色的改革方案。其中，曾任美国财政部和国际货币基金组织高级官员的伯恩斯坦在 1963 年提出建立一种新的国际储备单位来满足国际储备的需要的方案，成了基金组织日后创设特别提款权的依据。

1965 年，以美国为代表的十国集团在基金组织里提出了特别提款权方案。1967 年夏，经过历时 5 年的谈判，基金执行理事会与十国集团达成协议并起草了以特别提款权为基础的大纲。1967 年 9 月，基金理事会通过决议，授权执行理事会根据需要提出对基金协定条款修改的建议，经过 6 个月的不懈努力，以特别提款权为基础的大纲以协定修改案的形式成了一项法律文件。1968 年 5 月底，基金理事会通过决议，批准对基金协定条款的修改案，即基金协定条款的第一次修改案。1970 年 1 月 1 日，基金第一次向成员国分配特别提款权。

特别提款权的创设，使它和黄金、美元一起作为国际储备资产，它的价值是由各国来谈判决定，而并不与黄金发生任何联系。这种新的国际储备能够在一定程度上缓解基金组织融通资金不足的困境，增强其向成员国放款的能力，从而为各成员国提供必要的国际储备之补充，这同时也有助于弥补国际收支赤字，稳定国际金融市场。但是，特别提款权作为一种国际储备的补充，也只能暂时加强各国应付国际收支逆差的能力，当进入 20 世纪 70 年代，在作为国际货币体系根基的美元与黄金自由兑换制和固定汇率制发生根本动摇的情形下，特别提款权也无能为力。

(三)《史密森协定》

二战结束后，国际贸易不断扩大，但与此同时世界黄金产量不足，储备分配不均，战后雄踞世界经济一霸的美国遂贬低黄金的货币作用，而倡导以美元作为主要储备货币，直接充当国际支付的手段。布雷顿森林体系最终确立了美元的绝对霸权地位，但这也直接破坏了黄金作为世界货币的作用。进入 20 世纪 60 年代，美元危机频繁，对外信用不断下降，无法支撑整个国际货币制度的稳定发展，这就必然导致了货币制度危机。

1971 年 5 月和 7 月连续爆发了旷日持久的美元危机，使得美元兑换黄金的平价体系再也无法得到稳定维持。尼克松政府被迫于 1971 年 8 月 15 日宣布实行“新经济政策”，停止美元兑换黄金，并对进口增加 10％的附加税。它不仅不再维持黄金与美元、美元与其他货币的稳定比值，还开始对国际支付加以限制。这就表明，美国已完全放弃了基金协定条款项下其所应承担的义务。“新经济政策”的实行直接导致了国际金融市场的紊乱，外汇市场上各国纷纷抛售美元，汇率波动剧烈，这就宣告了布雷顿森林体系所确定的美元与黄金的可兑换性告一段落。

1972 年 6 月，美元危机之后，英镑又发生了危机，英国政府不得已宣布英镑在外汇市场上实行自由浮动。随后，抛售美元、抢购德国马克和日元的浪潮日益加剧，布雷顿森林体系面临崩溃。各主要工业国家都已对美元实行共同浮动或单独浮动，固定汇率制已无法维持，于是支撑布雷顿森林体系的第二根支柱也完全倒塌了。

在国际金融市场极度混乱的情形下，十国集团也进行了紧急磋商，讨论解决国际货币危机的办法。经过四个多月的激烈讨论，迫于美国的压力，同时出于稳定自身对外贸易和经济发展的考虑，十国集团终于在 1971 年 12 月 10 日勉强达成了一项妥协方案，即《史密森协定》。该协定规定：(1)美元对黄金贬值 7.89％，对十国集团各国货币平均贬值 10％，其他国家货币相应地对美元进行不同幅度的升值；(2)将市场外汇汇率的波动幅度从金平价上下的 1％扩大到平价上下各 2.25％；(3)在重新确定金平价之前，各国暂时设立中心汇率，用美元、特别提款权或其他基金组织会员国的货币表示。

《史密森协定》是继《布雷顿森林协定》之后，在国际货币体系经历了激烈动荡的情形之下，国际社会为稳定国际货币体系，促进世界货币金融和本国经济健康发展所达成的一项补充和妥协。《史密森协定》只是对布雷顿森林体系进行部分内容修缮和补缺，是各国为解决燃眉之急而进行的暂时妥协，因此，它的缔结不免失之于草率，它只是对付美元危机的暂时性措施，并不能从根本上克服和完善布雷顿森林体系内在的弊端。

(四)《改革大纲》

在各成员国为改善国际货币体系而进行一系列国际合作的同时，基金组织内部也采取了相应的措施对布雷顿森林体系进行补救。1972 年 7 月 26 日，基金组织成立“国际货币体系改革和有关问题委员会”，简称“二十国委员会”。“二十国委员会”在储备货币、汇率制度和国际收支调节等方面展开了长期的讨论，对国际货币改革进行了深入的探究。

经过近两年的时间，“二十国委员会”于 1974 年 6 月 14 日在华盛顿会议上达成协议，发表了一份《改革大纲》，其主要内容是：(1)确定主要储备资产。将特别提款权进一步发展成为主要国际储备。(2)实行稳定而可调整的汇率制度。在一般情况下,各国对于平价不应作不适当的变动,平价的修改要得到基金组织的同意,对即期汇率的变动只能限制在特别提款权汇率上下 2.25%的幅度内。在特殊情况下,各国可以采取浮动汇率,但要有基金组织的授权。(3)改进国际收支调节机制。顺差国和逆差国要采取对称的调解措施,对国际收支调节担负共同的责任。

由于各会员国都奉行国家利益至上的原则,这在国际货币体系的协调中很难取得根本上的一致。因此,无论是十国集团达成的《史密森协定》,还是二十国集团起草的《改革大纲》,都只是在寻找一些妥协的办法来暂时缓和紧张局势,对国际货币体系进行枝节性的修补。但是,它对于在动荡时期稳定国际货币关系、促进国际货币合作、加深各国在国际社会中的责任意识起到了一定的积极作用,同时,为国际货币改革提出了新的设想,推动国际货币体系进行新一轮的改革。

(五)《牙买加协定》与《基金协定条款第二次修改案》

1976 年 1 月,国际货币基金组织"国际货币制度临时委员会"在牙买加的首都金斯顿召开会议,讨论修订《国际货币基金协定》的条款。各国经过多次协商,终于达成《牙买加协定》。其主要内容包括:(1)浮动汇率合法化。各会员国可以自由选择汇率制度,因而固定汇率制与浮动汇率制可以同时并存。基金组织对各会员国的汇率政策行使监督权,缩小汇率波动幅度,各会员国也有义务与基金组织共同合作,来促进稳定有序的汇率制度。(2)黄金非货币化。废除黄金条款,使黄金和货币完全脱离联系,让黄金成为一种单纯的商品,各会员国的中央银行可按市价自由进行黄金的交易活动,各会员国与基金组织之间需用黄金支付的义务一律取消。(3)提高特别提款权的国际储备地位。在未来的货币体系中,应以特别提款权作为主要的储备资产,也就是把美元本位改为特别提款权本位。(4)扩大对发展中国家的资金融通。基金组织扩大信用贷款部分的总额,并将出售黄金所得收入拨充"信托基金",用于援助发展中国家。(5)增加会员国的基金份额。

在《牙买加协定》发表之后,执行董事会即着手进行第二次修订《国际货币基金协定》的活动,修订的全部协定条款,包括了《牙买加协定》的主要内容。《国际货币基金协定第二次修改案》于 1976 年 4 月经表决通过,1978 年 4 月 1 日起生效。从此,国际货币体系进入了一个新的阶段,布雷顿森林体系告一段落。

牙买加协议后的国际货币体系正式宣告了黄金作为国际货币地位的消失,确立了以美元为主导,德国马克、日本日元以及特别提款权和欧洲货币单位共同参与共同作用的多元化国际储备体系。它明确了浮动汇率合法化的地位,给予各成员国自由安排本国汇率制度的权利,灵活的汇率制度能够更好地适应世界经济形势多变的状况,在稳定国际货币制度中发挥着日益重要的作用。牙买加协议后的国际货币制度基本上摆脱了布雷顿森林体系时期依附货币国家与基准货币国家相互牵连的弊端,它建立了能够相互补充的多种国际收支调节机制,对实践中的国际金融活动进行多方面的灵活调整,避免了僵化,加强了应付危机的能力。

## 二、布雷顿森林体系的评价

布雷顿森林体系给战争重创之下的国际货币金融体系带来了曙光,并在二战之后三十多年的时间内有效地维持了国际金融秩序的稳定,促进了战后各国经济的恢复和发展,在国际货币体系的演变进程中书写了浓墨重彩的一笔。作为具有里程碑意义的国际货币体系,布雷顿森林体系以其合理的运行机制规范着国际货币金融秩序的有效运行，当然，任何事物都不会是完美的，布雷顿森林体系也不例外。其内在缺陷也随着历史的发展而不断暴露出来，并最终导致其不可避免地走向崩溃。

（一）有效性

布雷顿森林体系本身具有有效的运行机制，具体说来，体现在以下几个方面：

**1. 监督机制**

在战前，金本位制的国际货币体系是建立在英国一国绝对的经济实力基础之上的，当时缺乏相应的国际协商与合作，更没有一个核心国际机构来维持国际货币秩序；而战后各国协商达成的《布雷顿森林协定》则诞生了维护国际货币体系正常运转的中心机构——国际货币基金组织。它行使监督权，监督会员国对协定各条款的执行和相关义务的履行，从而保障国际货币金融的稳定发展。

**2. 合作机制**

国际货币基金组织协定条款第 4 条第 1 款规定，基金成员国应承担义务，与基金组织和其他成员国合作，以保证外汇安排的有序进行和促进汇率制度的稳定。该条明确了会员国与基金之间以及会员国之间的合作义务。在具体实践中，各国也应本着合作的精神，共同承担责任，促进国际收支的平衡和货币体系的稳定。

**3. 磋商机制**

《布雷顿森林协定》赋予了基金组织与各成员国之间进行磋商的职能。磋商主要是由国际货币基金组织执行理事会做出结论，促使会员国不要实行违反基金协定条款或基金决议的政策。磋商一般每年举行一次，有时也可每两年举行一次，或在不到一年的时间内举行两次。本国的经济发展可能对其他会员国有重大影响的会员国、使用基金资源或遇有国际收支平衡问题的会员国，每年必须与基金磋商一次。

**4. 优化组合机制**

布雷顿森林体系力图协调各国在货币金融领域的政策，将古典金本位制的优点、汇率稳定性与浮动汇率的优点结合起来，这可以说是一个伟大的历史创造。

**5. 资源共享机制**

布雷顿森林体系制定了一系列国际资源共享的规则，规定各会员国实行资金和信息共享，资金共享以有利于弥补某会员国的国际收支逆差，信息共享以有利于实现各会员国政策的协调。

（二）内在缺陷

布雷顿森林体系所具备的有效的运行机制并不能掩盖其内在不可克服的缺陷，也正是这些缺陷的存在，才导致其最终的崩溃。仔细剖析看来，其内在缺陷主要体现在以下几个方面：

**1.“特里芬难题(Triffin problem)”**

1960 年，美国耶鲁大学教授特里芬在其《黄金与美元危机》一书中提出，布雷顿森林体系存在着其自身无法克服的内在矛盾，这一内在矛盾在国际经济学界称为“特里芬难题”。特里芬指出，布雷顿森林体系是建立在一国经济基础之上的，是以美元作为主要的国际储备和支付货币，在黄金生产停滞的情况下，国际储备的供给完全取决于美国的国际收支状况，这就存在着一种“两难”选择。如果美国的国际收支长期保持顺差，那么国际储备资产就不能满足国际贸易发展的需要，就会发生美元供不应求的美元短缺现象，即“美元荒”；如果美国国际收支长期保持逆差，那么国际储备资产就会发生过剩现象，造成美元泛滥，即“美元灾”，进而导致美元危机，并危及布雷顿森林体系。

**2. 国际收支的调节机制出现盲区**

布雷顿森林体系确定了固定汇率制度，强调汇率的稳定性，这种缺乏弹性的汇率体系，不能适应国际金融情势的变化。在固定汇率制度下，各国不能利用汇率的波动达到调节国际收支平衡的目的。布雷顿森林体系排除了汇率自由浮动和对经常项目支付的限制，但同时它对国际收支的其他调节措施又没有进行充分详尽的提及，这就在一定程度上出现了国际收支调节机制的盲区。

**3. 布雷顿森林体系基本上反映了建立稳定汇率的需要，但忽略了各成员国国内经济增长和就业的目的**

由于汇率体系过于刻板，各国不能大幅度地调整汇率，而只能消极地实行贸易管制或放弃稳定国内经济的政策目标。无论采用哪种方法，都与本国的经济发展背道而驰。国家利益永远都是国家政策的唯一出发点，当一个国际货币体系无法满足各国国家利益的根本要求之时，就会不可避免地走向衰亡。

**4. 布雷顿森林体系内在的不对称性及不平衡性**

建立在美国一国的霸权之上，布雷顿森林体系的不对称性和不平衡性自始就存在。美国的霸权直接导致以“怀特计划”为蓝本的《布雷顿森林协定》的缔结，同时也确立了美国在该体系内部唯一核心国的地位。美国可以利用美元直接对外投资，操纵国际金融事务；因为各国货币钉住美元，美国的货币政策对各国经济有着重大影响，它完全有能力通过本国的货币政策来控制其他国家的经济运行。进入 20 世纪 60 年代之后，旷日持久的美元危机使得美国没有能力维持该货币体系的稳定性，其他成员国也不愿意继续服从美国的领导而牺牲本国利益。布雷顿森林体系下核心国与外围国之间的不平衡性和不对称性，既维持了该体系的运行，也是导致该体系瓦解的症结所在。

## 第三节　牙买加体系

布雷顿森林体系解体后，主要西方国家货币开始自由浮动。1973 年，第一次石油危机爆发，西方经济陷入混乱，浮动汇率却在衰退和混乱中表现良好。1975 年，西方六国在首次首脑会议上纷纷表示接受现实，放弃重建固定汇率的尝试，形成决议要求国际货币基金组织修改章程，承认浮动汇率。1976 年，国际货币基金组织理事会通过《牙买加协定》，承认了既成事实，正式开始了牙买加体系(Jamaica system)时代。

### 一、牙买加体系形成的背景

虽然当时的日本、联邦德国、法国等主要工业化国家经济实力快速增长，美国经济相对衰落，但是美国仍然是经济实力最强的国家。特别是美国在工业生产等领域远远领先于其他国家，同时美国仍是世界上最有实力的政治大国、最先进的军事大国，综合实力居世界首位。基础实力雄厚的美元依然享有很高的声誉，仍是国际储备货币的主体、国际信贷和计价结算标准、国际清算支付手段，没有任何一种货币能取代它的地位。

牙买加体系的运行机制如下：

(1)本位机制。牙买加体系的本位机制是国际美元制，即美元与黄金脱钩，黄金不再是平价基础；美元是国际货币体系中心货币，同时国际货币多样化；各主要工业化国家直接将货币钉住美元；各国不再就黄金问题对国际货币基金组织履行义务。

(2)汇率安排机制。各国根据情况自由作出汇率安排，汇率体系容纳单独浮动、联合浮动、钉住某一货币等混合安排。

(3)国际储备机制。美元是最重要的国际储备货币，日元、马克(后来的欧元)、黄金、国际货币基金组织特别提款权作为补充，越来越呈现多样化。

(4)国际收支调节机制。参加国可以通过基金组织贷款、汇率机制、利率机制、国际政策协调、国际金融市场融资等多种方式调解国际收支平衡。

## 二、牙买加体系概况

### (一)牙买加体系主要内容

#### 1. 牙买加协议正式确认了浮动汇率制的合法化

承认固定汇率制与浮动汇率制并存的局面，成员国可自由选择汇率制度。同时 IMF 继续对各国货币汇率政策实行严格监督，并协调成员国的经济政策，促进金融稳定，缩小汇率波动范围。

#### 2. 推行黄金非货币化

协议作出了逐步使黄金退出国际货币的决定。并规定：废除黄金条款，取消黄金官价，成员国中央银行可按市价自由进行黄金交易；取消成员国相互之间以及成员国与 IMF 之间须用黄金清算债权债务的规定，IMF 逐步处理其持有的黄金。

#### 3. 增强特别提款权的作用

主要是提高特别提款权的国际储备地位，扩大其在 IMF 一般业务中的使用范围，并适时修订特别提款权的有关条款。规定参加特别提款权账户的国家可以来偿还国际货币基金组织的贷款，使用特别提款权作为偿还债务的担保，各参加国也可用特别提款权进行借贷。

#### 4. 增加成员国基金份额

成员国的基金份额从原来的 292 亿特别提款权增加至 390 亿特别提款权，增幅达 33.6%。

### (二)牙买加体系的运行

#### 1. 储备货币多元化

与布雷顿森林体系下国际储备结构单一、美元地位十分突出的情形相比，牙买加体系下的国际储备呈现多元化局面，美元虽然仍是主导的国际货币，但其地位明显削弱了，由美元垄断外汇储备的情形不复存在。联邦德国马克(现德国马克)、日元随两国经济的恢复发展脱颖而出，成为重要的国际储备货币。目前，国际储备货币已日趋多元化，ECU 也被欧元所取代，欧元很可能成为与美元相抗衡的新的国际储备货币。

#### 2. 汇率安排多样化

在牙买加体系下，浮动汇率制与固定汇率制并存。一般而言，发达工业国家多数采取单独浮动或联合浮动，但有的也采取钉住自选的货币篮子。对发展中国家而言，多数是钉住某种国际货币或货币篮子，单独浮动的很少。不同汇率制度各有优劣，浮动汇率制度可以为国内经济政策提供更大的活动空间与独立性，而固定汇率制则减少了本国企业可能面临的汇率风险，方便生产与核算。各国可根据自身的经济实力、开放程度、经济结构等一系列相关因素去权衡得失利弊。

**3. 多种渠道调节国际收支**

调节国际收支的渠道主要包括：

(1)运用国内经济政策

国际收支作为一国宏观经济的有机组成部分，必然受到其他因素的影响。一国往往运用国内经济政策，改变国内的需求与供给，从而消除国际收支不平衡。比如在资本项目逆差的情况下，可提高利率，减少货币发行，以此吸引外资流入，弥补缺口。需要注意的是，运用财政或货币政策调节外部均衡时，往往会受到“米德冲突”的限制，在实现国际收支平衡的同时，牺牲了其他的政策目标，如经济增长、财政平衡等，因而内部政策应与汇率政策相协调，才不至于顾此失彼。

(2)运用汇率政策

在浮动汇率制或可调整的钉住汇率制下，汇率是调节国际收支的一个重要工具，其原理是：经常项目赤字，本币汇率趋于下跌，外贸竞争力增加，出口增加、进口减少，经济项目赤字减少或消失；而在经常项目顺差时，本币币值上升会削弱进出口商品的竞争力，从而减少经常项目的顺差。实际经济运行中，汇率的调节作用受到“马歇尔—勒纳条件”以及“J 曲线效应”的制约，其功能往往不尽如人意。

(3)国际融资

在布雷顿森林体系下，这一功能主要由 IMF 完成。在牙买加体系下，IMF 的贷款能力有所提高，更重要的是，伴随石油危机的爆发和欧洲货币市场的迅猛发展，各国逐渐转向欧洲货币市场，利用该市场比较优惠的贷款条件融通资金，调节国际收支中的顺逆差。

(4)加强国际协调

这主要体现在：①以 IMF 为桥梁，各国政府通过磋商，就国际金融问题达成共识与谅解，共同维护国际金融形势的稳定与繁荣。②新兴的七国首脑会议的作用。西方七国通过多次会议，达成共识，多次合力干预国际金融市场，主观上是为了各自的利益，但客观上也促进了国际金融与经济的稳定与发展。

### (三)牙买加体系存在的内在缺陷

**1. 国际储备货币的发行缺乏约束**

金融危机与国际货币体系的制度安排密切相关。现行国际货币体系又称美元本位币，全球货币建立在单一美元本位币的基础上，各国货币均与美元建立基准关系，美元成为全球最主要的结算和储备货币(目前占全球贸易结算份额的 85％、国际储备货币份额的 65％)。美联储拥有事实上的国际货币发行权，成为全球中央银行，美元的发行权属于美国，货币发行多少只需根据其国内经济需要来决定，美国为了获得通胀税和铸币税收益不断扩大货币发行。由于国际储备货币发行缺少必要的约束，发行机制存在重大缺陷导致流动性泛滥以及各国货币关系不稳定，“特里芬难题”没有得到根本解决。当美国全球争霸的国家战略或其自身的生存与发展战略需要资金时，自然会增发美元，形成全球货币供给与需求的失衡，除了美国自身的道德约束力外，没有任何货币机制可以对其进行制衡。这一缺陷正是构成 20 世纪 70 年代以来历次大的金融危机，包括 2008 年金融危机的根本原因。

**2. 汇率体系不稳定**

在牙买加体系下，IMF 的 181 个成员中，有 1/3 实行的是独立浮动或管理浮动汇率，其余 2/3 是钉住汇率(钉住单一货币或复合货币)。钉住汇率实际上是相对的固定汇率制度，钉住货币的汇率跟随被钉住货币的汇率的变动而变动。20 世纪 80 年代以来，美元、日元、德国马克的汇率此消彼长，波动惊人，使钉住货币国家汇率扭曲，出现经济结构失衡，国际收支失衡。钉住汇率制与独立浮动汇率制之间的这一内在矛盾是牙买加体系下汇率动荡、货币危机频发的根源。

现行国际货币体系下各国采取何种汇率制度没有任何约束。"牙买加协定"允许成员国自由做出汇率安排，既可以实行固定汇率制、浮动汇率制，也可以实行钉住某一种主要货币或一篮子货币的汇率制度，或实行有管理的浮动汇率制度等。多种汇率制度并存加剧了汇率体系运行的复杂性，汇率波动和汇率战不断爆发，金融危机风险增大。目前实行的"浮动汇率制"由于参照物难以确定，汇率体系不稳定，导致以美元为中心的汇率体制成为目前国际金融危机频发的重要根源之一。尤其是在中心—外围汇率制度架构下，以美国为代表的发达国家位于体系的中心，以东亚国家为代表的新兴市场国家和以中东国家为代表的资源输出国位于体系的外围。发达国家实行浮动汇率制度，向外部输出货币，并控制世界体系中的金融和市场的运转。而发展中国家多采用固定汇率制度，通过持有中心国家的货币满足支付需要，同时向中心输出资源和提供市场。该体系下美国经常项目逆差和财政的严重双赤字，资源输出国和新兴市场国家的经常项目和资本账户双顺差的不断扩大和外汇储备的累积，使发达国家和发展中国家之间的利益冲突更加尖锐和复杂化。

**3. 缺乏制度化的国际收支调节机制**

牙买加体系下的国际收支调节渠道比布雷顿森林体系下的调节渠道有所增加，如浮动汇率制使汇率调节政策更有效、国际融资范围扩大、国际对话或论坛性组织增加。但是，由于时滞原因，大多数发展中国家不具备马歇尔—勒纳条件，汇率调节反而使国际收支恶化。直接通过国际融资来弥补逆差并不能从根本上消除收支失衡，而且，如果长期依赖国际借款，必然加重债务负担，可能发生债务危机。在这些方面，国际货币基金组织的协调能力有限，且在向发生金融危机的国家提供资金援助时有大量的附带条件。

牙买加体系被称为"无体系的体系"，表现之一就是没有制度化的国际收支调节机制。在该体系下，由于实行以浮动汇率制为主体的多元化的汇率制度，各国货币钉住关键货币，一旦挂钩国和关键货币国之间的国际收支间出现根本性不平衡，就会出现调整的不对称性问题。然而，自牙买加体系建立以来，国际货币基金组织并未对国际收支调节机制做出明确的规定，在制度上无任何设计和约束来敦促或帮助逆差国恢复国际收支平衡，也无相应的制裁措施，完全由逆差国自行调节国际收支的失衡。尽管 IMF 要求各国将保持汇率的稳定作为首要原则，但各国政府尤其是一些发达国家大都将国内的宏观经济目标放在首位，采取一些不利于国际收支平衡的经济政策，经常使本国的国际收支处于失衡状态。由于美国并不像在布雷顿森林体系下那样依法承担调整不平衡的成本，非关键国家的货币政策不免陷入两难境地：货币当局不仅需要针对国内经济形势来确定利率和货币政策，还要根据对外平衡的状况，运用同样的工具来制定和实施适当的汇率政策，在目标和手段上相互冲突，导致挂钩国家成为美国经济波动和风险承担者，从而严重影响了国际货币体系的稳定。

### 4. 权利和责任的失衡

牙买加体系下的汇率体系极不稳定的另一主要原因就是国际游资对汇率体系的冲击。国际金融机构对国际游资束手无策。强大的游资与大多数国家维护钉住汇率的有限能力形成鲜明的对比。在钉住汇率下，一国货币很容易被高估或低估，便为游资留下投机空间。国际游资的流动性很强，在现代通信与电子技术高度发达的今天，资本的跨国转移数秒钟就可以完成，对其监管的难度很大。这个方面，如果没有相应的国际组织与相应的国际规则、立法，汇率体系就不可能稳定，货币金融危机就不可能避免。1971 年，尼克松宣布美元停止兑换黄金，美国对外提供美元不再有黄金储备的约束，美元被赋予了世界通货的特权，作为储备货币，其发行不受任何限制，实际上是一种“信用”本位。在缺乏替代货币的前提下，由于解除了原来附加在美国身上的对于货币发行和汇率调整的约束，美国几乎可以无约束地向世界倾销其货币，无限制地对外提供流动性，确保了美联储世界中央银行的地位和权利——对世界发行货币，却没有任何世界中央银行的责任和义务。美国利用美元的霸权地位获取大量的铸币税收益，并通过美元贬值逃脱和减轻国际债务，同时远离外汇风险和外债危机的伤害。布雷顿森林体系下，美国作为国际收支不平衡的一方，经常实质性地承担部分的调整责任；牙买加体系之后，它就经常拒绝履行自己的责任和义务。而外围国家则更多地承担了通货膨胀和金融危机的成本。20 世纪 80 年代的“广场协议”，就是美国让日本承担日美贸易不平衡并相应进行国内经济结构调整的结果，这种调整导致日本长达 20 年的经济低迷。在亚洲金融危机中，泰国、韩国等亚洲国家无一例外地承担了全部的调整责任。

### 5. 决策机制存在重大缺陷

现行国际货币体系缺乏平等的参与权和决策权，是建立在少数发达国家利益基础上的制度安排，致使国际货币基金组织决策的独立性和权威性受到挑战，制约了其作用的有效发挥。当前 IMF 投票权和份额的分配不尽合理，基础投票权的作用名存实亡，作为投票权分配基础的基金“份额”已经不能反映目前国际经济格局的发展变化，突出表现为发达国家在决策机制中占主导地位。美国有 16.7%的投票权，拥有对基金组织任何一项重大方案和决议的一票否决权，欧盟国家占 30%以上的投票权。而广大发展中国家的投票权只占 39%多一点，中国、巴西等发展中国家经济实力的增长却未能在基金份额中得到应有的体现。IMF 规定任何一个重要决议都要获得 85%的投票权，也就是说任何不利于美元的国际地位和核心利益的方案，是不可能真正进入实施程序的。此外，IMF 过多地强调对发展中国家和新兴市场国家进行监督，而对重要发达国家的监督缺乏有效性，所以不能对系统性风险进行及时的预警和有效应对，对国际货币体系的监管形同虚设。

## 第四节　国际货币基金组织

1944 年 7 月 1 日至 22 日，在美国新罕布什尔州的布雷顿森林镇召开了联合国货币与金融会议。会议认为，在重建世界经济新秩序的努力下，国际货币合作和政策协调十分必要，需要相应的国际金融机构和国际经济组织完成这些使命。这次会议的划时代意义的成果是创建了布雷顿森林体系，一致同意成立国际货币基金组织（International Monetary Fund，简称 IMF）和世界银行（World Bank），并酝酿和创建国际贸易组织。

国际货币基金组织 IMF 是联合国系统专门为促进国际货币与金融合作而建立的、由主权国家(地区)自愿参加的多边合作组织。IMF 根据 1944 年 7 月在美国新罕布什尔州布雷顿森林召开的联合国货币与金融大会通过的“国际货币基金组织协定”,于 1945 年 12 月 27 日正式成立,其总部设在美国首都华盛顿。当时 IMF 的创始成员国只有 29 个,经历了近 60 年的风风雨雨,IMF 不断成长壮大,到 2002 年 6 月 20 日,IMF 的成员扩大到 184 个。

## 一、IMF 的宗旨

IMF 成立时,其协定的第一条就规定了基金组织的宗旨:

(1)通过建立一个常设机构,为开展有关国际货币问题的磋商与协作提供机制,从而促进国际货币领域的合作。

(2)促进国际贸易的扩大和平衡发展,从而有助于各成员国提高和保持高水平的就业和实际收入,以及开发生产性资源,并以此作为经济政策的首要目标。

(3)促进汇率的稳定,保持成员国之间有秩序的汇兑安排,避免竞争性通货贬值。

(4)协助在成员国之间建立经常性交易的多边支付体系,取消阻碍国际贸易发展的外汇限制。

(5)在具有充分保障的前提下,保证成员国可以暂时使用基金组织的普通资金,以增强成员国的信心,使其能有机会在无须采取有损本国和国际经济繁荣的措施的情况下,平衡国际收支。

(6)根据上述宗旨,缩短成员国国际收支失衡的时间并减轻失衡的程度。

通常 IMF 的各项政策和决定都是根据上述宗旨所确定的原则精神而作出的。它的主要工作包括与所有成员国就经济政策举行对话磋商、监督成员国按照协定执行有关经济政策。同时,IMF 也讨论有关国际货币与金融体系稳定的重大问题,这些问题包括各国对汇率制度的选择;避免国际资本流动的不稳定性;设计国际认可的有关政策和制度、标准和准则等。

## 二、基金组织的资金来源及表决权

IMF 建立初期的资金总额仅有 88 亿美元,后经 8 次普遍增资和几次特别增资,到 2002 年 4 月 30 日已经增加到 2124 亿特别提款权(约合 2800 亿美元)。IMF 的资金来源主要有三个方面:

一是成员国缴纳的份额(quota)。其性质相当于股份公司的入股金,所缴份额的大小通常参考三个标准:①经济规模、经济结构大致相同的成员的份额是否具有可比性;②成员在世界经济中的相对地位;③成员持续向基金组织提供资金的潜在能力。份额单位原为美元,1969 年后改为特别提款权;所缴份额中 25%规定以黄金缴纳;1976 年后改为以特别提款权或外汇缴纳;另外的 75%以成员的本币缴纳,存放在本国(地区)中央银行,在 IMF 需要时可以随时动用。

二是向 IMF 成员借款。IMF 有权以借款形式扩大其资金来源,可以通过协商,从成员国的银行或金融机构筹借该国货币,可以选择任何货币和任何来源寻求所需款项,不仅可以向官方机构借款,也可以向私人组织借款,包括向商业银行借款。迄今为止,IMF 与成员国政府和中央银行达成两项固定的借款安排,分别是借款总安排和新借款安排,并在此框架下,IMF 还与沙特阿拉伯达成了特别借款安排,三项借款安排共获得资金 355 亿特别提款权,约合 460 亿美元。

三是出售黄金，建立“信托基金”。IMF 于 1976 年 1 月将其所持有的黄金的一部分按市价分 4 年出售，用所得利润的一部分建立“信托基金”，用于发放优惠贷款。

IMF 成员的份额决定了其投票权力的大小，IMF 的一切活动都与成员国的份额相联系，使用资金的决定需要经过理事会 70%的多数票通过，在重大问题上要有 80%以上的票数才能通过，对于一些特别重大的问题，如修改章程、接受新成员、份额的调整和特别提款权的分配等，须经理事会 85%的多数票通过。

IMF 规定，每一成员国有 250 份基本票，这部分代表国家的主权，表示承认各国主权平等，有助于加强经济规模较小国家的表决地位；然后按照成员国所认缴份额的量，每 10 万特别提款权折合(增加)一票，加总即为该成员投票数，这种份额增加的可变票则表示 IMF 是以经济为基础的机构，承认因认缴份额大而做出较多资金贡献的成员国有较高的地位，以保证那些在国际贸易与金融往来中占较大比重的成员的利益。因此所缴份额越多，所获票数越多，表决权也就越大。

到 2001 年 12 月 31 日，IMF 的总投票权数为 2166816 票，其中美国的投票权数最多，为 371743 票，占总票数的 17.16%，是基金组织中对重大问题有单国否决权的唯一国家。美国、日本、德国、法国和英国这 5 个发达国家的票数占 IMF 总票数的比重为 39.28%，接近 40%，可以说，IMF 被主要发达国家所控制。

## 三、IMF 的贷款

IMF 贷款的目的是帮助成员国弥补国际收支逆差和稳定汇率，以缓解成员国所面临的经济困难。当 IMF 成员出现国际收支困难时，有权按所缴纳的份额向 IMF 提取一定的资金，即用本国货币向 IMF 申请购买外汇，还款时则以外汇购回本币。IMF 的贷款所用货币都以特别提款权记值，利率随贷款期限而定，期限越长，利率越高，并对每笔贷款征收一定的手续费。

IMF 的主要贷款主要有：

(1)普通贷款(normal credit tranche)及备用信贷安排(Stand-By arrangements)。这种贷款主要解决 IMF 成员国际收支逆差时的短期资金需要。

(2)扩展贷款(extended facility)。又称中期贷款，用以解决成员国在特殊情况下出现较长时间的国际收支困难。如果 IMF 成员的普通贷款用完了，可以再向 IMF 申请扩展贷款，但在贷款条件上较严于普通贷款。

(3)出口波动补偿贷款(compensatory financing facility)。这种贷款用于初级产品出口国家，在这些国家因初级产品大幅波动导致出口收入大幅下降和国际收支逆差时提供融资支持。

(4)缓冲库存贷款(buffer stock financing facility)。用于帮助依赖于初级产品出口的国家建立缓冲库存的资金需要。当国际市场初级产品的价格发生较大波动时，可借助于缓冲库存贷款，采取在市场上抛售或购进该产品的办法来稳定价格，从而稳定出口收入。

(5)补充贷款(supplementary financing facility)。主要用于弥补普通贷款和扩展贷款的不足，帮助成员国解决持续的国际收支逆差问题。

(6)信托基金贷款(trust fund)。资金来源是出售黄金所得利润的一部分建立的“信托基金”，这种贷款以优惠的条件用于较贫穷的发展中成员国。到 1987 年该贷款改为结构调整贷款(enhanced structural adjustment facility，简称 ESAF)，1999 年又更名为减贫与增长贷款(poverty reduction and growth facility)。有两个用途,一是通过向有关成员国提供优惠性资金,支持其经济结构调整规划,以期明显并持久地改善国际收支状况,促进经济增长,减少贫困和提高人民生活水平。二是用减贫与增长贷款帮助有较沉重债务负担的成员国实现对外债务的可持续性。

(7)补充储备贷款(supplemental reserve facility)。于1997年末设立,用于向那些资本账户和外汇储备受到压力,市场信心突然下降,短期融资需求骤升而国际收支恶化的成员国提供资金支持。

(8)应急信贷额度(contingent credit lines)。设立的目的是防止1999年几个成员国受到金融危机冲击后有可能引致资本账户爆发危机而广泛传播的可能性。

(9)紧急援助贷款(emergency assistance facility)。用于向面临紧急情况的成员国提供资金支持。紧急状态包括两种:一是自然灾害;二是战乱后的紧急时期。

## 四、IMF的贷款条件

当某一成员国向IMF申请贷款时,IMF将派遣由经济专家组成的"专家小组"赴借款国实地考察和分析该国经济形势以及国际收支问题,在同意提供贷款之前,IMF通常要求借款国同意专家小组所制定的一组综合的经济政策和经济目标(即经济调整计划),才能获得贷款资格。IMF的调整模式是明确的:贬值以使出口具有竞争力,控制货币供应量以对付通货膨胀,使国家预算脱离赤字以便为私人投资提供空间,限制工资以加速向平稳过渡等。具体的调整计划作为贷款条件附在贷款协议中,贷款以一定的间隔分期发放,如果借款国没有履行贷款条件,IMF可随时终止新的贷款。

IMF认为,为确保借款国经济纳入正轨,这些调整计划是必要的。同时,国际银行业也十分重视并认可IMF向借款国提出的调整计划,认为只要借款国执行IMF制订的调整计划就能增强借款国的偿债能力。实际上,IMF愿否提供贷款已成为借款国为了从国际银行业获得更多贷款的先决条件。

从贷款人对贷款风险管理的角度看,IMF附加贷款条件是有依据的,这可以从两方面理解。首先,对主权政府的贷款如同对私人企业的贷款一样,也存在着风险。尽管国家不会退出交易,但有可能会发生政治动乱从而停付前任政府留下来的债务,或因经济状况的恶化而无法甚至不愿偿付债务。IMF贷款使风险增加了一层新的内容,因为没有一家国际法院来强制性执行贷款合同,而且除了借款国在IMF或贷款国可能拥有的资产外也不存在贷款的抵押品,IMF能够履行一个监督员的职责,如果借款国答应贷款条件,就向其提供贷款,如果借款国没有履行贷款条件要求,IMF就终止贷款。其次,如果贷款国政府或商业银行要求借款国改变其国内政策,可能会被视为政府的主权受到侵犯,而IMF是由184个成员组成的跨国组织,派向借款国的IMF专家小组由许多不同国家的人员组成,他们的意见是非政治性的,从而避开了政治纷争。不过,由于发达国家控制着IMF的投票权,往往使IMF在许多问题上都代表着发达国家的利益,所以,IMF的贷款条件常常受到发展中国家和一些学者的批评。

## 五、IMF近年来的改革

20世纪90年代以来频频爆发的金融危机,突出地表明金融危机与金融体系的脆弱、金融运作的不规范以及由于缺乏必要的信息披露而导致监管不力等因素之间存在着必然

的联系。为此,IMF在近年来大力推动成员国金融部门的建设和改革,所涉及的领域主要有:

(1)加强金融部门建设。1999年,IMF和世界银行开始对成员国的金融部门进行联合评估,即被称之为"金融部门评估规划"(FSAP),帮助他们识别实际的和潜在的问题。同时还积极与各国政府和其他国际机构合作以实现以下目的:①加强银行的法律、法规和监管框架建设;②评价银行和其他金融机构的最低资本充足率;③开发一套国际会计核心标准;④确定一套良好公司治理的核心原则;⑤避免易受冲击的汇率体制;⑥保证金融数据更自由、更及时地向市场发布。另外,基金组织还和巴塞尔委员会合作改进监管标准。

(2)推动国际标准和准则在成员国实施。IMF认为,一个国家遵守国际普遍接受并执行良好的标准与准则,就可以使国际社会相信和认可其采取的政策和实践。对于那些尚未遵守的国家,国际标准与准则可以作为加强它们体系的指南。IMF以致力于开发和完善其职责范围内的自愿标准,包括与一个国家的统计实践有关的标准,与财政和货币政策以及金融政策相关的良好的行为准则,以及有关加强金融部门建设的指导原则,比如银行体系监督和管理标准等。其他一些国际组织,如国际清算银行、世界银行和其他标准制定机构也在努力补充IMF在这方面的工作,这些机构共同致力于诸如会计审计、破产、公司治理、证券市场监管以及支付结算体系等领域的国家标准的制定。

(3)改进IMF自身的透明度和信誉。向公众的信息提供是改革国际金融体系的中心环节之一,也是IMF自身持续改革的基石。20世纪90年代中期以来,IMF大大增加了其公布的信息量,包括自身活动的信息和政策信息,以及有关成员国的活动和政策信息。如在1999年到2000年,80%的成员国在第四条款磋商结束后发布了公共信息公告,公告总结了磋商讨论的情况,并提供了磋商的有关背景资料。近两年来80%以上的规划项目中,有关国家政府同意将贷款申请意向书公之于众;2000年11月一项新的政策规定,成员国可自愿公布第四条款磋商报告和其使用IMF资金状况的报告。

(4)鼓励成员国增加透明度。IMF认为,及时而可靠的数据的公布,以及有关成员国经济和金融政策、实践和决策的信息的发布,有助于投资者作出明智的判断,也是保证市场有效、平稳运作所必需的。墨西哥金融危机后,IMF于1996年开发了一个数据公布特殊标准(SDDS),指导那些已经进入或可能寻求进入国际资本市场的国家向公众公布经济和金融的数据。1997年IMF建立了数据公布通用系统(GDDS),以指导那些尚不能接收数据公布特殊标准而需要改进其统计系统的国家。

(5)鼓励私人部门参与危机的预防和解决。金融全球化环境中的国际资本流动绝大部分是私人资本,这表明如果私人部门在帮助预防和解决金融危机中能够发挥积极的作用,将具有重大的现实意义。如果能改进对风险的评价,而且成员国与私人投资者之间能进行更密切更频繁的对话交流,将有助于渗透有益的影响、限制"道德风险"以及减少私人资本国际流动的波动性,从而降低金融危机爆发的可能性。

(6)加强与其他机构的合作。IMF更为积极地与世界银行、区域性开发银行、世界贸易组织、巴塞尔委员会等国际组织进行广泛密切的合作,IMF还是国际金融稳定论坛的成员,对国际金融中心的金融稳定负有责任的有关国家的货币金融管理当局、国际监管机构、中央银行的专家委员会以及国际金融机构一年两次聚集在国际金融稳定论坛,共同讨论最为关注的国际金融问题,IMF在其中发挥重要作用。

# 本章习题

## 一、单项选择题

1. 在一战之前，各国普遍实行的金本位制是（　　）。
A. 金币本位制　B. 金块本位制　C. 金汇兑本位制　D. 国际金本位制
2. 历史上第一个国际货币体系是（　　）。
A. 国际金本位制　B. 国际金汇兑本位制
C. 布雷顿森林体系　D. 后布雷顿森林体系
3.《布雷顿森林协定》是以（　　）提出的怀特计划为基础。
A. 美国　B. 英国　C. 德国　D. 日本
4. 布雷顿森林体系实行的是（　　）。
A. 固定汇率制　B. 可调整的固定汇率制
C. 浮动汇率制　D. 管理浮动汇率制
5.（　　）属于《牙买加协定》的主要内容。
A. 关于会员国国际收支的调节　B. 废除外汇管制
C. 制定了"稀缺货币"条款　D. 成员国可以自由选择汇率安排
6.（　　）不属于牙买加体系所表现的积极作用。
A. 灵活的混合汇率体制，打破了布雷顿森林体系的僵化局面
B. 国际储备多元化，在一定程度上解决了"特里芬难题"
C. 国际收支调节机制健全，根本解决国际收支不平衡的问题
D. 在一定程度上缓和了布雷顿森林调节机制失灵的困难
7. 国际货币基金组织（IMF）成立于（　　）年。
A. 1945　B. 1946　C. 1956　D. 1943
8. IMF 向会员国发放的贷款和（　　）成正比。
A. 该会员国向 IMF 缴纳的份额　B. 该会员国的国际收支逆差数额
C. 该会员国的贫困程度　D. 该会员国对资金的需要程度
9. 下列机构中，属于世界银行集团的是（　　）。
A. 国际货币基金组织　B. 国际复兴与开发银行
C. 国际农业发展基金组织　D. 非洲开发银行
10. 国际开发协会贷款的对象是（　　）。
A. 发达工业化国家　B. 发达经济的国家
C. 落后经济的国家　D. 工业化国家

## 二、问答题

1. 简述国际货币体系的内容和发展演进历程。
2. 布雷顿森林体系的内容包括哪些？
3. 试分析布雷顿森林体系的内在缺陷。
4. 试分析牙买加体系的内在缺陷。
5. 试述国际货币基金组织贷款的资金来源和种类。

# 第八章　区域性货币联盟和欧洲货币一体化

**内容简介**：本章介绍了传统的最优货币区理论以及该理论的最新进展，并对区域性货币联盟的典型——欧洲货币一体化的进程作了详细的说明，尤其对欧元的诞生进行了重点介绍。

目前国际货币金融体系越来越呈现出一体化的格局，货币一体化成为现行国际货币制度的重要内容。货币一体化理论(monetary integration theory)就是各成员国联合起来，结成固定的汇率，执行共同的货币政策。而货币一体化包含两个层次：一是全球货币一体化倾向；二是区域性货币一体化问题。作为全球性的货币一体化，布雷顿森林体系由于其内在矛盾于20世纪70年代逐渐走向解体，之后区域性货币一体化得以迅速发展。

区域性的货币一体化问题主要讨论区域内各国货币统一的可能性和条件、货币统一的进程和共同货币的运行。在已经实现的区域性货币一体化中，虽然也有共同的中非货币和西非货币这些案例，但由于其特殊的背景和局限，它们并不具有借鉴意义，为此未能成为普遍关注的对象。现在，货币一体化的典型代表形式是欧洲货币体系。

与货币一体化直接相关的理论是最优货币区理论，根据该理论货币一体化就是采用单一货币的最优货币区，区域内流通单一货币，建立超国家的统一的中央银行执行货币政策职能，因此，最优货币区理论是单一货币理论的基础和核心。本章将从最优货币区理论出发，探讨欧洲货币一体化的进程和欧元的运行。

## 第一节　最优货币区理论

根据《新帕尔格雷夫经济学大辞典》，最优货币区(optimum currency areas，简称OCA)是指一种"最优"的地理区域，在这个区域内一般的支付手段是一种单一共同货币，或者是几种货币之间具有无限的可兑换性，其汇率在进行经常性交易和资本交易时互相钉住，保持不变；区域内的国家与区域外的国家之间的汇率保持浮动。"最优"是从宏观经济目标——保持经济的内外均衡的角度来定义的：内部均衡在通货膨胀率和失业率的最佳置换点上取得；外部均衡是指国际收支的平衡，即收支头寸的持续保持。

最优货币区理论是对货币一体化认识过程及实践发展进程的反映与总结。在区域经济联系加强，货币跨越国界发挥作用的要求初见端倪时，人们开始讨论满足什么样条件的地理空间可以组建最佳货币区；而随着欧洲货币一体化实践的发展，人们似乎从事了相反的工作，经济学家着重根据最优货币区理论考察了欧盟是否符合最优货币区的条件以及实现货币联盟的途径和模式安排，更集中于讨论在一个给定的地理空间如何创建一种新的货币，这正是欧洲货币一体化的主题。在实践过程中，人们遇到的最大难题是各国货币主权的让渡和超国家中央银行的设立，为此，爱默生适时提出了"一个市场，一种货币"的思想理念，替代了把货币狭隘地理解为国家主权的思想观念，为以后欧洲中央银行的建立和欧元的诞生提供了理论基础。20 世纪 90 年代，随着全球经济、金融一体化的加强，货币一体化浪潮也蜂拥迭起，人们的视野不再停留在是否组建货币区的讨论，而是认识到货币一体化已是世界区域经济发展的潮流，此时单个国家如何判断是否加入货币区，以及何时加入货币区成为各国更为关注的紧迫问题，于是加入货币区的国别判断标准应运而生。总之，货币一体化理论与其实践相伴而生，实践的需求与发展推动了理论的诞生、完善和更新，而理论的发展则为货币一体化实践指明了方向、拓展了空间。

## 一、传统最优货币区理论

最早提出"最优货币区"概念的是当时任国际货币基金组织特别研究处研究员的美国经济学家罗伯特·蒙代尔。20 世纪 60 年代初，蒙代尔的"最优货币区"理论开创了区域货币一体化研究之先河；随后伊格拉姆、麦金农等共同开创了最优货币区这一研究领域。

理论上说，任何一个国家都会面临最优货币区的问题，即本国是适宜单独组成一个货币区，还是与其他某些国家共同组成一个货币区。如果对于某一国家而言，本国单独组成一个货币区，那么就意味着本国实行的是浮动汇率制或弹性汇率制。问题的关键在于，究竟依据什么准则来确定什么样的国家之间适合共同组成一个货币区，不同的学者所强调的准则存在明显的不同。

### （一）罗伯特·蒙代尔的生产要素流动性分析

首先明确提出最优货币区理论的是罗伯特·蒙代尔（Robert Mundell）。最优货币区理论产生的背景是关于固定汇率制和浮动汇率制优劣的争论。1953 年，米尔顿·弗里德曼教授发表了题为《灵活汇率问题》的论文，提出了浮动汇率制的优势，发表了固定汇率制必将失败的论点。到 1961 年，罗伯特·蒙代尔教授发表了题为《最优货币区理论》的论文，提出："对于大多数国家而言，实行固定汇率制度能够比实行灵活汇率制度带来更多的利益。"基于此，蒙代尔教授做出了欧洲货币联盟能够给成员国带来利益的判断，并因此在获得诺贝尔经济学奖后被一些人称为"欧元之父"。

罗伯特·蒙代尔主张生产要素流动性准则，主张用生产要素的高度流动性作为确定最优货币区的标准。"货币区"内的汇率必须被固定；"最优"的标志就是有能力稳定区内就业和价格水平。最优货币区不是按国家边界划定的，而是由地理区域限定的。他认为生产要素流动性与汇率的弹性具有相互替代的作用，这是因为，需求从一国转移到另一国所造成的国际收支调整要求，既可以通过两国汇率调整，也可以通过生产要素在两国间的转移来解决。在他看来，生产要素流动性越高的国家之间，越适宜于组成货币区；而与国外生产要素市场隔绝越大的国家，则越适宜于组成单独的货币区，实行浮动汇率制。

蒙代尔认为，需求转移是一国出现外部失衡的主要原因。例如，若需求从 A 国转移到 B 国，则 A 国出现超额需求，而 B 国出现超额供给。在劳动力不流动的情况下，B 国将会出现失业现象；若要解决 B 国的失业问题，则必须调整两国的汇率。但在劳动力可以自由流动的情况下，劳动力将从B国移向A国，从而降低了B国的劳动力供给，而A国的劳动力供给提高，在汇率不发生调整的情况下，就可以消除经济的不均衡。显然，若要在国家之间维持固定汇率，并保持物价稳定和充分就业，就必须保持要素的高度流动性。蒙代尔指出，经济需求的转移导致的国际收支不平衡可以通过汇率浮动来解决。在浮动汇率制实现通货区内外部经济平衡的同时，通过相对固定价格的商品、资本和劳动力等要素的自由流通实现各成员国内部经济的平衡。

但是在蒙代尔的理论中没有对资本流动和劳动力流动的重要性进行区分。比如，当上述例子中A国和B国结成一个保持固定汇率的通货区时，B国国际收支恶化造成B国经济收缩，A国国际收支盈余造成A国物价上涨。于是，对投资的刺激将在B国下降而在A国上升，资本反而可能从B国流向A国，从而更加恶化B国的失业和A国的通货膨胀。至于劳动力流向，情况同资本流动不一样。B国发生国际收支逆差时，要求劳动力从B国流到A国，但因为两国在气候、生活习惯、文化和道德风俗诸方面都存在差异，使得劳动力的这种迁移较难完成；而且，即使迁移可以完成，由于迁移成本较高，迁移数量不会太多，调节效应的作用将存在较长时滞。这样看来，当国际收支发生失衡时，资本的高度流动很可能是非均衡性的，而劳动力的迁移只能影响一国经济的长期发展，不能成为解决国际收支短期波动的机制。因此，仅以生产要素的高度流动性来判断最优货币区是存在局限性的。

### (二)罗纳德·麦金农的经济开放性分析

1963年，罗纳德·麦金农(Ronald Mckinnon)强调以一国的经济开放程度作为最优货币区的确定标准。

麦金农将社会总产品分为贸易商品和非贸易商品，其中贸易商品占的比例越大，说明该社会的开放程度越高。在一个高度开放的小国中，浮动汇率制是难以实行的。因为在此类国家中，市场汇率的微小变化都可能引起市场物价的剧烈波动；如果进口商品在居民消费中占有较大比例的话，那么汇率的微小变动还会对居民的实际收入产生较大的影响。因此，一些贸易关系比较密切、开放度较高的国家之间应该建立一个相对封闭的货币区，对内实行固定汇率制，而对外则实行统一的浮动汇率安排。

他认为，用浮动汇率来矫正国际收支失衡会导致经济在贸易部门和非贸易部门的不同反应，货币升值会引起贸易部门的价格上升，必须以非贸易部门的价格下降来抵消。所以，麦金农强调，一个内部开放、对外封闭的经济区建立最优汇率安排的前提是：内部保持价格稳定，将货币钉住某种贸易与非贸易产品的组合；对通货区之外则采用浮动汇率，以实现外部经济平衡。

麦金农理论的局限性表现在三个方面：首先，他是以世界各国物价普遍稳定为前提来考察汇率变动后果的，但是这一假设缺乏现实依据，即便在20世纪60年代中期以前相对稳定的情况下，发达国家也可以通过固定汇率向外传递通货膨胀和经济不稳定性。其次，麦金农的分析以经济高度开放的小国为对象，如果一个小国的贸易伙伴主要是一个大国，并且其汇率钉住该大国的货币，或几个小国彼此在贸易上有密切联系而结成货币联盟，则经济开放性标准是有意义的。但若一个小国的贸易分散于几个大国而这些国家的货币又彼此浮动，则麦金农的指标就失去了意义。第三，麦金农的分析重点在贸易账户方面，忽略了资本流动对汇率安排和国内经济的影响。

### (三)彼得·凯南的低程度产品多样性分析

彼得·凯南(Peter Kenen)1969年提出以低程度的产品多样化作为形成一个最优货币

区的标准。

与蒙代尔一样，凯南的建议是建立在国际收支失衡是宏观经济需求波动的主因这一假设之上的。他认为，对于一个出口产品多样化的国家来说，如果外部经济的动荡使得对该国某种产品的需求降低，则不会给该国经济带来大的影响，汇率也就不用做出大的调整；而对于一个产品多样化程度较低的国家来说，外部经济动荡可能会对该国经济造成大的冲击。若要抵消这种冲击，就需要对汇率作出较大幅度的调整。换句话说，就是产品多样化程度低的国家不能够承受固定汇率的后果，而最优货币区应该建立在汇率上能够灵活安排并具有相对独立性的货币区。

### (四)詹姆斯·伊格拉姆的国际金融一体化程度分析

针对以上实物标准分析无法圆满解说最优货币区理论的情况，詹姆斯·伊格拉姆(James Ingram)于1969年指出，在决定货币区的最优规模时，有必要考察一国的金融特点，并进而在1973年提出以国际金融高度一体化作为最优货币区标准的理论。

伊格拉姆认为，一个区域内各国国际收支的不平衡，同资金的移动状况有关，尤其同缺乏长期证券的自由交易有关。如果国际金融的一体化程度较低，则金融市场的交易是不充分的，此时金融市场的交易将会以大量短期证券交易的形式表现出来(因为短期证券交易的风险可以通过远期市场的抛补来避免)，从而引发各国市场利率结构的较大差异，并进一步带来汇率的较大波动。相反，若国际金融市场高度一体化，则利率的小幅波动就会引发资本的流动，从而可以避免利率的剧烈波动。因此，货币区的建立应该以金融一体化程度为标准。

伊格拉姆的金融高度一体化标准只强调了资本要素的流动，但资本要素的流动不一定能成为国际收支的一种有效调节机制，而且，他还忽视了对经常账户的考虑。同蒙代尔一样，伊格拉姆是从固定汇率的维护机制来分析最优货币区标准的，但是，其局限性在于将资金融通看作平衡国际收支的唯一方法。事实上，在现实世界中，即使在货币联盟内部，顺差国也不是愿意无止境地向逆差国提供融资的。

### (五)政策一体化程度分析

1970年，爱德华·托尔(Edward Tower)和托马斯·威莱特(Thomas Willett)提出应以政策一体化作为确定最优货币区的标准。

他们认为，一个具有不太完善的内部调节机制的货币区能否成功，关键在于其成员国对通货膨胀和失业增长的看法以及对这两个指标之间交替能力的认识是否具有合理的一致性。换句话说，一个不能容忍失业的国家是难以同另一个不能容忍通货膨胀的国家在政策取向上保持一致的。

这个建议以政策合作作为国际收支的平衡机制，它要求建立一个超国家的、统一的中央银行和统一的财政制度，这在现实世界中显然是困难的。而且，即便建立起这样的机构和制度，各国的国际收支失衡问题未必一定能够得到解决，反而可能恶化。通过区域中央银行实现的银行业务集中化，也不一定能够促进短期利率的均衡化和整个货币区内均衡性资本的流动，这些都可由部分发达国家长期存在非常不发达地区的事实得到证明。此外，政策一体化标准的明确含义到底是什么，也还是一个不明晰的问题。

### (六)通货膨胀率相似性分析

1970年和1971年，G. 哈伯勒(Harberler)和G. M. 弗莱明(Flemming)分别提出以通

货膨胀率的相似性作为确定最优货币区的标准。

他们认为国际收支失衡最可能是由各国的发展结构不同、工会力量不同和货币政策不同所引起的通货膨胀率差异造成的，而通货膨胀率的差异又会引发投机资本的流动和汇率的波动。因此，如果区域内各国的通货膨胀率趋于一致，汇率的波动就可以避免。

不可否认，通货膨胀会使国际收支恶化，但是把通货膨胀说成是国际收支失衡的最经常、最主要的原因也是不完善的。实际上，国际收支逆差是由滥用国际货币发行特权、各国经济结构差异、国际交换关系不平等、劳动生产率差异、利率差异和通货膨胀率差异等因素共同作用的结果，而且前面几项因素有时甚至是更加重要的。

总之，从传统的最优货币区理论的研究来看，学者们主要提出了构成"最优货币区"的主要条件，概括起来主要包括：生产要素的高度流动，经济开放度较高，产品生产多样化，通货膨胀的相似性，政策一体化程度较高，国际金融一体化程度分析等。值得指出的是，以上的各种标准都是从某一个角度提出来的，虽然或多或少地反映了国际经济形势的客观变化，但依然无法对区域货币合作问题作出完美的解释。因此，进入 20 世纪 90 年代以后，对货币区问题转向了从综合的角度，即成本与收益比较的角度进行研究。

## 二、最优货币区理论的最新进展

20 世纪 70 年代最优货币区的研究吸引了更多的国际经济学家，他们关注的是加入最优货币区的成本和收益；90 年代初，爱默生等人的"一个市场、一种货币"思想，打破了"一个国家，一种货币"的传统主权观，为不同国家间的货币融合扫清了思想障碍；90 年代中期，保罗·克鲁格曼等人的"GG—LL 模型"为单个国家选择是否加入共同货币区提供了分析方法与工具。

### （一）基于理性预期的理论

#### 1. 货币政策的长期无效性

传统理论以工资的"货币幻觉"和向下倾斜的菲利普斯曲线作为前提假设，认为独立的货币政策是非常有效的宏观经济调控工具。但是，弗里德曼和卢卡斯对传统的菲利普斯曲线提出了质疑。他们认为，由于公众存在理性预期，长期菲利普斯曲线是垂直的，因而在平衡通货膨胀率和失业率方面，货币政策是无效的，这样加入货币区，货币政策独立性损失的成本并不高。

#### 2. 政策的可信度、时间的不一致性

在政策制定者与公众的博弈中，考虑到存在政策的可信度和时间不一致性问题，因此即使两国家之间的通货膨胀率差异非常大，只要中央银行控制通货膨胀的政策规则的可信度较高，这两个国家也能形成货币区。

格劳威运用巴罗—戈登模型分析了加入货币联盟的成本与收益。该模型假定公众存在理性预期，在货币当局与公众的博弈中，货币当局为了减少失业率，具有欺骗公众的动机，因而可能导致更高的通货膨胀率。但是，当一个国家通过与低通货膨胀的国家保持一个固定汇率，或者选择加入货币区时，就可以取得政策的可信度，从而保持较低的通货膨胀率。

### （二）基于内生性的理论

传统理论主要研究一国加入货币联盟的条件或标准，并认为这些条件和标准是外生的。但是，弗兰克尔和罗斯提出来最优货币区的"内生性"假说。即国家之间的贸易程度与它们

的收入水平及商业周期的相关性之间是内生的，加入货币区能够增加货币区国家的贸易强度，而贸易强度的增加会进一步增强它们的收入水平和经济周期的趋同性，使货币区国家更加接近最优货币区的条件。随后，很多学者围绕货币区条件的内生性问题从不同的角度、运用不同的计量方法展开了研究。

罗斯和恩格尔对世界范围内的货币联盟成员国间的贸易联系和经济趋同性之间的关系研究表明，货币联盟成员国之间的贸易联系比使用独立货币的国家更紧密，同时货币联盟的建立也能提高成员国之间经济周期同步性，并且在开放度、贸易一体化、专业分工度和价格一体化等方面比加入联盟前均有较大的提高。这进一步说明最优货币区标准的内生性。

蒙格利的研究认为，应该从广义上去理解最优货币区标准的内生性，而不能仅局限于贸易一体化和收入相关性。因此，格劳威和蒙格利深入研究了经济一体化、金融一体化、对称性冲击以及产品和劳动力市场的内生性问题；布兰查德和沃夫指出劳动市场制度的内生性；伊星研究了政治一体化的内生性问题。

Imbs 运用联立方程的方法，比较全面系统地研究了贸易、金融一体化、专门化与商业周期同步性之间的关系。他认为，贸易和金融一体化对商业周期的同步性具有直接或间接的影响。他将贸易分为产业内贸易和产业间贸易，并认为产业内贸易对商业周期同步性的影响更大。

最优货币区的内生性假设表明，经济一体化水平的提高增强了各国之间经济的趋同性，从而减少了因加入货币联盟而丧失汇率政策工具的成本，这有利于推动区域货币一体化的进程。

### （三）“一个市场、一种货币”理论

1992 年，爱默生和格罗斯系统阐述了“一个市场、一种货币”理论。他们认为，货币选择根本上应由市场状况尤其是市场需求来决定，具体的货币空间由实际的货币交易网络来划分，每个货币的空间就是其功能性权威的影响范围，即完整市场在货币层面的响应——“货币圈”。此时，货币作为一种交换工具和价值工具，开始真正服务于市场，无论这个市场有多大，涉及多少国家，只要是一个统一的大市场，那么单一货币就是最优选择。

“一个市场、一种货币”思想的内涵在于将货币与国家主权分开，认为货币从根本上是服务于市场的，国际经济交往的深化需要某种形式的货币融合。当一个国家无法更好地发挥货币职能与作用的同时，如果货币权的让渡有利于经济的发展和人民福利的提高，那么就应该将货币权上交给更高层次的超国际机构。在这里，爱默生所认为的货币融合是具有一定前提条件的，那就是国际经济交往的深化即市场的高度紧密结合才可能有货币融合的需要，即市场的高度融合是建立货币的条件，没有这一条件，也就没有了货币融合的需要。

### （四）“GG—LL”模型

20 世纪 90 年代后，克鲁格曼以欧盟和芬兰为例，分析了芬兰加入欧盟的成本与收益，提出了“GG—LL”模型。“GG—LL”模型主要研究单个国家如何判断是否加入货币区，以及加入货币区后的收益和成本之间是否有一个权衡的标准。

如图 8－1 所示详细描述了“GG—LL”模型的原理，图中横轴表示加入国与货币区的经济紧密程度，它可以用经济交往占 GNP 的百分比表示；纵轴表示加入国的成本与收益。图中 GG 曲线为收益曲线，LL 曲线为成本曲线，图中 GG 曲线和 LL 曲线的交点为 $B_1$，它决定了一国是否加入货币区的经济一体化程度的临界点 $A_1$，当该国与货币区的一体化程度大于

$A_1$时，加入货币区有净收益，否则执意加入只会带来净损失。通过"GG—LL"模型还可以判断一国经济环境的变化是如何影响其加入货币区的选择的。例如，当某国出口需求增加，在经济一体化程度的任何一个水平上，汇率工具的缺失使该国产出和就业的不稳定性增大，于是 LL 曲线上移到 $LL_1$，结果使得加入货币区的临界点由 $A_1$移动到 $A_2$。

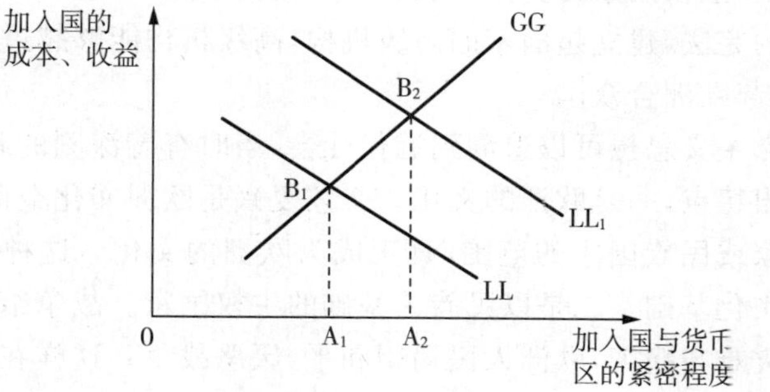


图 8 - 1　GG—LL 模型

"GG—LL"模型得出的结论是，一个国家的经济与其所在货币区的经济联系程度越密切，加入货币区的经济稳定性损失就越小，反之亦然。总之，一个国家与其所在货币区的经济一体化程度越高，加入货币区就越有利。同时，克鲁格曼还用"GG—LL"模型说明了最优货币区理论，指出最优货币区就是通过商品贸易和服务贸易以及要素的流动，促使多国经济紧密相连的地区。如果各国之间的贸易和要素流动性较大，那么组建货币区对各成员国均有益处，反之则不适宜。"GG—LL"模型说明了一个地区部分市场结合紧密的国家可以先行组成货币区，一个国家可以通过分析成本与收益来决定能否加入货币区。

理论上，最优货币区是将固定汇率制和浮动汇率制很好地结合在一起，并以此来实现货币区参与国家内部与外部经济平衡的一种有效制度安排。而且在实践中，欧元区的诞生和运作也已经说明在满足一定条件的基础上是可以实现最优货币区的。不过，从建立国际货币体系的目标来看，最优货币区的形成充其量只是其中的一项阶段性成果，欧元区的建立并不代表国际货币体系的成功。最优货币区是否能够引致国际货币体系最终确立，还有赖于欧元区的持续发展以及其他货币区的形成。

## 第二节　欧洲货币一体化概况

最优货币区理论为欧洲货币一体化和欧元的形成及产生提供了理论基础和实践指导。欧元区的实践表明，欧洲各国，尤其是西欧国家，在经济、政治、社会、文化等方面的相互趋同和认可构成区域经济合作和货币一体化运动的基础。建立最优货币区、实现货币统一意味着各成员国必须放弃独立的货币政策，而欧洲国家联合自强的决心和信心，以及得天独厚的经济和社会文化渊源预示着欧洲货币合作和一体化能够以较低的成本实现最佳的收益。

### 一、欧洲一体化的思想渊源

#### （一）第一次世界大战前欧洲一体化思想渊源

1999 年 1 月 1 日零点，欧洲联盟 11 国启动了单一货币欧元，欧洲经济货币联盟正式启动。尽管目前看来成效卓著，但它的出现却是一个相当长的曲折过程。而且，一体化程度最高的经济货币联盟能够在欧洲率先实现，与欧洲长期以来的一体化思想渊源有着密切的联系。

欧洲近代早期一体化的主要思想是邦联与联邦主义思想。邦联主义是指欧洲的联合以保留民族国家为基础，主权国家为实体单位。联邦则要求建立欧洲联邦，关键在于成立统一的议会和制定统一的宪法，建立超国家的高级机构，高级机构能够越过各国政府同各国人民发生关系，最终建立起欧洲合众国。

对于邦联和联邦主义思想可以追溯到近代社会，当时有着深刻的政治背景和文化背景。欧洲社会政治的突出特点，一是欧洲的文化。文艺复兴是欧洲文化空前发展与繁荣，使欧洲文化超出了主权国家或民族国家的范围，真正成为欧洲的文化。这种文化上的认同是欧洲走向一体化的重要文化基础。二是以民族为基础的主权国家。战争给欧洲民族和国家以及人民带来了巨大的灾难与痛苦，欧洲人民渴望和平，厌恶战争。这样在整个欧洲建立一个统一的联邦或联盟，被视为实现和平的有效方法。欧洲文化的一致与认同以及建立一个统一的欧洲联邦或联盟的思想，反映在思想家与哲学家的著作中，便成为以追求和平为目的建立新的国家结构和国际结构的政治学。在欧洲近代社会中，圣·皮埃尔、卢梭和康德的邦联与联邦主义的思想最具有代表性。其中最早提出欧洲联合和欧洲统一思想的圣·皮埃尔，被看作是欧洲一体化理论的精神鼻祖。

18世纪欧洲启蒙主义的欧洲联合思想以维护和平为宗旨，并将成立共和国作为欧洲联合与和平的前提。圣·皮埃尔的邦联主义理论和康德的联邦主义理论，激起了欧洲人民建立欧洲联盟和欧洲合众国的努力。到了19世纪，上述观点得到进一步发展。空想社会主义者圣西门提出了详细的欧洲统一方案，呼吁建立一个欧洲合众国。空想社会主义者傅立叶也主张“建立一个高于各国主权的最高权力”。19世纪后半叶，许多知识分子开始了理论和实践的双重探索，其中最著名的是1849年9月在布鲁塞尔、1850年在法兰克福以及1859年8月在巴黎举行的争取欧洲和平的三次大会。大文豪维克多·雨果在巴黎大会上满怀豪情地预言：总会有这么一天，到那时，你们——法国，你们——俄国，你们——英国，所有的欧洲国家，无须丢掉你们各自的特点和闪光的个性，都将紧紧地融合在一个高一级的整体里；到那时，你们将构筑欧洲的友爱关系……到那时，两个巨大的集体——美利坚合众国和欧洲合众国——将越过大西洋携起手来……这表达了雨果建立欧洲合众国的思想。

### （二）两次世界大战期间的欧洲联合思想

20世纪初，第一次世界大战爆发。在战争的硝烟弥漫整个欧洲大陆的时候，对和平的渴望更激起了人们对欧洲联盟的向往。这一时期有些学者不再单纯从政治组织的角度来探讨建立欧洲联盟的可能性问题了。法国学者C. E. 库尔尼埃在《通过法律走向和平》杂志上撰写了《文明世界的经济组织》一文，阐述了他在建立欧洲和平和欧洲联盟问题上的观点。他认为，不应该在短时间内通过政治的形式解决这一问题，而应该用经济的形式来尝试解决。荷兰政治家克里斯蒂安·科内利森撰写了著作《战争的经济因素》和论文《欧洲合众国》，主张战后的英国和欧洲大陆上的国家（包括战时的协约国和中立国家）应当建立一个经济组织，这个组织的成员国是英国、法国、意大利、比利时、西班牙、葡萄牙、荷兰、瑞士以及北欧国家，在晚些时候可以吸收德国。这个经济组织的任务是，通过经济间的合作，抑制战争的经济因素的增长，从而捍卫欧洲大陆的和平。他们的观点在后来欧洲联盟的建设中得到了体现。此外，仍然有人从政治、军事和民族的角度尝试建立欧洲联盟。

总之，在19世纪末20世纪初，欧洲各国的政治家、学者从不同角度探讨了欧洲建立联盟的设想。即使在战火弥漫的第一次世界大战期间，仍有一些政治家和学者在不懈努力，设计消除战争、赢得和平的欧洲联盟的宏伟蓝图。在第一次世界大战以后的一段时间里，欧洲以何种形式走向联合，成为政治家和学者们共同探讨的核心问题。从国际秩序来看，第一次世界大战以后的欧洲是混乱的欧洲。第一次世界大战的破坏和创伤，使人们更加向往和平。欧洲的发展历史充满了战火硝烟，特别是第一次世界大战以后，展现在欧洲人民面前的是战争的废墟和民族仇恨的情绪。建立欧洲某种形式的联合，实现民族和解，成为欧洲人的共同愿望。这样，出现了理查德·库登霍夫—卡勒吉(Count Richard Coudenhove-Kalergi, 1894—1972)的"泛欧运动"思想和白里安(Aristide Briand, 1862—1932)的"欧洲联盟"计划，他们在推动欧洲一体化的历史进程中影响巨大。

理查德的"泛欧运动"思想是以个体的力量通过争取政治家的支持而开展。他先后召开了五次"泛欧运动"大会。其思想和活动引起巨大轰动，并得到丘吉尔的积极响应。其思想主要包括：要将一个混乱、分裂的欧洲建设成为有秩序的、和平的欧洲，就必须在所有欧洲国家之间建立一种"联邦"的制度。"泛欧运动"的具体步骤是，首先从多瑙河地区开始，多瑙河地区的"泛欧运动"又可以从奥地利和捷克开始。如果奥地利和捷克一旦结成联盟，就可以向北延伸到波兰和波罗的海诸国；向南延伸到巴尔干地区；5个多瑙河国家首先联合起来，推动建立"东欧合众国"，向"欧洲合众国"扩展。

在理查德的"泛欧运动"思想的基础上，法国外交部长白里安进一步提出了"欧洲联盟"计划。该计划的第一步是实现法国和德国的和解，提出了建立"欧洲联盟"的基本体制是联邦制，并提出了"欧洲联盟"的常设机构及近期工作目标。

理查德的"泛欧运动"思想和白里安的"欧洲联盟"计划虽然在第二次世界大战期间受到忽视和冷落，但是，他们在理论和实践上对欧洲一体化理论与欧洲联盟的建立与发展，都产生了较大的影响。

20世纪30年代是欧洲一体化最不活跃的时期；第二次世界大战前后是欧洲一体化运动的艰难时期；20世纪50年代欧洲一体化进入迅速发展时期。

## 二、欧洲煤钢共同体

1952年，欧洲煤钢共同体成立，这是第二次世界大战后，欧洲国家合作迈出的第一步。

欧洲是市场经济制度的发源地，几百年来生产力的迅速发展使欧洲成为世界上最为富饶的地区，但与此同时，民族国家之间的利益冲突却使得欧洲陷入不断的战乱纷争之中。长期以来，欧洲人一直在寻求着欧洲统一的途径——宗教、文化、军事、政治……就在多少政治家、军事家试图统一欧洲的宏图大业相继失败之后，市场经济的发展却在悄悄地、逐步地将欧洲各国的经济融合在一起，推动着欧洲联合的历史脚步迈入20世纪下半期的地区经济一体化进程。

欧洲国家在20世纪上半期经历了两次惨绝人寰的世界大战血与火的洗礼，西欧各国终于认识到用武力谋求国家利益和统一欧洲是行不通的。战争中形成的欧洲联邦主义思潮和战后欧洲政治安全格局的变化，促使西欧国家开始认真考虑用和平手段统一欧洲的途径，主张欧洲必须在国际一体化尤其是经济一体化的范围中重建。经过两次世界大战的浩劫，欧洲各国普遍陷入经济凋敝、政治危机、社会动乱的困难之中，任何一个欧洲国家已经不可能单独依靠本国的力量恢复经济和在国际舞台上发挥影响。欧洲各国只有联合起来，才能复兴与繁荣，对此，西欧国家在战后很快便取得了共识。

毋庸讳言，战后初期西欧国家寻求更为密切合作的初始动机，是希望永远消除法国和德国之间的潜在战争威胁，不过，这种政治安全目标不是通过传统的政治联盟而是通过崭新的经济一体化战略来实现的。

以让莫内和舒曼为代表的欧洲一体化先驱者将统一欧洲的宏伟政治目标与循序渐进的经济一体化措施相结合，从 1952 年建立欧洲煤钢共同体开始，展开了西欧地区一体化的进程。

欧洲经济一体化最初就采用了关税同盟这一较高级的一体化形式，即始于 1944 年的比荷卢经济联盟，这是包括比利时、荷兰、卢森堡三国的关税同盟。

第二次世界大战使欧洲经济陷入了困境，为了恢复贸易，促进经济复苏，美国与欧洲在战后的最初几年里，创立了 3 个重要的组织来使贸易自由化，分别是：(1)建立于 1947 年的关税贸易总协定，目标是在发达工业国家之间削减关税；(2)建立于 1948 年的欧洲经济合作组织，主要任务是合作与管理美国的“马歇尔计划”，主要目标也是贸易自由化；(3)建立于 1950 年的欧洲支付同盟，主要目标是保证货币的可兑换性。这 3 个经济组织在消除或者削减贸易壁垒方面的功能互补，极大地推动了欧洲国家之间的贸易增长，促进了欧洲的经济发展。

1948 年 5 月 7 日，在荷兰海牙召开了“欧洲大会”，呼吁将某些领域的国家主权合并以建立欧洲经济和政治同盟，但并未达成共识。1949 年 1 月 29 日，成立了欧洲委员会，但它仅是一个论坛性质的机构，对欧洲一体化的实际影响甚微。

现实中，欧洲国家在度过了 1945 年至 1950 年的恢复时期之后，开始探讨欧洲的未来。欧洲国家一致认为，为了摆脱美国的控制，对付苏联的威胁，保持其在第三世界的势力范围乃至从确保自身发展的立场出发，欧洲必须联合起来。在这种思维方式下，1950 年 5 月 9 日，法国外交部长罗贝尔·舒曼(Robert Schuman)发表了一份历史性的声明，向政府提交了建立欧洲煤钢共同体的“舒曼计划”，提出共同规划欧洲国家的煤和钢资源。

由于当时工业化国家的主要能源是煤，工业化靠钢，因此，如果各国家间煤和钢的合作取得成功，对各国经济建设都有好处。主要体现在：(1)如果各个国家相互分割，为了限制进口，实行关税或者许可证制度等，钢和煤的生产就没有规模经济效应。(2)对企业来说，当企业在做投资和消费决策时，能够从整个欧洲大市场来考虑，选择的范围更广，就可以降低成本。

此声明得到了广泛的支持，并于 1951 年 4 月 18 日，法国、联邦德国、意大利、比利时、荷兰和卢森堡在巴黎签订了《欧洲煤钢联营条约》，简称《巴黎条约》，决定将各自的煤、钢工业置于共同的管辖之下。1952 年 7 月 25 日条约生效，欧洲煤钢共同体诞生，其主要任务是在煤、钢市场稳定价格与协调供求。此后，各成员国之间取消了煤和钢以及铁矿砂和废钢铁贸易的关税及数量限额，实现了煤和钢的自由贸易。由此，在以后的 20 多年的时间里，成员国的原钢总产量出现了快速增长，从 4200 万吨上升到 15600 万吨，大大超过了美国的原钢产量。

这是一个具有超国家性质并具有实际意义的欧洲经济一体化组织，它开创了欧洲一体化进程的新局面，并且大大增强了欧洲各国建立欧洲联盟的信心。

## 三、欧洲经济共同体:从关税同盟到共同市场

欧洲煤钢联营的发展,一方面证明了通过合作谋求共同发展符合各成员国的利益,另一方面又表明了仅仅在煤钢工业部门进行合作是不够的,需要进行更广泛的合作。于是,在1957年3月25日,德国、法国、比利时、荷兰、卢森堡、意大利6国在意大利首都罗马缔结了两个新条约:《建立欧洲经济共同体条约》《建立欧洲原子能共同体条约》,通称《罗马条约》(Treaty of Rome),宣布成立欧洲经济共同体和欧洲原子能共同体,于1958年1月1日生效。

欧洲经济共同体将一系列原本属于国家范畴的重要经济职权纳入从属于共同决策机制的一体化领域。欧洲经济共同体的宗旨是:协调各成员国的经济政策,实现共同体经济的均衡增长;共同体内取消工业品关税和数量限额,对外实行共同关税、汇率和共同贸易政策;实施共同农业政策,统一内部主要的农产品价格,对外征收进口差价税,建立共同农业基金;在运输、能源、渔业、社会、地区开发和研究及发展等方面,制定和实施不同程度的共同政策。总的目标是,在欧洲经济共同体内部,实现商品、人员、劳务和资本的自由流动。可以说,这个涉及经济社会等多方面的计划是一个野心勃勃的计划。

经济共同体的建立使成员国增强了竞争能力,促进了共同体内的自由贸易,但同时,问题也逐渐表面化。

其一是汇率稳定问题。尽管该计划涉及了汇率政策的内容,但是没有具体执行的办法。由于成员国各个国家经济实力不同,导致各国货币汇率有升有贬,汇率变动就使得工业品农产品价格难以一致对外。具体来说,1969年8月法郎贬值11.1%,进口成本上升引起了法国农产品的对外交易价格的上涨,使成员国在执行统一的农产品价格上发生了严重的困难。为此,法国为了维护共同农业政策,极力主张通过建立经济与货币联盟来实现汇率稳定,以确保共同农业政策的顺利执行。

其二是贸易收支平衡问题。欧洲经济共同体里各个国家的贸易收支状况不同,有的国家贸易顺差,积累外汇储备;有的国家持续贸易逆差,外汇储备锐减。例如,联邦德国的贸易顺差即是共同体其他成员国的逆差。每当其他成员国出现国际收支困难时,就会援引《罗马条约》中的保留条款,抵制联邦德国的商品进口。又如,1964年意大利里拉和1969年法国法郎分别发生危机期间,意大利和法国都曾采取进口限额措施,使联邦德国的出口因此大大受阻。由此,共同体成员国认识到,采用欧洲记账单位,实行一种提供信贷方便的地区性货币制度,是巩固和发展共同体成员国之间贸易的重要保证。

其三是融资困难。持续贸易收支逆差的国家需要借款,产生了融资困难的问题,这是属于货币、金融、国际收支方面的问题,在合约中并没有提及,更不用说解决的方法了。1969年法国法郎发生危机时,联邦德国就曾主动表示愿意提供信贷来支持法郎。但当时的法国总统戴高乐认为这会在经济上受到联邦德国的牵制,于是拒绝了联邦德国的双边信贷。如果不是双边的,而是多边的融资,这类担忧就不会产生,其解决方案就是建立共同储备制度。

另一方面,这期间合作的组织形式和参与国也发生了一些变化。1967年,欧洲原子能共同体、欧洲经济共同体和欧洲煤钢共同体合并,通称为欧洲共同体。1973年1月1日,经过长期的努力和曲折的过程,欧洲共同体实现了第一次扩大,接纳了英国、丹麦和爱尔兰,使成员国从6国扩大到9国。1981年1月1日,希腊成为欧洲共同体第10个成员国。1986年1月1日,西班牙和葡萄牙加入欧洲共同体。这样,欧洲共同体共有12个成员国。

20 世纪 70 年代初期的石油冲击和国际货币体系的解体使欧洲经济增长停滞，经济一体化进程也陷入停滞。欧洲发展进入了“小步的欧洲”时期。虽然关税同盟早已形成，但是贸易仍然受到各种无形贸易壁垒的严重损害，统一市场一直未能真正建立起来。

尽管到 20 世纪 80 年代初西欧在经济一体化方面取得了巨大进展，然而《罗马条约》关于建立一个真正的共同市场，实现人员、货物、资本和服务自由流动的目标远未实现。欧洲共同体经济增长缓慢，失业率居高不下，面临美、日在很多方面强有力的挑战。在此背景下，1985 年 3 月，执委会主席雅克·德洛尔提出了建立统一市场的建议。6 月 15 日，欧共体执委会出台了关于《完成统一的内部市场的白皮书》。白皮书首次制订了完成内部市场的详细而综合的计划：到 1992 年底建立欧洲统一大市场，实现人员、商品、服务、资本的自由流动。为了推动统一市场项目的实质性进展，欧共体理事会于 1985 年 12 月 3 日同意制定《单一欧洲法令》，明确了建立统一市场的目标，也涉及货币政策、社会政策、环境政策等领域的合作。1987 年 7 月 1 日又正式生效了《欧洲一体化文件》，文件包括了对《罗马条约》自 1957 年以来通过的第一批重要文件的修正案。

1989 年，东欧国家局势发生巨变，欧共体在欧洲的地位提高，执委会提出“三环欧洲”的一体化发展格局。到 1992 年底，建立统一市场白皮书中的 282 条措施已有 95％被采纳，统一市场的建设于 1993 年 1 月 1 日如期完成。

总之，欧共体成立后，通过建立关税同盟（在成员国之间消除关税壁垒和统一对外关税）、实施共同农业政策、协调经济和社会政策将成员国经济融合在一起，并在 20 世纪 90 年代初期建成包括 12 个西欧国家的统一市场，而正是这一逐步发展的经济一体化进程为统一货币的出台奠定了坚实的基础。

## 四、欧洲经济与货币联盟

欧洲经济共同体创立之时，布雷顿森林体系的固定汇率制度运行顺利，所以《罗马条约》中并没有包括建立经济货币联盟的任何具体内容，仅仅提出了某些初步的货币一体化构想，如关于汇率制度和经济政策的协调，其首要目标是共同市场，货币政策仅是为了使其良好运转得到保证。

### （一）“巴雷顿计划”和《维尔纳报告》

20 世纪 60 年代中期以后，随着欧共体建成关税同盟后对一体化进程的推动，加之国际金融市场动荡的影响，西欧国家货币之间建立相对稳定的汇率关系的需要日益迫切。根据法国的提议，1969 年 2 月，欧共体执委会提出了建立经济货币联盟的“巴雷顿计划”；12 月，欧共体海牙首脑会议正式决定建立经济货币联盟。1970 年 10 月，以卢森堡首相维尔纳为主的专家小组提出报告，即《维尔纳报告》，主张在 10 年内分 3 步建立欧洲经济与货币联盟(European Economic and Monetary Union)，并且预定 1980 年前完成。1971 年 2 月，成员国最后达成协议。计划如下：

第一阶段为 1971 年至 1973 年。主要目标是：(1)加强成员国间货币、信贷和经济政策的协调；(2)创设欧洲记账单位(European Unit of Accout)，用于成员国间的结算等；(3)缩小成员国货币之间的汇率波动幅度，为此，6 国的中央银行需在外汇市场上采取联合干预行动；(4)建立欧洲货币合作基金(European Monetary Cooperation Fund)，为成员国稳定汇率提供贷款。此外，还要逐步放开欧共体内部的资本市场，协调成员国的预算政策，实行统一的增值税和公司税等。

第二阶段为 1974 年至 1976 年。目标是:(1)不仅是经济货币政策的协调,还要促进成员国的经济货币政策趋同;(2)成员国货币间的汇率进一步稳定甚至固定下来;(3)集中成员国的部分外汇储备,建立共同外汇储备基金;(4)逐步实现资本流动自由化。

第三阶段为 1977 年至 1980 年。目标是:(1)将共同体建设成为一个商品、劳务、人员和资本自由流动的经济统一体;(2)发行统一货币;(3)建立联合中央银行,从而实现经济、货币和央行三个层面的统一。

可以说,这个三步走的计划思路非常清晰,考虑全面。但是,树欲静而风不止,在该计划第一阶段尚未结束之际,发生了 1973 年 10 月的石油危机,将三步走的计划打乱,使得第二阶段和第三阶段的计划无法执行。具体说来,1973 年的石油危机使得石油价格在短期内翻了数倍;加之美国为了应对越南战争,不断增发货币,增发的货币又通过固定汇率流入其他西方国家,使得西方国家普遍存在两位数的通胀率。面对经济停滞且高通胀率的滞胀问题,欧洲国家优先考虑治理本国通胀,暂时搁置了建立经济与货币联盟的计划。事实上,治理通货膨胀十分困难,西方国家花了较长的时间,才使得经济状况略有好转。但是 1978 年又发生了第二次石油危机,使得欧洲各国再次忙于本国内部事务,而无暇顾及该计划。

上述目标中,部分目标得以兑现。

其一是创设了欧洲记账单位(EUA)。最初,EUA 的价值、含金量均与美元相同。1975 年 3 月,为了摆脱美元波动的不利影响,定值方法改为参照 SDR(特别提款权),用各成员国货币定值。各货币在 EUA 中的比重按照各国 GNP 和出口额确定,其中马克的比重最大。(表 8-1)

**表 8-1　欧共体 9 国货币在欧洲记账单位中的比重**

| 货币名称 | 各国货币所占比重(%) | 各国货币的单位值 | 1975 年 4 月 1 日各货币兑美元汇率 |
|---|---|---|---|
| 马克 | 27.3 | 0.828 | 3.0487 |
| 英镑 | 17.5 | 0.0885 | 0.5413 |
| 法国法郎 | 19.5 | 1.15 | 5.4820 |
| 意大利里拉 | 14.0 | 109.0 | 821.40 |
| 荷兰盾 | 9.0 | 0.286 | 3.1178 |
| 比利时法郎 | 7.9 | 3.66 | 45.1659 |
| 卢森堡法郎 | 0.3 | 0.14 | — |
| 丹麦克朗 | 3.0 | 0.217 | 7.1272 |
| 爱尔兰镑 | 1.5 | 0.00759 | — |

资料来源:英国《贸易与工业》周报,1975 年 5 月 9 日

EUA 除了用于欧共体内的计价和结算外,还被用于欧共体与 46 个《洛美协定》国家间的发展基金的计算。另一方面,为了加强马克在欧共体中的作用,削弱美元的国际地位,欧共体 9 个成员国首脑会议决定,从 1978 年 1 月 1 日起,欧共体内的基本汇率改用 EUA 兑马克汇率。

其二是建立了欧洲货币合作基金。1973 年 4 月 1 日正式成立基金,基金总额为 14 亿欧洲记账单位(合 14 亿美元)。基金的用途如下:(1)在成员国发生国际收支困难时,提供短期

货币支持;(2)在外汇市场上对成员国货币汇率进行干预,以维持固定汇率制;(3)充当成员国之间的债务清算中心。此后,基金增加到29亿欧洲记账单位。然而,还是无法应对各国的需求。例如,1974年10月,在各成员国普遍面临国际收支困难的情况下,部长理事会决定增加30亿美元的石油信贷资金,虽然仅此一项贷款就高于基金总额,但相对于成员国在1975年高达200亿美元的石油逆差而言仍是杯水车薪。

但是,其他目标因外部形势的变化而难以兑现。

其一是汇率无法稳定。1958年,欧共体6国已将其货币兑美元汇率的波动幅度缩小为中心汇率的上下波幅各0.75%。1971年6月起,决定将汇率波幅进一步缩小为0.6%。然而,该决定还没有来得及执行,美元在5月和7月就爆发了两次危机,并且,尼克松政府在8月宣布了"新经济政策"。为了应对美元危机,6个成员国都从维护本国利益出发,各行其道:马克和里拉转为单独浮动,比利时法郎、荷兰盾和卢森堡法郎实行联合浮动,而法国则实行了法郎的双重汇率制,并加强了外汇管制。

1971年12月达成了《史密森协议》后,欧共体成员国货币兑美元汇率的上下限波幅与其他国家一样扩大为2.25%,即总波动幅度为4.5%——称为"隧道";同时,规定成员国货币之间汇率上下波幅为1.125%,总波幅为2.25%,即"隧道中的蛇"(the Snake in the Tunnel),试图以此来约束汇率波动。但仅仅时隔半年,1972年6月,5月刚决定要加入共同体的英国、丹麦和爱尔兰宣布退出;1973年2月,意大利宣布退出。

1973年2月布雷顿森林体系彻底瓦解,各国货币均不得不转为浮动。这时,"隧道"已经不存在了,"隧道中的蛇"还在。但由于共同体9国之间的经济发展不平衡,在联合浮动的框架内各货币汇率被迫不断地进行调整。到1978年的5年间,德国马克一再升值,法国法郎进入联合浮动后退出,再进入又退出;英镑、里拉和爱尔兰镑退出联合浮动后实行了单独浮动;其他货币升贬不一。

其二是经济政策协调失败。早在1964年,欧共体6国已达成协议,决定成立中期经济政策委员会。此后,在1966年、1970年、1976年,先后编制了为期5年的中期经济政策计划。部长理事会在讨论这些指导方针和计划时就已经争论不休;文件通过后,各成员国也未照章行事。所以,成员国在协调短期和中期经济政策方面没有取得实效。1973年2月,欧共体执委会提出自1974年1月1日起的3年时间里,进入经济与货币联盟的第二阶段。这段时间的主要目标是抑制通货膨胀,实行一种适度的经济增长政策。可是,1974—1975年期间,9个成员国先后爆发了自二战结束以来最严重的经济危机。各个成员国从本国自身的经济利益出发,采取了不同的措施来克服经济危机,使得各成员国之间的经济政策更加难以协调。联邦德国政府采取了适度扩张的财政政策,通过刺激消费和投资来摆脱通货膨胀的消极影响。英国政府削减公共开支、严格控制工资增长、削减个人消费以抑制通货膨胀;同时,放松物价管制,向工业提供少量的财政支持,鼓励出口来带动经济复苏。法国政府则节约预算、限制贷款和节约能源,同时增加税收、鼓励储蓄等。意大利的通胀率长期是两位数,国际收支逆差和政府的债务数额都很大,因此,政府采取了更加严格的紧缩政策。具体说来,政府实行了货币管制、增加公共服务事业的收费率及提高利率等以抑制国内需求、恢复国际收支平衡。在1976年,由于国民经济未能复苏,意大利政府还采取了自二战结束以来最严格的进口措施。其结果是,成员国间的经济政策协调计划落空,而且资本自由流动也无法实现。

总之,20世纪70年代初期开始的国际金融危机打乱了欧共体建立经济货币联盟的计划，以美元为中心的布雷顿森林体系的崩溃，使得建设欧洲经济货币联盟的计划流产。虽然经济货币联盟未能获得成功，但是欧共体成员国之间建立起一种可以调整的中心汇率制度，即针对美元的蛇形联合浮动汇率制度。此后，愈演愈烈的美元危机造成的汇率不稳定，使得欧共体各国认识到应该创立一种更为灵活的汇率制度，即设计和发展一种与成员国货币同时存在的欧洲共同货币。

（二）《德洛尔报告》(Delor's Report)

进入20世纪80年代以来，有关建立经济货币联盟的讨论在欧共体内部重新提起。1986年的《单一欧洲法令》成为经货联盟的重要推动力。该法令指出，为了获得统一市场的充分利益，必须消除汇率风险和降低交易成本，这一论点在欧共体各国的政策制定者中很快达成共识。

20世纪80年代末期，随着欧共体内部统一市场项目建设的顺利进展，建立经济货币联盟终于成为欧洲经济一体化进程的下一个重大目标。

1988年6月，欧共体理事会在汉诺威任命了以执委会主席德洛尔为主的研究建立经济货币联盟的委员会。该委员会于1989年4月提交了《关于欧洲共同体经济货币联盟的报告》，即《德洛尔报告》，制订了建立经济货币联盟的详细计划。1989年6月，欧共体12国在马德里召开首脑会议，通过了德洛尔提交的《关于实现欧洲经济和货币联盟的报告》(即《德洛尔报告》)。

《德洛尔报告》承袭了70年代《维尔纳报告》，与《维尔纳报告》有许多相同之处，关于货币联盟的最终目标是基本一致的，即完全的资本流动自由化、欧共体内部不可改变的固定汇率和货币政策的中央集权。同时，《德洛尔报告》强调了经济货币联盟机构的含义，新的货币机构必须独立负责，为经济货币联盟制定货币政策，指出既然从国家货币政策向统一货币政策转移是经货联盟不可避免的结果，则机构变化是必然的。《德洛尔报告》也要求建立一套有约束力的规则体系，管理国家财政赤字的规模和筹资方式.并强调需要在欧共体层面上决定总的财政政策趋向。

《德洛尔报告》指出，经济联盟和货币联盟应该组成一个整体。货币联盟的建立必须具备在《维尔纳报告》中就已经确认的三个条件：(1)保证货币完全和不可取消的自由兑换；(2)在银行和其他金融市场充分一体化的基础上，实现资本的完全自由流动；(3)取消汇率的波动浮动，实行不可改变的固定汇率平价。前两个条件应该在统一市场建成时达到，而且特别强调统一货币是货币联盟的自然延伸，将统一货币明确地制定为货币联盟的最终目标。该报告虽然没有明确提出在货币联盟内部必须有单一的货币，但把单一货币看作是“货币联盟的一个自然和理想的进一步发展”，并提出了建立一个欧洲中央银行体系(European System of Central Banks，简称ESCB)的设想。

对于经济联盟，《德洛尔报告》提出四大基本要素：商品、人员、劳务和资本自由流通的内部市场；加强市场机制的竞争政策和其他措施；促进结构调整和地区发展的共同政策；协调包括约束财政预算规则在内的宏观经济政策。《德洛尔报告》还建议分三个阶段创建经济和货币联盟，其主要内容包括：

(1)第一阶段的主要目标是至少从1990年7月1日开始；在欧共体现行体制的框架内加强货币和财政政策协调，进一步深化金融一体化，使成员国货币全部加入欧洲货币体系，消除对私人使用欧洲货币单位的限制，扩大成员国中央银行行长委员会的权限。

(2)第二阶段的主要目标是建立欧洲中央银行体系，由其接管原先存在的体制性货币安排，随着经验的取得，逐步扩展欧洲中央银行体系在制定和管理货币方面的职能，只有在特殊情况下才可使用汇率调整。

(3)第三阶段的主要目标是推行不可改变的固定汇率，实施向单一货币政策的转变，由中央银行体系承担全部职责，发行统一的共同体货币，集中并管理官方储备，对外汇市场进行干预，为过渡到单一共同体货币做制度和技术准备。

《德洛尔报告》得到了除英国以外的欧共体内部的广泛赞同。6 月，在欧共体理事会马德里会议上，各国首脑决定于 1990 年 7 月 1 日开始实施经济货币联盟的第一阶段目标。

## 五、欧洲货币体系

随着欧洲联盟成员国经济金融一体化进程的加快，一种具有新的性质和特点的区域性货币制度——欧洲货币制度诞生。欧洲货币制度是从欧洲货币联盟开始的，欧洲货币联盟的主要目标是要建立名为欧元的单一欧洲货币。其起源可以追溯至欧洲经济合作组织于 1950 年 7 月 1 日建立的"欧洲支付同盟"以及 1958 年取代了该同盟的"欧洲货币协定"。"欧洲支付同盟"和"欧洲货币协定"虽然启动了欧洲货币联合的进程，但并未对欧洲货币一体化提出具体设想，当时的出发点主要是促进成员国经济和贸易的发展。

欧洲货币体系(European Monetary System，简称 EMS)，又称"欧洲货币制度"，是指欧洲共同体国家通过决议建立的货币集团，于 1979 年 3 月正式成立。旨在建立一个货币稳定的欧洲，在共同体内部保持成员国之间的汇率稳定，避免美元波动的影响，发展成员国之间的经济贸易关系，促进投资，提高共同市场的经济增长与就业，推动西欧联合。

欧洲货币体系是欧洲经济共同体的重要组成部分。布雷顿森林体系瓦解后，为了稳定和加强欧洲经济共同体的经济一体化，在国际金融市场上同美国、日本抗衡，1971 年 2 月成立了欧洲货币联盟，后经反复磋商，于 1979 年 3 月 13 日正式成立欧洲货币体系。它的建立标志国际货币秩序发生了很大变化，也标志着欧洲经济共同体在经济一体化道路上的重大进展。欧洲货币体系的目标是完成欧洲货币一体化，即建立起统一的欧洲中央银行和发行流通统一的欧洲货币。可以预料，它的实现对形成欧洲商品、劳务和资本自由流动的统一共同市场起到了极大的推动作用。

### 1. 欧洲货币体系的提出

真正把欧洲货币统一提上日程则是在欧共体建立之后。1969 年 12 月，欧共体海牙首脑会议正式决定建立经济货币联盟，此后通过的《维尔纳报告》计划在 10 年内分三个阶段向统一货币和建立欧洲中央银行发展。1969 年 12 月，欧共体正式提出建立欧洲经济和货币联盟并设计了时间表，但最初的 10 年进展并不顺利。

1971 年 12 月，在连续的美元危机冲击下，西方 10 国达成了《史密森协议》，但是，协议规定的宽幅波动的汇率不利于欧共体内部贸易和共同农业政策的管理。1972 年 3 月，欧共体部长理事会决定实行可以调整的中心汇率制度，简称蛇洞制。"洞"是指欧共体成员对美元联合波动的大幅度，"蛇"是指成员国之间汇率波动的小幅度。1973 年 3 月，《史密森协议》崩溃，但欧共体成员国之间的汇率波动幅度保留了下来，而且，美元危机造成的汇率不稳定使得欧共体各国都认识到应该设计一种包括所有成员国的更为灵活的汇率制度。

"巴雷顿计划"和《维尔纳报告》由于不切合欧共体发展实际情况的目标、国际经济危机以及布雷顿森林体系的崩溃而使得该计划停顿下来，但它启动了欧洲货币一体化的进程，并最终导致欧洲货币体系的建立。

鉴于之前的欧洲经济与货币联盟的失败主要源于货币方面缺乏有效的合作，欧洲各国在其后的一体化进程中加强了货币金融方面的合作。

**2. 欧洲货币体系的建立**

1977年10月27日，欧共体执委会主席罗伊·詹金斯在佛罗伦萨大学做了一次演说。他在演说中再次提出建立经济货币联盟的建议，强调建立货币联盟对推动成员国经济增长的作用，阐明货币联盟是欧共体国家走向经济联盟和政治联盟的一个重要前提。建议主要集中于汇率稳定，基本目标是在欧洲创造一个货币稳定区。一个月之后，欧共体执委会就着手拟定重新建立货币联盟的提纲。1978年上半年，联邦德国总理施密特和法国总统德斯坦共同发出建立欧洲货币体系的呼吁，这对欧洲货币体系的建立起到了很大的推动作用。在7月不来梅召开的欧共体首脑会议上，联邦德国和法国作为发起国，正式向会议提出了有关欧洲货币体系的联合动议；同年12月，欧洲理事会在布鲁塞尔召开的会议上通过了建立欧洲货币体系的决议，规定自1979年1月1日起开始实行。1979年3月，欧洲货币体系正式生效。

除了政治因素以外，建立欧洲货币体系又是出于欧共体经济形势发展之需要。主要有以下三个方面：(1)是为了摆脱美元汇率剧烈波动对成员国造成的冲击；(2)出于成员国之间发展贸易的需要——在20世纪70年代后期，成员国间的双边贸易占欧共体外贸总额的一半；(3)成员国经济状况的好转，为欧洲货币体系的建立打下良好的基础。例如，成员国的平均通货膨胀率从1974年的13.4%下降到1978年的6.8%，成员国之间的通货膨胀率差距也有所减少。

欧洲货币体系的主要内容有以下三个方面：

(1)创设欧洲货币单位“埃居”(European Currency Unit，简称ECU)，作为欧洲货币体系的核心，以代替欧洲记账单位，作为成员国中央银行之间的结算工具。ECU是一种篮子货币，其货币结构和定值方法与原来的欧洲记账单位一样。货币篮子中的成员国货币比重，是根据各成员国国内生产总值和在共同体内部贸易额的比重确定的。各成员国货币在ECU中所占的比重在欧洲货币体系实施后的6个月内调整一次；此后每隔5年重新审查和调整一次，必要时也可以随时调整(表8-2)。ECU有如下作用：作为汇率机制的共同标准；作为干预的参照点(趋异指数)；作为汇率机制的干预和信贷机制的运营标准；作为体系内成员国中央银行之间的结算和储备货币。

**表8-2　各成员国货币在ECU中所占比重的变化**　　单位：%

| 货币名称 | 原始构成 | 1984年9月 | 1990年1月 |
|---|---|---|---|
| 马克 | 33.0 | 32.0 | 30.63 |
| 法国法郎 | 19.8 | 19.0 | 19.43 |
| 英镑 | 13.3 | 15.0 | 12.06 |
| 荷兰盾 | 10.5 | 10.0 | 9.54 |
| 意大利里拉 | 9.5 | 10.2 | 9.92 |
| 比利时法郎 | 9.2 | 8.5 | 8.14 |
| 卢森堡法郎 | 0.4 | — | — |
| 丹麦克朗 | 3.1 | 2.7 | 2.53 |

（续表）

| 货币名称 | 原始构成 | 1984 年 9 月 | 1990 年 1 月 |
|---|---|---|---|
| 爱尔兰镑 | 1.1 | 1.2 | 1.12 |
| 希腊德拉克马 | — | 1.3 | 0.77 |
| 葡萄牙埃斯库多 | — | — | 0.78 |
| 西班牙比塞塔 | — | — | 5.18 |

资料来源：《欧洲文件》，各期

(2)建立双重中心汇率制，稳定成员国货币汇率。第一层次的汇率稳定机制是指马克、法国法郎、英镑等成员国货币与ECU保持稳定，也就是欧洲货币单位起到货币锚的作用；第二层次的汇率稳定机制是指，通过第一层次的固定，马克、英镑等各成员国之间的汇率就自然稳定。并且，这两层汇率稳定机制均以中心汇率为基准，允许汇率在一定幅度内上下波动。

这个体系实际上是一种以网格体系为主，篮子体系为辅的对内固定汇率、对外联合浮动的汇率制度。所谓"网格"(The Grid)体系，即规定每一种货币与其他成员国货币的中心汇率。这样，双边的中心汇率构成了一个中心汇率网格。其特点是，外汇市场干预的责任往往由软货币国来负担。例如，里拉兑马克的中心汇率下跌，而其他货币兑马克的中心汇率不变或上升时，干预的责任主要由软货币国意大利来负担。

"篮子"(The Basket)体系，即每一种货币与ECU联系在一起。在这个体系下，篮子货币中任何一种货币的汇率波动幅度过大，有关国家的中央银行就有责任进行干预。欧洲货币体系建立的汇率机制是一种规定但可以调整的汇率制度。具体是指，成员国货币汇率之间波动幅度上下限各为2.25%，但同时允许某些国家如意大利有较大波动幅度(±6%)。一旦某个国家的货币汇率与其基本经济条件情况差异较大时，经成员国同意，可以对上述货币汇率随时进行调整。各种货币汇率偏离中心汇率的最大幅度不得超过其波幅上下限各2.25%的75%，达到这个界限，有关国家中央银行就须及时干预汇率波动。

这是一种旨在稳定成员国汇率的制度安排，实际能否维持汇率稳定主要由市场决定。1979—1993年，其有过12次汇率重组。1983—1987年是汇率渐趋稳定的时期，汇率重组越来越少，调整幅度越来越小，通货膨胀率下降并明显趋同。

(3)建立欧洲货币合作基金(European Monetary Cooperation Fund)。主要有两方面作用：第一，维持各成员国汇率的固定或稳定；第二，为需要借款渡过困难的国家提供贷款。为了加强现有的欧洲货币合作基金的贷款能力和对外汇市场的干预能力，集中了各成员国平均20%的外汇储备来建立欧洲货币基金。同时，为了促进欧洲货币基金功能的发挥，信贷品种扩大为以下三种：第一是超短期互惠信贷。这是为维持汇率的波动幅度而设，适用于参加欧洲货币体系汇率机制的所有中央银行。第二种是短期货币支持。这用于国际收支暂时赤字引起的短期筹资需要，适用于所有共同体国家。第三种是中期财政援助。该援助为期2～5年，在成员国发生严重国际收支困难时使用。短期和中期合计达250亿ECU(约合330亿美元)，规模大致相当于过去的欧洲货币合作基金的10倍。

**3. 欧洲货币体系的发展**

1979年3月，欧共体当时的12个成员国决定调整计划，正式开始实施欧洲货币体系(EMS)建设规划，1988年后，这一进程明显加快。1989年6月，西班牙宣布加入欧洲货币体系，1990 年 10 月，英国也宣布加入，使欧洲货币体系的成员国扩大到 10 个。1991 年 12 月，欧共体 12 个成员国在荷兰马斯特里赫特签署了《政治联盟条约》和《经济与货币联盟条约》。

《政治联盟条约》的目标在于实行共同的外交政策、防务政策和社会政策，《经济与货币联盟条约》规定最迟在 1999 年 1 月 1 日之前建立经济货币联盟（Economic and Monetary Union 简称 EMU），届时在该联盟内实现统一的货币、统一的中央银行以及统一的货币政策。

此后，随着《马约》关于经济货币联盟第二阶段的展开，由于趋同标准中有要求成员国保持在汇率机制中的规定，使得 20 世纪 90 年代中期以后，欧洲货币体系的汇率机制重新获得相对稳定，汇率机制的成员国再次增加。1995 年 1 月 1 日，瑞典、芬兰和奥地利 3 国加入欧盟，至此，欧盟成员国由 12 个扩大为 15 个。随后经济货币联盟建设进入第三阶段，入盟国的货币汇率不可改变地固定下来，欧洲货币体系于 1998 年 12 月 31 日正式结束了自身作为经济货币联盟先导的历史使命。

**4. 欧洲货币体系的成就**

欧洲货币体系从 1979 年 1 月 1 日成立到 1998 年 12 月 31 日结束的 20 年间，该体系的运行取得了巨大的成就。简述如下：

一是 ECU 的价值稳定，其作用与日俱增。ECU 的价值来源于成员国货币的加权平均，其中有德国马克等硬货币，也有意大利里拉等软货币；硬货币升值、软货币贬值在一定程度上相互抵消，使得 ECU 的价值相对稳定。

在国际贸易中，出口商希望使用硬货币计价支付，进口商希望使用软货币计价支付。因此，对进出口商来说，选择何种货币计价结算成为首先需要考虑的问题，且总是有分歧。但如果使用 ECU 定价支付，由于其价值相对稳定，进出口商选择合同货币的问题就基本上得到解决。

除了贸易领域，在金融领域，ECU 的作用也与日俱增。例如某公司发行债券，如果以马克计价，由于市场预期马克升值，于是纷纷抢购；如果以里拉计价，由于市场预期里拉贬值，那么发行可能无法筹集到足够的资金。如用 ECU 计价，投融资者双方均容易操作。

和其他国家一样，欧共体国家原先主要以美元作为其结算货币及储备资产。但创立了 ECU 之后，由于其价值稳定和使用方便，ECU 不但在成员国政府之间的用途大大拓展，而且在私人部门 ECU 业务也发展得很迅速。为了与 ECU 业务的发展相适应，1985 年 9 月，欧共体 18 家银行创立了 ECU 银行业联盟。两年之后，联盟成员就增加至包括美国、日本、瑞士等非欧共体银行在内的 80 家银行。同时，以 ECU 计价的融资方式日益增多，使 ECU 债务在国际债务总额中所占比重由 1984 年的 4.0%上升到 1990 年的 8.5%，成为世界上主要的融资方式之一。（表 8 - 3）。

**表 8 - 3　国际债务中各种货币的比重**　　单位：%

| 年份 | 美元 | 日元 | 瑞士法郎 | 英镑 | 马克 | ECU |
|---|---|---|---|---|---|---|
| 1984 | 38.8 | 13.7 | 12.9 | 7.8 | 7.8 | 4.0 |
| 1990 | 38.5 | 11.6 | 10.0 | 8.5 | 8.1 | 8.5 |

资料来源：《欧洲文件》，1991 年 3 月，布鲁塞尔

二是成员国之间货币汇率比较稳定。如果我们以欧洲货币体系的成立为界限，对前后两个时期的汇率变动进行比较，就可以发现，与 1979—1983 年相比，1975—1978 年成员国

的实际有效汇率的标准离差在缩小;而非欧洲货币体系国家则有明显的增大。这说明欧洲货币体系的各项规定对成员国在协调货币政策和汇率变化方面起了一定的约束作用。(表 8-4)。

**表 8-4 实际有效汇率年平均变化**

单位:%

| 国家比较 | 欧洲货币体系成立前<br>(1975—1978 年) | 欧洲货币体系成立后<br>(1979—1983 年) |
|---|---|---|
| 欧洲货币体系国家 | | |
| 比利时 | 1.06 | 6.18 |
| 联邦德国 | 2.31 | 3.41 |
| 丹麦 | 0.63 | 2.90 |
| 法国 | 6.44 | 3.96 |
| 意大利 | 3.42 | 3.04 |
| 荷兰 | 1.69 | 3.44 |
| 欧洲货币体系平均 | 2.59 | 3.82 |
| 标准离差 | 2.76 | 2.56 |
| 非欧洲货币体系国家 | | |
| 英国 | 3.47 | 6.32 |
| 美国 | 5.84 | 7.30 |
| 日本 | 7.2 | 6.75 |
| 瑞士 | 6.49 | 4.43 |
| 瑞典 | 3.6 | 2.97 |
| 非欧洲货币体系平均 | 5.32 | 5.55 |
| 标准离差 | 2.78 | 4.39 |

资料来源:《欧洲经济》,1984 年 7 月号,第 103 页

成员国货币汇率趋于稳定还体现在中心汇率的调整次数上。在 1979—1990 年的 12 年间,中心汇率总共调整过 12 次,其中,前 4 年就占了 8 次,后 8 年仅调整了 4 次。特别是 1987—1990 年,中心汇率没有调整过。

三是促进了成员国经济协调发展。由于各方面的原因,原来成员国的经济发展水平悬殊,各类经济指标的年均增长率更是参差不齐。自 1979 年欧洲货币体系建立后,由于汇率稳定等的作用,成员国经济已出现了逐渐趋同和协调发展的迹象。根据德洛尔的《关于欧共体经济与货币联盟》的报告,8 个成员国的通货膨胀率在 1979 年的绝对差为 11.2%,到了 1986 年下降为 5.6%;同期,GDP 年增长率的绝对差从 15.2%下降到 10.3%;工业生产年增长率绝对差从 4.6%下降到 2.7%;出口贸易年增长率绝对差从 5.6%下降到 3.9%。

四是催生了欧元。ECU 使用范围的逐渐扩大,使其准货币功能增强,在国际货币体系中的作用得到一定的发挥,这为 ECU 转变为欧元创造了先决条件及物质基础。如果没有 ECU,欧盟即便推出欧元,也可能无法在国际储备资产多元化的现行国际货币体系中立足。

**5. 欧洲货币体系的缺陷**

欧洲货币体系包含四个要素:欧洲货币单位;汇率稳定和干预机制;信贷与货币支持机制;对第三国的汇率协调政策。其中,汇率机制是欧洲货币体系的制度基础,而共同货币埃居是体系的核心。严格地讲,埃居并不是一种真实存在的货币,而是由各成员国的货币按一定比重计算形成的篮子货币,其作用是作为汇率机制的共同标准和干预汇率的参照点,同时作为成员国的中央银行之间的结算和储备货币,埃居的这些特征以及此后的顺利运营使其成为欧元的前身。欧洲货币体系建立后的十几年中,在国际金融市场不断出现动荡的情况下,参与汇率机制的国家逐渐形成了一个相对稳定的欧洲货币区。

但是欧洲货币单位确定的本身就孕育着一定的矛盾。欧共体成员国的实力不是固定不变的,一旦变化到一定程度,就要求对各成员国货币的权数进行调整。虽规定每隔五年权数变动一次,但若未能及时发现实力的变化或者发现了未能及时调整,通过市场自发地进行调整就会使欧洲货币体系爆发危机。

1992 年 9 月中旬在欧洲货币市场上发生的一场自二战后最严重的货币危机,其根本原因就是德国实力的增强打破了欧共体内部力量的均衡。当时德国经济实力因东西德统一而大大增强,尽管在欧洲货币单位中用德国马克表示的份额不高,但由于马克对美元汇率升高,马克在欧洲货币单位中的相对份额也不断提高。因为欧洲货币单位是欧共体成员国商品劳务交往和资本流动的记账单位,马克价值的变化或者说德国货币政策不仅能左右德国的宏观经济,而且对欧共体其他成员的宏观经济也会产生更大的影响。而英国和意大利经济则一直不景气,增长缓慢,失业增加,他们需要实行低利率政策,以降低企业借款成本,让企业增加投资,扩大就业,增加产量,并刺激居民消费以振作经济。但当时德国在东西德统一后,财政上出现了巨额赤字,政府担心由此引发通货膨胀,引起习惯于低通货膨胀的德国人不满,爆发政治和社会问题。因此,通货膨胀率仅为 3.5%的德国非但拒绝上次七国首脑会议对其降息的要求,反而在 1992 年 7 月把贴现率升为 8.75%。这样,过高的德国利息率引起了外汇市场出现抛售英镑、里拉而抢购马克的风潮,致使里拉和英镑汇率大跌,这是 1992 年欧洲货币危机的直接原因。

从 1992 年 9 月 15 日到 16 日,各国央行注入上百亿英镑的资金支持英镑,但也无济于事。16 日英镑与马克的比价又由前一天的 1 英镑等于 2.78 马克跌至 1 英镑等于 2.64 马克,英镑与美元的比价也跌到 1 英镑等于 1.738 美元的最低水平。在一切机关用尽之后,9 月 16 日晚上,英国财政大臣拉蒙特宣布英国退出欧洲货币体系并降低利息率 3 个百分点,17 日上午又把利率降低 2 个百分点,恢复到原来 10%的水平。

意大利里拉在 13 日贬值之后,仅隔了 3 天又一次在外汇市场上处于危机,马克对里拉的比价再次超过了重新调整后的汇率下浮的界限,意政府为了挽救里拉下跌花了价值为 40 万亿里拉的外汇储备终未奏效,只好宣布里拉退出欧洲货币体系,让其自由浮动。

欧共体财政官员召开了长达六小时的紧急会议后宣布同意英意两国暂时脱离欧洲货币体系,西班牙比赛塔贬值 5%。从 1987 年 1 月到 1992 年 9 月,五年多时间内欧洲货币体系的汇率只进行过一次调整,而在 1992 年 9 月 13 日至 16 日,三天之内就进行了两次调整,可见这次欧洲货币危机的严重性。

直到 1992 年 9 月 20 日,法国公民投票通过了其中心思想是把在文化政治上仍有很大差别的国家建立成一个近似欧洲合众国的政治实体,其成员国不仅要使用同一种货币,而且还得奉行共同外交和安全政策的《马斯特里赫特条约》,才使欧洲货币风暴暂时平息下来,英镑、里拉趋向贬值后的均衡的状态。

当然，这场危机的过错不能全部归罪于德国，不过，需要强调的是，在经济一体化、全球化的今天，尽管各国间各种经济矛盾日益加剧，但任何国家都不能一意孤行，各国只能在合作与协调中才能求得稳定的发展。世界正在朝着国际合作与政策协调的方向发展，这一趋势已经成为不可逆转的潮流。

欧洲货币体系从本质上讲是一种不对称的体系，德国马克是制度的中心，德国作为潜在的“盟主”决定总的货币政策，而其他参与国则作为追随者使用货币政策以确保汇率固定。

1990 年初，德国经济由于统一而受到强烈冲击，需求受到刺激，成本上升，联邦银行使用从紧的货币政策作为控制国内通货膨胀的手段，从而推高利率。德国的核心地位意味着利率在整个欧洲升高，而这与几个欧共体国家的利率政策相冲突。这些国家由于需求低迷而使失业增长，而上升的利率将意味着更多的失业。结果，1992 年 9 月，意大利和英国受到外汇市场的投机压力而被迫退出欧洲货币体系。此后，其他欧共体国家的货币体系相继受到投机浪潮的冲击。1993 年 8 月 2 日，欧盟财政部部长和中央银行行长的联合公报决定将汇率波动幅度扩大到上下限各为 15%，欧洲货币体系的固定汇率制度陷入名存实亡的境地。

1978 年 7 月，为抗衡对美元的依赖，欧洲货币系统正式成立，但是到了 1993 年，我们明显看出欧洲货币体系已失败。

另一方面，欧洲货币体系本身也存在着明显的局限，最主要的是固定汇率制内在的不可克服的缺陷。

(1)ECU 定值与中心汇率调整的缺陷。ECU 存在致命的局限性，就是它不是真正的货币，它是虚拟的货币，仅是一种账面资产。它有很好的货币的定价功能，但是难以像货币一样真正流通；它可以在央行之间作为结算手段，但是不能进入私人消费领域流通。

并且，ECU 是一篮子货币定价，是由欧共体 12 个成员国货币共同组成的，原则上每隔 5 年成员国货币在 ECU 中的权数调整一次。但成员国的经济实力是经常在变化的，这样，货币权数与经济实力的调整不相吻合，中心汇率的调整远落后于市场汇率的变动，很容易引发货币危机。例如，1992 年货币危机爆发前，主要成员国之间的经济状况已存在着明显的差异；然而，1987—1992 年的 5 年间中心汇率保持不变，严重地偏离了经济实力比较，成为爆发危机的主要原因。

(2)通货膨胀与固定汇率的矛盾，主要表现为有些成员国货币政策宽松，货币供给较大，使得通胀率高于其他国家。根据世界银行《1992 年世界发展报告》，从 1980 年到 1990 年的 10 年内，成员国的年均通货膨胀率分别为：葡萄牙 18.1%，希腊 18.0%，意大利 9.9%，西班牙 9.2%，爱尔兰 6.5%，法国 6.1%，英国 5.8%，丹麦 5.6%，比利时 4.4%，德国 2.7%，荷兰 1.9%。其中，与低通胀国德国和荷兰相比较，在这 10 年内，处于中等通胀率的西班牙，其货币购买力分别下降了 34%和 38%，更何况葡萄牙和希腊这些高通胀率的国家。在这种情况下维持固定汇率造成了软货币的实际升值，引起了外汇市场抛售软货币的浪潮。

(3)对美元联合浮动带来的问题。ECU 在国际市场上的价值是用美元表示的，欧共体对外贸易在很大程度上使用美元，外汇储备也基本上是美元。成员国货币对美元联合浮动，不允许任何一个国家单方面对美元调整汇率；如要调整，须经过全体成员共同协商，以维持 ECU 的美元价值不变。在这种场合，软货币因为无力与硬货币对美元联合浮动，而在市场上易受冲击。为此，软货币国的中央银行不仅要承担维持其货币与 ECU 固定比价的责任、与其他成员国货币固定比价的责任，还要维持对美元汇率的稳定。在这三重压力之下，软货币国处于顾此失彼、捉襟见肘的困难境地。

# 第三节　欧元的产生和运行

## 一、《马斯特里赫特条约》

欧共体12个成员国的首脑于1991年12月在荷兰马斯特里赫特(Maastricht)召开会议,正式修订作为欧洲经济共同体成立基础的《罗马条约》,并在《德洛尔报告》的基础上签署了《欧洲联盟条约》(包括《欧洲经济和货币联盟条约》和《政治联盟条约》),又称为《马斯特里赫特条约》,简称《马约》。《马约》是对《罗马条约》的修订,它为欧共体建立政治联盟和经济与货币联盟确立了目标与步骤,《马约》的签署标志着欧共体一体化建设进入了一个新的阶段。

1992年2月7日,各国外交部部长和财政部部长正式签署了《欧洲联盟条约》,欧共体一体化进程从此掀开了新的一页。《马约》于1993年11月1日正式生效,欧洲共同体也正式更名为"欧洲联盟",简称欧盟(European Union,EU)。

在《马约》中,经济货币联盟是最具有实质性内容的部分。为了在成员国之间达到高度的经济趋同和发行统一货币,条约确定了经济货币联盟的结构和时间表,最终目标是建立欧洲中央银行和用欧洲货币埃居代替各国货币。《马约》制定的战略体现了渐进主义和趋同的原则,即建立过程分三个阶段完成,入盟国必须首先满足五个经济趋同标准。

《马约》规定经济货币联盟的建设分三个阶段完成,主要内容包括:

(1)第一阶段(1990年7月1日—1993年底)。主要目标是实现所有成员国加入欧洲货币体系的汇率机制,实现资本的自由流动,协调各成员国的经济政策,建立相应的监督机制。

(2)第二阶段(1994年1月1日—1997年)。主要目标是进一步实现各国宏观经济政策的协调,加强成员国之间的经济趋同;建立独立的欧洲货币管理体系——欧洲货币局(EMI),作为欧洲中央银行的前身,为统一货币作技术和程序上的准备;各国货币汇率的波动在原有的基础上进一步缩小并趋于固定。此外,要求最迟在1996年底提出欧洲中央银行体系(European System of Central Bank)的基本方案。

(3)第三阶段(1997年—1999年1月1日)。主要目标是最终建立统一的欧洲货币和独立的欧洲中央银行。1996年底以前要对各成员国的经济状况按加入第三阶段的条件进行一次评估。如果届时多数国家(7个国家以上)仍未达标准,第三阶段最迟也要于1999年初开始。届时,达标国家发行统一货币,未达标国家达到标准后可随时发行。

同时,《马约》为加入欧洲经济与货币联盟的国家规定了五项趋同标准(Convergent Criteria):①通货膨胀率不能超过成员国中通货膨胀率最低的三个国家平均数的1.5%;②长期利率不得高于欧共体三个通胀率最低国家平均利率的2%;③政府预算赤字不能超过本国GDP的3%;④政府债务不能超过本国GDP的60%;⑤货币汇率必须维持在欧洲货币体系规定的幅度以内,并且至少稳定两年时间,尤其是在同一时期内,该国不能主动降低它与任何汇率机制成员国之间的双边中心汇率(即不能主动宣布货币贬值)。

《马约》还在实施单一货币、建立欧洲中央银行、执行共同的经济政策三个方面,达成了共识:

(1)统一货币有四大好处:①增强联盟信心,加强经济聚合力。统一货币是建成经济与货币联盟的重要标志，有利于加强各国的经济聚合力。②降低交易成本。区域内不同国家之间存在不同的货币，进行跨国贸易投资等需要将本国货币兑换为他国货币，会产生较高的汇兑成本，不利于交易和投资的进行。而如果使用统一货币，那么各国家相互的交易成本的降幅每年可达 150 亿 ECU，或相当于欧共体 GDP 的 0.4%左右。③增加价格透明度，促进贸易投资的发展。在统一货币之前，德国国内的商品用马克计价，意大利国内商品用意大利里拉计价，尽管可以通过两种货币的汇率来计算比较两国的商品价格，但不方便；统一货币后，单一的货币标价使各国的价格一目了然，便于迅速传递商业信息。事实上，价格透明度的增加能促进贸易与投资的发展以及促进统一大市场的建立。④促进统一大市场的建立。统一货币意味着完全突破一国货币在流通范围、使用方式等方面的局限，能更好地为统一大市场服务。试想，如果中国各个省份使用不同的货币，即便属于同一个国家，也无法方便地比较和分辨商品的价格，不利于商品物流与经济竞争。

(2)规定欧洲中央银行体系的基本任务和模式。《马约》规定中央银行体系的基本任务是：①确定和执行共同的货币政策。原本各个国家的中央银行独立确定和执行本国的货币政策，但是欧洲中央银行体系形成后，欧元区的中央银行统一制定共同的货币政策，各个国家的中央银行负责执行。类似于美国联邦储备体系，由一个统一的联邦储备委员会来制定统一的货币政策，由 12 个联邦储备银行负责执行政策。②按照条款从事外汇交易，例如干预外汇市场等。③拥有和管理成员国的官方外汇储备，各个国家上交一定数量的外汇储备，交由欧洲中央银行统一管理。④促进国际收支体系的正常运行。

《马约》对建立欧洲中央银行的种种设想在很大程度上是参照德意志联邦银行的模式，以确保欧洲中央银行在制定政策、人事任免、行使职能、资金运用等诸方面的独立性；并且，规定欧洲中央银行的首要目标是维持物价稳定。

(3)执行共同的经济政策。①执行共同体内的经济政策，包括限制政府补贴。如果各个国家的经济政策不同，就会使得整个共同体无法有序运行。由于不同国家国情不一样，例如法国政府认为农业对其很重要，德国认为工业对其很重要，各自加大对本国重要产业的补助，这将不利于一体化进程和欧元的稳定。因此，需要各国相互协调，执行共同的经济政策。②以提供发展援助、信贷优惠等方式促进共同体内部欠发达地区的经济发展。③宏观经济协调。包括经济增长、控制通货膨胀率、汇率等的政策协调。由于各个国家的国情不一致，要把各个国家的宏观经济政策统一起来难度很大，但需要各国相互协调相互妥协。

## 二、欧元的诞生

欧元作为欧洲统一的货币从最初设想到最终成为现实，经过了几十年的漫长历程。从创设欧洲计算单位(EUA)、欧洲货币单位(ECU)到最终推出欧元(EURO)，欧洲货币一体化走过了近 50 年的风雨历程。欧元的成功推出无疑将为未来的国际货币体系改革提供一个可资借鉴的范例，并推动世界其他地区国家对货币一体化的尝试，加剧全球范围内的货币集团化倾向，从而将国际货币体系改革引向了一个新的阶段。

《马约》生效后，欧洲国家正式进入货币一体化的进程。

第一阶段实际上在《马约》签署之前的 1990 年 7 月 1 日就已经开始，主要内容是与统一市场建设工作保持一致，加强经济和货币政策的协调合作，取消外汇管制，允许资本自由流动，所有成员国都纳入欧洲货币体系的汇率机制并实施相同的波动幅度。1993 年 1 月欧洲大市场形成，原定计划于 1992 年完成，但是最后推迟一年完成。所谓欧洲大市场是指劳动力、资金和商品在各个国家之间能够自由流动。

1994 年 1 月 1 日，欧盟开始经济货币联盟建设的第二阶段：建立欧洲货币局，为向欧洲中央银行过渡和实现统一货币准备条件，制定所需的规章和程序；逐步缩小汇率波动幅度，促进埃居的使用并扩大其功能；建立经济政策的协调和监督机制，敦促成员国实现经济趋同。

1994 年 1 月成立了欧洲货币局，设在德国的法兰克福。欧洲货币局是欧洲中央银行的前身，为统一货币作准备。

1995 年中，经过对 1997 年 1 月启动欧元的第一种方案进行评估后，认为 1997 年 1 月难以满足启动欧元的条件。由于 1997 年没有达到既定标准，于是推迟到了 1999 年 1 月启动欧元。

《马约》对于货币联盟第三阶段的具体实施步骤并未作出明确规定。1995 年 12 月 15 日，欧盟各国首脑在西班牙马德里会议上，根据欧盟执委会同年 5 月的建议，各成员国一致同意从 1999 年 1 月 1 日开始逐步实施单一货币，同时确定了欧盟单一货币的名称为“欧元”(Euro)，并确认了货币联盟第三阶段中向单一货币过渡的渐进式方案，分为 4 个具体的步骤来进行：

第一步，1996 年底完成有关的法律结构等的技术准备工作，1998 年初根据趋同标准检查各成员国达标情况，确定有资格加入货币联盟的国家名单。

第二步，1999 年 1 月 1 日—2001 年 12 月 31 日为过渡阶段，原欧洲货币局(EMI)改为欧洲中央银行(European Central Bank，简称 ECB)，欧元按照 1∶1 的比例取代欧洲货币单位(ECU)，欧元区各国货币与欧元的汇率不可逆转地固定下来，欧元开始以账面货币形式流通。

第三步，2002 年 1 月 1 日—2002 年 6 月 30 日，欧洲中央银行开始发行欧元，欧元纸币、硬币开始实际流通，正式启用，在这一阶段各成员国货币与欧元同时流通。

第四步，从 2002 年 7 月 1 日开始，欧元成为欧元区唯一的法定货币。

1997 年 6 月 16 日在荷兰阿姆斯特丹会议上，欧盟各国首脑正式批准了《稳定与增长公约》《欧元的法律地位》和《新的货币汇率机制》三个文件，为欧元按期启动完成了技术准备和法律保障。

1998 年 5 月 2 日，欧盟 15 国首脑在布鲁塞尔举行的特别会议上决定接受欧盟委员会和欧洲货币局(EMI)的推荐，确认奥地利、比利时、芬兰、法国、德国、爱尔兰、意大利、卢森堡、西班牙、荷兰和葡萄牙这 11 个国家于 1999 年 1 月 1 日率先进入欧洲经济货币联盟第三阶段，组成欧元区，成为欧元创始国。希腊于 2001 年 1 月 1 日正式加入欧元区。

1998 年 6 月 9 日，欧洲中央银行(European Central Bank)宣告成立，取代了欧洲货币局。1998 年 12 月 31 日，根据欧盟执委会的建议并经向欧洲中央银行咨询后，成员国首脑最终确定了欧元与 11 个欧元区成员国货币不可逆转的固定汇率。

1999 年 1 月 1 日欧元如期诞生，欧洲中央银行在欧元区内负责行使单一货币政策职能。欧洲经济货币联盟按期进入第三阶段，参加国货币之间的汇率被锁定，各成员国货币与欧元之间的汇率到 2002 年(过渡期内)各国货币被欧元取代以前完全固定，并不得更改。统一货币欧元以与埃居相等的价值正式启动，欧洲中央银行作为整个欧元区的中央银行开始运作。但在 2001 年 12 月 31 日以前的过渡期内，欧元只是账面货币，不发行纸币和硬币，私人和企业可以自由选择使用欧元或者各国货币的账户，而政府发行的新公债和金融机构之间的交易必须使用欧元。

从 2002 年 1 月 1 日(欧洲人称作“E-day”,即欧元日)起,3 亿多的欧洲公民开始使用同一种货币——欧元(英文是 EURO,货币符号是“€”)。欧元纸币和硬币开始流通,同时各国货币仍然可以使用;3 月 1 日,各国纸币和硬币停止流通(比利时法郎、德国马克、西班牙比塞塔、法国法郎、爱尔兰镑、意大利里拉、卢森堡法郎、荷兰盾、奥地利先令、葡萄牙埃斯库多、芬兰马克、希腊德拉克马)全部结束其历史使命,彻底退出流通,欧元终于“一统天下”,欧元成为唯一的法定货币。欧元向现金的转换进展迅速、良好,没有出现任何大的问题,这是因为欧元成功问世三年来欧元区金融市场已经为欧元的正式流通创造了基本条件。

欧元现钞包括欧元纸币和硬币。纸币共分 7 种面值,分别为 500、200、100、50、20、10、5 欧元,票面额越大,纸币面积越大。纸币正面图案由象征合作精神的门和窗组成,背景是由 12 颗五角金星环绕的欧盟旗帜;纸币背面图案是含意为联系纽带的桥梁。各种门、窗和桥梁等图案分别代表欧洲各时期的建筑风格,按币值从小到大依次为古典派、浪漫派、哥特式、文艺复兴式、巴洛克和洛可可式、铁和玻璃式、现代派风格,颜色依次为灰色、红色、蓝色、橙色、绿色、黄褐色、淡紫色。此外,纸币还留下 1/5 的票面空间,由欧元成员国印制各自的徽记,如风景名胜、国王头像等。欧元硬币共分 8 种面值,分别为 1、2、5、10、20、50 欧分和 1、2 欧元,1 欧元等于 100 欧分。硬币的正面是代表欧盟国家之间凝聚力的欧盟地图和条形图案,背面图案由成员国选择各自的国家标志。这些带有不同国家标志的纸币和硬币是可以在所有欧元区国家使用的。

2002 年欧元纸币和硬币已经成为欧盟 15 个成员国中 12 国的法定货币,这 12 个国家是比利时、德国、希腊、西班牙、法国、爱尔兰、意大利、卢森堡、荷兰、奥地利、葡萄牙、芬兰,即欧元区国家;另外 3 个欧盟成员国(丹麦、英国、瑞典)出于本国各自不同的情况而暂不采用欧元。

斯洛文尼亚于 2007 年 1 月 1 日加入欧元区,成为欧元区第 13 个成员国。塞浦路斯于 2008 年 1 月 1 日与马耳他一起加入了欧元区,成为第 14 个和 15 个成员国。斯洛伐克于 2009 年 1 月 1 日加入欧元区,从而使欧元区成员国增至 16 个。爱沙尼亚于 2011 年 1 月 1 日正式启用欧元,成为欧元区第 17 个成员国。拉脱维亚于 2014 年 1 月 1 日正式加入欧元区,成为欧元区的第 18 个成员国。立陶宛于 2015 年 1 月 1 日正式加入欧元区,成为欧元区的第 19 个成员国。

总的来说,欧元已经是 23 个国家和地区的官方货币,28 个国家和地区的官方货币的汇率与欧元挂钩。官方使用欧元的国家有:德国、法国、意大利、荷兰、比利时、卢森堡、爱尔兰、西班牙、葡萄牙、奥地利、芬兰、立陶宛、拉脱维亚、爱沙尼亚、斯洛伐克、斯洛文尼亚、希腊、马耳他、塞浦路斯。某些欧元区国家的海外领土,例如法属圭亚那、留尼汪、圣皮埃尔和密克隆群岛、马提尼克等地区也使用欧元。摩纳哥以前使用法国法郎、圣马力诺和梵蒂冈以前使用意大利里拉,而二者已被欧元替代。根据他们和欧盟之间的协议,他们也可以代表欧盟铸造欧元硬币。安道尔以前使用法国法郎和西班牙比塞塔,黑山、科索沃以前使用德国马克,以上货币被欧元取代后,这些国家改以欧元作为实际货币,但它们和欧盟之间没有任何法律上的协议,没有参加欧洲中央银行体系。2004 年 10 月,安道尔开始与欧盟协商关于允许安道尔像摩纳哥、圣马力诺和梵蒂冈一样铸造欧元硬币的协议。2002 年 12 月,朝鲜用欧元代替美元作为对外流通和结算的主要货币,在大部分黑市和以前使用美元的商店,美元也被欧元取代。

毫无疑问，欧元的正式流通不仅是欧洲历史上而且是世界经济史上的一个重大事件，欧洲的一体化进程终于以一种看得见、摸得着的方式进入欧洲公民生活之中。必须强调指出，欧元的诞生并非一个偶然事件，而是欧洲历史发展的必然结果，具体而言，是第二次世界大战之后欧洲国家从纷争走向联合，即欧洲一体化进程的辉煌成果。欧元的诞生是欧洲经济一体化进程中具有历史意义的里程碑，标志着欧洲统一的思想正在逐渐地变成事实。从更广泛的意义而言，这是人类历史上第一次不倚靠战争或者强权而是通过协商制定的一整套制度将象征国家主权的货币统一起来，民族国家主权不可分割、转移的传统观念由此受到严重的挑战而发生动摇。

## 三、欧洲主权债务危机

欧洲货币一体化，是在战后布雷顿森林体系崩溃之后，欧洲各国为向“大欧洲”努力、摆脱战后美国“马歇尔计划”给欧洲经济带来的美国印记而进行的联合欧洲路程上的第一步。以 1999 年 1 月 1 日——欧元的诞生为标志的欧洲货币一体化宣告阶段性成功，证明了欧洲在《马斯特里赫特条约》签署之后，逐步向一体化迈进。必须要承认，欧元的诞生以及欧洲货币一体化的完成是对于现代经济及金融领域一次最为重大的震撼，突破了原先民族国家主权货币的狭隘意义，使之上升为代表区域性整合的更高层次，是对货币理论及经济理论的一次创新和突破。

但是这种突破和创新并不是没有代价的。从 2009 年持续至今的欧洲债务危机，使得欧元的地位岌岌可危，虽然德法等欧元区核心国家纷纷表态，不会放弃欧元，但是实际上欧元本身的基础已经遭受到重创。

2009 年 12 月 8 日，美国评级机构惠誉将希腊主权信用评级由“A－”下调至“BBB＋”，从而引发危机。2010 年 5 月，欧盟以及 IMF 最终同意向希腊提供 1100 亿欧元金融援助，希腊成为欧洲债务危机历史上的首个受援国。希腊问题暴露后，其他欧元区国家的债务问题也逐步表面化。按照欧元区规定，公共债务余额占 GDP 比重不得超过 60%。从表 8－5 所列可知，2010—2011 年，11 国中达标的只有芬兰。西班牙、荷兰和奥地利已超过 60% 的比例；意大利、葡萄牙及爱尔兰等已高达 100% 以上。

**表 8－5　欧洲各国政府债务占 GDP 百分比**

| 国别 | 2010 年 12 月 | 2011 年 9 月 | 国别 | 2010 年 12 月 | 2011 年 9 月 |
|---|---|---|---|---|---|
| 希腊 | 142.76 | 159.1 | 法国 | 81.7 | 85.2 |
| 意大利 | 119 | 119.6 | 奥地利 | 72.26 | 71.6 |
| 比利时 | 96.79 | 98.5 | 荷兰 | 62.73 | 64.5 |
| 爱尔兰 | 96.19 | 104.9 | 西班牙 | 60.11 | 66.0 |
| 葡萄牙 | 93 | 110.1 | 芬兰 | 48.37 | 47.2 |
| 德国 | 83.23 | 81.8 | | | |

债务危机暴露出欧元区货币政策统一与财政政策独立间的矛盾，为此，加强财政纪律约束成为一个重要任务。除英国和捷克外的欧盟 25 个成员国，在 2012 年 3 月 2 日正式签署了《欧洲经济货币联盟稳定、协调和治理公约》，即欧盟最新“财政契约”，或者说是财政合同，对财政援助事项签订合同，规范财政纪律。但是，即使制定了规则，也可能难以执行。

2012 年 3 月，欧元区各国的财政部长就欧元区金融防火墙扩容问题达成一致意见，同意将欧洲救助基金规模从 4000 亿扩大至 8000 亿欧元。事实上，2010 年欧盟就向希腊提供了 1000 亿欧元的救助，8000 亿欧元的基金并非充裕。

6 月 26 日欧洲理事会主席范龙佩、欧洲央行行长德拉吉、欧盟委员会主席巴罗佐及欧元集团主席容克共同发布了《迈向一个真正的经济与货币联盟》报告。该报告包括以下三部分内容：(1)建立银行业单一监管机制(SSM)，统一欧盟范围内银行业监管及其规则。(2)建立欧洲存款保险制度(EDGS)。(3)建立欧洲处置机制，以维护纳税人利益。

2013 年 1 月，生效的欧洲稳定机制(ESM)总额达 7000 亿元。欧元区未来的永久救助基金是按照各国在欧洲央行的股本比例出资，通过购买国债、提供援助性贷款及其他融资方式向成员国政府和金融部门提供融资资金。

5 月，欧洲议会初步通过了银行业单一监管机制法案。并于 2014 年 12 月欧盟财政部长会议达成协议，于年底成立银行业联盟，由欧洲央行统一监管。

可以说，欧元区的债务国面临着困难的抉择：如果顺应民意，继续维持高福利，结果将是无法偿债，被迫退出欧元区；如果不愿退出欧元区，希望得到资金援助，就必须接受财政紧缩要求，部分削减高福利，这会引起民众的不满。实践中，债务国家最终均是选择了后者，即各国都不愿意退出欧元区。这是因为：(1)一旦退出了欧元区，其他国家更不会援助本国，使得恢复经济更加困难；(2)退出欧元区使得本国的国际形象受到非常大的损害，丧失了市场信心后再想恢复经济将愈加不可能。

当然，欧洲货币一体化是欧洲正式一体化的前奏和试探，而欧洲债务危机是进一步推动欧洲正式一体化的良好契机，如果欧元区各国能够借助债务危机的作用，加强彼此间一体化联系，从而推动经济一体化进而至政治一体化，那么一个联合的大欧洲并不是梦想。欧元乃至于欧洲未来的命运实际上是掌握在欧洲各国自己的手中，何去何从，还要看欧洲各国自己的选择。

## 四、欧洲货币一体化和欧元的影响

随着欧洲经济和货币一体化的日益深化和发展，它不仅改变了欧洲金融市场的格局，也改变了整个世界国际金融市场的竞争和发展的格局。从欧洲货币一体化的开端——煤钢联营和《罗马条约》的诞生到如今欧盟的不断东扩，欧元和欧洲金融市场对国际金融市场产生的影响越来越大。

### (一)欧洲货币一体化的利处

#### 1. 欧洲货币一体化对欧盟自身带来的积极影响

(1)促成了欧洲统一大市场的建立

单一的货币有助于增强联盟信心，加强经济聚合力；有助于促进竞争，提高企业规模经济效益，优化资源配置，提高效率；有助于降低交易成本(每年相当于欧共体国内生产总值的 0.4%左右)；有助于增加价格透明度，促进贸易投资的发展。正是它所带来的更趋稳定的汇率、较低的交易成本、较高的价格透明度，从而减少了信息成本并激发欧盟内部的企业降低生产成本，这些都有利于提升欧盟企业在国际市场上的竞争能力，随着企业成本的降低也有助于增加欧盟内部消费者的经济福利。最终促成了欧洲统一大市场的建立。

欧元诞生以来的顺利运营已经使得欧元区国家受益匪浅。在欧元区内部，随着欧元问世带来的货币政策的统一和财政政策的协调，以及汇率风险消失、交易成本降低、价格差异减小和更为透明的市场，欧洲统一市场中商品、人员、服务和资本的自由流通更为便捷，使得企业达到更高的效率和竞争力，这对于成员国经济形成一个统一的经济实体从而达到长期共同繁荣发展和抵御外部经济冲击无疑是非常有利的。

(2)提高了欧洲的地位

区域经济一体化是一股强大的国际力量，它不仅有利于经济上的联盟，而且还有利于区内成员国之间结成政治上和军事上的强大联盟。它们一致对外，采用"一个声音说话"，往往能获得一种"放大"的效果。

欧元问世以来作为国际货币的地位日益提高，欧元已经成为仅次于美元的被广泛使用的国际货币。在欧元区之外，有五十多个国家将本国货币的汇率与欧元挂钩，在这些国家中，在银行和货币兑换所可以得到欧元纸币。事实上，各国金融机构、公司、政府和世界银行等国际金融组织在2001年发行的欧元债券已经超过美元，欧元正在成为世界头号融资工具。当然，一种货币的国际地位是要逐步确立的，欧元要在真正意义上成为与美元平起平坐的国际货币尚有待时日。但可以肯定的是，美元在战后至今的国际金融体系中的唯一核心货币地位已经受到挑战，一个以美元和欧元为主导货币的两极体系正在形成和发展。欧洲联盟目前已经开始执行东扩战略，就是吸收中东欧国家加入欧洲联盟，如果进展顺利，在今后10年到20年的时间里，欧洲联盟会从最初的11国扩充到20多个国家，甚至有可能达到30个以上的国家。在这一扩大过程中，使用欧元的国家自然会随之增加，可以预见，无论是人口数量还是经济规模，欧元区都将超过美国。

**2. 对国际金融市场的积极影响**

随着欧元区规模的逐步扩大，欧元区已成为世界上第一大金融市场。仅到1995年底，欧洲联盟国家发行的债券、股票和银行资产的市场价值超过270000亿美元，而美国资产的市场价值为230000亿美元。欧元是一种金融制度上的创新，金融制度所引发的效应是金融市场结构的改变，短期之内体现在货币市场上。从更长远看，股票、债券、衍生金融市场将慢慢结束过去的分割状态，逐步趋向统一。

欧盟货币一体化对国际金融市场的总体影响表现在：直接降低金融市场交易和管理成本，欧元启动给成员国每年节省的交易和管理费用达600多亿欧元，相当于整个区内GDP的1%以上。降低全球性跨国公司及金融机构投融资的风险，增加了融资的便利。国际金融中心的地位会发生相对变化，欧元区内金融中心将逐渐在国际金融中心中占有重要地位。国际金融监管与货币政策，外汇政策合作与协调会有加强。

(1)欧元对国际储备结构的影响

欧元作为国际结算货币地位的提高，将推动对欧元外汇需求的增加，促进欧元债券市场的发展，引发外汇储备的置换。为降低储备货币和资产的汇率风险，各国(尤其是与欧元成员国有密切贸易和债务关系联系的国家)将根据双边贸易和债务量来增加其欧元储备。通常情况下，世界各国对国际储备货币的选择主要取决于以下几个原因：一是储备货币发行国的经济实力，储备货币发行国的经济实力越强，人们对该国的信心就越强，因而越有可能采用这种货币；二是储备货币币值的稳定性，一种国际储备货币的币值越稳定，保留这种货币的贬值风险就越小；三是储备货币发行国进出口数额和对外资金流通数量，储备货币发行国的进出口数额和对外资金流通数量越大，各国为了进行贸易结算和资金借贷需要持有该国的货币就越多，因而就越有可能选择该国货币。

欧元对国际储备结构的影响是渐进的和长期的，美元的霸主地位在短时间内不会动摇。

随着欧盟经济的发展，欧元在世界各国的外汇储备中会逐渐增加，当然，欧元的国际储备货币地位最终还取决于市场判断。从长期看，欧元为世界各国提供了新的能与美元相抗衡的国际储备资产，这不仅意味着各国货币当局选择机会的增加，同时对美元霸权也可能起到某种程度的制约作用，从而克服“世界美元本位制”固有的一些缺陷。

(2)对国际债券市场的影响

欧元启动最直接的效应就是促使各国的债券市场融合为一。从1999年一开始，各国的政府债券便陆续转换为欧元债券，新的市场发行也采用欧元进行。从市场规模看，1999年末，政府债券市场的债务余额已达到22000亿欧元，超过了日本的国债市场，成为世界上第二大政府债券市场，仅次于美国国债市场。

然而，欧元给债券市场带来的不仅仅是市场规模的扩大，同时将使市场面临着广度、深度和流动性的一系列变革。市场越是统一，信用风险越是会成为投资者集中考虑的因素。欧元启动以前，欧洲市场的投资者比较注重国别资产的选择和风险的分散，这种情况阻碍了投资者去追求高收益的债券，从而阻碍了欧洲高收益债券市场的成长。因此，欧元启动的一个必然效应就是带动欧洲债券市场高收益的成长。欧元债券市场在国际债券市场已经占有相当重要的地位。欧洲央行发表的工作报告指出，欧元自启动以来，在国际证券市场上起到了替代货币(美元)的作用，欧元的投资作用正在越来越显著地发挥出来。2002年，欧元债券已占到国际债券市场发行总量的55.6%，同期发行的美国债券占到31.8%，欧元债券已占据了债券市场的半壁江山。从规模来看，2003年欧元区的债券规模是美国的2.8倍，2004年第二季度竟然达到31.7倍，欧元区债券发行的规模已超过美国，欧元区已成为债券发行市场的超级主体。

### (二)欧洲货币一体化的弊处

#### 1. 对欧盟宏观经济的消极影响

(1)失去对经济的自主性调节

统一的货币会导致各成员国自主性调节经济的工具的丧失，从而引发欧元区经济的不稳定。由于无法对各国具有差别性特征的产业结构、就业和产出进行客观的测度，“真实收敛性标准”不具有现实性，反而容易引起不对称性的外部冲击。同样，面对多样化的各国经济，ECB力图用单一的政策工具，普通利率来稳定欧元区的经济将被证明是无效的。货币政策影响欧盟成员国的差别性效应根源是各国经济发展的不平衡性和经济结构的不对称性，直接原因是各个成员国具有不同的产权结构和多样的利率结构。例如，英国经济对短期利率变动的敏感系数是欧盟平均水平的4倍。根据相关估计，欧洲中央银行货币政策和汇率政策的调整可能引起成员国经济的衰退规模扩大1倍，而欧洲中央银行通过推行低通货膨胀而树立信誉的决心可能导致成员国经济的过度通货紧缩。这种通货紧缩偏差在整个20世纪90年代估计减少了欧盟GDP5%的增长，并导致700万～1000万欧洲人失业。而且，这些数据仅仅是各国内部的劳动力流动程度，如果涉及成员国之间的劳动力流动，则由于语言障碍、文化差别及非资历认同等原因，这个数据肯定更大。财政的联邦化有利于更公平地在欧盟内部重新分配EMU带来的成本和收益，但即使对这种配置进行最为适中的调整，也会引起欧盟预算的大幅度增加，所以具体操作起来会遇到很大的政治障碍。

(2)导致区域经济发展相对不平衡

欧债危机暴露了欧元固有的缺陷，在各国经济发展水平不平衡的情况下，货币一体化使得相对落后的国家保持着与经济相对发达国家相同的优厚福利，并且承受欧元汇率不适宜其经济发展水平造成的巨大逆差成本，而德国等国就享有顺差的好处，这就更加拉大了国家间的距离，而这种情况出现的原因就是欧洲货币一体化的结构性缺陷：统一货币政策和独立财政政策的内在矛盾。

2. 对国际汇率制度改革的不利影响

欧洲单一货币政策的采用是人们把金融自由化与固定汇率制结合起来的一次有益尝试。20 多年来，越来越多的国家采取了较有弹性的汇率制度，目前的浮动汇率制大体上能适应世界经济的基本情况，但它也存在诸多局限。对浮动汇率制最主要的一条反对意见是汇率频繁波动增加了国际贸易和对外投资中的不确定性，从而对各国经济带来了消极的影响。此外，浮动汇率对国际收支的调节作用有限，并且也不能使各国真正实行独立的经济政策。

欧元作为欧洲单一货币，可以作为许多国家汇率政策中的钉住货币或参考货币。同时，欧元是区域货币一体化的产物，它的形成在很大程度上体现了对固定汇率的回归。此外，欧元产生后，国际范围内大规模的资产组合调整有可能会带来新一轮的国际金融动荡，加上未来可能形成的多极国际货币格局所具有的内在不稳定性，所有这些变化不可避免地将对未来国际汇率制度的改革产生深刻影响。

1999 年 1 月，欧洲货币联盟在争议中启动，至今已二十周年。总体来说，欧元的运行要比许多批评者当初预料的好：欧洲中央银行基本达到其稳定目标，其控制通货膨胀政策更透明，更易于传达；欧洲货币联盟总体加强了财政预算约束，使国家债务率有所下降，并改善了经济增长条件；在金融市场上，欧元作为经济结构改变的一体化发动机和催化剂发挥了作用。同时，也应看到在统一的货币政策和汇率政策下，通货膨胀率和经济增长率的趋异性仍增加；欧元的引入也加剧了银行业的竞争，并导致了一系列的结构性的变化。综合来看，欧元诞生二十周年来利大于弊。在回顾欧元发展时，我们应考虑到欧洲货币联盟是一项长期工程，它在成功建立后正处在巩固阶段；特别是在稳定公约方面，联盟的管理仍不容忽视。

综合来看，我们可以看出欧洲货币一体化有着不可替代的优点，但同时它在某些方面的缺点也显而易见，这就需要在实践过程中继续总结经验和教训，使之与欧洲经济、世界经济的发展相适应，共同推进人类经济的发展。

## 附录：欧洲货币一体化的进程

1950 年，欧洲支付同盟成立，这是欧洲货币一体化的开始。

1957 年 3 月，《罗马条约》，决定成立欧洲经济共同体。

1958 年，《欧洲货币协定》以代替欧洲支付同盟。

1969 年 3 月，欧共体海牙会议提出建立欧洲货币联盟的构想，并委托时任卢森堡首相的皮埃尔·维尔纳就此提出具体建议。

1969 年 12 月，在海牙举行的欧共体首脑会议决定筹建欧洲经济与货币联盟。

1970 年 10 月，维尔纳委员会提交《关于在共同体内分阶段实现经济和货币联盟的报告》即《维尔纳报告》，它为实现欧洲经济与货币联盟规定了一个十年的过渡时期，分为三个阶段实现联盟的目标。

1971 年 3 月，《维尔纳报告》通过，欧洲单一货币建设迈出了第一步。报告主张在 10 年内分三个阶段建成欧洲经济货币联盟。但是，随后发生的石油危机和金融风暴，致使《维尔纳报告》搁浅。

1972 年初，欧共体部长理事会才着手推行货币联盟措施。

1978 年 4 月，在哥本哈根召开的欧共体首脑会议上，提出了建立欧洲货币体系的动议。

同年 12 月 5 日欧共体各国首脑在布鲁塞尔达成协议，决定于 1979 年 1 月 1 日建立欧洲货币体系，后因原联邦德国和法国在农产品贸易补偿制度上发生争执，延迟到同年 3 月 13 日才正式成立。

1979 年 3 月，在法国、德国的倡导和努力下，欧洲货币体系宣告建立，同时欧洲货币单位“埃居”诞生。欧洲货币体系 EMS(European Monetary System)开始运作。

1986 年 2 月，欧共体签署《单一欧洲文件》，提出最迟在 1993 年初建立统一大市场。

1989 年 6 月，《德洛尔报告》通过，正式提出建立经济与货币联盟的详细方案，报告主张分三个阶段创建欧洲经济货币联盟。

1990 年第一阶段正式启动后，需要就有关的货币政策进行协调和统一，央行行长委员会开始扮演着越来越重要的角色。随后在《马斯特里赫特条约》中最后确立了欧洲中央银行的地位。

1994 年 1 月 1 日，欧洲货币局在经济与货币联盟的第二阶段开始时建立，其任务是在货币政策上进行协调，加强成员国中央银行间的合作和筹建欧洲中央银行体系。制定和执行货币政策的权力仍由各成员国政府保留。

1991 年 12 月 10 日，欧共体首脑会议通过了《欧洲联盟条约》(通称《马斯特里赫特条约》)，决定将欧共体改称为欧洲联盟。《马约》规定，最迟在 1999 年 1 月 1 日，经欧洲理事会确认，如达到“趋同标准”的成员国超过 7 个，即可开始实施单一货币。该条约加速了欧洲货币一体化的发展。

1993 年 11 月，《欧洲联盟条约》生效。

1994 年 12 月 15 日，马德里首脑会议决定将欧洲单一货币定名为欧元，取代埃居。

1995 年 12 月，确定统一货币为欧元。

1998 年，欧洲中央银行成立。同年 5 月，布鲁塞尔首脑会议正式排定欧元 11 个创始国名单。

1999 年 1 月 1 日，欧元在欧盟各成员国范围内正式发行，它是一种具有独立性和法定货币地位的超国家性质的货币，欧盟根据《马斯特里赫特条约》规定，欧元于 2002 年 1 月 1 日起正式流通。同年 1 月 4 日，欧元在国际金融市场正式登场。被 11 个欧洲国家承认为官方货币。

2002 年 1 月 1 日，经过 3 年的过渡，欧洲单一货币——欧元正式进入流通。同年 7 月欧元取代区内国家货币成为欧元区内唯一的法定货币，原有货币停止流通。欧元纸币和货币正式进入市面成为流通货币。同年 2 月 28 日，成员国本国货币全面退出流通领域，欧元与成员国货币并存期结束。

2008 年金融危机、2009 年欧债危机等多番“洗礼”之后，欧元区扩展至 19 个成员国，覆盖 3.4 亿人口，欧元在国际支付中所占份额约 36%，占所有央行外汇储备总额 20%，成为全球第二大流通货币和第二大储备货币。

2009 年以来，欧元在外储中的比例显著下降。

2018 年以来，随着美欧关系发生变化，欧洲政要有关提升欧元国际地位、借助欧元推进欧洲一体化的呼声不断高涨。

2018 年 12 月，欧盟发布一项旨在提升欧元国际地位的行动倡议，同意强化欧洲稳定机制的作用，加强对欧元区国家预算的监管，并建议在国际能源合约和交易中更多使用欧元。欧盟委员会主席容克发布的声明中也表示：欧元已经成为团结、主权和稳定的象征。

2019 年 1 月 1 日，欧元迎来了 20 岁生日。从最初只用于会计和金融交易的虚拟货币，到现在 19 个欧盟国家 3.4 亿人口正在使用的实实在在的货币，欧元在过去 20 年接受过质疑，经历过危机。

## 本章习题

### 一、简答题

1. 简述最优货币区理论的基本思想。
2. 创建欧洲经济与货币联盟的内容有哪些？
3. 欧洲货币体系的内容有哪些？
4. 对内固定、对外联合浮动是怎样一种汇率机制？
5. 满足哪些经济条件，欧洲国家才能加入欧元区？
6. 欧洲国家统一货币有哪些好处？
7. 欧洲中央银行体系的基本任务和模式是什么？

### 二、问答题

1. 阐述欧洲货币体系的作用与局限。
2. 欧洲货币一体化进程中主要出现了哪些问题，是怎样解决的？
3. 你是否认为欧元的诞生改变了世界货币格局？
4. 请分析欧债危机的形成原因，以及欧元区的对策及其效果。

# 第九章 开放经济下的宏观调控

**内容简介**：本章将重点探讨开放经济下政府的宏观经济政策目标，并引入蒙代尔—弗莱明模型，分析在不同汇率制度下以及不同资本流动性的情况下财政政策和货币政策的效应。

## 第一节 开放经济下的政策目标

在开放经济条件下，本国经济的运行除了会受到国内政策、供给层面和私人部门需求的冲击外，还会受到来自国外经济的冲击，这些冲击既包括实体经济层面的因素，又包括货币经济层面的因素。如何消除外部冲击是开放经济下各国政府必须面对的问题。

### 一、开放经济下的内外均衡

在开放经济中，政府的宏观经济政策目标主要有四个：经济增长、物价稳定、充分就业及国际收支平衡。但值得指出的是，这里的经济增长，并不是说经济增长越快越好，而是指经济增长率要适度；物价稳定，并不是说物价固定不动，而是指物价上涨率保持在经济可以承受的范围内；充分就业，也不是要实现每个人都有工作，而是使失业率保持在适度的范围内；国际收支平衡，也不是要实现国际收支既无顺差，也无逆差，而是指将国际收支差额控制在一定的范围内。

以上四大目标可以分为两大类：一类是内部经济均衡，即以物价稳定、充分就业和经济增长为目标；另一类是外部经济均衡，主要是指国际收支平衡。当然，也有政府将本币汇率稳定视为外部经济目标之一。

IMF 在 2007 年 6 月通过的《对成员国政策的双边监督决定》中提到了外部稳定(External Stability)和国内稳定(Domestic Stability)的说法。所谓外部稳定，就是不会或不太可能导致破坏性汇率变动的国际收支状况。这要求：(1)经常项目(即剔除周期性波动、临时冲击、调整时滞等暂时性因素后的经常项目)大体保持平衡，并且在这种情况下，一国净对外资产头寸的发展变化与该国经济的结构和基本面相一致。(2)资本和金融项目不造成资本流动急剧变化的风险，这种风险可能因融资约束而产生，也可能通过积累或维持脆弱的对外资产负债结构而产生。如果基本的经常项目(Underlying Current Account)不处于平衡状态(原因可能是汇率政策，也可能是不可持续的国内政策或市场不完善)，汇率就发生了

“根本性失调(Fundamental Exchange Rate Misalignment)”。换言之,根本性汇率失调是指实际有效汇率偏离均衡水平,而均衡汇率水平是指符合经济基本面的经常项目所对应的汇率水平。除此之外,IMF 还提到了国内稳定这一目标。促进国内稳定是指:(1)以促进合理价格稳定下的有序经济增长为目标,努力实施国内经济和金融政策,并适当考虑具体国情;(2)致力于促进有序的经济和金融状况以及不会造成无常破坏的货币制度,以此促进稳定。显然,IMF 在 2007 年的上述规定仍然过于复杂,在这里仍然将外部目标简化为经常项目、不含储备项目的资本与金融项目之和为零。

总之,一国的宏观经济在努力维持高经济增长率、低通货膨胀率和高就业率,即内部均衡的同时,还必须保持其国际收支地位,即外部均衡的长期稳定。

## 二、内外经济目标的冲突

作为开放经济的主要政策目标,内部均衡与外部均衡之间存在着非常复杂的关系,有时表现为相互协调,有时又表现为相互冲突。也就是说,当货币当局采取措施努力实现某一均衡目标时,这一措施可能会同时造成开放经济中另一均衡问题的改善,也有可能对另一均衡问题造成干扰或破坏。前者就是内外均衡的一致,后者是内外均衡之间的冲突。

物价稳定、充分就业和经济增长三者是封闭经济内的宏观均衡的目标,这三个目标概括了宏观经济合理运行的状态。而在开放经济条件下,这三者是反映经济内部运行情况的政策目标,因此可以归于内部经济均衡的目标之中。但是这三个目标之间往往是存在着冲突的,如经济增长往往会带来通货膨胀,另外根据菲利普斯曲线,物价稳定和充分就业这两个政策目标之间也是有矛盾的:为维持低的失业率,通货膨胀率就会上升;为降低通货膨胀率,就会减少就业率。同时经济增长是一个长期的任务,自 20 世纪 80 年代以来,主要发达国家都越来越强调通过市场机制的自身运作来实现经济的持续增长,经济增长的目标从这些国家政府的政策目标之中逐渐淡化和消失。因此,在理论研究中,内部均衡主要指的是物价稳定和充分就业,即无通货膨胀的充分就业状态。

当我们的分析框架从封闭经济进入开放经济后,我们用国际收支平衡来衡量一个国家对外经济联系的情况,政府的宏观经济政策目标就包括内部均衡和外部均衡。正如上面我们提到的封闭经济条件下的三大政策目标存在着冲突一样,内部均衡和外部均衡也常常是互相影响的,宏观经济政策有时在实现一个均衡目标时也能够有利于另外一个均衡目标的实现,有时却不利于甚至严重制约了另外一个均衡目标的实现。内外均衡的相互影响体现在多个方面。例如,在固定汇率制度下,出口的增加带来了经济增长,同时也带来了国际收支的顺差,为保证本币汇率的稳定,中央银行买入外汇,使得基础货币随之增加,货币供应量的上涨带来了通货膨胀压力的增加。反过来,内部均衡的目标也常常影响到外部均衡目标的实现,如一国处于外部均衡而内部未能充分就业时,一国当局采取扩张性的财政或货币政策能够使得本国达到充分就业水平,但同时却破坏了外部均衡。

所谓内部均衡是指国内经济资源得到了充分利用和实现了物价稳定;所谓外部均衡是指一国的经常账户余额保持在一个适当的水平,既无过大的赤字,也无过多的盈余。然而,在开放经济中,对于一个国家来说,内部经济均衡与外部经济均衡之间存在着冲突的可能性。在这一背景下,政府的首要经济目标是什么?如何既实现内部经济目标,又实现外部经济目标?这提高了宏观经济政策制定与实施的难度。

政府当局如何采取措施同时实现内部和外部均衡目标,曾是 20 世纪 50 年代和 60 年代西方经济学界研究和争论的热点。这方面比较著名的理论是米德冲突和斯旺曲线。

## 三、米德冲突(Meade conflict)

第二次世界大战后至1973年,根据布雷顿森林体系的安排,各国实行的是可调整的钉住汇率制度。尽管IMF章程规定,当一国外部经济处于根本性不平衡(fundamental disequilibrium)时,经批准后可以调整黄金平价(gold parity),但在实践中,各国货币当局由于害怕受到投机性国际游资的冲击,不到迫不得已一般不会改变本币的黄金平价。

英国经济学家詹姆斯·E. 米德(James E. Meade)于1951年出版了著名的《国际收支》,最早提出了固定汇率制度下的内外经济均衡的冲突问题。他指出,在汇率固定不变时,政府只能主要运用影响社会总需求的政策来调控现实经济的内外平衡,在特定情况下,往往无法同时实现内外经济均衡,会因此而陷入政策困境。该问题的思考和解决引起了相当大的变革,因此意义十分深远。由于其对国际贸易和国际资本流动领域进行了开创性的研究,因此荣获了1977年的诺贝尔经济学奖。

在开放条件下,经济可能面临着如表9-1所列的内外经济状况的组合(假定失业与通货膨胀是两种独立的情况、外部均衡就是经常账户平衡)。

表9-1　固定汇率制下内部均衡与外部均衡的搭配与矛盾

| 经济组合 | 内部经济状况 | 外部经济状况 | 是否冲突 |
|---|---|---|---|
| Ⅰ | 经济衰退/失业增加 | 国际收支逆差 | 是 |
| Ⅱ | 经济衰退/失业增加 | 国际收支顺差 | 否 |
| Ⅲ | 通货膨胀 | 国际收支逆差 | 否 |
| Ⅳ | 通货膨胀 | 国际收支顺差 | 是 |

当一国经济运行在内部出现经济衰退、失业增加,在外部出现国际收支逆差时(经济组合Ⅰ),处于固定汇率制度下,政府采用增加总需求的经济政策,可以解决经济衰退问题,但是这会使得外部经济目标——国际收支的逆差加剧。这是因为增加总需求的经济政策会使得本国进口相应增加,使得国际收支逆差状况进一步恶化。相反,在外部经济出现国际收支顺差的情况下(经济组合Ⅱ),增加总需求的经济政策带来的进口增加,会缓解国际收支顺差的态势。因此,经济组合Ⅰ存在内外经济目标的冲突,而对于经济组合Ⅱ而言,内外经济目标是一致的。同理,在内部经济出现通货膨胀,而外部经济出现国际收支逆差时(经济组合Ⅲ),本国政府采用降低总需求的方法来遏制通货膨胀,伴随着进口规模的下降,国际收支逆差的态势也将得到缓解。对于经济组合Ⅳ,本国政府采用降低总需求的方法来遏制通货膨胀,国际收支顺差的态势还将加剧。所以,经济组合Ⅰ和Ⅳ存在内外经济目标的冲突,而Ⅱ和Ⅲ则不存在这种冲突。

在开放的经济环境中,宏观经济政策不仅要实现内部均衡,还须实现外部均衡。一般我们以财政政策和货币政策实现内部均衡,以汇率政策实现外部均衡。固定汇率制度下,汇率工具无法使用,要运用财政政策和货币政策来达到内外部同时均衡,在政策取向上常常存在冲突。经济组合Ⅱ和Ⅲ两种情况意味着内外均衡的一致,政府在采取措施实现内部均衡的同时,也对外部均衡的实现发挥了积极影响;经济组合Ⅰ和Ⅳ两种情况意味着内外均衡的冲突,这就是米德冲突,宏观经济政策的改变不能够同时实现内部均衡目标和外部均衡目标。

简言之,"米德冲突"就是指在固定汇率制度下,失业增加与国际收支逆差的组合、通货膨胀与国际收支顺差的组合存在内外经济目标的冲突。在这两种情况下,财政政策和货币政策都会左右为难,政府通过政策调整实现内部(或外部)的均衡目标时,就会使外部(或内部)的经济状况距离其均衡目标更远,显然,单一的调整政策在这两种情况下是无法同时实现内外均衡的目标的。

米德冲突的主要缺陷有两个方面:

(1)米德冲突考虑的只是在固定汇率制度下的情况,没有考虑浮动汇率制度。但是,无论是在固定汇率制度下还是在浮动汇率制度下,内外均衡冲突的问题是始终存在的。在浮动汇率制下,政府不可能完全依赖外汇市场对国际收支的自发调节功能,所以同样面临着外部均衡问题。在汇率变动受到政府一定管理的条件下,通过国内总需求的变动来实现内外均衡仍是相当常见的做法,因此浮动汇率制下也会出现许多与固定汇率制下相类似的内外均衡冲突现象。并且,在汇率波动程度非常剧烈的条件下,外部均衡与内部均衡之间的相互影响或干扰更加复杂,内外均衡冲突问题甚至可能更加深刻。例如,通过调节国内需求来实现内部均衡目标时,国内需求的变动同时会通过多种途径造成汇率的进一步变化,汇率的进一步波动又会通过一系列机制进一步影响到内部均衡。

当然,浮动汇率制度下内外均衡冲突的性质及表现形式与固定汇率制下会有很多不同。为区别起见,我们把米德分析中的与开放经济特定运行区间相联系的内外均衡之间的冲突称为狭义的内外均衡冲突,而将一般情况下的实现某一均衡目标的努力对另一均衡目标的干扰或破坏称为广义的内外均衡冲突。

(2)米德分析不足的另外一个方面就是忽略了资本因素,没有考虑资本流动对内外均衡问题的影响。在现代开放经济中,国际资本流动是影响一国经济的重要因素,特别是在全球经济一体化背景下,活跃在国际金融市场上的巨额资金会因各国汇率的动荡不定而频繁流动,直接影响到各国的宏观经济,使各国的国内经济政策受到更多制约,一国同时实现内外均衡目标会变得更加困难。

## 第二节　开放经济下的政策搭配

米德冲突说明了单纯运用一种政策工具,在很多情况下会造成内外均衡的冲突。开放经济下政策目标的增加使得宏观经济的调控更为复杂。如何解决这一问题?

### 一、丁伯根原则

荷兰经济学家简·丁伯根(J. Tinbeigen)是第一个获得诺贝尔经济学奖的经济学家,他最早提出了将政策目标和政策工具联系在一起的正式模型。一国存在着多个经济目标和多个可供选择的政策工具,但是这些目标之间不存在一致性,各种政策工具的效果又各不相同。面对这一问题,丁伯根指出,一国政府要实现一个经济目标,至少需要使用一种有效的政策工具;若要实现 $N$ 个独立的经济目标,政府就至少要使用 $N$ 种独立且有效的政策工具。换句话说就是,一种政策工具如果用来实现两种独立的政策目标,则两种目标都不可能得到充分实现;政府所需的有效的政策工具的数量要大于或等于其所想要达到的独立的经济目标的数量。这一原则被称为"丁伯根原则",又称"政策工具—目标规则"。

我们用一个简单的线性框架分析丁伯根原则。假定只存在两个目标 $T_1$、$T_2$ 与两种工具 $I_1$、$I_2$，政策调控追求的 $T_1$ 和 $T_2$ 的最佳水平为 $T_1{}^*$ 和 $T_2{}^*$。令目标是工具的线性函数，即

$$T_1 = a_1 I_1 + a_2 I_2$$
$$T_2 = b_1 I_1 + b_2 I_2$$

在这一情况下，只要决策者能够控制两种工具，每种工具对目标的影响是独立的，决策者就能通过政策工具的配合达到理想的目标水平。

从数学上看，只要 $a_1/b_1 \neq a_2/b_2$（即两个政策工具线性无关），就可以求解出达到最佳的目标水平 $T_1{}^*$ 和 $T_2{}^*$ 所需要的 $I_1$ 和 $I_2$ 的水平，即

$$I_1 = (b_2 T_1^* - a_2 T_2^*) \,/\, (a_1 b_2 - b_1 a_2)$$
$$I_2 = (a_1 T_2^* - b_1 T_1^*) \,/\, (a_1 b_2 - b_1 a_2)$$

这意味着选择适当的两种政策工具的值，就可以实现两个政策目标。以上线性无关的要求就是保证政策工具必须具有充分的有效性和足够的独立性。

当 $a_1/b_1 = a_2/b_2$ 时，这意味着两种工具对这两个政策目标有着相同的影响，实际上，决策者只有一个独立的工具而试图实现两个目标，这是不可能成功的。所以，政策工具对政策目标的影响必须是线性无关的。

这一结论可以进一步推广：如果一个经济具有线性结构，决策者有 $N$ 个目标，只要有至少 $N$ 个线性无关的政策工具，就可以实现这 $N$ 个目标。对于开放经济而言，这一结论具有鲜明的政策含义：只运用支出增减政策（我们假定财政政策、货币政策影响产出的效果一致），通过调节支出总量的途径同时实现内外均衡两个目标是不够的，必须寻找新的政策工具并进行合理配合。

丁伯根原则指出了应运用 $N$ 种独立的工具进行配合来实现 $N$ 个独立的政策目标，这一结论对于经济政策理论具有深远意义：一方面使内外均衡理论的研究更加深入；另一方面也为开放经济宏观政策的实施提供了标准，即有多少独立的经济目标，就至少要使用同等数量的政策工具。鉴于丁伯根提出的经济目标和有效政策工具的框架结构对各国经济的宏观调控具有鲜明的政策意义，他荣获了 1969 年的诺贝尔经济学奖。

但是，丁伯根原则对目标的实现过程具有如下特点：一是假定各种政策工具可以供决策当局集中控制，从而通过各种工具的紧密配合实现政策目标；二是没有明确指出每种工具有无必要在调控中侧重于某一目标的实现。这两个特点是不尽与实际情况符合的或者不能满足实际调控的需要。

## 二、斯旺曲线

1955 年，澳大利亚经济学家斯旺（Trevor Swan）提出了著名的斯旺曲线，用于分析一国如何使用支出调整政策与支出转移政策来构造内外均衡的理论框架，该曲线的提出极大地促进了内外均衡理论的发展。

斯旺曲线假定价格水平保持不变，而且没有国际资本流动。如图 9－1 所示，图中纵轴表示实际汇率，定义为 $R = eP^*/P$。式中 $R$ 为直接标价法的实际汇率水平，$e$ 为直接标价法的名义汇率，$P^*$ 为国外价格水平，$P$ 为国内价格水平。$R$ 上升代表本币贬值或外币升值，可以由名义汇率贬值、国内价格水平下降或国外价格水平上升造成；$R$ 下降代表本币升值或外

币贬值。$R$ 同时也是衡量国际竞争能力的指标，$R$ 上升意味着国际竞争能力增强，将改善国际收支经常账户。

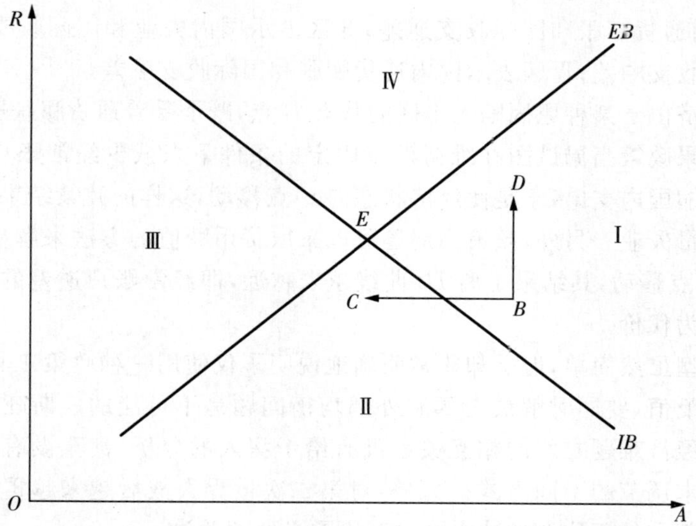


图 9-1　斯旺曲线

图中横轴表示国内总支出或需求，以 $A$ 表示，也可称为总吸收，即

$$Y=C+I+G+(X-M)$$

令 $A=C+I+G$，那么

$$Y-A=X-M$$

式中，$Y$ 为国民收入，$C$ 为消费支出，$I$ 为投资支出，$G$ 为政府购买支出，$X$ 为出口，$M$ 为进口。公式表明当国内吸收水平过高，超过总收入水平时，进口即超过出口，于是出现经常账户逆差。

图中的 $EB$ 曲线代表外部均衡曲线，由于斯旺曲线假定是没有国际资本流动的，因此这里的外部均衡就是经常账户的平衡，曲线上的每一点表示所有能够使国际收支经常账户保持平衡的实际汇率 $R$ 和国内吸收水平 $A$ 的组合点。$EB$ 曲线向右上方倾斜，因为当实际汇率上升或贬值（国际竞争能力提高）时，国际收支状况改善，为维持平衡，国内吸收也必须相应提高，以便增加进口。所有 $EB$ 曲线以下的点，均为经常账户逆差，即在现有的国内吸收水平，相应的实际汇率水平不足以保持经常账户的平衡；所有 $EB$ 曲线以上的点，均为经常账户顺差，即相应的实际汇率水平已经超过了经常账户平衡需要的水平。只要国家的经济状态是在 $EB$ 曲线以上或以下，就会产生相对于其他国家的债权和债务关系。

图中的 $IB$ 曲线代表内部均衡曲线，即能够维持国内充分就业的所有实际汇率 $R$ 和国内吸收水平 $A$ 的组合。$IB$ 曲线向右下方倾斜，因为如果实际汇率下降或升值，导致进口增加、出口减少，于是要维持充分就业就必须增加国内支出水平。所有 $IB$ 曲线以上的点均为经济中出现通货膨胀的点，即在现有的国际竞争力或实际汇率水平上，国内总支出水平已经超过了创造充分就业所需要的水平，而导致了国内通货膨胀；所有 $IB$ 曲线以下的点均为经济中存在通货紧缩或失业的点，即总支出水平不足以形成充分就业。

整个经济体只有在 $IB$ 曲线与 $EB$ 曲线的交点 $E$ 时，内外均衡才同时实现，即与 $E$ 点相应的国内支出或吸收水平 $A$ 和实际汇率 $R$ 的组合，能够实现国内充分就业并同时保持经常账户平衡。根据不同的失衡状况，斯旺认为 $IB$ 曲线和 $EB$ 曲线将整个曲线划分出 4 个区域：Ⅰ区表示国内通货膨胀和国际收支逆差；Ⅱ区表示国内失业和国际收支逆差；Ⅲ区表示国内失业和国际收支顺差；Ⅳ区表示国内通货膨胀和国际收支顺差。

假设一国经济由于某种原因陷入Ⅰ区的状态 $B$ 点，既承受着通货膨胀压力，又存在经常账户的逆差。如果政策当局试图在维持汇率固定的条件下来减少经常账户逆差，可以采取宏观经济政策紧缩国内支出，于是使经济状态向 $C$ 点移动，这样的政策结果是形成严重的经济衰退和造成大量失业。另外，政策当局还可以采取货币贬值的方法来解决逆差问题，这样经济状态会向 $D$ 点移动，其结果是离 $IB$ 曲线越来越远，即经常账户逆差的解决要以国内更严重的通货膨胀为代价。

斯旺曲线模型虽然简单，但是却非常明确地说明了仅使用一种政策工具，比如紧缩总支出水平或者货币贬值，要同时解决内部和外部均衡问题是不可能的。斯旺曲线的缺点就是对所涉及的基本经济难题之间的相互关系没有给予深入的分析，甚至没有区分货币政策和财政政策对总需求调节的不同方式。另外，对第二次世界大战后越来越重要的国际资本流动对各国经济内部和外部均衡的冲击也没有给予必要的关注。

## 三、蒙代尔的有效市场分类原则

丁伯根原则虽然对于政府在政策目标及政策工具的配合上具有重要的指导意义。但是，对于当两个政策工具对两个政策目标都起影响作用时，如何进行政策工具的有效分配却没有作出说明。基于丁伯根原则的这一不足，蒙代尔认为应将有效市场划分理论与丁伯根原则结合，即政策工具应与其最能发挥作用的目标相匹配，从而将内外均衡理论提升到新的高度。

那么如何对政策工具合理地指派政策目标？1968 年蒙代尔提出了“有效市场分类原则”(the principle of effective market classification)，即对于某一个政策目标，当多种政策工具同时对其有影响作用时，应该将这一政策目标指派给对其影响力最大的政策工具来完成。每种政策工具都应当用在其相对影响力较大的政策目标上，即其在影响此政策目标上具有比较优势。如果指派正确，经济会逐渐实现最优政策目标；如果在指派问题上出现失误，经济会产生不稳定而越来越远离最优政策目标。

依然以上述两个政策目标、两个政策工具的 2×2 模型为例。若 $I_1 > I_2$，则说明工具 $I_1$ 对政策目标 $T_1$ 的影响力大于对 $T_2$ 的影响力，因此，应该将政策目标 $T_1$ 分配给工具 $I_1$，将政策目标 $T_2$ 分配给工具 $I_2$；若 $I_1 < I_2$，则说明工具 $I_1$ 对政策目标 $T_2$ 的影响力大于对 $T_1$ 的影响力，此时应该将政策目标 $T_2$ 分配给工具 $I_1$，而将政策目标 $T_1$ 分配给工具 $I_2$。

蒙代尔的这一理论丰富了开放经济条件下的政策调控理论，并对实现内外均衡的政策搭配与组合起着重要的指导作用。

蒙代尔提出，在固定汇率制度且存在资本流动的情况下，由于同方向的财政政策与货币政策对利率会产生不同的影响(如紧缩性的财政政策和货币政策对内部均衡的名义收入有同向的作用，但是紧缩性的财政政策降低了利率水平，而紧缩性的货币政策则提高了利率水平，它们一个有利于资本的输出，一个有利于资本的输入，最后对外部均衡的国际收支产生了相反的影响)，因而可以将原有的支出调整政策分为财政政策与货币政策这样两个独立的、不同的政策工具，从而克服米德冲突，使得当局仍然可以在固定汇率制度下通过财政政策与货币政策的合理搭配实现内外均衡。

蒙代尔注意到，同属于支出调整政策的财政政策和货币政策往往掌握在不同的决策者手中，如财政政策一般由财政部掌控，而货币政策则由中央银行掌控，如果决策者不能紧密协调这些政策的话，就不能实现最佳的政策目标。蒙代尔认为，如果对每一个政策工具都合理地指派一个政策目标，并且在该目标偏离其最佳水平时按规则进行调控，那么即使在分散决策的情况下仍有可能实现最佳的调控效果。

我们对运用财政政策与货币政策的搭配来实现内外经济均衡的分析参照前文的斯旺曲线，横轴表示财政政策，纵轴表示货币政策；*IB* 曲线和 *EB* 曲线相交于 *E* 点，其对应的横轴的财政政策表示中性的财政政策，其右侧为扩张性的财政政策，左侧为紧缩性的财政政策；*E* 点对应的纵轴表示中性的货币政策，向上表示扩张性的货币政策，向下表示紧缩性的货币政策。（图 9 - 2）

第一种情况：*IB* 曲线斜率的绝对值更大。

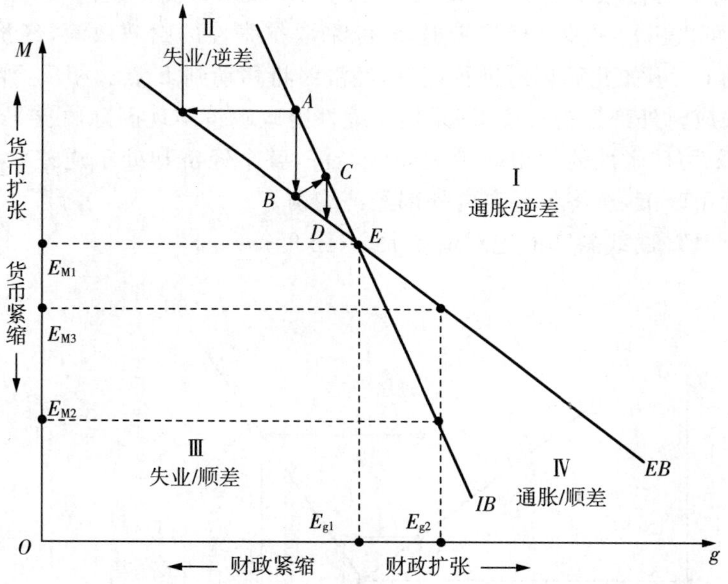


图 9 - 2　财政政策与货币政策的搭配方式之一

*IB* 曲线仍然表示内部经济均衡线，表示达到充分就业状态下国民收入的财政政策与货币政策的点的组合；在 *IB* 曲线的左侧，表示经济处于衰退与失业中；在 *IB* 曲线的右侧，国内经济处于通货膨胀的压力中。*IB* 曲线向右下方倾斜表示紧缩性的货币政策（财政政策）与扩张性的财政政策（货币政策）搭配保持经济实现充分就业。

*EB* 曲线表示外部经济均衡线，表示实现国际收支平衡的财政政策与货币政策的点的组合。*EB* 曲线的斜率如何呢？财政政策对于国际收支平衡的影响是双重的。下面以扩张性的财政政策为例予以说明。一方面扩张性的财政政策导致国民收入的增加，从而带来了经常项目的逆差；另一方面扩张性的财政政策会导致利率的上升，从而带来了资本项目的顺差，一定程度上抵消了前者的逆差。这里假定经常项目的逆差效应超过了资本项目的顺差效应，因此扩张性的财政政策会带来国际收支的逆差。为保证国际收支平衡，政府就必须采取紧缩性的货币政策，即提高利率实现资本项目的顺差。这样，*EB* 曲线就是一条向右下方

倾斜的曲线。$EB$ 曲线的左侧表示经济处于国际收支顺差，$EB$ 曲线的右侧表示国际收支逆差。

$IB$ 曲线比 $EB$ 曲线更为倾斜，这是对于 $IB$ 曲线而言，要保持充分就业的国民收入水平，扩张性的财政政策（$E_{g1}\rightarrow E_{g2}, E_{g1}<E_{g2}$）带来的国民收入增加必须要通过紧缩性的货币政策来抵消（$E_{M1}\rightarrow E_{M2}, E_{M1}>E_{M2}$）；对于 $EB$ 曲线而言，要保持国际收支平衡，扩张性的财政政策（$E_{g1}\rightarrow E_{g2}, E_{g1}<E_{g2}$）带来的逆差必须要通过采取紧缩性的货币政策带来的顺差来抵消（$E_{M1}\rightarrow E_{M3}, E_{M1}>E_{M3}$）。由于相同规模的财政扩张带来的逆差变化规模小于国民收入的变化规模，因此对于保持外部经济平衡，紧缩性货币政策的力度就相对要小，所以 $E_{M3}>E_{M2}$，如此形成 $IB$ 曲线比 $EB$ 曲线更为倾斜的状态。

以上分析表明，货币政策对于外部经济目标更为有效，财政政策对于内部经济目标更为有效。在这一基础上，蒙代尔提出有效市场分类原则，即将经济政策分配到它最具影响力的政策目标上，即在固定汇率制度下，货币政策分配给外部经济目标，财政政策分配给内部经济目标。$IB$ 曲线与 $EB$ 曲线同样将整个平面分为四个部分。同样在 $A$ 点，经济实现了内部目标，但是此时存在国际收支逆差，采取紧缩性的货币政策将使得经济到达外部经济均衡线上的 $B$ 点，此时再次出现失业和经济衰退，政府采取扩张性的财政政策，经济又移动到内部经济均衡线上的 $C$ 点，如此循环地进行调整，经济终将移动到 $E$ 点。相反，如果在 $A$ 点政府运用财政政策去应付外部经济失衡，即采用紧缩性财政政策实现国际收支平衡，但是出现了失业，政府必须采用扩张性的货币政策去刺激经济，整个经济却处于逆差状态，如此交替采取财政政策和货币政策，经济将远离内外部经济均衡。

第二种情况：$EB$ 曲线斜率的绝对值更大。（图 9－3）

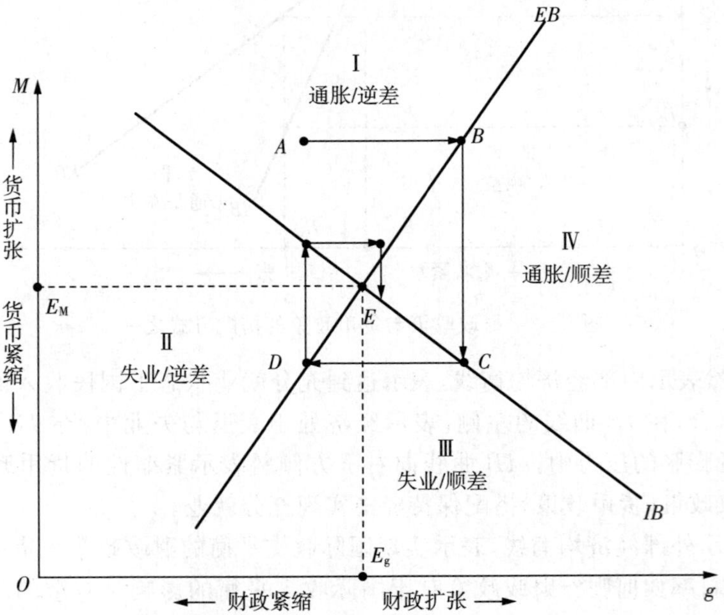


图 9－3　财政政策与货币政策的搭配方式之二

$IB$ 曲线表示内部经济均衡线，仍然是一条向右下方倾斜的曲线；$EB$ 曲线则是一条向右上方倾斜的曲线。$EB$ 曲线向右上方倾斜则是基于以下假定：扩张性的财政政策对经常项目的逆差效应小于其对资本项目的顺差效应，其最终效应为国际收支顺差，为实现国际收支平衡，则要采取扩张性货币政策（即降低利率），因此 *EB* 曲线也可以是一条向右上方倾斜的曲线。此时 *EB* 曲线的右侧表示国际收支顺差，其左侧表示国际收支逆差。

例如在 *A* 点，政府运用扩张性财政政策实现外部经济目标（到达 *B* 点），然后运用紧缩性的货币政策实现内部经济目标（到达 *C* 点），再用紧缩性的财政政策实现外部经济目标（到达 *D* 点），如此循环，最终同时实现内外经济均衡的目标（*E* 点）。

相反，如果在 *A* 点运用紧缩性财政政策首先实现内部经济目标，然后再采用紧缩性的货币政策实现外部经济目标，如此循环操作，最终将远离内外经济均衡。显然，政策组合的有效性取决于 *EB* 和 *IB* 曲线的相对斜率。

货币政策与财政政策的搭配见表 9－2 所列。

**表 9－2　货币政策与财政政策的搭配**

| *IB* 和 *EB* 斜率均为负且 *IB* 斜率的绝对值更大 | | | *IB* 斜率为负，*EB* 斜率为正且 *EB* 斜率的绝对值更大 | | |
|---|---|---|---|---|---|
| | 外部目标 | 内部目标 | | 外部目标 | 内部目标 |
| 货币政策 | √ | × | 货币政策 | × | √ |
| 财政政策 | × | √ | 财政政策 | √ | × |

蒙代尔的政策分派理论将运用政策搭配实现内外均衡的研究向前推进了一步，但仍未能完全解决米德冲突。在调节过程中，虽然是交替采用货币政策和财政政策，然而对于小型开放经济国家来说，如果要维持汇率的稳定，这样的政策搭配未必行得通。比如在固定汇率、资本自由流动的条件下，货币政策完全是被动的，因为利息率水平决定于国际金融市场，有效的只有财政政策。即使这一理论成立，其政策搭配取得内外均衡的效果也要取决于很多因素，比如国家的边际进口倾向、边际消费（储蓄）和投资倾向、国内货币需求的利率和收入弹性以及进口供给和需求弹性等，而这些因素往往是难以确定的，所以政策搭配实施的效果也难以预料。实际上，实现内外均衡的关键是维持汇率稳定与实现国内充分就业和物价稳定的目标之间相互矛盾的问题，而对于这一点，蒙代尔的政策分派原则并未提供确切的政策依据。

## 第三节　开放经济下的财政、货币政策效果

在我们今天的开放经济条件下，各国政府主要运用财政政策和货币政策来实现内外经济均衡的宏观经济目标，这种政策搭配是否有效呢？

长期以来，蒙代尔—弗莱明模型（Mundell-Fleming）是开放经济下宏观经济分析的基本框架，用于分析财政政策、货币政策和汇率政策的搭配问题，通常简称为 *IS*－*LM*－*BP* 模型。开放经济的 *IS*－*LM*－*BP* 模型最先是由罗伯特·蒙代尔（Robert Mundell）和马库斯·弗莱明（Marcus Fleming）在 20 世纪 60 年代研究出来的，他们运用凯恩斯主义的 *IS*－*LM*－*BP* 曲线，继续研究斯旺曲线模型提出的政策性难题，提出了蒙代尔—弗莱明模型。他们的主要贡献是探讨了不同的汇率政策以及不同的国际资本流动性下，货币政策和财政政策的有效性出现大相径庭的结果。其主要观点是：国内商品市场和货币市场的均衡决定了本国

实际收入和利率水平，而收入和利率又影响外汇市场均衡，进而影响到本国国际收支状况。这三个市场又受到其他外生冲击的影响，使得经济发生调整。该模型也可以作为讨论固定汇率制度和浮动汇率制度孰优孰劣的一个分析框架。

这里假定分析的对象是开放经济下的"小国"，即其进出口、利率水平和国民收入的变化对世界其他国家和地区不产生冲击。蒙代尔—弗莱明模型的基本假设包括：①总供给曲线是水平的，这意味本国价格水平固定，而产出完全由总需求水平确定，也意味着模型假设有未被利用的资源。②汇率预期是静态的，或者说不存在汇率将发生变动的预期。

以下分浮动汇率制度和固定汇率制度两种汇率制度，按资本不完全流动和资本完全流动两种情况分别予以介绍。

## 一、蒙代尔—弗莱明模型初步

在进一步分析前，首先推导 $IS$、$LM$ 和 $BP$ 曲线。所谓 $IS$ 曲线，又称商品市场均衡线；$LM$ 曲线又称货币市场均衡线；$BP$ 曲线又称国际收支均衡线或者外汇市场均衡线。

### (一)IS 曲线的推导

$IS$ 曲线是商品市场均衡线，反映的是商品市场供求均衡的利率与国民收入的点的组合。在开放经济下，国民收入恒等式可以表示为：

$$Y=A(i,Y)+NX(Q,Y)$$

式中，$Y$ 表示国民收入；$A$ 表示吸收；$NX$ 表示净出口；$i$ 表示利率；$Q$ 表示实际汇率。

如图 9－4 所示，$IS$ 曲线向右下方倾斜，$IS$ 曲线的左侧表示 $I>S$，右侧表示 $I<S$。这是因为国民收入的增加会带来储蓄的增加，为使得商品市场平衡，只有降低利率才能使得投资也相应地增加，所以其斜率为负。以 $IS$ 曲线上 $A$ 点为例，该点对应的利率为 $i_1$，对应的国民收入为 $Y_1$，此时 $I=S$。处于同一利率水平的 $B$ 点，表示其投资水平与 $A$ 点的投资水平相同，但是其国民收入为 $Y_2$，对应的储蓄水平低于 $Y_1$ 的储蓄水平，因此在 $B$ 点投资大于储蓄。

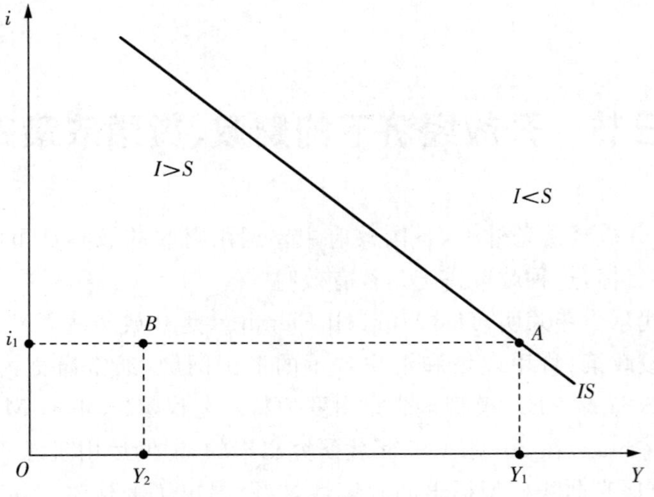


图 9－4　$IS$ 曲线

### (二)LM 曲线的推导

LM 曲线是货币市场均衡线,表示能够使货币市场处于均衡状态的利率与国民收入的点的组合。在开放经济下,货币市场均衡条件为:

$$M=D+R=L(i,Y)$$

式中,$D$ 表示国内信贷;$R$ 表示外汇储备。

如图 9-5 所示,LM 曲线向右上方倾斜,其斜率为正,表示当国民收入增加,利率也必须上涨才能够使得货币市场均衡。这里假定货币供给为外生变量,货币当局能够直接控制。货币需求是利率的减函数,是国民收入的增函数。当国民收入增加时,货币需求随着增加,在货币供给不变的情况下,利率必须上涨才能够抵消国民收入增加带来的货币需求增加。以 LM 曲线上的 A 点为例,在该点货币需求等于货币供给($L=M$)。位于同一利率水平 $i_1$ 的 B 点,国民收入 $Y_2$ 大于 A 点的 $Y_1$,因此 $Y_2$ 点的货币需求就大于 $i_1$ 水平的货币供给。LM 曲线的左侧表示 $L<M$,右侧表示 $L>M$。

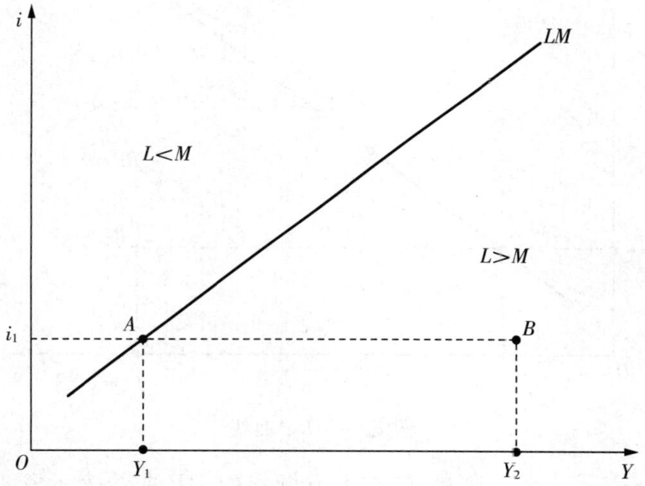


图 9-5　LM 曲线

### (三)BP 曲线的推导

BP 曲线是国际收支均衡线或者外汇市场均衡线,其含义为经常账户与扣除国际储备之后的资本与金融账户之和为零。所谓国际收支平衡,就是该国的储备资产账户的变化额为零。其采用公式可以表示为:

$$CAB+NKA=0$$

$$CAB=CAB(Q,Y);NKA=NKA(i,i^*)$$

式中,$Q$ 为实际汇率;$Y$ 为国民收入;$i$ 和 $i^*$ 分别为国内和国外利率;$CAB$ 表示经常账户差额,主要受实际汇率和国民收入的影响,实际汇率与经常账户差额为正相关关系,国民收入与经常账户差额为负相关关系;$NKA$ 表示不含储备资产账户的资本与金融账户差额,受国内外利差影响。

为什么 BP 曲线是向右上方倾斜的曲线呢?在实际汇率($Q$)不变的情况下,伴随着本国国民收入的增加，经常账户的逆差必将增加，为使得国际收支实现均衡，资本与金融账户必须实现相应的顺差。为实现这一点，假定国外利率（$i^*$）不变，就必须提高国内利率（$i$）。$BP$ 曲线上面的点则表示实现国际收支平衡的利率与国民收入的组合。

如图 9－6 所示，在 $BP$ 曲线的上方，国际收支出现顺差；在 $BP$ 曲线的下方，国际收支出现逆差。以 $A$ 点为例，在 $A$ 点实现了国际收支平衡，此时国民收入为 $Y_1$，利率水平为 $i_1$。同样地，在 $B$ 点国民收入达到 $Y_2$，对应的利率水平也为 $i_1$。这表明 $A$ 点和 $B$ 点的资本与金融账户（不含储备资产账户）差额相同。由于 $B$ 点的国民收入较高，其经常账户的逆差相对于 $A$ 点更大，整个国际收支处于逆差状态。相应地，在 $BP$ 曲线左侧的点就处于国际收支顺差状态。$BP$ 曲线的另外一个特征是在该曲线上必定存在一点 $E$，该点的经常账户差额为零，同时其资本账户差额为零。此时对应的本国利率水平等于外国利率水平，对应的国民收入水平下的进口额等于出口额。该点就是经常账户差额与资本账户差额同时为零的状态。

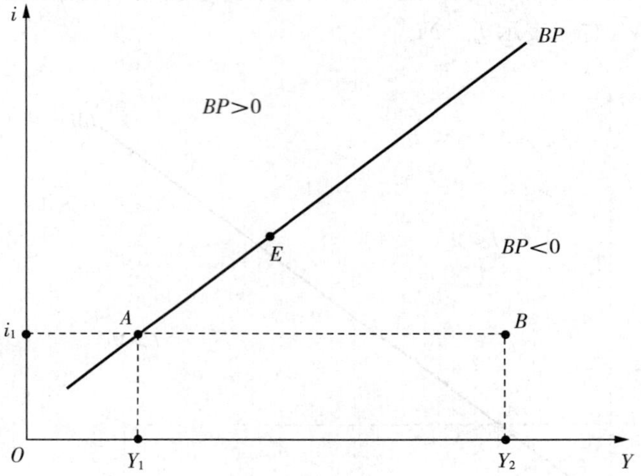


图 9－6　$BP$ 曲线

$BP$ 曲线的斜率表示什么？通常，向右上方倾斜的 $BP$ 曲线表示资本不完全自由流动。$BP$ 曲线越平坦，表示该国资本流动的程度越高或者说资本流动对利率的敏感程度越高。

考虑两种极限状态，一种是资本完全不自由流动，另一种是资本完全自由流动。在上述两种状态下，$BP$ 曲线分别处于垂直状态和水平状态。

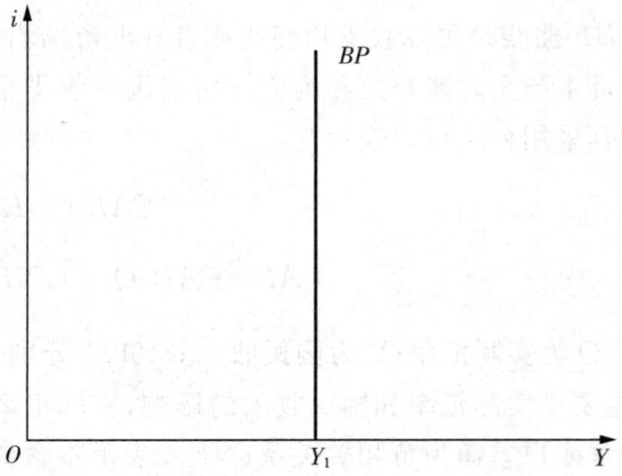


图 9－7　资本完全不流动情况下的 $BP$ 曲线

如图 9－7 所示，在资本完全不自由流动状态下，一国的国际收支差额只受到经常账户差额的影响，不受国内外利率的影响，因此 $BP$ 曲线是一条垂线。

如图 9－8 所示，在资本完全自由流动的状态下，一国的国际收支完全受利率的影响，经常账户对国际收支失衡的冲击忽略不计，只有资本与金融账户对国际收支产生影响。如果分析对象是“小国”，那么由世界利率水平决定该国的国际收支。换言之，在资本完全自由流动的情况下，根据无抛补的利率平价条件，国内利率($i$)应该等于国外利率($i^*$)。点 $A(i,Y_1)$ 和点 $B(i,Y_2)$ 都是国际收支的平衡点，但是在点 $C(i_1,Y_1)$ 国际收支出现逆差。

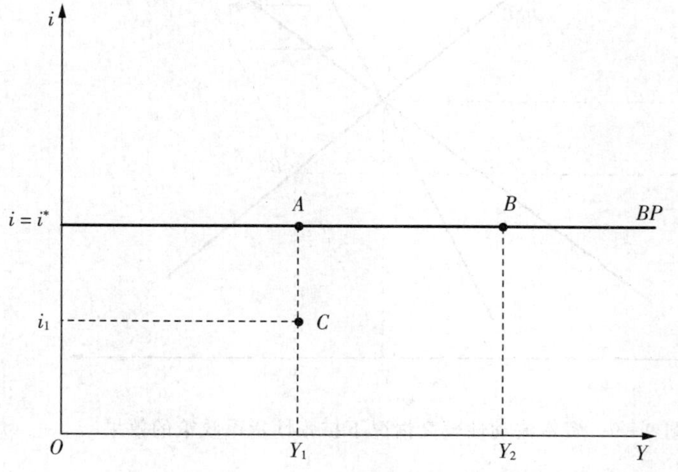


图 9-8　资本完全流动情况下的 *BP* 曲线

## 二、固定汇率制度下的蒙代尔—弗莱明模型

在固定汇率制度下，货币当局有义务在固定的汇率水平上被动地买进或卖出外汇以保持汇率稳定，因此外汇储备规模受国际收支状况的影响。同时，外汇储备的变化将影响货币供应量。因此，货币供应量是一个内生变量。在固定汇率制度下，政府无法动用汇率政策，即 *BP* 曲线不能自由移动。

### （一）固定汇率制度下的货币政策效果

#### 1. 资本不完全流动下扩张性货币政策的效果

资本不完全流动状态可以进一步区分为两种状态：一种是 *BP* 曲线的斜率小于 *LM* 曲线的斜率，表示国际资本对利率的敏感性大于国内资本对利率的敏感性；另一种是 *BP* 曲线的斜率大于 *LM* 曲线的斜率，表示国际资本对利率的敏感性小于国内资本对利率的敏感性。

(1) *BP* 曲线斜率相对较小的情况

如图 9-9 所示，如果中央银行采取扩张性的货币政策，$LM_1$ 曲线向右移动到 $LM_2$，名义货币量从 $M_1$ 增加到 $M_2$。由于假定物价水平($P$)固定，该政策将导致实际货币供应量增加，$LM_2$ 曲线与 *IS* 曲线相交于 *B* 点，均衡利率水平从 $i_1$ 下降到 $i_2$，同时国民收入从 $Y_1$ 增加到 $Y_2$。一方面国民收入增加导致进口的增加，另一方面利率的下降导致资本的外流，因此 *B* 点位于 *BP* 曲线的右侧，表示国际收支出现逆差。

国际收支逆差使得本币有贬值的压力，在固定汇率的条件下，货币当局需要干预外汇市场，卖出外汇储备，这导致货币供应量的下降，$LM_2$ 曲线必须向左移动到 $LM_1$ 的位置才能实现均衡。这种干预就是非冲销性(unsterilization)的干预。所谓非冲销性的干预，就是货币当局干预外汇市场后将导致货币供应量的变化；冲销性干预就是货币当局在干预外汇市场后，再采取相应的操作，使得货币供应量不发生变化。*LM* 曲线必须移动到初始的位置才能最终实现平衡，国民收入、利率与国际收支均回到初始的状态。

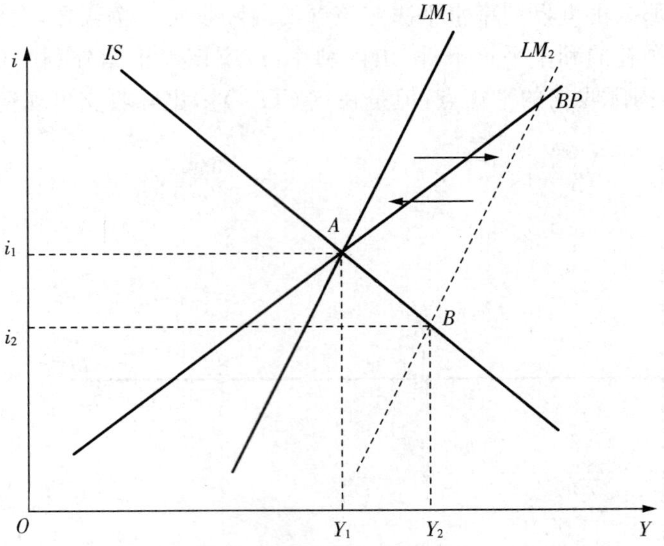


图 9-9　资本流动性较高情况下扩张性货币政策的效果

(2)$BP$ 曲线斜率相对较大的情况

如图 9-10 所示，在国际资本流动性较低的情况下，本国货币当局采取扩张性的货币政策，$LM_1$ 曲线向右移动到 $LM_2$ 的位置，$LM_2$ 曲线与 $IS$ 曲线相交的 $B$ 点也位于 $BP$ 曲线的右侧，即处于国际收支逆差状态，本币有贬值压力。货币当局在进行外汇市场干预后，$LM_2$ 曲线向左移动，仍然回到 $LM_1$ 的位置。此时国民收入、利率与国际收支均不发生变化。

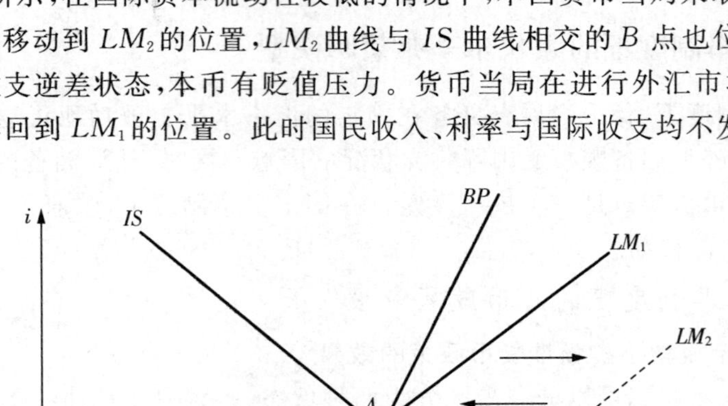


图 9-10　资本流动性较低情况下扩张性货币政策的效果

**2. 资本完全流动下扩张性货币政策的效果**

如图 9-11 所示，如果 $BP$ 曲线是水平的，资本处于完全自由流动状态，扩张性的货币政策是否有效呢？扩张性的货币政策使得 $LM_2$ 曲线与 $IS$ 曲线相交于 $B$ 点，该点位于 $BP$ 曲线的下方，处于国际收支逆差状态，本币有贬值压力，货币当局必须卖出外汇储备进行汇率干预。因此，$LM_2$ 曲线向左移动到 $LM_1$ 的位置，最终在 $A$ 点实现均衡。

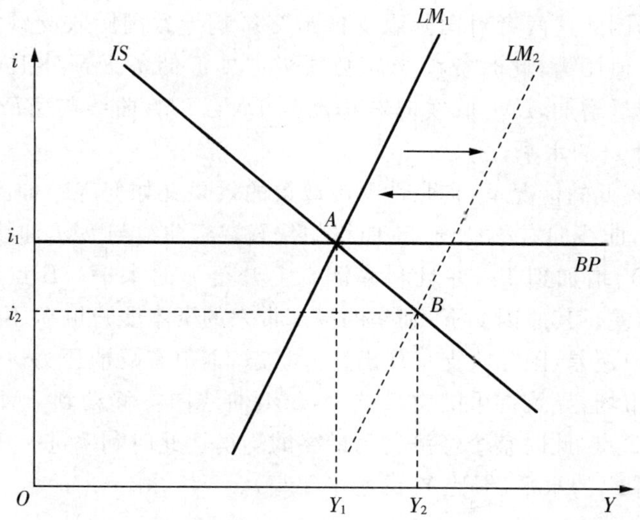


图 9－11　资本完全自由流动情况下扩张性货币政策的效果

简而言之，在固定汇率制度下，不论资本自由流动的状况如何，非冲销性的货币政策都是无效的。

(二)固定汇率制度下的财政政策效果

**1. 资本不完全流动下扩张性财政政策的效果**

如果一国政府首先采取扩张性的财政政策，其政策效果如何呢？

在资本流动性较高情况下，扩张性财政政策的效果如何呢？如图 9－12 所示，扩张性的财政政策使得 $IS_1$ 曲线向右移动到 $IS_2$ 的位置，$IS_2$ 曲线与 $LM_1$ 曲线相交于 $B$ 点，该点对应的国民收入从 $Y_1$ 增加到 $Y_2$，并且利率从 $i_1$ 上升至 $i_2$ 的水平。$B$ 点位于 $BP$ 曲线的左侧，表示国际收支顺差。其原因如下：国民收入的增加导致本国进口的增加，使得经常账户出现逆

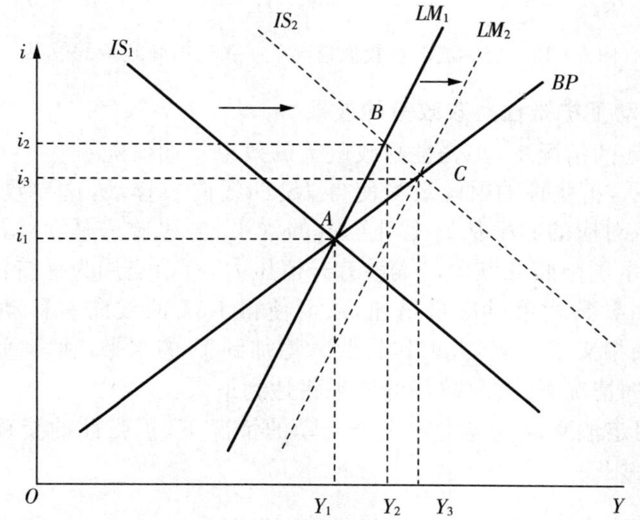


图 9－12　资本流动性较高情况下扩张性财政政策的效果

差，而利率的上升带来了资本的流入，使得资本账户出现顺差，但是由于资本账户的顺差大于经常账户的逆差，因此这两者对国际收支的最终影响导致国际收支顺差。由于存在国际收支顺差，本币有升值压力，此时货币当局必须买进外汇储备干预外汇市场以保持汇率固定，这导致货币供应量增加，$LM_1$曲线向右移动到$LM_2$，$LM_2$曲线与$BP$曲线相交于$C$点。此时，国民收入达到$Y_3$的水平。

在资本流动性较低的情况下，扩张性财政政策的效果又如何呢？如图9－13所示，扩张性财政政策使得$IS_1$曲线向右移动到$IS_2$曲线的位置，$IS_2$曲线与$LM_1$曲线相交于$B$点，该点对应的国民收入从$Y_1$增加到$Y_2$，并且利率从$i_1$上升至$i_2$的水平。$B$点位于$BP$曲线的右侧，表示国际收支逆差。其原因如下：利率的提高带来的资本账户顺差不足以抵消国民收入增加带来的经常账户逆差，国际收支呈现出逆差状态，本币有贬值压力。货币当局必须卖出外汇储备干预外汇市场，导致货币供应量减少，$LM_1$曲线向左移动到$LM_2$的位置，$LM_2$曲线与$BP$曲线相交于$C$点，此时整个经济达到最终的均衡。此时利率进一步提高，达到$i_3$的水平，国民收入则降到$Y_3$的水平(但比$Y_1$的水平要高)。

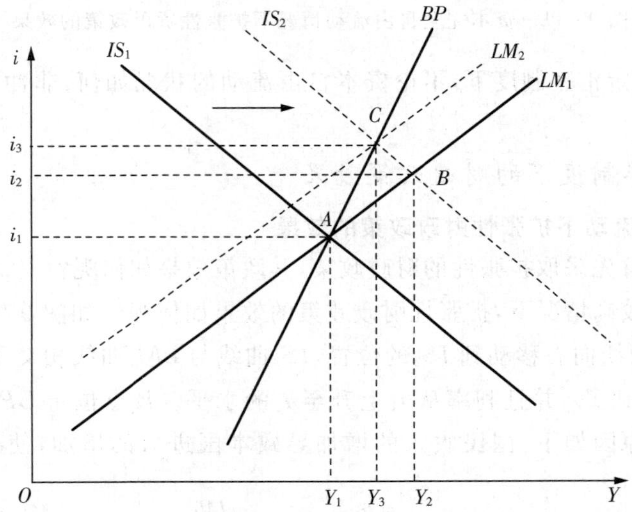

图9－13 资本流动性较低情况下扩张性财政政策的效果

**2. 资本完全流动下扩张性财政政策的效果**

在资本完全流动的情况下，扩张性财政政策的效果将如何呢？

如图9－14所示，扩张性的财政政策使得$IS_1$曲线向右移动，这导致$IS_2$曲线与$LM_1$曲线相交于$B$点，$B$点对应的利率从$i_1$上升至$i_2$的水平，国民收入从$Y_1$增加到$Y_2$，该点位于$BP$曲线的上方，表示国际收支顺差。本币有升值压力，货币当局为保持汇率稳定，在外汇市场上买进外汇储备，导致货币供应量增加，从而使得$LM_1$曲线向右移动到$LM_2$，最终通过$LS_2$曲线与$BP$曲线相交于$C$点，此时国民收入增加到$Y_3$的水平，利率回落到$i_1$的水平。因此在资本完全流动的情况下，财政政策的效果将达到最大。

综上所述，在固定汇率制度与资本完全流动的情况下，扩张性的货币政策无效，扩张性的财政政策效果最显著。

## 三、浮动汇率制度下的蒙代尔—弗莱明模型

在浮动汇率制度下，一国的政策应该如何搭配呢？相对于固定汇率制度，浮动汇率制度

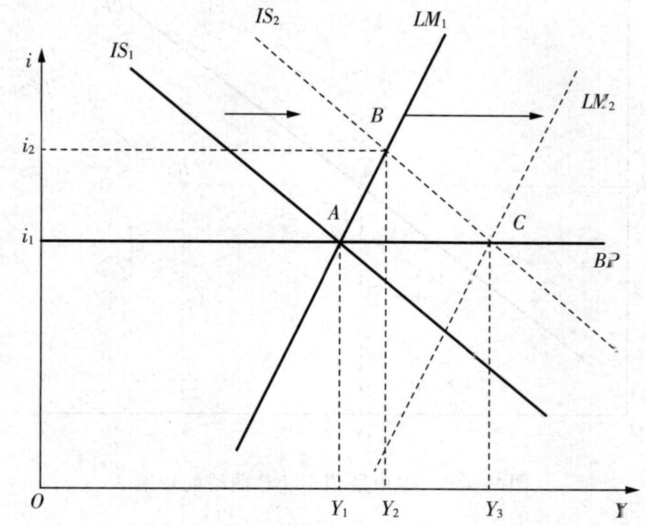


图 9－14　资本完全自由流动情况下扩张性财政政策的效果

使得政府经济政策选择增加了一个选项，即汇率政策。

## （一）浮动汇率与 IS 曲线和 BP 曲线

下面以本币贬值为例来分析它对 IS 曲线和 BP 曲线产生的影响。

首先分析本币贬值对 IS 曲线的影响。本币贬值，如果马歇尔—勒纳条件成立，这将遏制本国进口的增加，同时促进本国的出口。因此本币贬值使得本国的出口需求增加，如图 9－15所示，$IS_1$曲线向右移动到 $IS_2$的位置，此时国民收入从点 A 的 $Y_1$增加到点 B 的 $Y_2$。

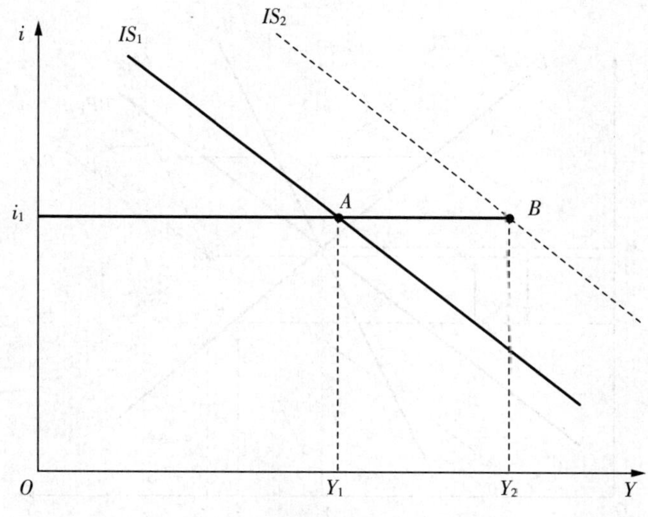


图 9－15　本币贬值对 IS 曲线的影响

一国货币贬值，对 BP 曲线又将产生怎样的影响？如图 9－16 所示，在满足马歇尔—勒纳条件下，本国贸易差额将得到改善。点 A 将从国际收支平衡点变为国际收支顺差点，BP 曲线必须向右移动，即在更高国民收入水平下实现国际收支均衡。简而言之，本币贬值将使得本国 BP 曲线向右移动。

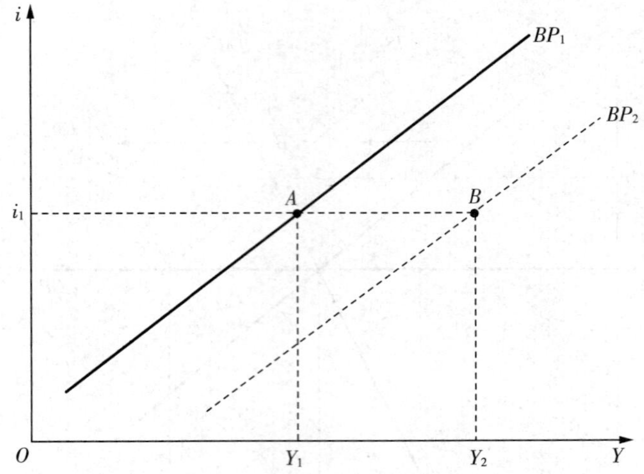


图 9－16 本币贬值对 BP 曲线的影响

### (二)浮动汇率制度下的货币政策效果

#### 1. 资本不完全流动下扩张性货币政策的效果

(1)BP 曲线斜率相对较小的情况

如图 9－17 所示，国际资本流动对利率比较敏感的条件下，本国扩张性的货币政策使得 $LM_1$ 曲线向右移动到 $LM_2$，$LM_2$ 曲线与 $IS_1$ 曲线相交于 B 点，均衡利率水平从 $i_1$ 下降到 $i_2$，同时国民收入从 $Y_1$ 增加到 $Y_2$。B 点位于 BP 曲线的右侧，表示国际收支出现逆差。在浮动汇率制度下，本币贬值，这将导致 $IS_1$ 曲线和 $BP_1$ 曲线同时分别向右移动到 $IS_2$ 曲线和 $BP_2$ 曲线。在 C 点，整个经济实现均衡。国民收入从 $Y_2$ 增加到 $Y_3$，利率则从 $i_2$ 上涨到 $i_3$。

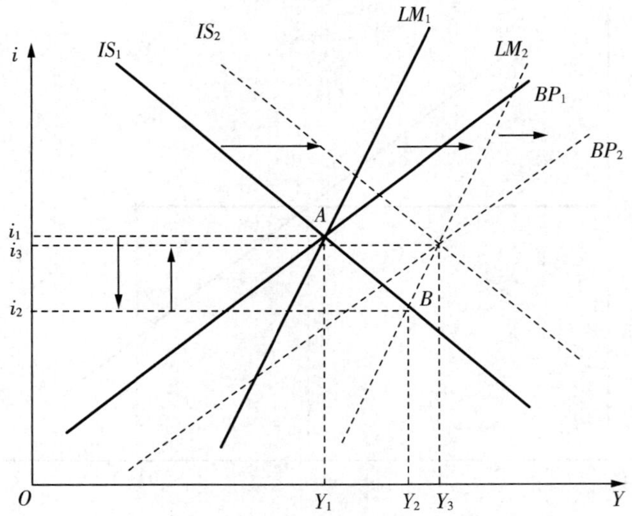


图 9－17 资本流动性较高情况下扩张性货币政策的效果

(2)BP 曲线斜率相对较大的情况

如图 9－18 所示，LM 曲线的向右移动同样会带来国际收支逆差，这将诱使 IS 曲线和 BP 曲线进一步向右移动，最终在 C 点实现均衡。此时，国民收入从 $Y_1$ 一直增加到 $Y_3$，利率从 $i_1$ 下降到 $i_2$，最后又上涨到 $i_3$。

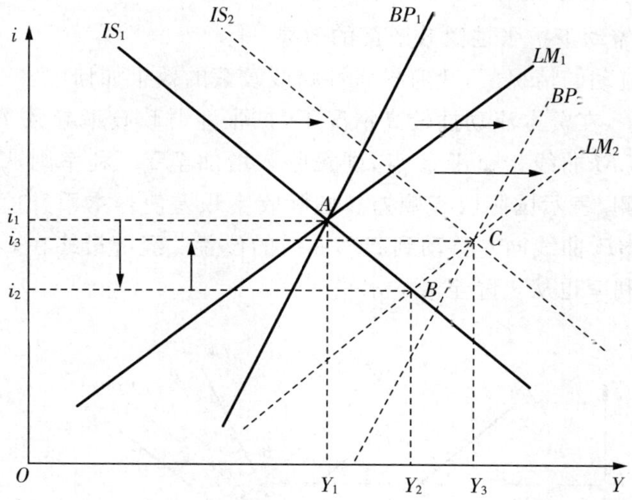


图 9－18　资本流动性较低情况下扩张性货币政策的效果

### 2. 资本完全流动下扩张性货币政策的效果

在资本完全自由流动的情况下，扩张性货币政策的效果如何呢？如图 9－19 所示，本国扩张性的货币政策使得 $LM_1$ 曲线向右移动到 $LM_2$，$LM_2$ 曲线与 $IS_1$ 曲线相交于 $B$ 点，均衡利率水平从 $i_1$ 下降到 $i_2$，同时国民收入从 $Y_1$ 增加到 $Y_2$。$B$ 点的国际收支逆差使得本币贬值，这将导致 $IS_1$ 曲线向右移动到 $IS_2$ 曲线的位置，最终在 $C$ 点实现均衡。此时国民收入从 $Y_1$ 一直增加到 $Y_3$。

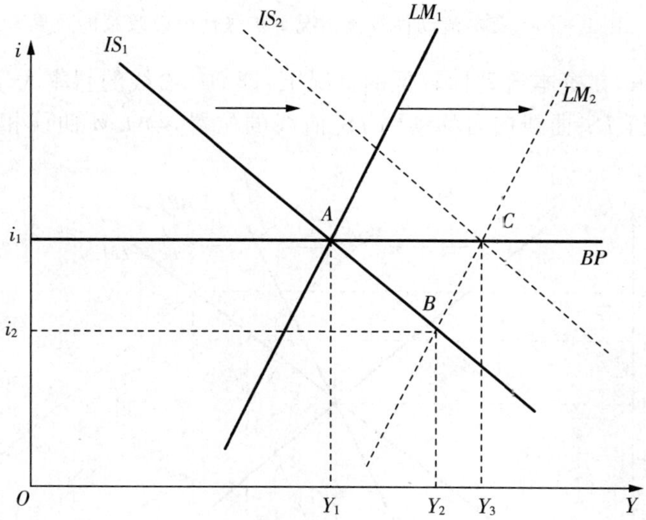


图 9－19　资本完全自由流动情况下扩张性货币政策的效果

请注意，此时 $BP$ 曲线不发生移动，这是因为这里分析的对象是小国，其国际收支 $BP$ 曲线由世界利率水平决定，最初该世界利率与本国利率（$i_1$）相等。本国扩张性的货币政策使得本国利率下降不会导致世界利率水平的下降，只有世界利率水平发生变化才会导致本国 $BP$ 曲线的移动。

### (三)浮动汇率制度下的财政政策效果

#### 1. 资本不完全流动下扩张性财政政策的效果

在资本不完全流动的情况下,政府扩张性财政政策的效果如何呢?

如图 9-20 所示,在资本流动性较高情况下,扩张性财政政策导致 $IS_1$ 曲线向右移动到 $IS_2$ 曲线的位置,与 $LM$ 曲线相交于 $B$ 点,国民收入增加至 $Y_2$,利率则从 $i_1$ 上涨到 $i_2$。$B$ 点位于 $BP_1$ 曲线的左侧,表示国际收支顺差。国际收支顺差使得本币升值,$IS_2$ 曲线向左移动到 $IS_3$ 曲线的位置,$BP_1$ 曲线向左移动到 $BP_2$ 曲线的位置。经济最终在 $C$ 点达到均衡。国民收入从 $Y_2$ 降至 $Y_3$,利率也从 $i_2$ 降至 $i_3$ 的水平。

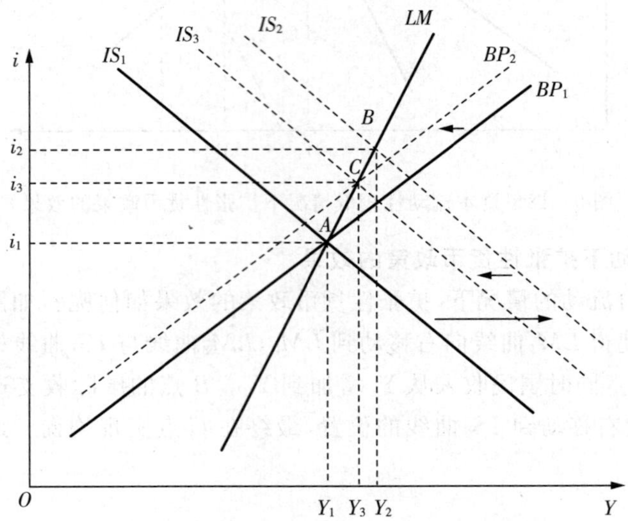


图 9-20　资本流动性较高情况下扩张性财政政策的效果

如图 9-21 所示,在资本流动性较低的情况下,即 $BP$ 曲线的斜率大于 $LM$ 曲线的斜率,扩张性财政政策使得 $IS_1$ 曲线向右移动到 $IS_2$ 曲线的位置,与 $LM$ 曲线相交于 $B$ 点,国民收

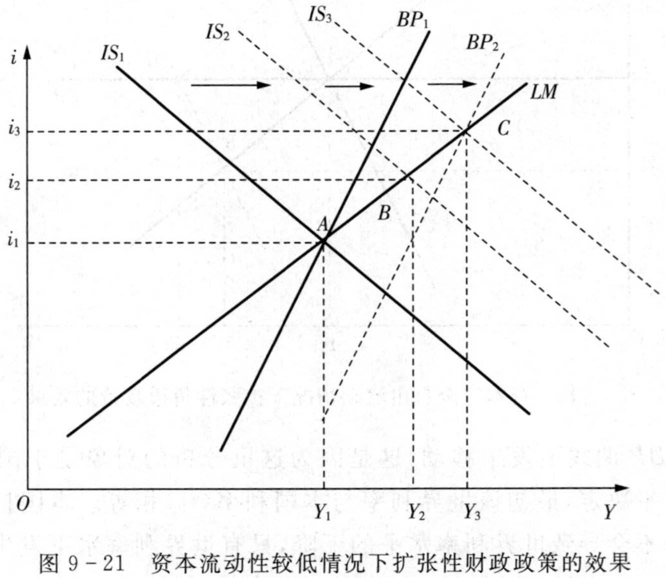


图 9-21　资本流动性较低情况下扩张性财政政策的效果

入增加至 $Y_2$，利率则从 $i_1$ 上涨到 $i_2$。$B$ 点位于 $BP_1$ 曲线的右侧，表示国际收支逆差。这要求 $IS_2$ 曲线进一步向右扩展至 $IS_3$，$BP_1$ 曲线向右移动到 $BP_2$ 曲线的位置。经济最终在 $C$ 点达到均衡。国民收入从 $Y_2$ 升至 $Y_3$，利率也从 $i_2$ 升至 $i_3$ 的水平。

**2. 资本完全流动下扩张性财政政策的效果**

如图 9－22 所示，在资本完全自由流动的情况下，扩张性的财政政策使得 $IS_1$ 曲线向右移动到 $IS_2$ 曲线的位置，与 $LM$ 曲线相交于 $B$ 点，该点利率水平高于世界利率水平，国际收支处于顺差状态，本币存在升值压力，$IS_2$ 曲线向左移动到 $IS_1$ 曲线的位置。此时国民收入从 $Y_1$ 增加至 $Y_2$ 又降至 $Y_1$ 的水平。换言之，扩张性的财政政策在这种情况下是无效的。

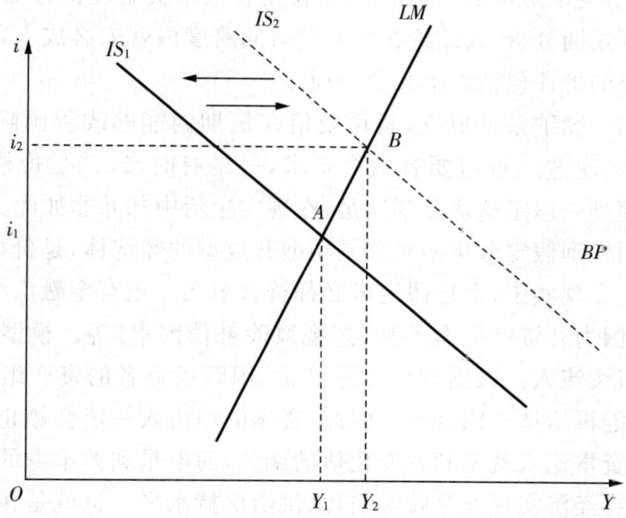


图 9－22　资本完全自由流动情况下扩张性财政政策的效果

综上所述，在资本完全自由流动的背景下，扩张性的货币政策和财政政策在不同的汇率制度下，其政策效果是不同的。具体见表 9－3 所列。

**表 9－3　货币政策与财政政策在不同汇率制度下的有效性**

| 经济政策 | 汇率制度 | |
|---|---|---|
| | 固定汇率制度 | 浮动汇率制度 |
| 货币政策 | 无效 | 有效 |
| 财政政策 | 有效 | 无效 |

固定汇率制度和浮动汇率制度的优劣性，这里可以借助蒙代尔—弗莱明模型对该问题做简单的讨论。

若将国民收入保持稳定作为判断的标准，如果经济中的扰动来自 $IS$ 曲线，在固定汇率制度下，国民收入将出现扩张；而在浮动汇率制度下，国民收入保持不变。显然在浮动汇率制度下经济更趋于稳定。如果经济中的扰动来自 $LM$ 曲线，在固定汇率制度下，国民收入保持不变；而在浮动汇率制度下，国民收入将出现扩张。因此，固定汇率制度更优。（表 9－4）

表 9-4 外部冲击与汇率制度的选择

| 外部扰动 | 汇率制度 | |
|---|---|---|
| | 固定汇率制度 | 浮动汇率制度 |
| *IS* 曲线 | × | √ |
| *LM* 曲线 | √ | × |

## 四、蒙代尔—弗莱明模型的不足

蒙代尔—弗莱明模型曾经是 20 世纪下半叶开放经济下最为重要的政策模型，对其的批评也未曾间断，并且引发了货币分析法在国际收支和汇率决定理论方面的运用。由于蒙代尔—弗莱明模型属于短期分析，其结论在更长的时间跨度内就未必成立，大多数批评也主要集中在这一点。主要的批评包括以下几个方面：

模型假定马歇尔—勒纳条件成立，货币贬值在短期内能够改善国际收支。然而根据 J 曲线效应，货币贬值实现这一点需要有两个要求，一是有时滞，二是价格要有充分的弹性。在蒙代尔—弗莱明模型中假定这两点都满足，在现实生活中却并非如此。

蒙代尔—弗莱明模型假定分析的对象是小型开放型的经济体，是价格的接受者，且所有商品都是可贸易的。在现实中，上述假定未必都符合事实。还有金融市场方面若干假定，如资本完全自由流动、国内外资产完全替代（忽视风险补偿因素）等。模型假定国内利率提高会导致国外资本的持续流入。根据现代金融理论，国际投资者的资产组合在本国利率超过一定水平后，将不可能再增持本国资产。因此，资本的净流入一定会停止。除非本国不断提高利率水平。那么，资本流入就是利差变化值的函数，而不是利差本身的函数。该模型还假定价格保持不变，即在经济实现充分就业前，总供给保持水平。也就是在不考虑总供给的情况下来分析经济政策的影响。

模型忽视了经济流量对经济存量的影响。政府扩张性财政政策（增发国债是个流量）的实施将影响政府债务余额（存量），经常账户持续逆差或顺差（流量）将影响本国居民对外净资产（存量）。我们可以以浮动汇率下扩张性货币政策为例来加以说明。当本国实施扩张性货币政策后，本国利率下降并低于国际利率水平，资本外流导致资本账户处于逆差状态，这也就意味着本国处于经常账户顺差状态。本国居民将累积对外资产，其财富将增加。财富效应将导致对货币需求的增加以及国内支出的增加，因此 *LM* 曲线向右移动与 *IS* 曲线相交的点不是均衡点。给定货币供给，货币需求的增加意味着利率的上升，即 *LM* 曲线将向左移动，本国利率的回升引发资本的内流，由此导致的本币升值使得 *IS* 曲线左移。如果本国在政策变化之前实现了贸易平衡，那么最终 *IS* 曲线和 *LM* 曲线回到初始状态，而不是像前文中的那样——国民收入有所增加。同样，如果经常账户的逆差可以通过资本的内流进行融资的政策在短期内是可行的，那么在较长时间内资本持续内流将使得该国对外负债不断增加。这将产生两大后果：一是在未来由于利息的支付将有可能导致该国经常账户的恶化；二是经常账户的逆差状态不可能长期持续，因为外国投资者很可能担心该国无法偿还债务而不再持有该国金融资产，如此该国将可能出现货币危机或者国际收支危机。

就财政政策而言，模型还没有考虑李嘉图效应。在长期内政府收支必须保持平衡，私人部门的支出取决于其可支配收入，这意味着经常账户在长期内实现平衡。上述预算约束表明具有前瞻性预期的私人部门会认识到如果当前政府支出不断增加，那么将来政府税收就将增加，因此在现阶段私人部门会降低支出、增加储蓄，如此将导致财政政策有效性的降低。

就货币政策和汇率政策而言，该模型没有考虑预期问题。该模型并没有明确汇率预期，而是假定汇率预期变化为零，也就是一种静态预期。在固定汇率制度下，汇率的静态预期较之在浮动汇率制度下更不切实际。假设在浮动汇率制度下，本国货币扩张形成通货膨胀，由此导致本国货币贬值预期，本国政府只有提高利率才能鼓励经济主体持有本币，而本国利率的提高将抑制投资需求，这意味着扩张性货币政策的效果将大大受到影响。

上述批评主要针对其一系列假定与现实的不符来展开，但是对于任何一个经济模型而言，都是如此。也恰恰是因为这样，才导致了新的更具有说服力的经济模型的诞生。

## 本章习题

### 一、简答题

1. 开放条件下的宏观经济目标与封闭条件下的宏观经济目标有何差异？

2. “米德冲突”揭示了什么经济含义？试用斯旺图形来予以解释。

3. *LM* 曲线的斜率大于 *BP* 曲线的斜率表示什么经济含义？反之，又表示什么经济含义？

4. 简述内外均衡目标之间的关系。

### 二、问答题

1. 请推导 *IS* 曲线、*LM* 曲线和 *BP* 曲线，解释各条曲线及其上下方的经济含义。

2. 为什么说在资本完全流动的状态下，浮动汇率制度下的货币政策有效，固定汇率制度下的财政政策有效？

3. 运用蒙代尔—弗莱明模型比较货币政策和财政政策的效果。

# 参考文献

[1] 郑兰祥．国际金融学[M]．合肥：中国科学技术大学出版社，2015.
[2] 杨胜刚，姚小义．国际金融[M].4 版．北京：高等教育出版社，2016.
[3] 陈国斌，李兴国．国际贸易与金融实务[M]．北京：清华大学出版社，北京交通大学出版社，2007.
[4] 陈建忠，曹金飞，余敏丽．国际金融[M].4 版．北京：电子工业出版社，2017.
[5] 陈雨露．国际金融[M].5 版．北京：中国人民大学出版社，2015.
[6] 丁育生．国际金融[M]．北京：中国林业出版社，1995.
[7] 范幸丽，王晶．欧元[M]．北京：经济日报出版社，2005.
[8] 高云峰．国际金融[M]．北京：科学出版社，2013.
[9] 韩博印．国际金融[M]．北京：机械工业出版社，2013.
[10] 亨德里克・范登伯格．国际金融与开放宏观经济学：理论、历史与政策[M]．周世民译．北京：中国人民大学出版社，2006.
[11] 何国华．国际金融学[M]．武汉：武汉大学出版社，2017.
[12] 侯高岚．国际金融[M]．北京：清华大学出版社，2007.
[13] 侯高岚．国际金融学[M].4 版．北京：清华大学出版社，2017.
[14] 蒋海涛，杨龙．国际金融[M]．上海：上海交通大学出版社，2010.
[15] 姜波克．国际金融新编[M].6 版．上海：复旦大学出版社，2018.
[16] 金圣荣．欧元大崩溃[M]．北京：电子工业出版社，2010.
[17] 李广学，严存宝．国际金融学[M]．北京：中国金融出版社，2013.
[18] 刘舒年，严思忆．国际贸易结算与融资[M]．北京：对外经济贸易大学出版社，1996.
[19] 刘园．国际金融学[M].2 版．北京：机械工业出版社，2016.
[20] 刘舒年，温晓芳．国际金融[M].4 版．北京：对外经济贸易大学出版社，2010.
[21] 刘舒年，温晓芳．国际金融[M].5 版．北京：对外经济贸易大学出版社，2017.
[22] 刘玉操．国际金融实务[M].2 版．大连：东北财经大学出版社，2006.
[23] 李学峰．国际金融市场学[M].3 版．北京：首都经济贸易大学出版社，2017.
[24] 李富有．区域货币合作：理论、实践与亚洲的选择[M]．北京：中国金融出版社，2004.
[25] 李京阳．跨国中央银行视角下的货币联盟研究[M]．北京：中国金融出版社，2012.
[26] 李艳芳，刘瑛．国际金融[M]．大连：东北财经大学出版社，2006.
[27] 马君潞，陈平，范小云．国际金融[M]．北京：科学出版社，2005.
[28] 孟昊．国际金融理论与实务[M].2 版．北京：人民邮电出版社，2014.
[29] 裴平．国际金融学[M]．南京：南京大学出版社，2004.
[30] 阙澄宇．国际金融[M].3 版．大连：东北财经大学出版社，2006.
[31] 沈彤．国际金融实务[M]．南京：东南大学出版社，2004.
[32] 史燕平．国际金融市场[M]．北京：中国人民大学出版社，2018.
[33] 王晓光．国际金融[M].3 版．北京：清华大学出版社，2015.
[34] 汪洋．国际金融学[M].2 版．北京：高等教育出版社，2017.

[35] 王月溪,贺铟璇．国际金融学[M].3 版．大连:东北财经大学出版社,2018.
[36] 王元龙,吴雪林．欧元帝国的崛起[M]. 北京:中央民族大学出版社,1999.
[37] 奚君羊．国际金融学[M].2 版．上海:上海财经大学出版社,2013.
[38] 薛宝龙,刘洪祥．国际金融[M]. 大连:东北财经大学出版社,1993.
[39] 徐景峰．国际金融市场[M]. 北京:对外经济贸易大学出版社,2006.
[40] 徐玲,盛宝莲．国际金融[M]. 上海:华东理工大学出版社,2017.
[41] 徐进亮,李俊．国际结算[M]. 北京:机械工业出版社,2016.
[42] 许少强．货币一体化概论[M]. 上海:复旦大学出版社,2015.
[43] 杨长江,姜波克．国际金融学[M].4 版．北京:高等教育出版社,2014.
[44] 杨胜刚,姚小义．国际金融[M].4 版．北京:高等教育出版社,2016.
[45] 杨瑛．国际金融[M]. 广州:华南理工大学出版社,2015.
[46] 叶蜀君．国际金融[M].3 版．北京:清华大学出版社,2014.
[47] 喻晓平．东亚货币合作:可行性及模式研究[M]. 北京:经济管理出版社,2012.
[48] 张陶伟．国际金融原理[M]. 北京:清华大学出版社,2000.
[49] 郑长军．国际金融[M]. 武汉:华中科技大学出版社,2017.
[50] 朱海洋．国际金融[M]. 上海:上海交通大学出版社,2008.
[51] 朱旭强,张革．国际金融理论与实务[M].2 版．北京:机械工业出版社,2017.